裁判官が説く

民事裁判実務の重要論点

家事・人事編

加藤新太郎・松本明敏
編集

第一法規

はしがき

　法律実務家は多忙であり、持てる時間は限られている。その中で、当面する課題のどこに真の問題があるのか発見し、問題の性質を分析し、適用すべきルールは何かについて認識し、当該案件の事実関係に特有の推論の構造を把握し、法的思考力を駆使して、方向性を展望して課題を解決していく。そのためには、日頃から、法令の改廃、判例の変更をフォローすることは当然として、最新のリーディングな学説がどのようなテーマについてどのような見解を述べているか、裁判実務の相場観はどうなのかまで押さえておく必要がある。そうでなければ、弁護士は依頼者に適切な助言を与えることはできないし、裁判官は自信をもって訴訟運営することも判断することも覚束ない。

　実際の裁判現場では、弁護士の作成する書面の法的構成に違和感がある（それどころか、的外れである）ものが目に付くばかりか、引用すべき判例があるのに気付いていない（それどころか、的外れなもの、不要なものを引用している）ことは、今や珍しい出来事ではない。若手弁護士は、体系書の読み込みが足りず、判例法理の理解が十分でなく、中堅以上の弁護士は従来型の執務を漫然と繰り広げる。しかし、従前のように裁判官からの懇切な釈明を期待することはできない。審理の迅速化の反面において、裁判官にも余裕がなくなってきているからである。

　どうしたら、現在の判例法理、学説の最先端の議論状況、裁判実務における相場観に、要領よく効果的にアクセスできるのか。

　本書及び本シリーズ『裁判官が説く民事裁判実務の重要論点』は、そのような法律実務家が、担当する民事ケースに関する法律上の重要論点に関する現在の判例法理、学説の最新状況に加えて裁判実務の相場観について誤りなく、スピーディに把握するための必携ツールとして構想された。

　本書及び本シリーズの特色は、次の点にある。

　第1に、対象とする分野（本書では、家事事件、人事事件）において系統

はしがき

　的に整理した項目ごとに、設例を作成し、そこにあらわれる重要論点について、現在の判例法理、学説の議論状況を客観的に明示した点である。

　第2に、判例から想を得て作成された設例について、BasicInformation、設例に対する回答、解説の順で解説し、法律実務家として知っておくべき実体法上、訴訟法上の問題点を明示した点である。本書で完結的に法的情報を得ることができ、さらに、参考文献により深堀りすることも可能である。

　第3に、当該分野に精通する現職の裁判官が、現在の裁判実務の実際について、相場観を含めて運用レベルの問題まで解説している点である。

　本書及び本シリーズの名宛人は、そのような次第で、多忙な法律実務家、中でも弁護士である。もっとも、当該分野の案件について経験が乏しい裁判官が、その分野で登場する重要論点を急いで（隠れて）学修し、短い時間でボトムラインまで到達するために有益であることも目指している。裁判実務のクオリティの向上は、言うまでもなく、当事者双方の代理人弁護士の頑張りだけではなく、裁判官の力量アップが不可欠であるからである。また、本書及び本シリーズが提供する法情報は、現在の裁判実務の到達点を示すものであるから、司法修習生や法科大学院の学生が、実務についての学修レベルを点検するためにも有効である。本書が、多くの方々に広く受け入れられれば、幸いこの上もない。

　本書は、利用者には便利であるが、そのようなテキスト作成の常として、執筆者には、多くの苦労をおかけすることになった。本書刊行の意義に共鳴し、力のこもった論考をお寄せいただいた執筆者の裁判官方に、感謝申し上げたい。

　最後に、本書の刊行に当たって、ご尽力いただいた第一法規の出版編集局編集第一部の皆さんに、厚くお礼申し上げたい。

平成28年11月

加藤　新太郎

松本　　明敏

編集・執筆者一覧

(平成 28 年 11 月 1 日現在)

編集代表

加藤　新太郎　中央大学大学院法務研究科教授、弁護士
松本　　明敏　東京法務局訟務部長

執筆者（五十音順）

伊賀　　和幸　法務省大臣官房司法法制部付
一場　　修子　東京家庭裁判所判事
小田　　正二　東京高等裁判所判事
小堀　瑠生子　東京家庭裁判所判事補
佐々木　　公　東京家庭裁判所判事
鮫島　寿美子　長崎地方・家庭裁判所五島支部判事
篠原　　康治　千葉家庭・地方裁判所佐倉支部判事
鈴木　　祐治　さいたま家庭・地方裁判所越谷支部判事
關　　隆太郎　横浜家庭・地方裁判所判事補
田中　　優奈　さいたま家庭・地方裁判所判事
長　　　博文　横浜家庭・地方裁判所判事補
名島　　亨卓　東京地方裁判所判事
蓮井　　俊治　千葉地方裁判所部総括判事
久次　良奈子　東京家庭裁判所判事
藤原　　俊二　横浜家庭・地方裁判所小田原支部判事
本多　　幸嗣　さいたま家庭・地方裁判所判事
松井　　芳明　横浜家庭・地方裁判所判事
石田　　晃一　東京家庭裁判所判事
横倉　雄一郎　長崎地方・家庭裁判所厳原支部判事

凡　例

1）法令名略語

家手法	家事事件手続法
家手規則	家事事件手続規則
家審法	家事審判法
人訴法	人事訴訟法
民訴法	民事訴訟法
民執法	民事執行法
民保法	民事保全法

2）判例出典略語

民録	大審院民事判決録
民集	大審院民事判例集、最高裁判所民事判例集
刑集	大審院刑事判例集、最高裁判所刑事判例集
裁判集民	最高裁判所裁判集民事
高裁民集	高等裁判所民事判例集
下級民集	下級裁判所民事裁判例集
家裁月報	家庭裁判月報
判タ	判例タイムズ
判時	判例時報
東高民時報	東京高等裁判所（民事）判決時報
裁判所HP	裁判所ホームページ

※判例の書誌事項の表示について
　判例には、原則として判例情報データベース「D1-Law.com 判例体系」（https://www.d1-law.com）の検索項目となる判例IDを〔　〕で記載した。
　　例：最二小判平成7・7・7民集49巻7号1870頁〔27827504〕

裁判官が説く
民事裁判実務の重要論点 [目次]
家事・人事編

はしがき
編集・執筆者一覧
凡例

第1 ◆ 婚姻・離婚に関する事件

1　婚姻・離婚の無効、取消し　［設例1］藤原 俊二　　3

◆Basic Information ……………………………………………………3
◆設例に対する回答 ……………………………………………………4
◆解説 ……………………………………………………………………6
　1　国際裁判管轄及び準拠法 ………………………………………6
　2　婚姻無効 ………………………………………………………10
　3　婚姻取消し ……………………………………………………12
　4　離婚無効 ………………………………………………………14
　5　離婚取消し ……………………………………………………15
　6　訴えの利益 ……………………………………………………16

2　婚姻費用、養育費　［設例2］右田 晃一　　19

◆Basic Information …………………………………………………19
◆設例に対する回答 …………………………………………………21
◆解説 …………………………………………………………………23
　1　算定表 …………………………………………………………23
　2　有責配偶者からの婚姻費用請求 ……………………………31

3　調停に代わる審判 …………………………………………32
　　4　婚姻費用又は養育費の増減額請求 ………………………35
　　5　調停又は審判手続 …………………………………………36
　　6　履行確保の方法 ……………………………………………38

▌3　離婚　［設例3］蓮井　俊治　　　　　　　　　　40

◆Basic Information ……………………………………………40
◆設例に対する回答 ………………………………………………43
◆解説 ………………………………………………………………44
　　1　意義・性質 …………………………………………………44
　　2　離婚訴訟の特色 ……………………………………………44
　　3　管轄 …………………………………………………………48
　　4　当事者 ………………………………………………………49
　　5　訴訟物 ………………………………………………………50
　　6　攻撃防御方法と主張立証責任 ……………………………51
　　7　判決の効力 …………………………………………………57
　　8　判決によらない訴訟の終了 ………………………………59
　　9　離婚の効果・事後の手続 …………………………………60

▌4　有責配偶者からの離婚請求　［設例4］鮫島　寿美子　　62

◆Basic Information ……………………………………………62
◆設例に対する回答 ………………………………………………63
◆解説 ………………………………………………………………65
　　1　有責配偶者に関する判例の変遷 …………………………66
　　2　昭和62年最高裁判決の具体的な適用 …………………68
　　3　破綻後の不貞の主張 ………………………………………72
　　4　有責配偶者の主張にかかる審理 …………………………73

5 慰謝料請求　[設例5] 長 博文　77

- ◆Basic Information …………………………………………………77
- ◆設例に対する回答 ……………………………………………………78
- ◆解説……………………………………………………………………80
  - 1 夫婦間の離婚に伴う慰謝料請求……………………………………80
  - 2 不貞の相手方に対する慰謝料請求…………………………………83
  - 3 訴訟手続………………………………………………………………87
  - 4 主張立証上のポイント………………………………………………98
  - 5 有責配偶者に対する慰謝料請求権の消滅時効……………………99
  - 6 不貞行為等の相手方第三者に対する慰謝料請求権の消滅時効………100
  - 7 免除の効力…………………………………………………………104

6 財産分与　[設例6] 田中 優奈　108

- ◆Basic Information …………………………………………………108
- ◆設例に対する回答 …………………………………………………111
- ◆解説…………………………………………………………………114
  - 1 財産分与の当否、分与の額及び方法の検討………………………115
  - 2 財産分与に対する課税……………………………………………127
  - 3 財産分与の手続……………………………………………………128
  - 4 保全処分……………………………………………………………130

7 年金分割　[設例7] 小堀 瑠生子　133

- ◆Basic Information …………………………………………………133
- ◆設例に対する回答 …………………………………………………136
- ◆解説…………………………………………………………………137
  - 1 年金制度の概要……………………………………………………137
  - 2 離婚時年金分割制度の概要………………………………………140
  - 3 年金分割事件の審理………………………………………………144

8 親権者・監護権者の指定、子の引渡し、保全処分等
[設例8] 佐々木 公　150

- ◆Basic Information …………………………………………………150
- ◆設例に対する回答 …………………………………………………153
- ◆解説………………………………………………………………155
  - 1 親権と監護権……………………………………………………155
  - 2 親権者を定めるうえで考慮される要素…………………………157
  - 3 親権者指定の実際………………………………………………159
  - 4 別居に際し子を連れ去られた親が子を取り戻す方法…………163

9 面会交流　[設例9] 關 隆太郎　172

- ◆Basic Information …………………………………………………172
- ◆設例に対する回答 …………………………………………………174
- ◆解説………………………………………………………………177
  - 1 面会交流に関する事件の概要…………………………………177
  - 2 家庭裁判所で面会交流について定める手続…………………180
  - 3 面会交流に関する調停・審判事件の審理……………………183
  - 4 面会交流の履行確保……………………………………………201
  - 5 面会交流の変更…………………………………………………204

10 渉外事件　[設例10] 篠原 康治　205

- ◆Basic Information …………………………………………………205
- ◆設例に対する回答 …………………………………………………209
- ◆解説………………………………………………………………211
  - 1 子の監護に関する処分の国際裁判管轄………………………211
  - 2 子の監護に関する処分の準拠法………………………………213
  - 3 離婚訴訟の国際裁判管轄………………………………………215
  - 4 離婚訴訟の準拠法………………………………………………219

5　ハーグ条約に基づく子の返還と子の引渡し…………………220

11　調停に代わる審判　［設例11］鈴木　祐治　　226
- ◆Basic Information …………………………………………227
- ◆設例に対する回答 …………………………………………229
- ◆解説……………………………………………………………231
  - 1　調停に代わる審判の事件数の推移……………………231
  - 2　調停に代わる審判の手続………………………………232
  - 3　実務における調停に代わる審判の類型………………234
  - 4　調停に代わる審判の有用性及び活用における留意点……238
  - 5　合意に相当する審判の手続……………………………240
  - 6　認知事件について ………………………………………243

第2◆親子関係に関する事件

1　嫡出否認、親子関係不存在　［設例12］本多　幸嗣　　249
- ◆Basic Information …………………………………………249
- ◆設例に対する回答 …………………………………………251
- ◆解説……………………………………………………………254
  - 1　実親子関係訴訟の種類と概要…………………………254
  - 2　嫡出推定の有無…………………………………………255
  - 3　嫡出否認の訴え…………………………………………258
  - 4　親子関係不存在確認の訴え……………………………259
  - 5　認知の訴え………………………………………………262
  - 6　調停手続（親子関係不存在又は認知）………………264

2　認知無効、取消し　［設例13］伊賀 和幸　　　267

- ◆Basic Information ………………………………………………………267
- ◆設例に対する回答 ………………………………………………………269
- ◆解説………………………………………………………………………270
  - 1　認知………………………………………………………………270
  - 2　認知の無効・取消原因……………………………………………272
  - 3　認知の訴え………………………………………………………275
  - 4　認知無効の訴え…………………………………………………277
  - 5　認知取消しの訴え………………………………………………280
  - 6　認知、認知無効及び認知取消しの調停…………………………281

第3◆ 養子縁組に関する事件

1　離縁　［設例14］横倉 雄一郎　　　287

- ◆Basic Information ………………………………………………………287
- ◆設例に対する回答 ………………………………………………………288
- ◆解説………………………………………………………………………291
  - 1　意義・性質………………………………………………………291
  - 2　管轄………………………………………………………………291
  - 3　当事者……………………………………………………………291
  - 4　訴訟物……………………………………………………………293
  - 5　訴えの利益………………………………………………………294
  - 6　攻撃防御方法と主張立証責任……………………………………294
  - 7　判決の効力………………………………………………………298
  - 8　判決によらない訴訟の終了………………………………………300
  - 9　離縁の効果・事後の手続…………………………………………301
  - 10　その他……………………………………………………………302

2　養子縁組無効、取消し　［設例15］久次 良奈子　304

- ◆Basic Information ……………………………………………………304
- ◆設例に対する回答 ……………………………………………………305
- ◆解説……………………………………………………………………306
  - 1　はじめに ……………………………………………………………306
  - 2　訴えの提起 …………………………………………………………307
  - 3　養子縁組無効確認訴訟の攻撃防御方法 …………………………309
  - 4　縁組取消訴訟における攻撃防御方法 ……………………………316
  - 5　判決の効力 …………………………………………………………317
  - 6　判決によらない訴訟終了…………………………………………317

第4◆ 相続に関する事件

1　遺産分割　［設例16］小田 正二　321

- ◆Basic Information ……………………………………………………321
- ◆設例に対する回答 ……………………………………………………324
- ◆解説……………………………………………………………………328
  - 1　遺産分割の概要……………………………………………………328
  - 2　遺産分割の当事者 …………………………………………………329
  - 3　遺産分割の対象……………………………………………………330
  - 4　遺産の評価 …………………………………………………………332
  - 5　特別受益 ……………………………………………………………334
  - 6　寄与分………………………………………………………………336
  - 7　分割方法 ……………………………………………………………338
  - 8　調停事件における留意点…………………………………………339
  - 9　審判事件の手続及び留意点 ………………………………………340

2 遺留分減殺　[設例17] 名島 亨卓　342

- ◆Basic Information ……………………………………………………342
- ◆設例に対する回答 ……………………………………………………344
- ◆解説……………………………………………………………………344
  - 1 遺留分額とその算定の基礎となる財産の意義……………………344
  - 2 遺留分侵害額の算定 ………………………………………………348
  - 3 遺留分減殺請求権の内容等 ………………………………………349
  - 4 遺留分減殺請求訴訟について ……………………………………353
  - 5 遺留分減殺請求後の法律関係 ……………………………………358

3 祭祀承継　[設例18] 松本 明敏　360

- ◆Basic Information ……………………………………………………360
- ◆設例に対する回答 ……………………………………………………361
- ◆解説……………………………………………………………………362
  - 1 祭祀承継制度………………………………………………………362
  - 2 祭祀財産の範囲……………………………………………………363
  - 3 祭祀承継者の決定 …………………………………………………364
  - 4 祭祀承継者の法的地位 ……………………………………………368
  - 5 家庭裁判所による祭祀承継者の指定手続 ………………………369

4 特別縁故者　[設例19] 松井 芳明　377

- ◆Basic Information ……………………………………………………377
- ◆設例に対する回答 ……………………………………………………379
- ◆解説……………………………………………………………………380
  - 1 相続人の不存在の場合における相続財産の処理 ………………380
  - 2 相続財産管理人の選任……………………………………………380
  - 3 相続財産の清算……………………………………………………383
  - 4 特別縁故者に対する相続財産の分与 ……………………………385

5　特別縁故者の範囲 …………………………………………………386
　6　相続財産分与の相当性 ……………………………………………394
　7　相続財産分与の対象財産 …………………………………………395
　8　相続財産分与の手続 ………………………………………………397

第5 ◆ 成年後見に関する事件

1　後見開始　［設例20］一場 修子　　　　　　　　　　　405

◆Basic Information ………………………………………………405
◆設例に対する回答 ………………………………………………406
◆解説 ………………………………………………………………408
　1　成年後見制度の概要 ………………………………………………408
　2　参与員による説明聴取や家庭裁判所調査官による調査等 ……409
　3　親族照会 ……………………………………………………………410
　4　鑑定等 ………………………………………………………………410
　5　後見人等の選任 ……………………………………………………412
　6　後見等開始の申立ての取下げ制限 ………………………………414
　7　裁判所による後見人等の監督 ……………………………………415
　8　後見制度支援信託 …………………………………………………418

事項索引 ……………………………………………………………421
判例索引 ……………………………………………………………426

第1 婚姻・離婚に関する事件

1 婚姻・離婚の無効、取消し

設例 1　Yは、平成15年に、日本に居住する外国人Xを妻として婚姻を届け出たが、平成24年に離婚届を提出した後、日本に居住する別の外国人Zと婚姻を届け出た。

Xは、平成26年、離婚届はYがXに無断で届け出たもの又はYに騙されて届け出たものであるとして、Y及びZを被告として、離婚の無効確認、取消しとYZ間の婚姻の取消しを求める訴訟を提起した。これに対して、Yは、そもそもXとの婚姻届は、Xの在留資格を取得する目的で仮装したものであるとして、Yとの婚姻の無効確認を求める反訴を提起した。

XYの各請求はどのように判断されるか。

Basic Information

1　本設例では、Xによる離婚無効確認、離婚取消し及び婚姻取消しの本訴請求とYによる婚姻無効確認の反訴請求が提起されているところ、当事者のうちX及びZが外国人であることから、これら複数の渉外人事訴訟事件における国際裁判管轄の有無及び適用される準拠法が問題となる。

そして、国際裁判管轄及び準拠法の問題がクリアされた後、婚姻無効、婚姻取消し、離婚無効及び離婚取消しそれぞれの要件が問題となる。

さらに、それぞれの訴訟が密接に関連していることから、それぞれの訴訟の結論によっては、他の訴訟の訴えの利益の存否も問題となってくる可能性もある。

2　国際裁判管轄については、明文の規定がないので、条理に従って解釈で決められている。また、準拠法については、法の適用に関する通則法（以下「通則法」という。）によって決せられる。

婚姻無効・取消しや離婚無効・取消しに関しては、婚姻意思や離婚意思のとらえ方に争いがあるが、判例は婚姻意思については実質的にとらえながら、離婚意思については形式的にとらえているところに特徴がある。

また、これらの訴訟における訴えの利益については、様々な裁判例が錯そうしているが、最近の判例は訴えの利益を消極的ないし限定的に解する傾向にある。

◆設例に対する回答

1　本設例では、X及びZが外国人であることから、国際裁判管轄が問題となるが、いずれの訴訟も被告の住居地が日本であることから、我が国に国際裁判管轄が存することは明らかである。

2　次にXがYを被告として提起した離婚の無効確認、取消し訴訟の準拠法が問題となるが、本件では、通則法27条により、XとYの同一常居所地法である日本法が準拠法となる。そして、離婚届がXに無断で届け出たものと認定されれば、Xには当該離婚について届出意思（形式意思）すら欠くことになるので、離婚無効と判断されることになる。また、離婚届がYに騙されて届け出たものと認定されれば、婚姻の取消しが認められることになる。

3　XとYの離婚が無効ないし取消しと判断された場合、重婚となったYとZの間の婚姻が有効かについては、法性決定問題つまり婚姻の効力の問題か、それとも婚姻の成立の問題かが争点となるが、婚姻の成立の問題と解すべきである（東京高判平成19・4・25家裁月報59巻10号42頁〔28132100〕）。そして、後記のとおり、婚姻の成立には、実質的成立要件と形式的成立要件（方式）があるが、本件は、婚姻の実質的成立要件（通則法24条1項）に関する問題となる。さらに実質的成立要件には、一方的要件と双方的要件があるが、重婚の禁止は双方的要件（婚姻障害）であると解されるため、各当事者の本国法が累積的に適用される。ところで、日本法によれば、重婚禁止は取消事由であるが、他方当事者の本国法上の効果が異なる場合、どう解釈す

るかが問題となる。このように両当事者の本国法上の効果が異なる場合、より厳格な効果を認める方の法律による（いわゆる厳格法の原則）ので、一方の本国法上取り消し得るにすぎない場合でも、他方の本国法上無効とされるときには、無効とされることになる。このように両当事者の本国法上の効果が異なり、厳格法の原則に従った裁判例として、前記東京高裁判決のほか、重婚を無効原因とするペンシルバニア州法を適用した東京家審昭和43・4・25判タ237号342頁〔27730165〕と、同じく重婚をニューヨーク州法によって無効となるものと解すべきであるとした横浜地判昭和57・10・19判時1072号135頁〔27651186〕がある。

4　さらに、本件では、Yが、そもそもXとの婚姻届は、Xの在留資格を取得する目的で仮装したものであるとして、Yとの婚姻の無効確認を求める反訴を提起しているので、前婚の成立が問題となる。この点に関して、婚姻届が在留資格を取得する目的で仮装されたものであると認定されれば、最高裁判例（最二小判昭和44・10・31民集23巻10号1894頁〔27000777〕）によれば、婚姻の成立には当事者間に真に社会観念上夫婦であると認められる関係の設定を欲する効果意思（実質意思）が必要と解されているので、婚姻意思が実質的要件かつ一方的要件であることを前提に、通則法24条1項によって、Yの婚姻意思について本国法である日本法を適用すると、婚姻は無効ということになる（ただし、婚姻届出後に長期間にわたってXとYが実質的に夫婦共同生活を送っていたような場合には黙示の追認が認められる余地はあろう。）。

5　以上によれば、現在の最高裁の判例を前提にすると、Yの婚姻無効確認の訴えは認容されることになる。その場合、Xの離婚無効ないし取消訴訟と後婚の取消訴訟の帰趨は、これを請求する法律上の利益が具体的にあるかないかによって決せられるということになる。そして、法律上の利益が具体的に存しない場合は、婚姻無効確認の訴えが認容され、その余の訴えは訴えの利益を欠き却下されるということになる（ただし、無効な婚姻について黙示の追認が認められ、離婚無効ないし離婚取消しが認められる場合は重婚状態

となり、仮にZの本国法において重婚が無効原因であるような場合は後婚が無効と判断されることもあり得る。）。

◆解　説

1　国際裁判管轄及び準拠法

(1)　国際裁判管轄

　渉外人事訴訟事件とは、当事者の国籍、住所、常居所、居所や、婚姻挙行地等の行為地、出生地等の事実の発生地などの法律関係を構成する諸要素が複数の国に関係を有する人事訴訟事件をいう。渉外人事訴訟事件の国際裁判管轄について、我が国ではこれを規律する明文の規定は存在せず、明確な国際法上の原則も確立していない。そのため、条理に従って解釈によって決せられることになるが、この問題に関するルールは、基本的に判例によって形成されてきた。

　本件で問題となる婚姻無効、婚姻取消し、離婚無効及び離婚取消しの国際裁判管轄については、離婚訴訟事件に準ずると解されているところ、外国人間の離婚訴訟事件の国際裁判管轄について、最大判昭和39・3・25民集18巻3号486頁〔27001929〕は「離婚の国際裁判管轄権の有無を決定するにあたっても、被告の住所がわが国にあることを原則とすべきことは、訴訟手続上の正義の要求にも合致し、また、いわゆる跛行婚の発生を避けることにもなり、相当に理由のあることではある。しかし、他面、原告が遺棄された場合、被告が行方不明である場合その他これに準ずる場合においても、いたずらにこの原則に膠着し、被告の住所がわが国になければ、原告の住所がわが国に存していても、なお、わが国に離婚の国際裁判管轄権が認められないとすることは、わが国に住所を有する外国人で、わが国の法律によっても離婚の請求権を有すべき者の身分関係に十分な保護を与えないこととなり（法例16条但書参照）、国際私法生活における正義公平の理念にもとる結果を招来することとなる。」と判示した。

　また、日本に居住する日本人から外国に居住する外国人に対する離婚請求

訴訟において、最二小判平成8・6・24民集50巻7号1451頁〔28010783〕は、「離婚請求訴訟においても、被告の住所は国際裁判管轄の有無を決定するに当たって考慮すべき重要な要素であり、被告が我が国に住所を有する場合に我が国の管轄が認められることは、当然というべきである。しかし、被告が我が国に住所を有しない場合であっても、原告の住所その他の要素から離婚請求と我が国との関連性が認められ、我が国の管轄を肯定すべき場合のあることは、否定し得ないところであり、どのような場合に我が国の管轄を肯定すべきかについては、国際裁判管轄に関する法律の定めがなく、国際的慣習法の成熟も十分とは言い難いため、当事者間の公平や裁判の適正・迅速の理念により条理に従って決定するのが相当である。そして、管轄の有無の判断に当たっては、応訴を余儀なくされることによる被告の不利益に配慮すべきことはもちろんであるが、他方、原告が被告の住所地国に離婚請求訴訟を提起することにつき法律上又は事実上の障害があるかどうか及びその程度をも考慮し、離婚を求める原告の権利の保護に欠けることのないよう留意しなければならない。」と判示した。

したがって、被告の住所地が我が国にある場合に国際裁判管轄を認めることを原則としつつも、被告の住所地が我が国になくても、当事者間の公平、裁判の適正・迅速を期する理念により条理上これに準ずる場合には我が国に国際裁判管轄を認めるというのが判例の立場であると考えられる。

(2) 準拠法

ア 国際私法における準拠法の決定

我が国に国際裁判管轄が認められる渉外人事訴訟事件においては、我が国の法律の規定に従って、どこの国の実質法を適用するかを決定することになるが、このような渉外人事訴訟事件を含む渉外事件に適用される実質法を準拠法といい、準拠法の選択方法を一般的に指定する法を国際私法という。

この国際私法である我が国の法律としては、明治31年に制定された法例があったが、我が国の国際私法の現代化を図るため、法例中の財産法分野の規定を見直すとともに、国民にわかりやすい法律とするため、法律の表記を

片仮名文語体から平仮名口語体に改め、法例という法律の題名についても現代用語化した通則法が制定され、平成19年1月1日に施行された。

イ　実体法の適用

実体法については、準拠法が日本法となった場合には日本の実質法が、外国法となった場合には外国の実質法が適用される。

ウ　手続法の適用

渉外事件の手続については、国際私法上「手続は法廷地法による」との原則が妥当し、手続法は、原則として当該事件を取り扱う裁判所の所在地国の法による。したがって、実体法である準拠法が外国法となった場合においても、手続法としては日本法が適用される。

ただし、実体法上の問題と手続法上の問題との区別は容易でない場合もあり、同じ問題が両者の性質を有している場合もあるから、準拠法である外国法と日本法のいずれを適用すべきか判断するには困難を伴う。また、日本の手続法は、日本の実体法の適用を前提として定められたもので、外国の実体法の適用を視野に入れて定められたものではない。したがって、外国の実体法を準拠法として適用する場合に、日本にそれに完全に合致する手続がないこともあり得る。このような場合、具体的問題ごとに解決は異なるが、一般的には、法廷地法である日本の手続法を、可能な限り準拠法たる外国の実体法が予定する手続に適応させて、外国の実体法が予定する手続を我が国で代行することによって解決すべきであると考えられている。

(3)　婚姻無効、婚姻取消しの準拠法

ア　実質的成立要件

通則法24条1項は、婚姻の実質的成立要件について、各当事者の本国法によるとして、重畳的適用ではなく配分的適用を採用している。実質的成立要件とは、婚姻の成立要件のうち、その形式的成立要件、すなわち、方式を除いた要件をいう。ここで、方式とは、届出とか儀式といった婚姻の外部的形式としての意思表示の表現方法をいう。実質的成立要件の例としては、婚姻意思、婚姻適齢、第三者の同意、重婚の禁止、再婚禁止期間、近親婚の禁

止などに関するものがある。裁判例においては、婚姻意思が問題となったものが多く、ほかに、詐欺又は強迫による婚姻意思の瑕疵、前婚の離婚無効による重婚が問題となったものなどがある。

　ところで、実質的成立要件の多くは、その国固有の風俗、習慣、家族法秩序などによって定まる性質のものであるから、その者の本国法によることが適当である。そして、婚姻に当たって両当事者は完全に対等な地位にあるべきであって、双方の属人法を平等に考慮すべきである。その場合、双方の本国法を重畳的に適用し、双方について双方の本国法の要件を満たさなければ婚姻の成立を認めないという重畳的適用を採用すると、婚姻の成立が困難になるので適当でない。そこで、同法24条1項は、各当事者につき、それぞれの本国法を適用する配分的適用を採用した。

　ただし、実質的成立要件には、当事者の一方のみ要求される要件である一方的成立要件と、当事者の一方だけでなく相手方との関係でも満たす必要がある双方的成立要件とがある。そして、双方的成立要件については、より厳格な本国法が要求する要件を満たす必要があると一般的に解されている。一方的成立要件と双方的成立要件の区別の基準については争いがあるが、戸籍実務は、婚姻意思の有無、婚姻適齢、第三者の同意、肉体的又は精神的障害は一方的成立要件とし、重婚の禁止、再婚禁止期間、近親婚の禁止要件については双方的成立要件としている。したがって、双方的成立要件については、他方当事者にも及ぶものであり、重畳的適用をしたのと同様の結果となる。

イ　形式的成立要件

　通則法24条2項、3項本文は、婚姻の形式的成立要件（方式）について、婚姻挙行地法によるとして、挙行地主義を採用するとともに、当事者の一方の本国法によることも認めるという選択的適用を採用した。同条3項ただし書で、当事者の一方が日本人である場合で、かつ日本で挙行する場合は日本法によると定めた。

　婚姻の方式とは、前記のとおり、婚姻の外部的形式としての意思表示の表現形式をいう。具体的には、宗教儀式の挙行、官吏への届出などである。

婚姻の方式について、婚姻挙行地の準拠法によることを原則としたのは、婚姻の方式は挙行地の公益と密接な関係を持つからである。また、選択的適用を採用したのは、方式の面で婚姻の成立を容易にするとともに、国によって婚姻の成否について判断が分かれるような事態を避けるという国際的配慮に基づく。さらに、同法24条3項ただし書が設けられた趣旨は、日本人の身分関係を可能な限り正確に戸籍に反映し、当該婚姻から出生した子の国籍や地位が事実上不安定となることを防ぐという政策的配慮によるものである。なお、日本法による方式は、婚姻を戸籍事務官掌者に届け出ることである（民法739条1項）。

(4) 離婚無効、離婚取消しの準拠法

離婚無効、離婚取消しも含む離婚事件について、通則法27条本文は、婚姻の効力に関する同法25条を準用し、まず、夫婦の同一本国法、それがない場合に、夫婦の同一常居所地法、それもない場合に、夫婦の最密接関連地法という段階的連結によっている。準拠法の決定に当たって両性平等の原則を貫くためには、その連結点は夫婦に共通な要素となり得るものでなければならない。そして、定められた要素が共通でない場合に備え、段階的連結を採用したものである。

同法27条ただし書は、夫婦の一方が日本に常居所を有する日本人であるときは、日本法を準拠法としている。これは、我が国が協議離婚制度を有することから、同条本文のみでは、形式的審査を前提として処理する戸籍吏に最密接関連法の認定という困難な判断を強いることになるため、定められたものである。

2 婚姻無効

(1) 意義及び性質

婚姻無効の訴えとは、形式上適式な婚姻の届出が存在するが、当事者の双方又は一方に婚姻意思がないため、当初から法律上の婚姻として効力を持ち得ないことを、判決で明らかにされるべきと主張する訴えである。訴訟物は

婚姻の効力である。通説は、婚姻の無効は当然かつ絶対的であり、この訴えの性質は確認の訴えであると解している。なお、人事訴訟における調停前置主義が適用され、合意に相当する審判（家手法277条）が可能である。

(2) 無効原因

民法742条は、「人違いその他の事由によって当事者間に婚姻をする意思がないとき」（同条1号）又は「当事者が婚姻の届出をしないとき」（同条2号本文）と定め婚姻が無効となる場合を限定している。

人違いとは、相手方の同一性を誤ることをいい、相手方の性質・健康・地位・財産等を誤ることではない。したがって、婚姻の無効事由として、人違いによる婚姻意思の不存在が問題となることはまれであり、実務上しばしば問題となるのは、当事者の一方が他方に無断で婚姻届を提出して受理された場合、他の目的・動機の下での婚姻届出・受理がされた場合、婚姻の届出・受理の際に当事者が意識不明となって判断能力を喪失している状態にあった場合などである。

なお、同法742条2号は、婚姻の成立のための形式要件である婚姻届出を欠くときは無効と規定するが、届出がない場合には婚姻は成立しないと解されており（最二小判昭和34・8・7民集13巻10号1251頁〔27002538〕）、本号は届出が受理された以上、同法739条2項の要件を欠くだけであるときは、婚姻は有効に成立する旨を規定するただし書に意味があると解されている。

婚姻意思について、判例は、当事者間に婚姻をする意思がないときとは、当事者間に真に社会観念上夫婦であると認められる関係の設定を欲する効果意思を有しない場合を指すものと解すべきであり、したがってたとえ婚姻の届出自体について当事者間に意思の合致があり、ひいて当事者間に、一応、所論法律上の夫婦という身分関係を設定する意思はあったと認め得る場合であっても、それが、単に他の目的を達するための便法として仮託されたものにすぎないものであって、前述のように真に夫婦関係の設定を欲する効果意思がなかった場合には、婚姻はその効力を生じないものと解すべきであるとしており（最二小判昭和44・10・31民集23巻10号1894頁〔27000777〕）、

いわゆる実質意思説に立つものと理解されている。

なお、無効な婚姻も追認により有効となる。黙示の追認でもよい（最三小判昭和47・7・25民集26巻6号1263頁〔27000545〕）。

(3) 当事者適格

夫婦の一方が訴えを提起するときは他方を相手方とし、第三者が提起するときは夫婦（一方が死亡したときは生存者）を相手方とし、相手方とすべき者が死亡したときは検察官を相手方とすべきである（人訴法12条）。訴えを提起し得る第三者として、配偶者の実父（最二小判昭和34・7・3民集13巻7号905頁〔27002556〕）、相続人（東京高判昭和46・8・9判タ270号321頁〔27451745〕）、子（東京高判昭和56・10・29判時1026号94頁〔27452608〕）などに当事者適格が認められている。

(4) 判決の効力

請求を認容する判決は、婚姻が当初から効力を有しなかったこと、したがって、婚姻関係が存在していなかったことを確定し、請求を棄却する判決は、婚姻の有効なことを確定する確認判決である。婚姻無効の判決には対世的効力がある（人訴法24条1項）。無効判決ないし審判が確定した場合、原告ないし申立人は、確定日から1か月以内にその謄本を添付して戸籍訂正の申請をすることが必要となる（戸籍法116条）。

3　婚姻取消し

(1)　意義及び性質

婚姻取消しの訴えは、特定の婚姻に法定の婚姻取消事由があることを主張してその取消しを求める訴えである。婚姻は、法定の取消原因が存在しても、訴えをもってその効力を消滅させることができるにとどまる。訴訟物は当該婚姻の取消請求権であり、婚姻取消しの訴えが形成の訴えであることについては異論がない。合意に相当する審判も可能である。

(2)　取消原因

民法は、婚姻の取消事由として、婚姻適齢（731条）、重婚禁止（732条）、

再婚禁止期間（733条）、近親婚の禁止（734条）、直系姻族婚の禁止（735条）、養親子等婚の禁止（736条）に反する婚姻及び詐欺又は強迫による婚姻（747条）の取消しを規定している。前者は、強行法規違反による公益的取消事由であり、後者は私的取消事由である。

婚姻当事者が詐欺を発見した時又は強迫を免れた時から3か月の経過によって取消権は消滅する（民法747条2項）。また、取消権者が追認することによっても取消権は消滅する（同項）。

(3) 当事者適格

請求権者は、公益的取消事由の場合は、各当事者、親族、検察官のほか、重婚及び再婚禁止期間による取消しを理由とする場合は当事者の配偶者又は前配偶者である。詐欺又は強迫による婚姻取消しの場合、これによって婚姻をした者である。

相手方は、公益的取消事由の場合は、婚姻当事者の一方が提起するときは配偶者、第三者が提起するときは夫婦（一方が死亡したときは生存配偶者のみ）、相手方となるべき者の死亡後は検察官である。私的取消事由の場合は、相手方配偶者である。

(4) 判決の効力

請求を認容する判決は、一応有効に存在していた婚姻を確定の時から将来に向かって効力を消滅させる形成判決である。請求を棄却する判決は、原告の主張する婚姻取消請求権が存在しないことを確定する。婚姻取消しの判決には対世的効力がある（人訴法24条1項）。ただし、重婚を理由として後婚の取消しを請求した場合にそれを棄却する判決は、当事者の前配偶者がその訴訟に参加したときに限り、その配偶者に効力が及ぶ（同条2項）。婚姻取消しの判決ないし審判が確定した場合、原告ないし申立人は、確定日から10日以内にその謄本を添付してその旨を届け出ることを要する（戸籍法75条1項、63条）。

4 離婚無効

(1) 意義及び性質

　離婚無効の訴えとは、協議による離婚届が受理されたが、当事者の双方又は一方に離婚意思がないため無効であることを判決をもって明らかにされるべきことを主張する訴えである。訴訟物は協議上の離婚の効力である。通説及び判例は、この訴えの性質を確認の訴えであると解している。合意に相当する審判も可能である。

　後記のとおり、民法は詐欺・強迫による協議離婚の取消しを認めているが、離婚無効については何ら規定を置いていない。立法者は、協議離婚についても法律行為の無効に関する規定の適用を考えていたようであるが、今日では、婚姻無効の規定（民法742条）を類推適用することに異論がない。

(2) 離婚無効原因

　前記のとおり、婚姻意思について、判例は届出意思だけでは足りず、当事者間に真に社会観念上夫婦であると認められる関係の設定を欲する効果意思（実質意思）を必要とするが、離婚意思については、離婚の届出意思すなわち法律上離婚するという意思（形式意思）があれば足りるとしている（最一小判昭和38・11・28民集17巻11号1469頁〔27001976〕）。この点について、婚姻は身分関係を創設するものであるから、形式意思のみならず実質意思も必要であるが、離婚は既に夫婦である者の身分関係を解消するものであって、法律上の関係を継続するかどうかは当事者にとっての問題であるから、実質意思は必要でなく形式意思があれば足りると説明されている（『最高裁判所判例解説民事篇〈昭和44年度（上）〉』法曹会〔杉田洋一〕507頁）。

　なお、無効な協議上の離婚も追認により有効となる。また、黙示の追認でもよい（最二小判昭和42・12・8判時511号45頁〔27451418〕）。

(3) 当事者適格

　請求権者は、婚姻当事者たる夫又は妻である。第三者にもその利益がある限り原告適格が認められる。判例は、婚姻当事者の一方の実父について、同人が勝手に婚姻届出書類を偽造したものであっても原告になり得るとしてい

る（最二小判昭和 34・7・3 民集 13 巻 7 号 905 頁〔27002556〕）。

(4) 判決の効力

　離婚無効の訴えにおける請求認容判決は、協議離婚がはじめからなかったこと、すなわち婚姻関係が継続していたことを確定する。請求棄却の判決は、当該協議離婚が有効であることが確定する。離婚無効の判決には対世的効力がある（人訴法 24 条 1 項）。無効判決ないし審判が確定した場合、原告ないし申立人は、確定日から 1 か月以内にその謄本を添付して戸籍訂正の申請が必要となる（戸籍法 116 条 1 項）。

5　離婚取消し

(1) 意義及び性質

　離婚取消しの訴えは、特定の協議離婚に法定の取消原因が存在することを主張し、その取消しを求める訴えであり、離婚取消しの判決が確定すると、当該離婚が当初から存在しなかったことになる。訴訟物は協議上の離婚の取消請求権であり、この訴えの性質が形成の訴えであることに異論はない。合意に相当する審判も可能である。

(2) 取消原因

　夫婦の一方又は第三者の詐欺・強迫によって協議離婚した者は、その離婚の取消しを裁判所に請求することができる（民法 764 条、747 条）。

　離婚当事者が詐欺を発見したとき又は強迫を免れたときから 3 か月の経過によって取消権は消滅する（同法 764 条、747 条 2 項）。また、取消権者が追認することによっても取消権は消滅する（同条）。

(3) 当事者適格

　請求権者は、詐欺又は強迫された者に限られる。被告は、他方配偶者となる。

(4) 判決の効力

　請求認容の判決は、離婚取消請求権の存在につき既判力が生じ、それとともにその協議離婚は届出時に遡及して効力を失い、婚姻関係が継続していた

ことになる（民法764条は748条1項を準用しない。）。請求棄却の判決では、当該協議離婚が有効であることが確定する。離婚取消しの判決には対世的効力がある（人訴法24条1項）。離婚取消しの判決ないし審判が確定した場合、原告ないし申立人は、確定日から10日以内にその謄本を添付してその旨を届け出ることを要する（戸籍法77条1項、63条）。

6　訴えの利益

(1)　重婚において前婚が解消された場合の後婚の取消しの訴えの利益

重婚において前婚が解消された場合の後婚の取消しの訴えの利益に関する裁判例としては、前婚の配偶者の死亡によって後婚の重婚状態は解消され、瑕疵が治癒されるため、後婚を取り消す利益はないとしたもの（東京地判昭和36・12・20判時289号8頁〔27450817〕）と後婚を取り消す実益がないとはいえないとして取消請求を認容したもの（東京地判昭和31・10・16判時99号16頁〔27440268〕）がある。

(2)　婚姻が無効である場合の離婚無効の確認の利益

婚姻が無効である場合の離婚無効の確認の利益に関する裁判例としては、無効な婚姻に続いて無効な協議離婚がなされたにもかかわらず、戸籍上婚姻及び離婚が記載されている場合に、婚姻無効とともに協議離婚の無効確認を求める利益があるかについて、婚姻無効が確定すれば当然に協議離婚も無効になり、その戸籍訂正も可能であるとして、これを否定するもの（新潟地判昭和29・11・30下級民集5巻11号1968頁〔27450187〕）と、戸籍訂正のためには協議離婚の無効確認の必要があるとして、これを肯定するもの（福島家審昭和36・6・29家裁月報13巻9号88頁〔27450774〕）がある。

(3)

前記(1)、(2)において、本設例の参考となる裁判例を紹介したが、婚姻無効、婚姻取消し、離婚無効、離婚取消しの訴えの利益については、これ以外にも様々なケースで問題となっており、各ケースについて積極説と消極説が錯そうしており、裁判例も結論を異にするものが複数存在するような状況にある。裁判例がこのように分かれているのは、婚姻無効や婚姻取消しと離婚

との社会的意味合いの差異など倫理的要素をどこまで重視するのか、あるいはその効果だけに着目するのかという基本的な考え方の違いと、法律上の利益をある程度抽象的にとらえるのか、財産関係などで現実的かつ具体的な差異が生じてくるのかという観点からとらえるのかという違いから生じていると考えられる。

(4) ところで、本件とは異なるケースであるが、重婚状態にある前婚の配偶者が後婚の取消しを求める訴訟を提起したところ、訴訟の係属中に後婚が協議離婚によって解消されたという事案において、最三小判昭和57・9・28民集36巻8号1642頁〔27000072〕は、「重婚の場合において、後婚が離婚によって解消されたときは、特段の事情がない限り、後婚が重婚にあたることを理由としてその取消を請求することは許されないものと解するのが相当である。けだし、婚姻取消の効果は離婚の効果に準ずるのであるから(民法748条、749条)、離婚後、なお婚姻の取消を請求することは、特段の事情がある場合のほか、法律上その利益がないものというべきだからである。」と判示している。同判決中の「特段の事情がある場合」というのは、明確ではないが、婚姻の取消しと離婚とで財産関係において差異が生じるような場合を指すのではないかと憶測されるとしている(『最高裁判所判例解説民事篇〈昭和57年度〉』法曹会〔鷺岡康雄〕753頁)。そうすると、法律上の利益が認められるのは、婚姻の取消しと離婚との社会的意味合いにおける差異といった抽象的なものではなく、財産関係において具体的な差異が生じるというようなかなり限定的な場合に限られることになるから、実際の運用に関しては、かなり消極説の立場に近いものとなろう。

(藤原　俊二)

◆参考文献

本文中に掲げるもののほか
・司法研修所編『渉外家事・人事訴訟事件の審理に関する研究』法曹会(2010年)82頁以下、91頁以下、98頁以下

- 野田愛子＝梶村太市総編集『新家族法実務大系1 親族1』新日本法規出版（2008年）〔早川眞一郎〕538頁以下、〔中村誠一〕24頁以下、〔大西嘉彦〕368頁以下
- 大塚正之『判例先例渉外親族法』日本加除出版（2014年）1頁以下
- 川井健ほか編『講座・現代家族法2 夫婦』日本評論社（1991年）〔上野雅和〕265頁以下
- 村重慶一＝梶村太市編著『人事訴訟の実務〈初版〉』新日本法規出版（1989年）166頁以下
- 西原諄「重婚における後婚の離婚による解消と後婚の取消しの訴えの許否」判例タイムズ499号（1983年）142頁
- 村重慶一編『現代裁判法大系10 親族』新日本法規出版（1998年）〔東條宏〕32頁以下

2 婚姻費用、養育費

設例 2　妻Xと夫Yとは、平成8年に婚姻し、平成10年に長女A、平成14年に長男Bが生まれたが、YによるXへの度重なる暴力もあって、平成25年以降、XがABを連れて実家に帰り、別居状態にある。なお、Yは、別居後、Xに婚姻費用を一切支払っていない。

　Xは、平成26年、Yを相手方として、離婚調停を申し立てるとともに、婚姻費用の分担を求める調停を申し立てた。

(1) Yは、Xとの同居による夫婦関係の調整を希望するとともに、不倫をした有責配偶者であるXによる婚姻費用の分担請求は許されない旨主張している。他方、Xは、不倫の事実を否定し、Yの暴力を理由に同居を拒絶している。Xの申立ては認められるか。

(2) 調停による話合いの結果、XY間で、ABの親権者をXとして離婚することについては双方の意向が一致するに至ったが、養育費の額で折合いがつかない場合、どのように養育費を定めるか。

(3) XをABの親権者とし、YがXに養育費を支払う旨合意して調停離婚した後、Yが再婚し、子が生まれた。Yは、養育費の減額を求めることができるか。他方、Xが失職して無収入となった場合、Xは、養育費の増額を求めることができるか。

Basic Information

1　婚姻費用とは、婚姻家庭が、その資産・収入・社会的地位等に応じた通常の社会生活を維持するために必要な費用であり、夫婦は互いにこれを分担する（民法760条）。

　婚姻費用の分担は、家手法別表第二の二に掲げる事項であり、家事調停事

項であるとともに（同法244条）、専ら家事審判事項である（同法39条）。

2　養育費とは、未成熟子の養育に要する費用であり、父母が離婚したとき又は父が子を認知したとき等に問題となり、当事者間でその協議が調わないとき、又は協議をすることができないときは、家庭裁判所は、民法766条1項所定の「子の監護に要する費用の分担」として、非監護親から監護親に支払を命じる（なお、同法749条、771条、788条は、766条を準用している。）。

養育費は、子の監護に関する処分として、家手法別表第二の三に掲げる事項であり、家事調停事項であるとともに（同法244条）、家事審判事項である（同法39条）が、これとは別に、離婚訴訟に附帯する申立てとして、離婚後の養育費の支払を命ずる裁判を求めることもできる（人訴法32条1項）。

3　婚姻費用の分担義務及び養育費の支払義務は、自己の生活を保持するのと同程度の生活を相手に保持させる義務（生活保持義務）と解されており、親族一般の扶養義務である、自己の生活を犠牲にしない限度で、被扶養者の最低限度の生活扶助を行う義務（生活扶助義務）とは区別される。

4　婚姻費用及び養育費の算定は非訟事項であり、家庭裁判所は諸事情を総合考慮して、その合理的な裁量的判断によって適正額を定める責務がある。

実務上、婚姻費用及び養育費の算定は、東京・大阪養育費等研究会が作成した算定表（東京・大阪養育費等研究会「簡易迅速な養育費等の算定を目指して」判例タイムズ1111号（2003年）285頁以下）に基づいている。

5　婚姻費用の分担義務は、婚姻関係という法律上の身分関係から生ずる義務であり、婚姻関係が実質的に破綻しているからといって、その義務を免れるものではない。もっとも、不貞行為をするなど専ら婚姻関係を破綻させた原因を作った有責配偶者による婚姻費用の分担請求は、信義則違反又は権利濫用として認められないことが多い。

6　婚姻費用の分担又は養育費は、義務者による任意かつ継続的な支払を確保する観点等からできるだけ当事者の合意によって解決することが望ましい。実務的にも、まず調停が申し立てられるのが通常であり、最初から審判が申し立てられることは少ない。調停を経ることなく審判が申し立てられた場合

には、当事者の意見を聴いたうえ、調停に付されることも多い（家手法274条）。

　婚姻費用の分担又は養育費の調停において、調停委員会が、当事者間に合意が成立する見込みがない又は成立した合意が相当でないと認め、調停が不成立になると（同法272条1項）、審判手続に移行する（同条4項）。ただし、夫婦関係調整調停事件（一般調停事件）において養育費を求めている場合に、調停が不成立になったときは、養育費の争いは審判手続に移行しない。

7　調停裁判所は、調停が成立しない場合であっても、相当と認めるときは、当事者双方のために衡平に考慮し、一切の事情を考慮して、職権で、事件の解決のために必要な審判、いわゆる調停に代わる審判をすることができる[1]。調停に代わる審判は、当事者がその審判の告知を受けた日から2週間の不変期間内に異議の申立てをしないとき、又は異議の申立てを却下する審判が確定したときは、確定判決又は確定審判と同一の効力を有する（家手法287条）。

8　一旦協議（調停を含む。）又は審判で定まった婚姻費用又は養育費の額は、前協議又は審判の当時その基礎となっていた事情が、前協議又は審判のあった後に変わり、前協議又は審判を維持することが当事者のいずれかに対して相当でないと認められ、かつ、当事者がその事情の変更を予見し又は予見し得るものでない場合には、民法880条の準用ないし類推適用により、あるいは、家庭裁判所が扱う非訟事件の性格上、実情に合致した措置を採ることができるのは当然であることを理由として、その増額又は減額を求めることができる。

◆設例に対する回答

1　設例⑴について

　Xの不貞行為が認められ、かつ、これが専ら又は主として別居の原因であると認められる場合には、Xの婚姻費用の分担請求は、信義則違反又は権利

---

[1]　ただし、家手法277条1項に規定する事項についての調停を除く。同法284条。

濫用として、Xの自身の生活費についての請求は認められず、子であるABの生活費についてのみ認められることになると考えられる。

もっとも、Yは、Xに対し度重なる暴力を加えていることから、別居の原因がXとYの双方にあると認められる場合には、当該請求が信義則違反又は権利濫用といえるかを検討したうえ、婚姻費用の分担額を適宜調整することもあると考えられる。

2　設例(2)について

離婚調停（夫婦関係調整調停）において、離婚及び親権者については争いがなく、養育費の額で折合いがつかない場合には、調停裁判所が相当と考える養育費の額を内容とする調停に代わる審判をすることが考えられる。

そのほかに、当事者の合意の下で、離婚及び親権者のみを定める調停を成立させ、養育費については別途審判を申し立てる方法も考えられるが、この方法によると、権利者にとっては、離婚の成立により婚姻費用の支払がなくなる一方で、養育費は審判の確定まで支払われないという事態になることもあり、かかる方法によるかどうかは慎重な検討が必要である。

3　設例(3)について

設例前段について、養育費を定めた離婚調停後に、Yは再婚し、子が生まれており、離婚調停時の養育費の額をそのまま維持すると、Yが扶養義務を負う再婚相手や、生まれた子の婚姻費用が全く考慮されないことになるため相当でない。したがって、離婚調停時の養育費の額が、Yの再婚や、子が生まれてくることを織り込んで定められたなどの特段の事情のない限り、Yは養育費の減額を求めることができる。

設例後段について、養育費を定めた離婚調停時において、Xに収入があることを前提として養育費の額が定められている場合には、離婚調停後、Xが失職して無収入となったときは、離婚調停による養育費の額を維持することは相当でなく、かつ、Xが失職して無収入になることは、当事者が予見し又

は予見し得るものでないから、Xは養育費の増額を求めることができる。

◆解説

1 算定表

(1) はじめに

　従前、家庭裁判所における婚姻費用及び養育費の算定は、実費方式（実際に必要とする生活費を証拠によって認定するもの）、生活保護基準方式（生活保護基準を最低生活基準として判断の尺度とするもの）、標準生活費方式（総理府の家計調査報告書等の統計資料を利用し、標準的な生活費を尺度とするもの）、労研方式（労働科学研究所が昭和27年東京都において実施した調査に基づいて算定した最低生活費を尺度とし、総合消費単位によって配分するもの）などがあったが、これらは複雑な計算を要するため、当事者が結果を予測することが難しく、また、税額、経費等を実額で認定したことから、その数値の認定をめぐってしばしば紛糾し、調停や審判が長期化する傾向があった。

　そのため、こうした問題点を解消し、婚姻費用及び養育費をより簡易迅速に算定することを目指して、東京及び大阪の家庭裁判所の裁判官並びに家庭裁判所調査官が中心となって検討が重ねられ、その成果として、平成15年に東京・大阪養育費等研究会が作成した算定表（前掲東京・大阪養育費等研究会285頁以下）が公表され、最高裁判所においてもかかる算定方法の合理性が是認されたこと（最三小決平成18・4・26判時1930号92頁〔28111334〕参照）等から、実務において広く定着している。

　なお、算定表は、その公表から10年余りが経過しているものの、日本の消費者物価指数などの経済指標は算定表発表当時と大きな変動はなく、算定表による金額が目安としての相当性を欠くような経済事情の変化はうかがわれない（松谷佳樹「婚姻費用・養育費の調停・審判事件の実務」法曹時報66巻6号（2014年）41頁）。

(2) 算定表の使い方

ア　算定表の説明

　算定表は、養育費については、子の人数（1人から3人）と年齢（0歳から14歳と15歳から19歳の2区分）に応じて9類型（表1から表9）、婚姻費用については、子の人数（0人から3人）と年齢（0歳から14歳と15歳から19歳の2区分）に応じて10類型（表10から表19）がある（これらの類型に当てはまらない場合は、後記(3)の算定表の基本的な考え方に基づいて計算することになる。）。

　算定表の縦軸には義務者（養育費・婚姻費用を支払う側）の年収が、横軸には権利者（養育費・婚姻費用の支払を受ける側。未成年の子がいる場合には子の監護者）の年収が示されており、縦軸の左欄と横軸の下欄の年収は給与所得者の年収を、縦軸の右欄と横軸の年収は自営業者の年収を示している。

イ　年収の求め方

(ア)　給与所得者の場合

　源泉徴収票の「支払金額」（控除されていない金額）や、市民・県民税等の課税証明書の「給与の収入金額」が年収となる。給与明細書の場合には、それが月額にすぎないこと、歩合給が多い場合には変動が大きいこと、賞与・一時金が含まれていないこと等に留意する必要がある。

(イ)　自営業者の場合

　確定申告書の「所得金額」から「社会保険料控除」を控除し、「青色申告特別控除」及び現実に支払がされていない「専従者給与（控除）額の合計額」を加算した額が年収となる。

　これは、養育費及び婚姻費用に当てられるべき自営業者の年収は、確定申告書の「課税される所得金額」が基礎となるものの、この「課税される所得金額」は、税法上様々な控除がされており、現実に支出されていない「雑損控除」「寡婦、寡夫控除」「勤労学生、障害者控除」「配偶者控除」「配偶者特別控除」「扶養控除」「基礎控除」を加算すべきであること、後記(3)のとおり、算定表では保健医療費及び保険掛金が既に特別経費として考慮されているか

ら、「医療費控除」「生命保険料控除」「地震保険料控除」を加算すべきであること、養育費及び婚姻費用の支払に優先するとはいえない「小規模企業共済等掛金控除」「寄付金控除」を加算すべきであること、現実に支払われていない「青色申告特別控除」及び現実に支払がされていない「専従者給与（控除）額の合計額」を加算すべきであることから導かれる帰結である。

(ウ)　給与収入と事業所得の両方の収入がある場合

　この場合、事業所得の額を給与収入に換算し、その額と給与収入の額を合計した額を給与収入として算定表に当てはめるか、給与収入の額を事業所得に換算し、その額と事業所得の額を合計した額を事業所得として算定表に当てはめるかのいずれかによる。

　事業所得の額を給与収入に換算する方法は、算定表の縦軸であれば、右欄（自営業者欄）から当該事業所得の額を探し、その額に対応する左欄（給与所得者欄）の額が給与収入に換算した額となる。給与収入の額を事業所得に換算する方法は、左欄（給与所得者欄）から当該給与収入の額を探し、その額に対応する右欄（自営業者欄）の額が事業所得に換算した額となる。

ウ　標準的な額の求め方

　子の人数と年齢に従って使用する表を選択し、その表の権利者及び義務者の年収欄を給与所得者か自営業者かの区別に従って選び出す。縦軸で義務者の年収額を探し、そこから右方向に線を延ばし、横軸で権利者の年収額を探して上に線を延ばし、この２つの線が交差する欄の金額が、義務者が負担すべき養育費又は婚姻費用の標準的な月額となる。

　養育費の表は、権利者の年収額が少ない場合は１万円、それ以外の場合は２万円の幅があり、婚姻費用の表は、１万円から２万円の幅がある。諸般の事情を考慮してその幅の範囲で調整することになる（ただし、後記(3)エのとおり、算定表の基本的な考え方に照らし、算定表の幅を超える修正が必要となる場合がある。）。

エ　子１人当たりの額の求め方（養育費の場合）

　算定表で求めた養育費額は、複数の子がいる場合には、その合計額を示し

ている。

　子1人当たりの養育費額を定めるときは、調停の場合は子の頭数で割った額とする例が多いが、後記(3)の算定表の基本的な考え方に従えば、子の生活費指数（親を100とした場合の子に当てられるべき生活費の割合で、統計数値等から標準化したもの。子の指数は0歳から14歳の場合は55、15歳から19歳の場合は90となる。）で按分することで求められる。例えば、子が2人おり、1人の子が10歳、もう1人の子が15歳の場合、算定表による養育費の額が5万円の場合には、10歳の子について2万円（＝5万円×55／(55＋90)）、15歳の子について3万円（＝5万円×90／(55＋90)）となる。

オ　算定表を使用するうえでの留意点

　算定表は、標準的な養育費・婚姻費用を簡易迅速に算定することを目的としており、最終的な金額については、いろいろな事情を考慮して当事者の合意で自由に定めることができる。

　しかし、いろいろな事情といっても、通常の範囲のものは標準化するに当たって算定表の金額の幅の中で既に考慮されているため、この幅を超えるような金額の算定を要するのは、後記(3)の算定表の基本的な考え方に照らし、算定表によることが不合理な結果となるなど特別な事情がある場合に限られる。

(3)　算定表の基本的な考え方

ア　基礎収入

　算定表は、婚姻費用及び養育費に充てる基礎となるべき金額（これを「基礎収入」という。）を、権利者と義務者の総収入額から、①税法等で理論的に算出された公租公課（所得税、住民税、社会保険料）の標準的な割合並びに②統計資料（総務省統計局「家計調査年報」の「年間収入階級別1世帯当たり年平均1か月間の収入と支出（勤労者世帯）」の過去5年の平均値）に基づいて推計された職業費（収入を得るのに必要な費用。被服費、交通・通信費、書籍費、諸雑費、交際費等）及び特別経費（住居に要する費用、保健医療費等）の標準的な割合を控除した額とする。

そして、給与所得者の場合は、公租公課の標準的割合がおおむね年収（源泉徴収票の「支払金額」、市民・県民税等の課税証明書の「給与の収入金額」）の12％～31％（高額所得者の方が割合が大きい。）、職業費がおおむね年収の19％～20％（高額所得者の方が割合が小さい。）、特別経費が年収のおおむね16％から26％（高額所得者の方が割合が小さい。）であるとして、給与所得者の基礎収入はおおむね年収の34％～42％（＝100％－(12％～31％＋19％～20％＋16％～25％)。この割合を「基礎収入割合」という。）とする。

　他方、自営業者の場合は、事業の種類によって収入を得るのに必要な経費が異なることから、給与所得者の年収に当たる、いわゆる売上げを年収として扱うのではなく、売上げから経費を控除した額である「課税される所得の金額」を基礎としつつ、前記(2)イ(イ)のとおり、これを修正して、確定申告書の「所得金額」から「社会保険料控除」を控除し、「青色申告特別控除」及び現実に支払がされていない「専従者給与（控除）額の合計額」を加算した額を年収とする。そして、自営業者の所得税及び住民税の標準的な割合がおおむね年収の15％～30％（高額所得者の方が割合が大きい。）、特別経費はおおむね年収の23％～33％（高額所得者の方が割合が小さい。）であるとして[2]、自営業者の基礎収入をおおむね年収の47％～52％（＝100％－(15％～30％＋23％～33％)）とする。

イ　婚姻費用の考え方

　前記アの権利者と義務者の各基礎収入の合計額が婚姻費用に充てられる原資と考え、これから権利者世帯のために充てられるべき生活費の額を、生活保護基準等から導き出される標準的な生活費指数[3]によって算出し、これか

---

[2]　なお、給与所得者の職業費に当たる費用は経費において考慮されているので、ここでは考慮しない。

[3]　生活扶助基準を利用して積算される最低生活費に、標準的な教育費（前掲東京・大阪養育費等研究会295頁・資料4「子どもの学習費調査統計表」）を加算したもので、成人を100とし、その対比で子の標準指数を定めたもので、0歳～14歳を55、15歳～19歳を90とする。

ら権利者の基礎収入を控除して、義務者の婚姻費用の分担額を算出する。
【計算式】
　①　基礎収入
　　　年収×0.34〜0.42（給与所得者の場合）
　　　年収×0.47〜0.52（自営業者の場合）
　　なお、松本哲泓「婚姻費用分担事件の審理－手続と裁判例の検討」家庭裁判月報62巻11号（2010年）57頁に、年収に応じた基礎収入割合の表がある。
　②　権利者世帯に割り振られる婚姻費用
　　　（義務者の基礎収入＋権利者の基礎収入）×（権利者の指数＋子の指数）／（権利者の指数＋義務者の指数＋子の指数）
　③　義務者から権利者に支払うべき婚姻費用（年額）
　　　②－（権利者の基礎収入）
ウ　養育費の考え方
　義務者が子と同居していると仮定して、前記アの義務者の基礎収入から子のために充てられるはずの生活費の額を、前記イの生活費指数によって算出し、これを、権利者と義務者の各基礎収入の割合で按分して、義務者が支払うべき養育費の額を算出する。
　ただし、権利者の収入が義務者の収入よりも高額である場合には、本来、子の生活費は、権利者の収入を基準とすべきであるものの、そうすると権利者の収入が高額になるほど、義務者の養育費額が増加し、義務者に酷な結果となるから、この場合には、権利者と義務者とが義務者の収入額で同一であるとして養育費の額を算出する。
【計算式】
　①　基礎収入
　　　年収×0.34〜0.42（給与所得者の場合）
　　　年収×0.47〜0.52（自営業者の場合）
　②　子の生活費

（義務者の基礎収入）×（子の指数）／（義務者の指数＋子の指数）

③　義務者が権利者に支払うべき養育費（年額）

②×（義務者の基礎収入）／（義務者の基礎収入＋権利者の基礎収入）

エ　算定表による額の修正が必要な場合

(ｱ)　義務者が、権利者の居住する自宅の住宅ローンを負担している場合

この場合、義務者による住宅ローンの支払は、権利者の住居費を負担している面があるが、他方で、住宅ローンの返済は資産形成の性格を有している面があるうえ、住宅ローンの月々の返済額全額を婚姻費用から控除すると、婚姻費用の額が大きく削られ、権利者に酷な結果となる。このため、算定表による婚姻費用の分担額から、算定表において義務者が負担すべきとして考慮している住居費関係費[4]の額を控除する方法や、権利者の基礎収入割合を適宜修正する方法などにより、算定表による婚姻費用の分担額を適宜修正する必要がある。

(ｲ)　子が私立学校に進学している場合

義務者が子の私立学校への進学に同意している場合や、当事者の学歴、職業、資産、収入、同居地域の進学状況に照らして、私立学校への進学が相当であると認められる場合には、私立学校の学費について適切な額を加算する。

具体的には、私立学校の実際の学費の額から、算定表において考慮されている学校教育費[5]を控除したうえで、当事者双方の基礎収入割合で按分する方法や、子の生活費指数のうち教育費の占める割合（14歳以下の子は、子の生活費指数55に対して13、15歳以上19歳未満の子は、子の生活費指数90に対して32）を控除したうえで、当事者双方の基礎収入割合で按分する方法により[6]、加算額を算出する。

---

[4]　前掲東京・大阪養育費等研究会294頁・資料2「平成10～14年　特別経費実収入比の平均値」。例えば、年収120万円程度であれば約3万円程度。

[5]　前掲東京・大阪養育費等研究会295頁・資料4「子どもの学習費調査統計表」。例えば、14歳以下の子がいる世帯の年間平均収入約828万円に対する公立中学校の学校教育費相当額約13万円。

[6]　なお、義務者の年収が高額な場合には、後者の方法によるのが適当である。

(4) 始期と終期

ア　婚姻費用

　婚姻費用の分担について、過去に遡って審判することも許されるが（最大決昭和40・6・30民集19巻4号1114頁〔27001290〕）、実務上は、婚姻費用の生活保持義務としての性質と当事者間の衡平の観点から請求時を始期とするものが多数である。請求時とは、婚姻費用の分担の調停又は審判を申し立てたときをいうが、その申立てより前に、申立人が、相手方に対して、内容証明郵便で婚姻費用の請求をしている場合には、内容証明郵便が相手方に到達したときを請求時とする例、先行する離婚調停等において、婚姻費用の分担を請求している場合に、その請求したときを請求時とする例がある。

　終期については、当事者間の離婚又は別居解消に至るまでとするのが一般である。

イ　養育費

　始期については、離婚と同時に養育費を定めるときは離婚時であり、離婚後に養育費の支払を求めるときは、婚姻費用と同様、請求時とするものが多数である。

　終期については、養育費が未成熟子（自己の資産又は労力で生活ができる能力のない子）の養育に要する費用であるから、成年に達した子は原則として未成熟子とはいえないが、成年に達していても自分で生活費を得ることができない子は未成熟子として扱うことになる。そのため、心身に障害があり働けない子や、就学中で働けない子については、子が成年に達した後も養育費を支払う義務がある。

　もっとも、心身に障害があって働けない場合であっても、障害者年金を受給することにより生計を維持することが可能となることもあるため、養育費の終期については成年に達するまでとし、成年に達した後は、必要に応じて子自らが扶養義務者に対して扶養料を請求すべきであるとする例もある。

　また、大学生については、義務者が大学進学に同意あるいは推定的同意をしている場合や、両親の学歴、職業、資産、収入等に照らして大学への進学

が相当であると認められる場合は未成熟子として扱い、事情に応じて、養育費の終期を大学卒業までとしたり、22歳に達した後の3月までとする例がある（東京高決平成12・12・5家裁月報53巻5号187頁〔28061551〕など）。もっとも、この場合には、子がアルバイト等で収入を得ていたり、得ることが可能であること等を考慮して、養育費の額を適宜修正することがある。

2 有責配偶者からの婚姻費用請求

(1) 不貞行為をするなど専ら婚姻関係を破綻させた原因を作った有責配偶者が婚姻費用の分担請求をする場合は、婚姻費用分担額のうち有責配偶者の生活費相当額については、信義則違反又は権利濫用として許されないとされることが多い。

ただし、有責配偶者が子を監護している場合は、婚姻費用分担額のうち養育費相当額については、子が必要とする生活費であるから、有責配偶者による請求であるからといって、その請求が信義則違反又は権利濫用として許されないとはいえず、義務者はその限度で婚姻費用の分担義務を免れない。

この場合の子の養育費相当額は、算定表によって婚姻費用分担額を算出したうえで、これを有責配偶者と子の生活費指数で按分するなどの方法による[7]。

(2) 婚姻費用の分担義務は、婚姻という法律上の身分関係から生じる義務であって、婚姻関係が破綻状態にあることから婚姻費用の分担義務を免れたり、分担額が減額されると解することはできず、ただ、前記(1)のように、その請求が信義則違反又は権利濫用になることがあるとするのが実務の主流である。

そのため、権利者が不貞の事実を争い、不貞の事実について明白な証拠がない場合など、婚姻関係を破綻させた原因を作ったのが専ら権利者であると判断できない場合には、一般的に夫婦の一方のみが有責という事案は多くないことや、双方の有責性の程度について双方が証拠を出して争うような事態

---

[7] 例えば、有責配偶者が5歳の子1人を監護している場合で、算定表による婚姻費用分担額が5万円であるとすると、子の養育費相当額は、5万円×55／(100＋55)≒1万8000円

になると、離婚訴訟又は慰謝料請求訴訟において争われるべき内容が婚姻費用の家事調停又は審判に持ち出されることになり、簡易迅速に決定されるべき婚姻費用の性質に反することなどから、婚姻費用の算定において双方の有責性を考慮しないことがある。

なお、権利者が勝手に別居したなどという同居義務に違反している程度では、婚姻費用の分担請求が信義則違反又は権利濫用であるとはいえず、分担義務の免除又は減額の理由とはならないと解されている。

3 調停に代わる審判

(1) 概要

調停裁判所（家事調停事件の係属する手続法上の家庭裁判所）は、調停の手続において合意に至らない場合、直ちに調停事件を終了させるのではなく、当事者双方のために衡平に考慮し、調停手続に現れた一切の事情を考慮して、当事者から異議の申立てがなければその内容どおりの効力を生ずることを前提とした解決案の提示としてする審判をすることができ、これを調停に代わる審判という（家手法284条）。

調停に代わる審判の対象は、家事審判法（同法24条1項・2項）の下では、離婚・離縁等の一般調停事件とされていたが、家手法により、別表第三に掲げる事項についての調停事件にまで対象が拡張され、婚姻費用の分担又は養育費の調停において、調停に代わる審判をすることが可能となった。

(2) 調停に代わる審判の活用例

婚姻費用又は養育費の調停において、相手方が手続に全く応答せず、期日に出頭しない場合や、婚姻費用又は養育費を一切支払う意思はなく、期日にも出頭しないなどと答弁をしている場合で、家庭裁判所調査官による出頭勧告等を経ても出頭しない事案、相手方が調停期日の途中から期日に出頭しなくなった事案、わずかな金額の差や感情的な抵抗感から合意ができない事案、当事者で合意ができているものの、当事者の一方が海外出張などで期日に出頭できない事案などで、調停に代わる審判が活用されている。

(3) 調停に代わる審判のメリット

　調停に代わる審判には、①紛争そのものが早期に解決する、②調停に準じた柔軟な解決が実現できる、③審判移行後の審理が充実する、④第1審（審判）段階での審理が充実する等のメリットがある。

　すなわち、①調停に代わる審判に対し、異議の申立てがなく確定すれば、紛争そのものが早期に解決し、権利者は債務名義を取得することができる。

　また、②判決や審判手続移行後の通常の審判の主文の内容は、申立てに対する応答として、裁判所の判断の結論そのものが簡潔に示されるのに対し、調停に代わる審判は、調停に現れた一切の事情を考慮したうえ、実情に即し、例えば、未払婚姻費用等を分割払としたり、確認条項や紳士条項、清算条項を入れるなど、柔軟な解決を図ることができる。そして、③調停に代わる審判において裁判所の判断の骨子が書面で示される場合には、当事者は、裁判所の考え方をより的確に理解することができ、調停に代わる審判に対して、異議の申立てがされて審判手続に移行する場合であっても、当事者は、調停に代わる審判で示された裁判所の考え方を前提とした自己の主張等を改めて検討し、ポイントを絞った主張立証が可能となり、結果として、審判移行後の手続において、争点を中心とした充実した審理が可能となる。さらに、④調停期日及び審判期日に全く出席しない相手方は、審判書が送達されてはじめて事柄の重要性に気付き、即時抗告する例も散見されるところ、審判手続に移行する前に、調停に代わる審判の審判書の送達を受けることにより、その段階で事柄の重要性に気付き審判期日に出頭することが期待でき、第1審段階の審理の充実にもつながる。

(4) 調停に代わる審判の手続

　調停に代わる審判は、調停の手続が調停委員会で行われている場合には、その調停委員会を組織する家事調停委員の意見を聴かなければならない（家手法284条2項）。

　調停に代わる審判は、審判書を作成しなければならず、審判書には、主文のほか、理由の要旨を記載しなければならない（同法258条1項、76条1

項本文、2項)。

　調停に代わる審判の主文は、調停条項と同様の記載内容とされる場合と、審判主文と同様の記載内容とされる場合があり、調停裁判所が事案に応じて選択する。

　理由の要旨については、調停手続で当事者双方に対し、調停委員会による説明が十分行われたうえで、調停に代わる審判の見通し等について説明がされている事案では、理由の要旨の記載は、「相当と認め」とする程度の簡潔なものであることが多い。

　調停に代わる審判は、当事者に対し、「相当と認める方法」で告知しなければならないが(同法258条1項、74条1項)、実務上、調停期日後、当事者に対し、審判書謄本を送達する方法によることが多い。

　調停に代わる審判は、公示送達によってすることはできず(同法285条2項)、告知ができなかった場合には、調停に代わる審判を取り消さなければならない(同条3項)。

　当事者が調停に代わる審判の告知を受けた日から2週間の不変期間内に異議の申立てをしない場合、又は異議の申立てが不適法であることを理由に却下する審判が確定した場合は、調停に代わる審判は確定し、確定した調停に代わる審判は、確定判決又は確定審判と同一の効力を有する(同法286条、287条)。

　当事者から適法な異議の申立てがされた場合には、調停に代わる審判は当然に効力を失い、別表第二に掲げる事項に関する事件については、家事調停の申立てがあった時に家事審判の申立てがあったものとみなされ、当然に審判手続に移行する(同法286条7項)。

　離婚及び離縁事件を除き、当事者が調停に代わる審判に服する旨の共同の申出を書面によってしたときは、その後、調停に代わる審判の告知前に同申出が撤回されない限り、当事者は同審判に対し異議を申し立てることができなくなる(同法286条8項ないし10項)。

　また、調停に代わる審判がされた後に、当事者が異議申立権を放棄した場

合も調停に代わる審判は確定する（同法286条2項、279条4項。なお、異議申立権者は当事者に限られる（同法286条1項）。）。

4 婚姻費用又は養育費の増減額請求

(1) 婚姻費用又は養育費の増額又は減額について直接規定した条文はないが、未成熟子が親に対して求める扶養料の増減額について規定した民法880条[8]を準用ないし類推適用することにより、あるいは、非訟事件の性格上、家庭裁判所が実情に合致した措置を採ることができるのは当然であるとして、婚姻費用又は養育費の増額又は減額について、事情の変更による取消しや変更ができる。

(2) 婚姻費用又は養育費の増減額請求が認められるためには、前協議（調停を含む。）又は審判の当時その基礎となっていた事情が、前協議又は審判のあった後に変わったことが必要であり、例えば、義務者又は権利者の収入の大幅な増減があった場合、再婚、養子縁組、認知等身分関係の変動が生じ、それに伴って扶養関係に変化があった場合等が、増減額請求が認められる事情変更となり得る。

もっとも、前協議又は審判の後に生じた事情が何でも増減額の理由になるのではなく、前協議又は審判を維持することが当事者のいずれに対しても相当でないと認められる程度の重要な事情の変更であることが必要であり、また、事情の変更は、当事者が予見し又は予見し得るものでないことが必要である。

(3) 事情変更が認められる場合は、基本的には、現在の収入や扶養関係に基づいて婚姻費用又は養育費の額を算定し直すことになるが、前協議において合意した金額が当時の収入等に照らして算定表の基準から相当乖離しているような場合は、その理由に配慮して増減額を調整することがある。例えば、

---

[8] 扶養をすべき者若しくは扶養を受けるべき者の順序又は扶養の程度若しくは方法について協議又は審判があった後事情の変更を生じたときは、家庭裁判所は、その協議又は審判の変更又は取消しをすることができる。

財産分与が高額であったために養育費を低額にした場合や、慰謝料的な要素を考慮して養育費を高額にした場合などが考えられる。

このような場合には、乖離額を固定値として収入等に応じて標準的な金額分を変動させる方法や、乖離率に比例して新しい金額を決めたりする方法など、理由に応じて適宜調整をすることになる。

5　調停又は審判手続

(1)　婚姻費用は、婚姻費用の分担に関する処分（家手法別表第二の二）に関するものであり、養育費は、子の監護に関する処分（同法別表第二の三）に関するものである。婚姻費用の分担又は養育費の支払を求める場合には、調停（同法244条）又は審判（同法39条）のいずれによることもでき、調停前置主義（同法257条1項）の適用はない（ただし、夫婦関係調整調停事件において、養育費が問題となっているときは、一般調停事件である。）。

もっとも、婚姻費用又は養育費は、当事者双方に婚姻費用や養育費の意味や、算定表の考え方などを十分理解してもらい、また、当事者の実情に応じたきめ細かな調整を図り、合意によって解決することにより、その後の任意かつ継続的な支払が期待できることなどから、できるだけ調停によって解決されることが望ましく、実務上、調停を経ることなく審判の申立てがされる事案は少ない。

調停を経ることなく審判の申立てがされた場合、当事者の意見を聴いたうえで、調停の可能性があると判断されれば、調停に付されることも多い（同法274条）。

なお、家事調停の管轄は、相手方の住所地を管轄する家庭裁判所又は当事者が合意で定める家庭裁判所であるのに対し（同法245条）、家事審判の管轄は、婚姻費用が夫又は妻の住所地（同法150条3号）、養育費が子の住所地（同条4号）の家庭裁判所であることから、遠隔地に住んでいる相手方の住所地を管轄する家庭裁判所に調停を申し立てることを嫌い、自己の住所地を管轄する家庭裁判所に審判の申立てをする例がないわけではないが、この

ような場合でも、当事者の意見を聴いたうえで、調停の可能性があると判断されれば、調停に付されることが多い[9]。
(2) 婚姻費用及び養育費の調停が不成立で終了した場合は、当該調停の申立ての時に、当該事項についての家事審判の申立てがあったものとみなされ、家事審判手続に移行する[10]。ただし、家事審判の手続から調停に付された事件については、既に係属している家事審判手続が進行する。

　婚姻費用の分担の審判及び申立てを却下する審判に対しては、夫及び妻が（家手法156条3号）、養育費の審判及びその申立てを却下する審判に対しては、子の父母及び子の監護者が（同条4号）、即時抗告をすることができる。
(3) 婚姻費用及び養育費は、前記のとおり、当事者双方の収入を基礎としてその金額を算定することから、調停又は審判のいずれの場合であっても、できる限り早期に収入が客観的に把握できる資料を提出することが重要である。

　具体的には、給与所得者であれば、前年度の源泉徴収票や課税証明書の写しを、自営業者であれば、確定申告書（収支内訳書を含む。）の写しを裁判所用と他方当事者交付用の2通を作成して提出する。

　また、前年の収入に大きな変動がある場合には、遡って3年分の収入資料を提出したり、働き出して間がないときは給与明細、雇用契約書を提出することなどが必要である。

　収入資料は、婚姻費用及び養育費を算定する基礎資料であるから、基本的には他方当事者に開示されることが必要であり、勤務先や取引先について特に非開示を求める場合には、その部分を黒塗りにするなどして提出する。

　なお、婚姻費用や養育費の支払義務者が期日に出頭しないなど、その収入の把握が困難である場合には、勤務先や市町村に対する、弁護士法23条の2による照会又は調査の嘱託（家手法62条、258条1項）によって、これを

---

[9] なお、審判事件の係属する家庭裁判所は、調停事件の管轄を有するかどうかを問わず、自ら処理することができる（家手法274条3項）。
[10] 家手法272条1項・4項。なお、この場合の家事審判事件の管轄の標準時は家事審判の手続への移行時である。

把握することがあり、また、同居中の収入状況、賃金センサス等によって、収入を推計することもある。

6 履行確保の方法
(1) 概要
　家事事件の手続においてされた調停や審判において定められた義務の履行を確保するための手段として、履行状況の調査及び履行の勧告（家手法289条）、履行命令（同法290条）の制度がある。

　これは、家事事件は、将来にわたって円滑な人間関係が維持されることが望ましい場合があり、そのためにはできるだけ自主的な履行の機会を与えることが相当であるとして、民事執行以外の方法が設けられている。

(2) 履行状況の調査及び履行の勧告
　婚姻費用や養育費の審判をした家庭裁判所、調停をした家庭裁判所、調停に代わる審判をした裁判所は、権利者の申出があるときは、審判、調停又は調停に代わる審判で定められた義務の履行状況を調査し、義務者に対し、その義務の履行を勧告することができる（審判につき家手法289条1項、調停、調停に代わる審判につき同法289条7項・1項）。これは、一般に履行勧告と呼ばれている。

　履行勧告は、義務者の義務の履行を促すにすぎず、事実上の効果を狙って適宜の方法で行われる。

　家庭裁判所は、調査及び勧告を家庭裁判所調査官にさせることができ（同法289条3項）、また、調査及び勧告に関し、環境の調整のために、家庭裁判所調査官に社会福祉機関との連絡その他の措置を採らせることなどができる（同法289条4項・5項）。

(3) 履行命令
　履行命令とは、義務者が、金銭の支払その他の財産上の給付を目的とする義務の履行を怠った場合において、家庭裁判所が相当と認めるときは、権利者の申立てによって、義務者に対して、相当の期限を定めてその義務の履行

をすべきことを命ずることができ（家手法290条1項前段・3項）、義務者が正当の理由もなく、定められた期限までにその命令に従わないときは、その者に対し、10万円以下の過料の制裁を科することができる（同条5項）制度である。

家庭裁判所は、申立てを受理した場合、事実を調査し、その結果、義務の履行を命ずるのが相当と認めるときは、その命令をする前に、義務者の陳述を聴かなければならない（同法290条2項）。

履行命令及び申立てを却下する審判に対しては、不服申立てをすることはできないと解されている。

（右田　晃一）

◆参考文献

本文中に掲げるもののほか
- 青木晋「養育費・婚姻費用算定表の活用について」ケース研究279号（2004年）151頁
- 岡健太郎＝平城恭子「養育費・婚姻費用算定表の運用上の諸問題」ケース研究287号（2006年）103頁
- 濱谷由紀＝中村昭子「養育費・婚姻費用算定の実務　大阪家庭裁判所における実情」判例タイムズ1179号（2005年）35頁
- 菱山泰男＝太田寅彦「婚姻費用の算定を巡る実務上の諸問題」判例タイムズ1208号（2006年）24頁
- 岡健太郎「養育費・婚姻費用算定表の運用上の諸問題」判例タイムズ1209号（2006年）4頁
- 矢尾和子＝船所寛生「第8回　調停に代わる審判の活用と合意に相当する審判の運用の実情」法曹時報66巻12号（2014年）27頁
- 松田亨「婚姻関係事件における財産的給付と事情変更の原則」家庭裁判月報43巻12号（1991年）1頁
- 生島恭子「養育費、婚姻費用の増額、減額請求事件」ケース研究261号（1999年）119頁
- 中山直子『判例先例　親族法―扶養―』日本加除出版（2012年）19頁、295頁
- 秋武憲一＝岡健太郎編著『離婚調停・離婚訴訟〈改訂版〉』青林書院（2013年）159頁
- 金子修編著『逐条解説家事事件手続法』商事法務（2013年）

3 離婚

設例3 妻X（昭和30年生）と夫Y（昭和25年生）とは、昭和60年に婚姻し、昭和63年に長女が生まれた。Xは、Yが会社を定年退職した平成22年に、長女とともに自宅を出て、Yと別居していた。

Xは、平成24年、Yとの離婚調停を申し立て、その後2年間にわたり調停を重ねたが、話合いは平行線を辿り、調停は不成立となったため、平成26年、Yを被告として、離婚訴訟を提起した。Xが、会社人間のYは、婚姻後、ほとんど家庭を顧みず、専業主婦であるXに家事・育児を任せきりで、一切協力しなかったばかりか、家庭での会話も少なく、Xにねぎらいの言葉1つかけたこともなかったなどと、Yの思いやりのない言動等により婚姻関係が破綻した旨主張したのに対し、Yは、Xとの家庭生活はごく普通の平穏なもので、真面目な仕事人間であるYに何ら落ち度はなく、別居も、Xのわがままな態度とこれに同調する長女の扇動的な態度に要因があり、長年苦楽をともにしてきたXYの婚姻関係はいまだ破綻していないなどと反論している。

Xの離婚請求は認められるか。

Basic Information

1　離婚とは、婚姻関係の解消である。離婚には、①協議上の離婚（民法763条）のほか、②調停離婚、③審判離婚、④和解離婚、⑤認諾離婚、⑥裁判離婚（同法770条以下）がある。これらを図示すると、以下のとおりとなる。

①協議上の離婚		
それ以外の離婚	調停手続におけるもの	②調停離婚
		③審判離婚
	人事訴訟におけるもの	④和解離婚
		⑤認諾離婚
		⑥裁判離婚

　①協議上の離婚は、当事者が離婚することに合意し、これを市町村役場に届け出ることによって成立する（同法764条、739条1項、戸籍法76条）。これ以外の離婚は、すべて家庭裁判所の関与の下に行われる。

　協議上の離婚が成立しない場合、離婚を求める当事者は、家庭裁判所に対し、調停を申し立てなければならない。調停の手続において、離婚の合意ができ、調停が成立した場合には離婚が成立する（家手法268条1項）。これが②調停離婚である。調停が成立しない場合に、家庭裁判所は、相当と認めるとき、当事者双方のために衡平に考慮し、一切の事情を考慮し、職権で、事件解決のため必要な審判（調停に代わる審判）をすることができ、これが確定した時にも離婚が成立する（同法284条1項、287条）。これが③審判離婚である。もっとも、調停に代わる審判に対しては、当事者は異議を申し立てることができ、この場合には審判は効力を失うものとされるから（同法286条1項・5項）、当事者間の対立が激しい場合には異議が申し立てられることが確実であるため、これが用いられるのはごく限られた場面に限る。[1]

　これらに至らず、調停が不成立となった場合に、なお離婚を求める当事者は、家庭裁判所に対し、人事訴訟を提起しなければならない。そこでの審理に基づき、家庭裁判所は、判決を言い渡す。原告の離婚請求を認容する判決が出され、これが確定した場合、⑥裁判離婚が成立する。家庭裁判所における審理の過程で、和解あるいは認諾によって離婚が成立した場合、④和解離

---

[1] もっとも、東京家庭裁判所においては、近時、調停に代わる審判が活用されている（東京家事事件研究会編『家事事件・人事訴訟事件の実務』法曹会（2015年）〔矢尾和子・船所寛生〕262頁）。

婚又は⑤認諾離婚が成立することもある（人訴法37条1項）。

2　人事訴訟法には調停についての規定は設けられておらず、家事事件手続法は、調停を行うことができる事件（人事に関する訴訟事件その他一般に家庭に関する事件）について、訴えを提起しようとする場合には、まず家庭裁判所に調停の申立てをしなければならないものと定めている（同法257条1項）。このことは、調停を経ることは訴訟要件とはしなかったものの、前記の事件類型においては、当事者の自主的な紛争解決能力と意欲を基本とし、協議によって合意による解決がされることが望ましいという見地から、まず調停の申立てをすべきものとしたものであると説明される。いわゆる調停前置主義と呼ばれるものである。

　ただ、調停とその後の手続との間には、いくつかの立法例があり得る。家事事件手続法の定める別表第二の事件の場合には、調停が不成立となった場合には、審判手続に移行し、審判による解決が図られる（同法272条4項）。人事訴訟についても、当然に訴訟に移行するものとするなど同様の構造を採ることも立法上は可能である。現に、人事訴訟法の立法に当たっては、そのようなことも検討されたようである。[2] しかし、調停不成立後に訴えを提起するか否かについて再度検討の機会を与える必要があること、調停が訴訟の前哨戦のようになってしまい調停前置の良いところが失われるおそれがあることなどから、手続は従前どおり分断されたものとして扱うものとされた。人事訴訟法に、調停手続との関係について触れた規定が存在しないのはそのことを示すものである。

　いずれにしても、離婚訴訟においては、調停前置主義によって調停を試みたが、合意が得られずに終わった事件が扱われることになる。

---

[2]　野田愛子＝安倍嘉人監修『人事訴訟法〈改訂版〉』日本加除出版（2007年）376頁、石田敏明編著『新人事訴訟法－要点解説とQ＆A』新日本法規出版（2004年）16頁

◆ 設例に対する回答

　本件においては、Yがほとんど家庭を顧みず、思いやりがなく、わがままな面があることがうかがわれるが、それだけで婚姻関係が破綻したものと認めることは困難である。ただ、Yの言動の1つひとつはそれほど相手方を傷つけるようなものではないとしても、それが積み重なって相手方に対して婚姻生活を継続させるための意欲を喪失させるだけの重みを持ってくることもあり得るところであり、それらが立証されたのか否か、それによってXが婚姻を継続する意思を失ったことが客観的にやむを得ないといえるに至ったか否かを検討する必要がある。また、別居がどのような経緯を経て生じたものかという点も婚姻関係が破綻したか否かを判断するうえで重要であり、別居に至る直前にどのような出来事があったのかという見地からも検討する必要がある。

　また、設例では、別居後、訴訟提起までに約4年が経過しているというのであるから、別居に至る経緯と相まって婚姻関係が破綻していると認定される余地はある。ただ、4年という期間は、婚姻年数と比して必ずしも長期間であるとはいえないから、一律に結論を下すことは困難である。

　したがって、設例に対する回答としては、場合によってはXの離婚請求が認められる場合もあろうというところにとどめざるを得ない。なお、類似の例として、東京高判平成13・1・18判タ1060号240頁〔28061559〕がある。同判決は、設例と類似の事案に関し、Yが婚姻関係の継続を望んでいること、長男が婚姻関係の継続を望んでいること、Xの意向に長女の意向が強くかかわっていること等を総合考慮したうえ、「XとYが平成9年10月以降別居状態にあり、Xの離婚の意向が強いことを考慮しても、現段階で、XとYの婚姻関係が完全に破綻しているとまで認めるのは相当でないというべきである。Yは相応の社会的経験を有し、社会の良識に従った対応が期待できるものと思われる。この訴訟の結果を受けて、今一度、長年にわたって形成されてきた婚姻関係につき再考し、改めるべき点は改め、長男らの協力を得ながら、和合のための努力が試みられるべきである。それでも、なお、

関係の修復が図れず、いずれかが離婚を選択したいと考える場合は、その段階で、再度、離婚の当否について検討するという道筋を採るべきである。」として、Xの離婚請求は理由がないものとして、Xの離婚請求を認容した原判決[3]を取り消した。[4]

◆解　説

1　意義・性質

以下、離婚の訴えについて解説する。離婚の訴えとは、婚姻関係にある者が他方当事者に対し、離婚原因に該当する事実を主張し、判決により、将来に向かって婚姻関係を解消することを求める訴えであり、その法的性質は、形成の訴えであると解されている。

離婚の訴えについて請求認容の判決がされて確定すると、婚姻関係は将来に向かって解消することとなる。離婚の訴えについての手続は、人事訴訟法によって定められている。

2　離婚訴訟の特色

(1)　民事訴訟法の特則としての特色

人事訴訟法は、人事訴訟に関する手続に関し、民事訴訟法の特例等を定めるものである（同法1条）。人事訴訟も民事訴訟の1つであるが、訴訟の対象が公益性を有する身分関係事項であることから、弁論主義が修正され、自白に拘束力が認められないこと、当事者主義が修正されて職権探知主義が採られていることなどの特則が設けられている。人事訴訟法は、平成16年4

---

[3]　横浜地相模原支判平成11・7・30判時1708号142頁〔28051490〕。これに対する評釈として、本山敦「判批」ジュリスト1190号（2000年）128頁、大津千明「判批」平成12年度主要民事判例解説152頁。

[4]　これに対する評釈として二宮周平「判批」判例タイムズ1076号（2002年）92頁があり、批判的な見解として島津一郎＝阿部徹編『新版注釈民法⑵親族(2)』有斐閣（2008年）〔阿部〕383頁がある。

月1日に施行されたものであり、人事訴訟の管轄を家庭裁判所に置くものであるが、それ以前は、人事訴訟は地方裁判所の管轄に属していた。同法の施行によって、人事に関する紛争に関し、調停から訴訟まですべての手続を家庭裁判所が扱うこととなった。

人事訴訟の特例として、民事訴訟法の適用が排除される事項は、以下のとおりである。

ア　訴訟能力に関する特則

　未成年者、成年被後見人、被保佐人及び被補助人の法律行為に関する民法5条1項・2項、9条、13条並びに17条の適用が排除される結果、民訴法31条の適用が排除される（人訴法13条1項）。

イ　反訴に関する特則

　反訴に関して民訴法143条1項及び4項、146条1項、300条の適用が排除される（人訴法18条）。

ウ　訴訟手続に関する特則

　民訴法157条（時機に後れた攻撃防御方法の却下等）、157条の2（審理の計画が定められている場合の攻撃防御方法の却下）、159条1項（自白の擬制）、207条2項（当事者尋問の補充性）、208条（不出頭等の効果）、224条（当事者が文書提出命令に従わない場合等の効果）、229条4項（筆跡等の対照の用に供すべき文字の筆記命令に従わない場合の効果）、244条（当事者の欠席等の場合の終局判決）、179条（証明することを要しない事実）が排除されるほか（人訴法19条1項）、職権探知主義が採られる（人訴法20条）。

エ　訴訟の目的に関する特則

　民訴法266条（請求の放棄又は認諾）、267条（和解調書等の効力）の適用が排除される（人訴法19条2項）。

オ　婚姻関係訴訟の特則

　婚姻関係訴訟に関しては、さらに特例が設けられ、和解並びに請求の放棄及び認諾をすることができるものとされている（人訴法37条1項）。ただし、受諾書面による和解（民訴法264条）、裁判所の裁定による和解（同法265

条)はできず(人訴法37条2項)、電話会議による弁論準備手続期日(民訴法170条3項)においては和解及び認諾をすることができない(人訴法37条3項)。

(2) 関連損害賠償請求訴訟と附帯処分

ア　関連損害賠償請求訴訟

　人事訴訟においては、人事訴訟に係る請求と当該請求の原因である事実によって生じた損害の賠償に関する請求を併合することができ、1つの訴えとして提起することも、既に提起した人事訴訟の係属する家庭裁判所に提起することもできる(人訴法17条1項・2項)。また、当該損害賠償事件が地方裁判所又は簡易裁判所に係属する場合、申立てによりこれを人事訴訟の係属する家庭裁判所に移送することができる。そして、いずれの場合も、当該損害賠償事件を扱うものとされた家庭裁判所は、人事訴訟に係る事件と当該損害賠償事件について口頭弁論の併合を命じなければならない(同法8条1項・2項)。ここでの損害賠償請求は、純粋な民事訴訟であり、これらについては、人事訴訟法の規定は適用されず、民事訴訟として審理が進められることになる。

　離婚訴訟において併せて提起することができるのは、離婚の原因である事実によって生じた損害の賠償に関する請求であり、①離婚を余儀なくされたことそのものに対する慰謝料(いわゆる離婚慰謝料)と、②離婚原因である個々の不法行為(不貞行為や暴力行為等)に対する慰謝料(いわゆる離婚原因慰謝料)とがある。両者の違いについて明確に意識されずに主張されることが多いが、①は離婚が成立することによってはじめて発生するものであり、遅延損害金の起算日が判決確定の日となり、仮執行宣言を付すことができないなど、留意すべき点が多い。②の中には、不貞行為の相手方など第三者を当事者とするものも含まれる。

イ　附帯処分

　人事訴訟法は、第2章において、婚姻関係訴訟に関して特例を定め、附帯処分について裁判をすることができること(同法32条)、附帯処分について事実の調査をすることができること(同法33条)、事実の調査を家庭裁判所

調査官にさせることができること（同法34条）を定めている。

　附帯処分についての裁判をすることができるものとしたのは、離婚に伴い決めておく必要のある事柄である子の監護者の指定その他子の監護に関する処分、財産の分与に関する処分又は厚生年金保険法78条の2の2項の規定による処分（年金分割）を離婚訴訟の裁判と同時に行うことができるようにするためである。すなわち、未成年の子がある場合には、その監護をすべき者、面会交流、監護に要する費用の分担その他監護に必要な事項については、協議上の離婚の場合には双方の協議によって定めるものとされ（民法766条1項）、裁判上の離婚の場合には同条の規定が準用されることから、裁判所が判断することになる（同法771条）。さらに、離婚した者の一方は、他方に対し、離婚に際して財産分与を求めることができるとされており（同法768条1項）、協議が調わない場合には、裁判所に対して審判の申立てをすることができるとされている（同条2項）。これらの審判は、家事事件手続法別表第二に掲げる事項についての審判であり、同法の規定は、離婚後に申し立てられることを想定したものとなっているが、人訴法32条は、さらに、これらを離婚の訴えとともに申し立てることができるものとしたのである。このように、附帯処分は、本来は家事審判事項であり、審判手続によって審理されるべきものであり、このことは人事訴訟法とともに申し立てられた場合であっても変わるところはない。附帯処分の裁判をするに当たって事実の調査をすることができるとしたのは（同法33条1項）、このような考え方に基づくものである。ここにいう事実の調査とは、訴訟手続における証拠調べに比して簡易なものであるが、人事訴訟の手続の中で、附帯処分に係る事項についても民事訴訟法の定める証拠調べの手続を経るのが通常であるから、手続の相違が問題となることは実務上ほとんどない。ただ、附帯処分については申立ての拘束力がないものとされていることから[5]、当事者の申し立て

5　附帯処分の申立てに拘束力を認める見解として、松本博之『人事訴訟法〈第3版〉』弘文堂（2012年）333頁。

た額を上回る金額の養育費や財産分与を命ずることができるとされている。

なお、離婚請求が認容される場合、夫婦間に未成年の子があるときは、裁判所は、職権で父母の一方を親権者と定めるものとされている（民法819条2項）。これは、当事者の申立てがなくても裁判しなければならない点で、附帯処分とは異なるが、人事訴訟法は、親権者についての裁判の手続も附帯処分についての規定を準用し（人訴法32条3項）、家庭裁判所が離婚を認容する判決において親権者の指定をすべきものとし、この裁判に当たっても事実の調査をすることができるものとした（同法33条1項）。これにより、親権者の指定に関して家庭裁判所調査官による調査（同法34条1項）をすることができるものとされた。このことは、人事訴訟が家庭裁判所に移管されたことによる変化の最たるものである。

ウ　このように、離婚の訴えは、関連損害賠償請求訴訟と附帯処分の申立てとともに提起されることがあるが、これらはいずれも裁判としての性質を異にするものであり、適用される手続法規も異なるものであるから、留意する必要がある。

3　管轄

離婚の訴えの管轄裁判所は、婚姻関係の当事者が普通裁判籍を有する地を管轄する家庭裁判所である（人訴法4条1項）。

ただし、前記管轄がない場合であっても、先行する調停が係属していた家庭裁判所は、調停の経過、当事者の意見その他の事情を考慮して特に必要があると認める場合には、申立てにより又は職権で、自庁処理を行うことができる（同法6条）。

また、併合請求における管轄が認められているため、例えば、離縁とともに離婚を求める場合、離縁の訴えに係る管轄裁判所に対し、離婚の訴えも併せて提起することができる（同法5条）。

4　当事者

(1)　婚姻の相手方

離婚の訴えの当事者は、婚姻関係の当事者である。夫婦の一方が原告となり、もう一方が被告となる。したがって、夫婦のいずれかが死亡している場合、離婚の訴えを提起することはできない。訴訟の係属中に原告が死亡した場合、当該訴訟は当然に終了する（人訴法27条1項）。また、訴訟の係属中に被告が死亡した場合、訴訟承継はなく、当該訴訟は当然に終了する（同条2項）。ただし、関連損害賠償請求は、前記のとおり純粋な民事訴訟であるから、民事訴訟法の定める受継の問題が生ずる。もっとも配偶者は常に相続人となるから、生存している原告又は被告は、死亡した被告又は原告の相続人としての地位を兼ねることになる。

(2)　成年被後見人・未成年者

ア　夫婦の一方が行為無能力者である場合

人訴法13条1項は、民法の行為能力の制限に関する規定の適用を除外したうえ、未成年者及び成年被後見人は、法定代理人によらなければ、訴訟行為をすることができないと定める民訴法31条の適用を除外しており、離婚の訴えにおいて、夫婦の一方が行為無能力者であっても、意思能力がある限り、訴訟能力を有することとなる。

ただし、行為能力に制限のある者が訴訟行為を行うことは困難であるため、必要があると認められる場合、裁判長は、申立てにより、弁護士を訴訟代理人に選任することができるし、申立てをしない場合でも、弁護士を訴訟代理人に選任すべき旨を命じ、又は職権で弁護士を訴訟代理人に選任することができる（人訴法13条2項・3項）。

イ　夫婦の一方が成年被後見人である場合

夫婦の一方が成年被後見人である場合、成年後見人が成年被後見人のために訴え、又は訴えられることができ（人訴法14条1項）、成年後見人が離婚の訴えの相手方となるときは、成年後見監督人が成年被後見人のために訴え、又は訴えられることができる（同条2項）。

なお、後見開始の審判がなされていないが、夫婦の一方が意思能力を欠いている場合には、その者について後見開始の審判を受けさせ、後見人の選任を待ったうえ、離婚の訴えを提起し、又は応訴する必要がある。この点について、民訴法35条の特別代理人を選任のうえ、離婚の訴えを提起することができるかが問題となるが、判例は、身分行為が代理に親しまないものであるとして、特別代理人による訴訟遂行を否定しており（最二小判昭和33・7・25民集12巻12号1823頁〔27002640〕）、前記のとおり、後見開始の審判を受けさせなければならないと解すべきである。

5　訴訟物

離婚の訴えにおける訴訟物は、離婚請求権であるが、訴訟物理論を反映した学説の対立があり、①旧訴訟物理論に立ち、民法770条1項各号が規定する離婚原因ごとに離婚請求権があるとし、複数の訴訟物を認める見解、②旧訴訟物理論に立ちつつ、同項1号ないし4号の離婚原因を「婚姻を継続し難い重大な事由」の例示であるとして、離婚原因は、同項5号の「婚姻を継続し難い重大な事由」であるとする見解（前掲松本319頁等）、③新訴訟物理論に立ち、訴訟物は、離婚を求め得る法的地位にあるとの権利主張であり、同項各号の離婚原因は、これを基礎付ける事由にすぎず、離婚原因によって訴訟物が別異になることはないとする見解などがある。

この点、判例は、同法770条1項各号が規定する離婚原因ごとに離婚請求権があるとし、複数の訴訟物を認める①の旧訴訟物理論に立っており（最三小判昭和36・4・25民集15巻4号891頁〔27002310〕）、離婚原因ごとに離婚請求権が生じるものとしている。そのため、離婚の訴えにおける訴状においては、同法770条1項各号の少なくともいずれかに該当する事実を主張しなければならず、主張しなかった離婚原因については審理の対象とならないとされる点に留意する必要がある。もっとも、実務的には、同法770条1項5号のいわゆる抽象的離婚原因が離婚請求権の中核であり、同項1号ないし4号の具体的離婚原因はその例示であるという、前記②の見解に近い運用が

6 攻撃防御方法と主張立証責任

(1) 請求原因

　離婚の訴えにおける原告は、請求原因として、①婚姻関係が存在すること、②民法770条1項各号の後記離婚原因のいずれかが存在することを主張立証しなければならない。

ア　配偶者に不貞な行為があったとき（同項1号）

　「不貞な行為」とは、配偶者のある者が、自由な意思に基づいて、配偶者以外の者と性的関係を結ぶことをいい、相手方の自由な意思に基づくものであるか否かは問わないものとされている（最一小判昭和48・11・15民集27巻10号1323頁〔27000467〕）。

イ　配偶者から悪意で遺棄されたとき（同項2号）

　「悪意」とは、遺棄の事実を認識しているだけでなく、これを積極的に認容する意思であり、社会倫理的に非難される要素を含むものである。

　「遺棄」の中心は、夫婦関係において同居拒否一般、ないしは同居協力、扶助義務又は婚姻費用分担義務の不履行一般を含むものと解するのが判例・通説である。もっとも、「その他婚姻を継続し難い重大な事由があること」も離婚原因となるうえ（同項5号）、実務上も同時に主張されることが多く、「遺棄」に該当するか否かのみがことさら問題となる場面は少ない。

ウ　配偶者の生死が3年以上明らかでないとき（同項3号）

　「生死が3年以上明らかでないとき」とは、単に音信不通であるというだけでは足りず、生存も死亡も不明であることが必要であり、現在まで継続して3年以上生死不明であることを要する。

6　悪意の遺棄を原因とする離婚請求を認容した判決の理由中に相当期間の別居が認定されている場合には、父性の混乱はないため、再婚禁止期間内であっても、婚姻届が受理される取扱いがされていることから、そのような場合には例外的に同項2号を訴訟物としていることについて、後掲阿部23、34頁参照。

なお、生死不明が3年未満の場合、同項3号には該当しないものの、その他の事情と相まって同項5号の婚姻を継続し難い重大な事由に該当することはあり得る。

エ　配偶者が強度の精神病にかかり、回復の見込みがないとき（同項4号）

　「強度の精神病」とは、正常な婚姻生活を継続することが期待できない程度の重い精神障害をいい、医学的に回復不能と判定される必要はないとされている。

　裁判例としては、夫婦の一方が不治の精神病にかかっている場合でも、諸般の事情を考慮し、病者の今後の療養、生活等についてできる限りの具体的方途を講じ、ある程度において前途にその方途の見込みのついたうえでなければ、離婚の請求は許されないとした例（前掲昭和33年最判〔27002640〕）がある一方、妻が精神病にかかり、回復の見込みがなく、また、妻の実家が療養のための経済的能力があり、一方夫の生活が必ずしも裕福でない等の事由がある場合には、本条2項による離婚請求を棄却することはできないとされた例（最三小判昭和45・11・24民集24巻12号1943頁〔27000671〕）がある。

オ　その他婚姻を継続し難い重大な事由があるとき（同項5号）

　婚姻を継続し難い重大な事由とは、婚姻関係が破綻していることである。そして、婚姻関係の破綻とは、婚姻当事者の双方が婚姻を継続する意思を喪失していること（主観的側面）、客観的に見て共同生活を修復させることが著しく困難であること（客観的側面）をいうものとするのが現在の実務の支配的な考え方である（後掲昭和62年最判〔27800202〕もこの点に言及している。）。

　婚姻を継続し難い重大な事由は、婚姻関係の破綻の有無を、裁判官が総合的に評価し、その裁量によって判断するものであって[7]、法的評価を含むも

---

[7]　ここでの判断は、客観的に、具体的には、第三者の目から見て破綻しているといえるか、いいかえれば、原告の立場に置かれたならば通常人なら誰しも離婚を求めるに違いないと思われるか否かという観点からされるべきものである。

のであるから、現実問題としてある程度の個人差が生じることを避けられない。

　この点についての主張立証責任に関しては、婚姻を継続し難い重大な事由を規範的要件事実であると解する考え方[8]によれば、原告は婚姻関係の破綻を基礎付ける具体的事実（評価根拠事実）を請求原因として主張立証する必要があり、被告はその評価を妨げるような事実（評価障害事実）を抗弁として主張立証する必要があることになる。これに対して、婚姻関係の破綻の認定を客観的な事実認定の問題であると解する立場[9]からは、婚姻を継続し難い重大な事由それ自体を主要事実ととらえ、それを基礎付ける事実は間接事実にすぎないと解することになるものと思われる。

　いかなる事実があれば、婚姻を継続し難い重大な事由があると認められると一律に論じることは難しいが、裁判例の傾向を見ると、①暴行、虐待、重大な侮辱、②不労、浪費、借財、③犯罪行為、服役、④疾病・障害、⑤過度な宗教活動、⑥相手方親族との不和、⑦性格の不一致、⑧長期間の別居等の事情が婚姻を継続し難い重大な事由の評価根拠事実又はその存在を基礎付ける事実として主張されることが多い。もっとも、別居に関しては、それ自体が単独で主張されるよりは、別に何らかの事由が主張され、それを補完する要素として主張されることが多い。いずれにしても、立証の命題は、婚姻関係が破綻していることであるから、原告はその点について、簡にして要を得た主張立証をする必要がある。多くの訴状に接していると、数十頁にも及んで婚姻生活の経過が詳細に記載されているにもかかわらず、何が原因で破綻に至ったのかが明確でないものがある反面、単に別居した日時だけが記載さ

8　松原正明編著『人事訴訟の実務』新日本法規出版（2013年）253頁、秋武憲一＝岡健太郎編著『離婚調停・離婚訴訟〈改訂版〉』青林書院（2013年）67頁。なお、これに対し、「同一の法律要件要素内において評価根拠事実と評価障害事実とを区別し、証明責任を分配することについて基本的な疑問がある」との批判がある（前掲松本324頁）。

9　吉田欣子「婚姻破綻の原因の認定について」現代家族法大系編集委員会『中川善之助先生追悼／現代家族法体系2―婚姻・離婚』209頁以下

れているだけのものも散見される。いずれも裁判官の共感を得ることは困難である。婚姻生活が何十年にも及んだとしても、破綻するに至った契機となる出来事というのはそう多くないはずであり、それを明確に主張できないということは離婚原因が存在しないことを自認するようなものである。また、併せて離婚慰謝料を求めている場合には、単に破綻の有無だけでなく、破綻させたことについて違法性があるか否かの判断を求められるため、破綻の原因についても立ち入らざるを得ないが、それにしても婚姻生活の経過を逐一認定しなければ結論が出ないという事案は決して多くないはずである。

なお、破綻を生じた原因は、当事者双方又は一方に有責事由がある場合に限ると解する必要はないとされていることから（最三小判昭和31・12・11民集10巻12号1537頁〔27002859〕）、被告が無責であっても、原告から婚姻を継続し難い重大な事由を主張して離婚を請求することができる。ただし、後記(2)ウのとおり、被告が有責配偶者の抗弁を主張することが認められるため、破綻の原因につき専ら又は主として責任のある当事者が原告として離婚を請求しても棄却される場合がある。したがって、原告は、婚姻関係が破綻し、その修復が著しく困難であることを抽象的に主張立証するだけでなく、破綻の原因や責任の所在・軽重についても明らかにしておくことが望ましい。

また、離婚の訴訟提起の後に生じた事実であっても、当事者は、事実審の口頭弁論終結に至るまでは、これを新たな攻撃方法として提出することができ、また新事実に基づき請求の原因を追加変更することもできる（離縁の事案につき、最一小判昭和27・12・18民集6巻11号1190頁〔27003363〕）。

(2) 抗弁

ア　婚姻を継続し難い重大な事由の評価障害事実

前記(1)のとおり、婚姻を継続し難い重大な事由（民法770条1項5号）を規範的要件事実であると解する立場によれば、婚姻関係の破綻の評価障害事実については、離婚を争う被告が抗弁として主張立証しなければならないことになる。これに対して、婚姻関係の破綻の認定を客観的な事実認定の問題であると解する立場からは、婚姻関係の破綻の認定を妨げる事実は、抗弁で

はなく間接事実にすぎないことになる。

イ　婚姻の継続を相当と認める事情

被告は、原告から民法770条1項1号ないし4号（前記(1)アないしエ）が規定する離婚原因（不貞の行為、悪意の遺棄、3年以上の生死不明、強度の精神病）を主張された場合、「婚姻の継続を相当と認める事情」を抗弁として主張立証することができる（同条2項）。

もっとも、被告が離婚の訴えに出頭すれば生死不明ではなくなるから、被告が3年以上の生死不明（同条1項3号）でありつつ、被告が離婚の訴えに抗弁を主張立証するという場面は想定し難い。他方、不貞の行為（同項1号）、悪意の遺棄（同項2号）、強度の精神病（同項4号）の主張に対しては、未成熟子に関する事情や離婚により過酷な状況となる事情などが抗弁として主張されることが考えられるが、実務上、精神病離婚における過酷な状況が問題とされる場合を除くと、「婚姻の継続を相当と認める事情」という抗弁が主張立証される場面はそれほど多くなく、同条2項を適用して離婚の請求を棄却した裁判例もほとんど見受けられない。

ウ　有責配偶者の抗弁

離婚を争う被告は、破綻の原因が専ら又は主として原告の責任であること、すなわち、原告が有責配偶者であることを抗弁として主張することができる。

この有責配偶者の抗弁とは、婚姻関係の破綻について、専ら責任のある当事者から他方当事者に対し、婚姻を継続し難い重大な事由を主張して離婚を請求することは信義則上許されないというものであり、明文の規定はないが、判例上認められている抗弁である（最三小判昭和27・2・19民集6巻2号110頁〔27003429〕ほか）。[10]

有責の事由として典型的なものは、不貞行為であるが、これを否認することは、抗弁事実の否認に当たる。また、最二小判昭和46・5・21民集25巻

10　ただし、当初から有責配偶者という文言が用いられていたわけではなく、離婚請求を棄却する根拠として「婚姻を継続し難い重大な事由」に該当しないとするものもあり、有責行為と婚姻破綻との関係は必ずしも明らかとはいえなかった。

3号408頁〔27000638〕は、婚姻関係が破綻した後に、妻以外の女性と同棲し、夫婦同様の生活を送ったとしても、これをもって離婚請求を排斥することはできないとしているから、不貞とされる行為自体は認めたうえで（あるいは認められた場合の予備的主張として）、婚姻関係が破綻した後のものである旨の主張は、婚姻破綻についての因果関係を争うものとして、抗弁事実に対する積極否認となる。

(3) 再抗弁

ア　有責配偶者からの離婚請求が認容されるべき事情

有責配偶者からの離婚請求については、最大判昭和62・9・2民集41巻6号1423頁〔27800202〕において、「有責配偶者からされた離婚請求であっても、夫婦の別居が両当事者の年齢及び同居期間との対比において相当の長期間に及び、その間に未成熟の子が存在しない場合には、相手方配偶者が離婚により精神的・社会的・経済的に極めて苛酷な状態におかれる等離婚請求を認容することが著しく社会正義に反するといえるような特段の事情の認められない限り、当該請求は、有責配偶者からの請求であるとの一事をもって許されないとすることはできないものと解するのが相当である。」として、これを許容する一定の事情が示されている。したがって、有責配偶者の抗弁を主張された原告は、①夫婦の別居が両当事者の年齢及び同居期間との対比において相当の長期間に及ぶこと、②夫婦の間に未成熟の子が存在しないこと、③相手方配偶者が離婚により精神的・社会的・経済的に極めて苛酷な状態に置かれる等離婚請求を認容することが著しく社会正義に反するといえるような特段の事情が存在しないことなど信義則違反の評価を妨げる評価障害事実を主張立証することができる。[11]

11　③については、「離婚請求を認容することが著しく社会正義に反するといえるような特段の事情が存在すること」が再々抗弁となるとする見解もある（後掲秋武・岡編著「離婚調停・離婚訴訟」〔岡健太郎〕138頁、前掲東京家事事件研究会編〔神野泰一〕369頁）。

7 判決の効力

(1) 請求認容判決

　離婚の訴えに対して請求認容判決がされて確定すると、婚姻関係は、判決確定日から将来に向けて解消される（形成判決）。さらに、判決の効力は第三者に対しても及ぶものとされる（人訴法24条1項）。

　また、離婚が正当に行われたことに既判力を生じるため、被告から離婚原因の不存在を主張して損害賠償請求訴訟等を提起することは既判力によって阻止される（同法25条1項）。

(2) 請求棄却判決

　離婚の訴えに対して請求棄却判決がされて確定すると、原告の主張する離婚請求権の不存在が確定する（確認判決）。判決の効力が第三者に対しても及ぶことは、請求認容判決と同様である。

　請求棄却判決が確定した場合、原告は、当該訴えにおいて請求又は請求の原因を変更することにより主張することができた事実に基づいて同一の身分関係についての訴えを提起することができないため（人訴法25条1項）、離婚原因を変更して再び離婚の訴えを提起することはできない。

　離婚請求を棄却する判決の確定後に、原告はいかなる事由が存在する場合に既判力に反することなく再度離婚の訴えを提起することができるか。これは、いわゆる既判力の失権効（遮断効）といわれる問題であり、困難な問題である。この点に関し、福岡高那覇支判平成15・7・31判タ1162号245頁〔28092923〕は、原告が前訴において有責配偶者による離婚請求であることを理由に請求棄却判決を受けた後、不貞の相手方である女性及びその間の子と新たな共同生活に入ったことを主張して、前訴終了の直後に離婚の再訴を提起した事案に関し、「一般に、確定判決に示された判断と抵触するおそれのある事案についての審理及び判断は、前訴判決の第2審口頭弁論終結時までに主張し又は主張し得た事情は前訴確定判決の既判力によって遮断されることから、第2審口頭弁論終結後に新たな事情が生じたか否かを審理の対象とし、そのような事情が存在する場合には、前訴の確定判決の判断と併せて、

訴訟物たる権利関係の存否を判断することになる。そして、夫婦関係が破綻しているか、否か、離婚請求が信義誠実の原則に反しないか、否か等の判断は、具体的事情を総合的に考慮して判断すべきところ、それらの具体的事情についても、第2審口頭弁論終結後の新事情のみをもって前訴判決の判断を覆すに足りるかを判断するのではなく、前訴判決において認定された事情に、第2審口頭弁論終結後に生じた事情を加えた上で、総合的な判断をすべきである。したがって、本件においても、単に前訴判決で確定されている訴訟物が本件と同一の民法770条1項5号の事由であることをもって、本訴請求が直ちに一事不再理によって排斥されると即断すべきではない。」とした。これに対し、離縁の事案であるが、東京高判平成5・8・25判タ863号270頁〔27826240〕は、原告が有責者であることを理由に離縁請求を棄却する判決が確定した後、基準時後に生じた事実と基準時前に生じた事実を合わせて主張して改めて離縁の訴えを提起した事案に関し、「前記確定した控訴審判決の既判力は、その口頭弁論終結時において、右時点までに生じた事実に基づき、被控訴人に控訴人に対する離縁請求権がないことを確定するものであるから、右判決の既判力に抵触するのは、右基準時である右口頭弁論終結時までに生じた事実に基づいて右事由の存在を主張することであると解される。右基準時後に生じた事実を右基準時以前に生じた事実（前訴で主張された事実を含む。）と合わせて縁組解消事由等があるとして離縁を請求することは、養親子関係のような継続的法律関係の場合においては、新たな事実が加わることにより縁組解消事由等を構成する事実全体の法的意味が変容し、一旦不存在に確定した離縁請求権の存否に影響する可能性があるのであるから、事実を全体として見れば前訴で主張した縁組解消事由等と基礎事実を同一にして既判力に抵触するものということはできず、前記確定判決にかかわらずこれを主張することができると解される。被控訴人は、本訴において、右終結時後に新たに生じた事実をも主張して、右事実に基づき控訴人に対し離縁を請求するのであるから、本訴は何ら前訴の既判力に抵触するものではなく、本件離縁の訴えは適法である。」とし、新たな事情として、既判力の基準時

後の長年月の経過、本件縁組とは無関係の事情による養子の生活の安定、養親の死亡に伴う相当多額の収入の存在を考慮したうえで、提起された離縁の再訴が適法であるとした。[12]

8 判決によらない訴訟の終了

(1) 和解

前記2(1)オで述べたとおり、離婚の訴えにおいて、当事者は、婚姻関係を維持することを内容とした訴訟上の和解のみならず、離婚をすることを内容とした訴訟上の和解をすることができる（BasicInformation1 で述べた和解離婚。人訴法37条1項）。これは訴訟係属中であっても訴訟外で協議離婚をすることができることとの均衡から明文規定によって定められたものである。

また、離婚の訴えの当事者は、協議離婚をすることを内容とした訴訟上の和解をすることもできる[13]。ただし、このような協議離婚をする和解の場合、通常、和解が成立した期日の席上において、署名押印した離婚届を交付するものの、和解成立によって離婚の効果が直ちに発生するわけではないため、一方当事者が離婚届出前に市町村役場に離婚届に係る不受理申出を行うと離婚ができないという事態が生じる可能性がある。

これらの和解が成立した場合、当該離婚の訴えが終了する。

なお、前記2(1)オで述べたとおり、通常の民事訴訟と異なり、和解条項案の書面による受諾等（民訴法264条、265条）による和解、電話会議システムを用いた弁論準備手続期日における和解をすることはできない（人訴法44条、37条2項・3項）。これは身分行為に関する当事者の意思確認を慎重かつ直接に行う必要があるところ、これらの手続においてはこれが困難であ

12　これらについて、前掲松本326、426頁参照。
13　ただ、協議離婚する旨の和解は、訴訟物そのものについて和解をするものではないから、当然に訴訟終了効が発生するものではない。そこで、和解条項の中に「当事者双方は、本件訴訟を終了させることを合意する。」などと訴訟を終了させる旨の合意を入れておくことが相当である。

ると考えられたためである。

(2) 認諾・放棄

　前記2(1)オで述べたとおり、離婚の訴えにおける被告は、原告の離婚請求を認諾することができ（人訴法37条1項）、離婚請求の認諾がされた場合、将来に向かって婚姻関係が解消することとなり、当該離婚の訴えが終了する（BasicInformation1で述べた認諾離婚）。ただし、附帯処分についての裁判又は親権者の指定についての裁判をすることを必要としない場合に限られる（同項ただし書）。なお、前記2(1)オで述べたとおり、電話会議システムを用いた弁論準備手続期日において離婚請求の認諾をすることはできない（同条3項）。

　また、離婚の訴えにおける原告は、離婚請求を放棄することができ（同条1項）、離婚請求の放棄がされた場合、婚姻関係が継続することとなり、当該離婚の訴えが終了する。なお、離婚請求の放棄は、婚姻関係という身分関係を変動させないため、電話会議システムを用いた弁論準備手続期日でするこ
ともできる。

(3) 訴えの取下げ

　離婚の訴えにおける原告は、通常の民事訴訟と同様、判決が確定するまで、離婚の訴えを取り下げることができ、取り下げた場合、婚姻関係が継続することとなり、当該離婚の訴えが終了する。

(4) 調停・審判

　離婚の訴えが係属する家庭裁判所は、当事者の意見を聴いて、いつでも、職権で、事件を調停に付することができ（家手法274条）、調停が成立した場合ないし調停に代わる審判がなされて確定した場合、当該離婚の訴えは、訴えの取下げがあったものとみなされる（同法276条1項）。

9　離婚の効果・事後の手続

(1) 離婚の効果

　離婚の効果により、婚姻関係が将来に向けて解消され、これに伴って互い

の相続関係及び扶助関係、さらには婚姻によって生じた姻族関係も消滅する（民法728条1項）。

また、婚姻によって氏を改めた夫又は妻は、離婚によって婚姻前の氏に復するが、離婚日から3か月以内に戸籍法の定めるところに従って届け出ることにより、離婚の際に称していた氏を称することができる（同法767条1項・2項、771条、戸籍法77の2）。

(2) 事後の手続

離婚の訴え・申立てを認容する判決・審判がされた場合、判決・審判の確定日から10日以内に、判決・審判の謄本を添附して、その旨の届出をしなければならず、離婚する内容の調停・和解が成立した場合、調停・和解の成立日から10日以内に、調停調書・和解調書の謄本を添附して、その旨の届出をしなければならない（戸籍法77条、63条1項）。

ただし、これらの届出は、報告的届出であって、離婚の効力発生要件ではない。

なお、協議離婚する旨の調停や和解が成立した場合、その旨を届け出なければならない（戸籍法76条）。これは、協議離婚である以上、当然のことであり、離婚の効力が発生するのは届出時点である。

（蓮井　俊治）

◆参考文献

本文中に掲げるもののほか
・東京家庭裁判所家事第6部編著『東京家庭裁判所における人事訴訟の審理の実情〈第3版〉』判例タイムズ社（2012年）
・阿部潤「離婚訴訟の審理と運営―初めて離婚訴訟を担当する裁判官のために―」家庭裁判月報59巻12号（2007年）1頁
・安倍嘉人「控訴審からみた人事訴訟事件」家庭裁判月報60巻5号（2008年）1頁
・稲田龍樹「控訴審からみた離婚事件の基本問題」判例タイムズ1282号（2009年）5頁
・伊藤由紀子「人事訴訟―停滞させない審理のヒント」家庭裁判月報65巻7号（2014年）1頁

4 有責配偶者からの離婚請求

設例 4　夫X（昭和30年生）と妻Y（昭和35年生）とは、昭和62年に婚姻し、平成元年に長男、平成3年に長女、平成6年に二女、平成10年に二男が生まれた。Xは、Yとの夫婦関係が悪化して、平成20年に自宅を出て、Y及び子らと別居し、平成22年から1年間A女と同棲していた。

　Xは、平成28年、離婚調停を経たうえで、Yを被告として離婚訴訟を提起した。Xが、Yの浪費等により口論が絶えなかったため別居に至り、婚姻関係が破綻したと主張し、Yは、別居の原因は、Xの度重なる暴力にあり、別居後もAと不貞行為に及んだXからの離婚請求は許されないと反論した。Xは、A女と平成22年から1年間同棲したことは認めるが、A女と交際し不貞行為をするようになったのは同棲の直前であり、婚姻関係が破綻した後のことであると主張している。

　Xの離婚請求は認められるか。

Basic Information

1　婚姻関係が破綻し、「婚姻を継続し難い重大な事由」（民法770条1項5号）があると認められる場合であっても、婚姻関係が破綻したことについて専ら又は主たる責任のある配偶者の側からの離婚請求は、信義則（同法1条2項）に照らし、認められない。

2　有責配偶者というためには、有責行為と婚姻関係の破綻に因果関係が必要である。したがって、有責行為とされる行為が、婚姻関係が実質的に破綻した後にされたものである場合は、有責配偶者とはいえない。

3　有責配偶者の離婚請求であっても許容される場合があり、通常、①年齢及び同居期間と対比して相当の長期間夫婦が別居していること、②夫婦間に

未成熟子がいないこと、③相手方配偶者が離婚により精神的・社会的・経済的に極めて苛酷な状態に置かれる等離婚請求を認容することが著しく社会正義に反するといえるような特段の事情の認められないこと、という3要件に基づいて、有責配偶者の離婚請求が許容されるか審理される。

◆設例に対する回答

1 婚姻関係の破綻

Xの離婚請求が認められるためには、民法770条1項各号に定める離婚原因が認められなければならず、本件では、婚姻関係が破綻し「婚姻を継続し難い重大な事由」（5号）があるかどうかがまず問題となる。XとYとは、夫婦関係が悪化して別居し、その後8年という長期間が経過しているのであり、その間にXが1年間A女と同棲していたことが認められ、もはやXとYに円満な夫婦生活の継続及び回復は期待できない。後述のように、Xには、Yとの婚姻関係が破綻したことについて責任があるとされる余地はあるものの、婚姻を継続し難い重大な事由に該当するかどうかは、婚姻関係の破綻について責任のある側の配偶者からの離婚請求だからといって直ちに否定されるものではない。よって、ほかに破綻の認定を覆すような反論・反証が奏功しない限り、婚姻関係が現時点（口頭弁論終結時点）で破綻していることは優に認められると考えられる。

2 有責配偶者の抗弁

(1) 破綻の責任が離婚請求者にあること

Yの「別居の原因は、Xの度重なる暴力にあり、別居後もAと不貞行為に及んだ」旨の主張は、XとYの婚姻関係が破綻した責任は専らXに存するという有責配偶者の抗弁と位置付けられる。Xは、A女と遅くとも平成22年に同棲する直前から交際し不貞行為をしていたことは認めているものの、別居の原因がXによる度重なる暴力であることを否認する趣旨と解されるから、Yにおいて、別居の原因がXによる度重なる暴力であることを

立証する必要がある。

(2) 破綻後の不貞

別居の原因がＸの度重なる暴力であることは必ずしもその立証に成功するとは限らない。そこで、ＸとＡ女との不貞行為を理由とする有責配偶者の主張が認められるかが焦点となる。有責配偶者としてその離婚請求が排斥されるためには、有責行為と婚姻関係の破綻との間に因果関係が必要であるところ、Ｘは、Ａ女との不貞行為はＹとの婚姻関係が破綻した後のことであると主張してこれを争っており、ＸとＡ女の不貞行為と婚姻関係破綻の先後が問題となる。

このような場合、まずは、Ｙにおいて、ＸがＡ女と交際し不貞行為を始めた時期を特定して主張立証することとなる。Ｘは、平成22年の同棲直前にＡ女と交際し不貞行為をしていた限度では認めているが、不貞行為の開始時期が早ければ早いほど有責行為と婚姻関係の破綻との因果関係は肯定されやすい。Ｙにおいて、Ｘが認めている限度よりも前からＡ女と交際し不貞行為をしていたと主張するのであれば、不貞行為の開始時期を立証する必要がある。

また、Ｙにおいて、不貞行為開始時期にはいまだ婚姻関係が破綻していなかったことを示す事実を、Ｘにおいては、同時期に婚姻関係が破綻していたことを示す事実を、それぞれその時期を含めて主張立証することとなる。不貞行為の開始時期が平成22年の同棲直前であれば、不貞行為開始の時点でＸとＹは別居し、その期間は2年程度経過していたことになる。Ｘは、このことを、不貞行為開始時点で婚姻関係が破綻していたことを示す事実の1つとして主張することとなろう。

3 有責配偶者の離婚請求が認められる場合であることの主張立証

(1) Ｘは、有責行為と婚姻関係破綻の因果関係を争うとともに、この因果関係が認められた場合に備えて、予備的に、有責配偶者の離婚請求が認められる場合であることの主張立証をすることになり、通常は、BasicInformation3

記載の3要件に基づいて主張立証をすることになる。

(2) これを本件についてみると、まず①（長期間の別居）については、XとYの別居期間は8年であり、XとYの同居期間が20年を超えていることも考慮すると、当然に相当の長期間ということは困難と考えられる。Xとしては、別居期間の年数だけでなく、8年という年数が相当の長期間と評価する根拠となる事実を主張立証することになろう。本件では、別居に至る原因がYの浪費等による口論であること、すなわちYにも婚姻関係の破綻に至る責任の一端があることを主張立証することが考えられる。

次に②（未成熟子の不存在）についてみると、XY間の4人の子のうち3人は成人しており、残る1人も18歳である。末子が高校生であれば未成熟子といわざるを得ないものの、通常であれば、間もなく扶養を要しない状態になる年齢である。このような場合、Xとしては、未成熟子の監護養育の観点から、離婚請求を認めることが信義則に反することの評価障害事実、具体的には、子が精神的に成熟していて離婚によってその福祉を害されることはないことや離婚後の子の監護態勢が確保されていること等を主張立証していくこととなる。

最後に③（離婚請求を認容することが著しく社会正義に反するといえるような事情）についてみると、主に問題となるのは、Yが離婚によって精神的・社会的・経済的に極めて苛酷な状態に置かれるかどうかである。Yにおいては、離婚によって苛酷な状態に置かれることを根拠付ける事実を、Xにおいてはこれを否定する事実を、それぞれ主張立証することになる。

◆解 説

有責配偶者、すなわち婚姻関係が破綻したことについて専ら責任のある配偶者の側からの離婚請求を認めることができるか。有責配偶者の主張がされるのは、典型的には不貞行為をした側から離婚請求をした事案であるが、有責行為となり得るのは不貞行為に限られない。裁判例に現れたものとしては、相手方配偶者や障害を持って生まれた長男に対する冷たい姿勢（東京高判平

成 20・5・14 家裁月報 61 巻 5 号 44 頁〔28151327〕）や暴力及び精神的虐待（名古屋高金沢支判平成 14・2・27 裁判所 HP〔28071772〕）などがある。

この論点に関する判例は、次に述べるとおり、基本的には有責配偶者の離婚請求を否定しつつ、例外的にこれを認容する余地を広げる方向で変遷してきた。

1 有責配偶者に関する判例の変遷

(1) 昭和 62 年最高裁大法廷判決より前

民法 770 条 1 項 5 号は、離婚原因として「その他婚姻を継続し難い重大な事由」を規定している。旧判例は、その解釈として、婚姻関係破綻の原因を作出した配偶者の側からの離婚請求を認めない消極的破綻主義を採っていた。すなわち、最三小判昭和 27・2・19 民集 6 巻 2 号 110 頁〔27003429〕は、夫が情婦を持ち妊娠させたことから夫婦関係が悪化し、情婦と同棲するようになった夫から妻に対して離婚を請求した事案において、有責配偶者（夫）からの離婚請求は、同法 770 条 1 項 5 号に該当しない旨判示した。

その後、判例は、婚姻関係の破綻について専ら又は主として原因を与えた者からの離婚請求を拒否することとし（最二小判昭和 38・6・7 判時 338 号 3 頁〔27450962〕）、離婚を請求する側に有責性があっても、相手方の有責性の程度が大きい場合（最一小判昭和 30・11・24 民集 9 巻 12 号 1837 頁〔27002973〕）や離婚を請求する側と相手方の有責性が同程度である場合（最三小判昭和 31・12・11 民集 10 巻 12 号 1537 頁〔27002859〕）には離婚請求を許容した。また、離婚請求者に有責行為があっても、それが婚姻関係の破綻後に生じたときには、その離婚請求を認めるようになり、離婚請求者の有責行為が婚姻関係の破綻に原因を与えたという因果関係が要求されるようになった（最二小判昭和 46・5・21 民集 25 巻 3 号 408 頁〔27000638〕）。

判例は、前記のように有責配偶者からの離婚請求を排斥する場合を限定しながらも消極的破綻主義を維持してきた。他方で、別居期間が長期間に及んでも離婚が認められず、形骸化した婚姻が残り、婚姻外で既に形成された内

縁関係の相手方や子は保護されないなどの問題も生じ、下級審の中には、有責配偶者の離婚請求を認容するものが現れるようになった（仙台高判昭和59・12・14判時1147号107頁〔27453059〕等）。

　主要な外国において積極的破綻主義への法改正が相次いだことをも背景として、最大判昭和62・9・2民集41巻6号1423頁〔27800202〕は、一部判例変更をし、有責配偶者からの離婚請求は一定の要件の下、認容される場合があることを明らかにした。

(2)　昭和62年最高裁大法廷判決の判示

　本件は、夫の不貞を契機に夫婦関係が不和になり、夫が不貞相手と同棲するようになって別居し、その期間が約36年に及んでおり、夫婦間に未成熟子はいないというものである。最高裁は、以下のように判示した。

「5号所定の事由による離婚請求がその事由につき専ら責任のある一方の当事者（以下「有責配偶者」という。）からされた場合において、当該請求が信義誠実の原則に照らして許されるものであるかどうかを判断するに当たっては、有責配偶者の責任の態様・程度を考慮すべきであるが、相手方配偶者の婚姻継続についての意思及び請求者に対する感情、離婚を認めた場合における相手方配偶者の精神的・社会的・経済的状態及び夫婦間の子、殊に未成熟の子の監護・教育・福祉の状況、別居後に形成された生活関係、たとえば夫婦の一方又は双方が既に内縁関係を形成している場合にはその相手方や子らの状況等が斟酌されなければならず、更には、時の経過とともに、これらの諸事情がそれ自体あるいは相互に影響し合って変容し、また、これらの諸事情のもつ社会的意味ないしは社会的評価も変化することを免れないから、時の経過がこれらの諸事情に与える影響も考慮されなければならないのである。

　そうであってみれば、有責配偶者からされた離婚請求であっても、夫婦の別居が両当事者の年齢及び同居期間との対比において相当の長期間に及び、その間に未成熟の子が存在しない場合には、相手方配偶者が離婚により精神的・社会的・経済的に極めて苛酷な状態におかれる等離婚請求を認容するこ

とが著しく社会正義に反するといえるような特段の事情の認められない限り、当該請求は、有責配偶者からの請求であるとの一事をもって許されないとすることはできないものと解するのが相当である。」

2 昭和62年最高裁判決の具体的な適用

前掲昭和62年最大判〔27800202〕以降、最高裁は、おおむね、同判決が示した①年齢及び同居期間と対比して相当の長期間夫婦が別居していること、②夫婦間に未成熟子がいないこと、③相手方配偶者が離婚により精神的・社会的・経済的に極めて苛酷な状態に置かれる等離婚請求を認容することが著しく社会正義に反するといえるような特段の事情の認められないこと、という3要件に基づいて、有責配偶者からの離婚請求の当否を判断するという枠組みを採っている。

有責配偶者に関する裁判例は多数あるが、最高裁裁判例の主なものは、次の表のとおりである。以下では、主要な下級審裁判例にも言及しながら、前記3要件が裁判例においてどのように判断されているか概観する。

番号	判決年月日	原告	同居期間	別居期間	子の年齢等	結果
A	最三小判昭和62・11・24 判時1256号28頁〔27804503〕	夫	4年	30年	成人	○
B	最二小判昭和63・2・12 裁判集民153号335頁〔27801489〕	夫	17年	22年	成人	○（差戻し）
C	最一小判昭和63・4・7 判時1293号94頁〔27806699〕	夫	21年	16年	成人	○（差戻し）
D	最一小判昭和63・12・8 裁判集民155号209頁〔27804665〕	妻	10か月	10年3か月	なし	○
E	最三小判平成元・3・28 判時1315号61頁〔27804553〕	夫	23年	8年	成人	×

4 有責配偶者からの離婚請求【設例4】

番号	判決年月日	原告	同居期間	別居期間	子の年齢等	結果
F	最一小判平成元・9・7裁判集民157号457頁〔28206039〕	夫	5年	15年6か月	19歳	○（差戻し）
G	最一小判平成2・11・8判時1370号55頁〔27807922〕	夫	23年	8年	成人	○（差戻し）
H	最三小判平成5・11・2家裁月報46巻9号40頁〔28019354〕	妻	17年2か月	9年8か月	成人	○
I	最三小判平成6・2・8判時1505号59頁〔27817764〕	夫	15年	13年11か月	高校2年	○
J	最一小判平成16・11・18判時1881号90頁〔28092899〕	夫	6年7か月	2年4か月	7歳	×

※ 「結果」欄の「○」は、有責配偶者の離婚請求を認めた原審の判断を是認したもの、「○（差戻し）」は、有責配偶者の離婚請求を認めなかった原審を破棄して差し戻したもの、「×」は有責配偶者の離婚請求を認めなかったもの

(1) ①年齢及び同居期間と対比して相当の長期間夫婦が別居していること

　判例Fにおいては、15年6か月の別居期間について「同居期間や双方の年齢と対比するまでもなく相当の長期間」と、同D（別居期間10年3か月）及び同I（13年11か月）においては、当事者双方の年齢及び同居期間との対比において相当の長期間である旨判示されている。他方、判例Eでは、8年の別居期間が相当の長期間に及んでいるとはいえないと判示されている。相当の長期間とされる別居期間の目安として、10年程度を挙げる文献が多い（秋武憲一＝岡健太郎編著『離婚調停・離婚訴訟〈改訂版〉』青林書院（2013年）133頁等）。

　ただし、別居期間は、年齢及び同居期間との数量的な対比に加えて、別居後の時の経過が当事者双方についての諸事情に与える影響や、離婚を請求されている側の有責性の有無程度をも考慮して判断されることに注意を要する。判例Gは、別居期間が8年の事案において、原審が別居期間が相当の長期間とはいえないとしたのに対して、離婚請求をしている夫が別居後の妻子の

生活費を負担し、離婚を請求するについて、誠意があると認められる財産関係の清算の提案をしているなどの事情を認定し、格別の事情の認められない限り、別居期間の経過に伴い、当事者双方についての諸事情が変容しこれらの持つ社会的意味ないし社会的評価も変化したことがうかがわれるとして、原判決を破棄して差し戻した。また、判例Hは、別居期間が9年8か月の事案において、離婚請求を認容した原審の判断を支持したものであるが、離婚を請求された夫の側にも少なからざる責任があることをも踏まえたものと考えられる。下級審では、東京高判平成14・6・26判時1801号80頁〔28080289〕が、別居期間6年の事案において離婚請求を認めている。この事案においては、離婚を請求された妻の外国人男性との交遊関係が夫婦関係の悪化を促進させる原因となったことが認定されており、このことが有責配偶者である夫からの離婚請求が信義則に反しない理由の1つとされたものである。

(2) ②夫婦間に未成熟子がいないこと

ここでいう未成熟子とは、親にその生活を依存せざるを得ない子どもを指すのであり、成年に達した子であっても、障害を持つなどしていて自立することができない場合には、未成熟子に含まれる（東京高判平成19・2・27判タ1253号235頁〔28132486〕、前掲平成20年東京高判〔28151327〕参照）。

夫婦間に未成熟子が存するとしても、直ちに有責配偶者の離婚請求が認められなくなるわけではない。すなわち、判例Iは、妻が高校2年生の子を監護していたところ、有責配偶者である夫が妻に対して離婚を請求した事案において、この要件に関し、「有責配偶者からされた離婚請求で、その間に未成熟の子がいる場合でも、ただその一事をもって右請求を排斥すべきものではなく、前記の事情を総合的に考慮して右請求が信義誠実の原則に反するとはいえないときには、右請求を認容することができると解するのが相当である。」と判示したうえで、子が3歳の時から一貫して妻に育てられて間もなく高校を卒業する年齢に達していること、夫が妻に送金してきた実績に照らして子の養育にも無関心ではなく、妻に対する離婚に伴う経済的給付も実現を期待できることから、未成熟子である子の存在は離婚請求の妨げにならな

いとした。下級審の裁判例においても、夫婦間の子が高校生である事案において、離婚による子への影響について具体的に検討したうえで、有責配偶者による離婚請求を認めたものがある（大阪高判平成19・5・15判タ1251号312頁〔28132332〕）。

結局、親の監護を受ける未成熟子がいる場合であっても、子の精神的な成熟度、扶養を要しなくなるまでに要する期間の長短、離婚後に予想される監護態勢等諸般の事情に鑑み、離婚請求を認めることが子の利益及び福祉に悪影響を及ぼさないのであれば、有責配偶者の離婚請求でも認められる余地があると解される。

⑶ ③相手方配偶者が離婚により精神的・社会的・経済的に極めて苛酷な状態に置かれる等離婚請求を認容することが著しく社会正義に反するといえるような特段の事情の認められないこと

この要件の判断において中心となるのは経済的な苛酷状態である。裁判例において考慮されているのは、離婚給付の予定や実効性といった離婚給付に関する諸事情、離婚請求をされた相手方配偶者の収入資産の状態や離婚後の経済的安定度、離婚請求者による婚姻費用の分担、離婚請求をされた相手方配偶者が離婚請求者名義の住居に居住している場合の居住関係、相続権・公的扶助受給権の喪失といった事情である。前掲昭和62年最大判〔27800202〕は、「相手方配偶者が離婚により被る経済的不利益は、本来、離婚と同時又は離婚後において請求することが認められている財産分与又は慰藉料により解決されるべきものである」とし、判例Fは、離婚を請求された妻が「離婚によって被るべき原審認定のような経済的・精神的不利益[1]は、離婚に必然的に伴う範囲を著しく超えるものではない」旨判示しており、その文言上、要件③にいう経済的な苛酷状態が認められる場合は相当限られるようにも考えられる。他方、苛酷を肯定した下級審裁判例は、離婚後の経済的不利益を

---

1 例えば、夫は強制執行を受けなければ婚姻費用を支払わず、妻を社会保険の被扶養者から外す措置を採ったこと、妻に定職がなく新たな就職先を見つけることが困難であることなど。

広くとらえ、その保障が十分でないことをもって苛酷と判断していると解され、苛酷状態の判断を離婚給付とは切り離して行う判例とは異なる判断手法を用いているとも指摘されている[2]。

3　破綻後の不貞の主張

　前記1⑴において述べたとおり、有責配偶者の離婚請求として排斥されるためには、離婚請求者の有責行為が婚姻関係の破綻に原因を与えたという因果関係が必要であり、有責行為が婚姻関係の破綻後に生じたときは、有責配偶者とはいえない（前掲昭和46年最判〔27000638〕）。相手方配偶者から、離婚請求者は有責配偶者である旨の抗弁が提出され、離婚請求者において、有責行為とされる行為以前に婚姻関係が破綻していたとして有責行為と婚姻関係破綻の因果関係を否認する主張がなされると、有責行為と婚姻関係破綻の先後関係が問題になる。その場合、相手方配偶者において有責行為の開始時期及びその時点ではいまだ婚姻関係が破綻していなかったことを示す事実を主張立証し、離婚請求者は、有責行為の開始時期には婚姻関係が破綻していたことを示す事実を主張立証することになる。

　有責行為以前に夫婦が別居したことは、有責行為の時点で婚姻関係が破綻していたことを示す事実の1つであり、有責行為と婚姻関係破綻の因果関係を否定する理由となり得るが、別居に至る経緯や別居の態様は様々であり、別居後の有責行為であれば直ちに因果関係が否定されるものではない。別居から有責行為までそれほど間がない場合には、離婚請求者において、有責行為開始時点で婚姻関係が破綻していたことを示す事実を積み上げることが必要と思われる[3]。

---

[2]　苛酷状態の判断に関する裁判例の分析については、田口直樹「有責配偶者の離婚請求と民法改正要綱試案における苛酷条項について」家裁月報47巻9号（1995年）6頁以下。

[3]　破綻後の不貞の主張に関する裁判例の分析については、松原正明編著『人事訴訟の実務』新日本法規出版（2013年）276頁。

4　有責配偶者の主張にかかる審理
⑴　3要件と信義則との関係

　前記1⑵において紹介したように、前掲昭和62年最大判〔27800202〕は、3要件を判示する前段において、有責配偶者の離婚請求が信義誠実の原則に照らして許されるものであるかどうかを判断するに当たって考慮すべき諸要素（有責配偶者の責任の態様・程度、相手方配偶者の婚姻継続についての意思及び請求者に対する感情、離婚を認めた場合における相手方配偶者の精神的・社会的・経済的状態及び夫婦間の子、殊に未成熟の子の監護・教育・福祉の状況、別居後に形成された生活関係、時の経過がこれらの諸事情に与える影響）をも示している。3要件とこれら信義則の判断基準である諸要素の考慮との関係をどのように考えるかについては、①信義則は3要件に集約されているとする見解、②3要件のほかに信義則要素が総合考慮されて離婚請求の可否が決まるという見解、③信義則の判断基準である諸要素の方が3要件よりも重要であるととらえる見解に分類することができよう。最高裁裁判例の多くは①類型に該当するものと考えられる一方、②ないし③類型に分類されるものもある（野田愛子＝梶村太市総編集『新家族法実務大系1親族1』新日本法規出版（2008年）〔若林昌子〕459頁）。

　比較的新しい下級審裁判例では、東京高判平成26・6・12判時2237号47頁〔28224986〕が、別居期間が約2年間で、4歳と6歳の未成熟子がいる夫婦のフランス国籍の妻が夫に対して離婚請求した事案において、③類型とみられる枠組みにより、有責配偶者の離婚請求を認容した。同判決は、妻が有責配偶者であることを認めつつ、前記3要件のうち、③の要件（離婚請求を認容することが著しく社会正義に反するといえるような事情）を中心に据えて信義則の判断基準である諸要素を検討し、婚姻関係が破綻した責任の一端は夫にもあること、妻の離婚請求を認容したとしても未成年者らの福祉がことさら害されるものとは認め難いこと、夫がもともと妻との離婚を求めていた経緯や夫の収入に照らして、妻の離婚請求を認めたとしても夫が精神的・社会的・経済的に著しく不利益な状態になるわけではないことを考慮して、

妻の離婚請求は社会正義に照らして到底許容することができないものではなく信義則に反しないと判断した。同判決は、①の要件（長期間の別居）及び②の要件（未成熟子の不存在）は、③（離婚請求を認容することが著しく社会正義に反するといえるような事情）の要件が問題となる典型的な場合について言及したものであり、具体的な状況次第では必ずしも必須の要件ではないとの理解を前提としている（須藤典明「高裁から見た民事訴訟の現状と課題」判例タイムズ1419号（2016年）29頁）。

同判決と同様の枠組みの裁判例が今後どの程度現れるかは注視していく必要があるが、同判決をおいても、前記2(1)及び(2)において検討したとおり、要件①（長期間の別居）については数量的な基準が示されているわけではなく信義則の判断基準である諸要素によって比較的短期間でもこの要件を満たすとされ、また、要件②（未成熟子の不存在）についてもこれが満たされなくても事情によっては有責配偶者の離婚請求が信義則に反しない余地が認められており、3要件は、信義則の判断基準である考慮要素に多分に影響を受ける。3要件の枠組みにより審理判断する場合であっても、各要件の判断に当たって、実質的には、信義則の判断基準である諸要素を勘案せざるを得ないと考えられる。

(2) 当事者の主張立証

有責配偶者に関する主張を要件事実の観点から整理すると、離婚請求者が有責配偶者であることが被告の抗弁となる。前掲昭和62年最大判〔27800202〕が示した3要件は、①（長期間の別居）②（未成熟子の不存在）の要件が離婚請求者の再抗弁となり、3要件中③（著しく社会正義に反する特段の事情）の要件が被告の再々抗弁となると整理することができよう（前掲秋武＝岡編著138頁）。

もっとも、前述のとおり、3要件の判断に当たっても、信義則の判断基準である諸要素を勘案することになり、それらは、信義則違反の評価障害事実と評価根拠事実として、離婚請求者と相手方配偶者にその主張立証責任が分類されるとも考えられる。実際には、離婚請求者において、要件①について、

別居期間の長短の観点から離婚請求が信義則に反するとの評価を障害する事実を、要件②について未成熟子の不存在又は未成熟子の監護養育の観点から離婚請求が信義則に反するとの評価の障害となる事実を、要件③について、離婚請求を認容することが著しく社会正義に反するといえるような特段の事情についての評価を障害する事実を主張立証することとなろう。反対に、相手方配偶者は、要件①ないし③について、信義則違反の評価を根拠付ける事実を主張立証することとなる。

⑶　附帯処分の申立てについて

　離婚訴訟においては、当事者は、併せて、子の監護者の指定その他の子の監護に関する処分、財産の分与に関する処分又は標準報酬等の按分割合（年金分割）に関する処分を申し立てることができる（人訴法 32 条）。

　有責配偶者の主張がなされる訴訟の場合、離婚請求者が財産分与の義務者であることが多いと考えられるが、権利者である被告は、請求棄却を求めるとともに、離婚請求が認容された場合に備えて予備的に財産分与の附帯処分等を申し立てることもできる。他方、義務者から財産分与の申立てをすることができるかについては、前掲昭和 62 年最大判〔27800202〕の補足意見において、有責配偶者から離婚を請求された相手方配偶者の経済的不利益の解決を実質的に確保する観点から義務者からの財産分与の申立てを許容する見解が示された。下級審裁判例には、これと同旨のもの（神戸地判平成元・6・23 判時 1343 号 107 頁〔27805359〕）もあるが、消極的なものもある（大阪高判平成 4・5・26 判タ 797 号 253 頁〔27813893〕）。

　離婚請求者が財産分与の権利者であり、離婚請求に併せて財産分与の申立てをした場合、裁判所としては、離婚請求について棄却の心証を抱いたとしても、財産分与について主張と証拠の整理をするのが相当であろう。財産分与の審理が徒労に終わるおそれはあるが、離婚請求棄却の判決に控訴がされた場合控訴審において結論が変わる可能性はほぼ常にあるのであり、控訴審において離婚認容の心証を得てから財産分与の主張と証拠の整理を開始するのでは、財産分与について第 1 審の審理を実質的に欠くことになり、手続保

障の面で問題がある。当事者としても、有責配偶者の抗弁が提出されることが予想される場合には、訴え提起の段階で、財産分与の主張立証が徒労に終わる可能性を踏まえて離婚訴訟の中で財産分与の申立てをするか、離婚が認容された後に財産分与の家事審判を別途申し立てることとするのか、一考に値すると思われる。

（鮫島　寿美子）

◆参考文献

本文中に掲げるもののほか
・野田愛子「有責配偶者の離婚請求をめぐって」ケース研究 218 号（1989 年）3 頁以下
・能見善久＝加藤新太郎編『論点体系判例民法 9 親族〈増補版〉』第一法規（2012 年）157 頁以下
・『最高裁判例解説民事篇〈昭和 62 年度〉』法曹会〔門口正人〕552 頁以下

5 慰謝料請求

設例5 妻Xは、甲会社を経営する夫Yと平成10年に婚姻したが、平成12年以降、Yと別居状態にある。Yは、平成15年に、甲会社の従業員であったZ女との間に子をもうけて、その後、平成23年までZと同居していた。

Xは、平成26年、離婚調停を経たうえで、Y及びZに対し、離婚及び慰謝料の支払を求める訴訟を提起した。Xが、YとZは別居前から不倫関係にあり、それにより婚姻関係が破綻したと主張したところ、Y及びZは、別居により婚姻関係が破綻した後に交際を開始した、慰謝料請求権は時効消滅したなどと主張して、慰謝料請求について争っている。

(1) Xの慰謝料請求は認められるか。
(2) Xが、Yに対しては一切金銭請求をしないとの条項を定めて、Yとだけ裁判上の和解離婚をした場合、Zに対する慰謝料請求は認められるか。

Basic Information

1 訴訟上、訴訟外を問わず、離婚に伴い慰謝料請求がされることは非常に多い。

離婚に伴う慰謝料は、離婚そのものによる慰謝料と離婚原因となった個々の不法行為の慰謝料とに分けられる。それらは、いずれも相手方配偶者に対し、不法行為に基づく損害賠償として請求するほか、財産分与において慰謝料的要素の考慮を求めることにより請求することも可能である。これらのうち、訴訟実務上は、相手方配偶者の一連の有責行為により離婚を余儀なくされたことの全体を1個の不法行為として、それから生ずる精神的苦痛に対する慰謝料請求（後記の離婚慰謝料請求）がされることが多い。

2 婚姻関係を破綻させる原因となる行為をした第三者に対し、慰謝料請求

がされることも多い。第三者に対する慰謝料請求の法的性質も、不法行為に基づく損害賠償請求である。不法行為に係る被侵害利益は、後記の平成8年最判〔28010413〕により、「婚姻共同生活の平和の維持」という権利ないし法的保護に値する利益と解されるに至り、婚姻関係の破綻により被侵害利益がなくなると解されることから、破綻時期が重要な争点とされることが多くなっている。

3　不貞行為ないし婚姻関係を破綻させ得る有責な行為（以下まとめて「不貞行為等」という。）をした配偶者の損害賠償義務と不貞行為等の相手方である第三者の損害賠償義務とは、共同不法行為者間の不真正連帯債務となり、両者のうち一方のみに生じた事由について連帯債務者間の絶対効を定める民法434条ないし439条の規定は、適用されない。ただし、他方配偶者による免除又は他方配偶者と前記の一方のみとの間の免除の合意は、その意思解釈により、他の不真正連帯債務に対しても効力を有する場合があるとされる。

4　配偶者に対する慰謝料請求に係る訴え及び第三者に対する慰謝料請求に係る訴えは、いずれも人事訴訟には当たらないが、人事訴訟法の定める関連請求として離婚訴訟と併合して提起することができるほか、離婚訴訟が係属する家庭裁判所に提起することもできる。また、地方裁判所又は簡易裁判所に提起した場合においても、離婚訴訟が継続する家庭裁判所に移送されれば、その家庭裁判所は、離婚訴訟との弁論の併合を命じることになる。

◆設例に対する回答

1　問題の所在

本問では、Xは、YZが別居前から不倫関係にあった旨主張しているが、YZはこれを否認している。XYの婚姻同居期間は、2年間程度であり、YがZとの間に子をもうけたのは、別居から3年程度後のことであるから、子をもうけるための性交渉の時期を推計するとしても、明らかに認められるYZ間の性交渉の時期は、別居から2年以上後と考えられる。具体的事情次第ではあるものの、子をもうけるためのYZ間の性交渉の当時には、XYの婚姻関係は、

別居その他の事情により既に破綻していたものと認められる可能性がある。

したがって、Xの慰謝料請求が認められるか否かは、まず、Xが主張する別居前からのYZ間の不倫関係の内容と、その立証の可否が問題となる。また、XYの婚姻関係がいつ破綻したか、破綻時期の認定が問題となる。加えて、婚姻関係の破綻前に不貞行為等がされたと認められ、Y及びZに対し慰謝料請求権が発生し得るとしても、YZそれぞれとの関係で、消滅時効の成否が問題となる。

次に、XがYとの間でのみ「Yに対しては一切の金銭請求をしない」旨の和解を成立させた場合において、Zに対する慰謝料請求権の帰趨が問題となる。

2 設例(1)について

(1) Yに対する慰謝料請求は、YZ間の不貞行為等がXY間の婚姻関係の破綻前にされたと認定される場合には、認められる。

(2) Zに対する慰謝料請求は、YZ間の不貞行為等[1]がXY間の婚姻関係の破綻前にされたと認定される場合には、認められる。

ただし、不貞行為等自体による精神的苦痛に対する慰謝料請求権は、Xが不貞行為等を知った時から3年の経過により時効消滅する。Zに対する慰謝料請求がYZ間の不貞行為等ないし同棲関係により離婚を余儀なくされた精神的苦痛に対する慰謝料の支払を求めるものである場合、離婚を余儀なくされた精神的苦痛に対する慰謝料部分は、離婚時から3年を経過するまでは時効消滅しない。

3 設例(2)について

Yに対しては一切金銭請求をしないとの条項が、Zの債務を全額免除する

---

[1] 第三者に対する被侵害利益との関係で、厳密には、婚姻関係を破綻させ得る有責な行為（本稿における「不貞行為等」を定義した前記BasicInformation3参照）というのではなく、婚姻共同生活の平和を破壊する行為というべきであるが、少なくとも本問の検討においては、実質的には同一の内容といえよう。

趣旨を含まないときは、Zに対する慰謝料請求は認められる。Zの債務を全額免除する趣旨を含むときは、Zに対する慰謝料請求は認めれらない。

◆解　説

1　夫婦間の離婚に伴う慰謝料請求
(1)　慰謝料の種類とその内容

　離婚に伴う慰謝料については、請求の仕方による分類と、精神的苦痛の内容による分類とで2通りの分類の方法がある。

　請求の仕方による分類としては、夫婦間に個別に生じた生命、身体、名誉等の権利利益の個々の侵害行為を独立の不法行為としてこれに対応する慰謝料を請求する個別慰謝料請求と、相手方の有責行為により離婚を余儀なくされたことを理由として慰謝料を請求する離婚慰謝料請求とがある[2]。

　精神的苦痛の内容による分類としては、①個々の有責行為から生じる精神的苦痛による慰謝料（賠償慰謝料）[3]、②これと同一の事実を原因とするが離婚へと発展する契機となる精神的苦痛による慰謝料（離婚原因慰謝料[4]）、③離婚という効果そのものから生じる精神的苦痛による慰謝料（離婚自体慰謝料）[5]の3種類[6]があるとされる。

　個別慰謝料請求は、不法行為に基づく損害賠償請求そのものである。個別

---

[2]　最二小判昭和46・7・23民集25巻5号805頁〔27000620〕の調査官解説（『最高裁判所判例解説民事篇〈昭和46年度〉』法曹会490頁）参照。

[3]　例えば、暴行を受けたこと自体の精神的苦痛による慰謝料など。

[4]　離婚原因となり得る個別の不法行為に基づく個別慰謝料請求によって求める慰謝料を「離婚原因慰謝料」と呼ぶ用語例もある（最近の文献では、神野泰一「離婚訴訟における離婚慰謝料の動向」ケース研究322号（2014年）26頁、東京家事事件研究会編『家事事件・人事訴訟事件の実務』法曹会（2015年）〔神野泰一〕363頁など。）。

[5]　離婚そのものから生じる精神的苦痛としては、性的充足や情緒的安定の喪失、子の将来への危惧、将来の生活不安、社会的評価の低下などがあるといわれる（大津千明『離婚給付に関する実証的研究』日本評論社（1990年）90～91頁。同書は、離婚に伴う慰謝料に関する詳細な分析をしており、この分野の基本文献といえる。）。

[6]　前掲大津69頁の分類による。

慰謝料請求に当たって、当事者は、通常の不法行為と同様、各不法行為ごとにその日時・場所・態様を他と明確に区別して具体的に主張する必要がある[7]。

離婚慰謝料請求も、不法行為に基づく損害賠償請求と解するのが判例（最三小判昭和31・2・21民集10巻2号124頁〔27002946〕、最二小判昭和46・7・23民集25巻5号805頁〔27000620〕及び前掲注2の調査官解説参照）であり、実務上も定着している[8]。離婚慰謝料請求に当たって、当事者は、婚姻関係の破綻に因果関係を有する相手方配偶者の各行為を主張立証すべきことになる。離婚原因たる個々の行為がそれ自体としては不法行為を構成するに足りない場合のほか、離婚原因たる個々の行為がそれ自体独立して不法行為となり得る場合でも、それらの行為により離婚のやむなきに至らしめたことと一体不可分の関係において不法行為を構成し[9]、慰謝料はそれらの全体による損害の賠償として理解する。裁判所は、当事者が主張する各行為のうち立証されたものを一体的に観察し、前記②の離婚原因慰謝料と前記③の離婚自体慰謝料とを中核として慰謝料額を算定することになる[10]。

現在の実務では、個別慰謝料請求がされることはあまりなく、離婚慰謝料請求が圧倒的に多いと思われる[11, 12]。

---

[7] 前掲大津69頁
[8] 東京弁護士会弁護士研修センター運営委員会編『平成17年度専門弁護士養成連続講座家族法』商事法務（2007年）〔岡部喜代子〕164頁
[9] 前掲昭和31年最判〔27002946〕の調査官解説（『最高裁判所判例解説民事篇〈昭和31年度〉』法曹会15頁）参照。前掲昭和46年最判〔27000620〕も、重大な侵害行為と言い得る暴力等の虐待行為が認定された事案であるが、離婚慰謝料請求が認められている。
[10] 前掲大津70頁参照
[11] 同様の認識を示すものとして、前掲神野ケース研究28頁、野田愛子＝梶村太市総編集『新家族法実務大系1』新日本法規出版（2008年）〔島岡大雄〕372頁など。
[12] 例えば、夫の暴行により、妻が重度の傷害を負って入通院をしたうえ、後遺障害が残ったような場合などは、離婚原因慰謝料と離婚自体慰謝料を中核とする離婚慰謝料請求とは別に、例外的に賠償慰謝料を個別に請求する意義があり得る。そのような事例として、大阪高判平成12・3・8判時1744号91頁〔28061324〕参照。

なお、慰謝料の算定要素としては、婚姻同居期間、未成熟子の有無、当事者の資力などのほか、不貞行為の有無（不貞がある場合はその期間、不貞相手の数、不貞発覚後の対応等）、暴力、粗暴な言動、精神的圧迫、悪意の遺棄等の有責行為の態様等、諸般の事情を総合考慮することとされる[13]。

(2) **不貞行為等と離婚に伴う慰謝料**

　明文の規定はないものの、離婚原因に「不貞な行為」（民法770条1項1号）が挙げられていることなどから、夫婦間には貞操義務があると解される[14]。不貞行為とは、第三者たる異性との性交渉をいうものと実務上解されている[15]。貞操義務の違反行為は、他方配偶者の夫又は妻としての権利を侵害するものとして、それ自体独立して不法行為となるから、個別慰謝料請求の原因とすることができる。また、これによって婚姻関係が破綻し、離婚を余儀なくされたとして、離婚慰謝料請求の原因とすることもできる。

　貞操義務は、事実上の離婚[16]ないし婚姻関係の破綻[17]により消滅すると解されており、破綻後の不貞を理由とする慰謝料請求は、認められないものと考えられる。

　性交渉に至らずとも、婚姻関係を破綻させ得る第三者との不適切な交遊関係は、離婚慰謝料請求の原因とすることができる。婚姻関係破綻後の行為を理由とする離婚慰謝料請求は、破綻との因果関係がないため、認められないものと考えられる。

13　前掲大津74頁以下のほか、最近では、神野・前掲注4「離婚訴訟における離婚慰謝料の動向」が離婚慰謝料の動向について東京家裁の人事訴訟事件から全203事例を詳細に分析しており、参考になる。

14　中川善之助『親族法』青林書院（1960年）218頁、我妻榮『親族法』有斐閣（1961年）98頁

15　秋武憲一＝岡健太郎編著『離婚調停・離婚訴訟〈改訂版第2刷〉』青林書院（2014年）112頁

16　前掲我妻134頁

17　秋武憲一『新版離婚調停』日本加除出版（2013年）347頁

(3) 遅延損害金と消滅時効

　個別慰謝料債務は、通常の不法行為に基づく損害賠償請求と同様に、損害発生と同時に直ちに履行遅滞に陥り（最三小判昭和 37・9・4 民集 16 巻 9 号 1834 頁〔27002105〕参照）、同日から遅延損害金が発生する。個別慰謝料請求権の消滅時効の起算日も、通常の不法行為に基づく損害賠償請求と同様に、被害者が損害及び加害者を知った時であり、時効期間は 3 年間である（民法 724 条前段）。ただし、夫婦間の権利義務は、婚姻中及び婚姻の解消の時から 6 か月を経過するまでは時効が完成しない（同法 159 条）から、離婚後 6 か月以内に裁判上の請求などをすれば、消滅時効にかからない[18]。

　一方、離婚慰謝料債務は、離婚の成立（離婚判決の確定）によりはじめて発生し、離婚成立の日（離婚判決確定の日）の翌日から遅延損害金が発生すると解されている[19]。離婚慰謝料請求権の消滅時効の起算日は、離婚の成立によってはじめて離婚に至った精神的苦痛が損害として評価されることから、被害者が離婚に至らしめた相手方の行為が不法行為であることを知り、損害の発生を確実に知ったこととなる離婚成立時から進行する（前掲昭和 46 年最判〔27000620〕）。時効期間は同様に 3 年間である（同法 724 条前段）。

2　不貞の相手方に対する慰謝料請求

(1) 成立要件

　不貞の相手方に対する慰謝料請求も、夫婦間と同様に不法行為に基づく損害賠償請求である。その被侵害利益は、従前は「他方の配偶者の夫又は妻としての権利」（最二小判昭和 54・3・30 民集 33 巻 2 号 303 頁〔27000202〕）などとされ、その具体的内容と不法行為成立の根拠が議論されてきたが、最

18　二宮周平『家族法〈第 4 版〉』新世社（2013 年）104 頁、前掲大津 68 頁
19　東京家庭裁判所家事第 6 部編著『東京家庭裁判所における人事訴訟の審理の実情〈第 3 版〉』判例タイムズ社（2012 年）18 頁は、離婚そのものによる慰謝料請求（同書内の用語法によれば、離婚自体慰謝料の請求に限定する趣旨ではなく、本稿の離婚慰謝料請求と同義と思われる。）の遅延損害金の起算点は、判決確定の日の翌日となる（ただし、判決確定の日とする考えもある。）とする。

三小判平成8・3・26民集50巻4号993頁〔28010413〕は、「甲の配偶者乙と第三者丙が肉体関係を持った場合において、甲と乙との婚姻関係がその当時既に破綻していたときは、特段の事情のない限り、丙は、甲に対して不法行為責任を負わないものと解するのが相当である。けだし、丙が乙と肉体関係を持つことが甲に対する不法行為となる（後記判例（筆者注・前掲昭和54年最判〔27000202〕）参照）のは、それが甲の婚姻共同生活の平和の維持という権利又は法的保護に値する利益を侵害する行為ということができるからであって、甲と乙との婚姻関係が既に破綻していた場合には、原則として、甲にこのような権利又は法的保護に値する利益があるとはいえないからである。」と判示した。この判決は、具体的にどのような事情が「特段の事情[20]」に当たるかを明らかにしていないが、この判決によれば、不貞行為の前に婚姻関係が破綻していれば、特段の事情がない限り、原則として被侵害利益がなく、不法行為は成立しない。また、不貞の相手方が婚姻関係の存在を知らず、又は存在を知りつつもその破綻を信じ、これについて相当の理由がある

20　この最高裁判決の調査官解説（『最高裁判所判例解説民事篇〈平成8年度〉』法曹会〔田中豊〕249頁以下）では、理論上の難点があるとしつつも、婚姻関係破綻に原因を与える行為をした第三者が婚姻関係破綻後に不貞行為を行ったような事情が「特段の事情」に当たり得るのではないかとの試論が紹介されている。前掲島岡375頁は、実務的にはこのような見解に立って妥当な結論を導いているのではないかと指摘する。この見解によれば、例えば、婚姻関係破綻の原因となった一方配偶者との同棲関係を第三者が継続している限り、継続中のある時点で婚姻関係が破綻したと認定できたとしても、その後も同棲関係を解消しない間は、なお不法行為が成立し得ることになろう。これに対し、東京高判平成17・6・22判タ1202号280頁〔28110822〕は、同じ第三者との同棲関係が継続中の時期に婚姻関係の破綻を認定したうえ、破綻後は、当該第三者の一方配偶者との同棲の継続は不法行為を構成しない旨、本件では特段の事情はうかがわれない旨を判示しており、「特段の事情」について前記指摘とは異なる見解を採っているようである。安西二郎「不貞慰謝料請求事件に関する実務上の諸問題」判例タイムズ1278号49-53頁（特に53頁）も、前掲平成17年東京高判〔28110822〕と同様の見解に立っており、むしろ実務上は、同一の第三者との間の不貞ないし同棲関係が継続している場合でも、破綻以降は不法行為が成立しなくなり、特段の事情はない旨の見解に立つものが多いように思われる。

ような場合にも、故意又は過失がないため、不法行為は成立しないものと解される。

なお、被侵害利益を前記のように解することから、婚姻共同生活の平和を破壊する行為は、被侵害利益と行為態様との相関関係に照らして違法性を有する限り、性交渉を意味する「不貞行為」に限らず、不法行為となり得ることとなる[21]。

(2) 慰謝料の算定要素

慰謝料の算定要素としては、不貞行為の態様（不貞期間、具体的内容、頻度、相手方の認識・意図等）と婚姻関係への影響の有無・程度（特に破綻の有無）や他方配偶者の精神的苦痛の程度が重要なものとされ、ほかに当事者及び夫婦間の子の年齢、婚姻期間や婚姻生活の状況、他方配偶者の落ち度ないし婚姻関係破綻への責任の程度、謝罪等の慰謝の措置の有無等が考慮され得る[22]。

(3) 配偶者に対する慰謝料請求と不貞の相手方に対する慰謝料請求の関係

不貞行為は、共同して他方配偶者に損害を加える行為であるから、共同不法行為に当たり、各自の不法行為と相当因果関係を有する他方配偶者の損害について、それぞれ連帯して賠償する義務を負う。不貞行為に至らない不適切な交遊関係についても同様である。

配偶者の損害賠償債務と不貞相手の損害賠償債務とは、不真正連帯債務の関係に立ち、免除の絶対効を定めた民法437条は適用されない。したがって、いずれか一方に対する免除の意思表示が他方に及ぶか否かは、それが他方の債務を免除する意思を含むか否かの意思解釈によって決せられることになる（以上につき、最一小判平成6・11・24判時1514号82頁〔27826393〕参照）。

共同不法行為者の一方に対する債務の免除は、他方の債務についても全額を免除する意思を含む場合のほか、他方の債務のうち一方の負担部分に相当

---

21 前掲田中247頁、前掲安西46、47頁
22 前掲安西56、57頁

する分のみを免除して、他方から一方（和解の当事者）に対する求償を回避する趣旨の場合（同法437条の絶対効を認めるのと同じ効果が生ずる場合）もあり得る。また、前掲平成6年最判〔27826393〕の判示のように、和解の当事者間では一切の金銭請求をしない旨を定め、一方に対し債務の免除をしたかに見えても、単に和解の当事者間で請求をしないだけで、共同不法行為者の他方に対してはなお全額の請求をする趣旨[23]であり、その結果、他方から和解の当事者に対する求償が残る場合もあり得る。

そして、共同不法行為者（不貞をした配偶者及び不貞相手）のいずれか一方の間で成立した訴訟上の和解により、その一方が請求額の一部につき和解金を支払うとともに、その一方に対する残債務を免除した場合において、他方に対しても残債務の免除の効力が及ぶときは、共同不法行為者間の求償金額は、確定した損害額である右訴訟上の和解における支払額を基準とし、双方の責任割合に従いその負担部分を定めて、これを算定すべきことになる（最一小判平成10・9・10民集52巻6号1494頁〔28032717〕参照）。

(4) 遅延損害金と消滅時効

不貞の相手方の慰謝料債務は、通常の不法行為に基づく損害賠償請求であるから、損害の発生と同時に遅滞に陥り（前掲昭和37年最判〔27002105〕参照）、その日から遅延損害金が発生する。

不貞の相手方に対する慰謝料請求権の消滅時効の起算日については、夫と第三者とが20年以上にわたり同棲関係を継続したものの、離婚成立には至っていない事案において、同棲関係終了の時ではなく、妻が前記同棲関係を知った時から、それまでの慰謝料請求権の消滅時効が進行すると解した判例（最一小判平成6・1・20判時1503号75頁〔27817231〕）がある。その理由は、この場合に妻が被る精神的苦痛は同棲関係が解消されるまでの間、これを不可分一体のものとして把握しなければならないものではなく、妻は、同棲関係を知った時点で、第三者に慰謝料の支払を求めることが可能だからと

---

23 いわゆる相対的免除である（西村信雄編『注釈民法⑾』有斐閣（1965年）94頁）。

いうものである[24]。同棲を伴わない不貞行為を理由とする事案においてもこの理は妥当すると解されている[25]。

3 訴訟手続

(1) 管轄と併合審理

ア 通常の民事訴訟としての管轄

離婚に伴う慰謝料請求の法的性質は、いずれも不法行為に基づく慰謝料請求であり、不法行為に基づく慰謝料請求訴訟は、通常の民事訴訟の1つである。したがって、訴額140万円以下か否かを境にして地方裁判所又は簡易裁判所が事物管轄を有し（民訴法8条1項、裁判所法33条1項1号）、土地管轄原因は、被告の普通裁判籍の所在地（民訴法4条1項）、義務履行地（同法5条1号）ないし不法行為地（同条9号）となり、合意管轄（同法11条）及び応訴管轄（同法17条）も認められる。

イ 離婚訴訟の関連損害賠償請求訴訟としての取扱い

離婚訴訟の管轄は、婚姻関係の当事者が普通裁判籍を有する地の家庭裁判所の専属管轄である（人訴法4条1項）。このほか、調停事件（調停事件の管轄は、原則として相手方の住所地を管轄する家庭裁判所が有するが、人事訴訟とは異なり、合意管轄が可能である（家手法245条1項）。）が継続していた家庭裁判所が自庁処理として、自ら離婚訴訟の審理及び裁判をすることもある（人訴法6条）。

離婚訴訟に係る請求の原因である事実（離婚原因を構成する事実）によって生じた損害賠償請求（関連損害賠償請求）に係る訴訟には、前記の規定により定まる離婚訴訟が係属する家庭裁判所にも競合管轄があり、離婚訴訟と

---

24 したがって、継続的な同棲関係による不法行為に基づく損害賠償請求権は、日々発生し、このうち一部は既に時効消滅しており、残部のみに対応する慰謝料を算定すべき事案もあり得ることになる。前掲平成17年東京高判〔28110822〕の原審（さいたま地判平成17・2・28判タ1202号282頁〔28110823〕）参照。
25 前掲島岡381頁、前掲安西54頁

併合審理され得る。

　関連損害賠償請求訴訟を規定する人訴法8条及び17条の趣旨は、人事訴訟と緊密な牽連関係を有する損害賠償請求に係る訴訟について、人事訴訟の錯そう遅延を生じさせない範囲で併合審理して当事者の主張立証の便宜と訴訟経済を図ることにあると解される。そのため、離婚を求める原告の主張する離婚の請求原因事実によって生じる損害賠償請求事件に限らず、原告が離婚とともに損害賠償請求権の不存在確認を求める請求や、被告による有責配偶者の抗弁等の抗弁事実に基づく損害賠償請求も、関連損害賠償請求に当たるものと解されている[26]。また、主観的併合も可能と解されており、不貞の相手方等の第三者に対する損害賠償請求も、夫婦間の離婚訴訟の要件事実を構成する事実に基づいて請求する限り、関連損害賠償請求に当たるものと解されている[27]。

　離婚訴訟と関連損害賠償請求訴訟との併合の態様は、原始的併合（同法17条1項）及び離婚訴訟の被告から関連損害賠償請求の反訴が提起された場合のほか、離婚訴訟が係属する家庭裁判所に関連損害賠償請求訴訟が提起された場合（同法17条2項）及び関連損害賠償請求訴訟が一旦地方裁判所又は簡易裁判所に提起され、離婚訴訟が係属する家庭裁判所に移送されてきた場合（同法8条1項）の弁論の併合による追加的併合がある。後二者の場合、離婚訴訟が係属する家庭裁判所は、離婚訴訟との口頭弁論の併合を命じなければならない（同法8条2項、同法17条3項）[28]。

---

[26] 詳細は、松原正明編著『人事訴訟の実務』新日本法規出版（2013年）26頁以下、野田愛子＝安倍嘉人監修『人事訴訟法概説〈改訂版〉』日本加除出版（2007年）56頁以下及び123頁以下、前掲秋武＝岡編40頁以下等参照

[27] 前掲松原、前掲野田＝安倍監修、最一小判昭和33・1・23裁判集民30号131頁〔27450442〕参照

[28] ただし、当初から併合提起された場合や反訴の場合も含めて、家庭裁判所が後に裁量により弁論を分離することは禁じられていない。設例(2)において、XY間の離婚訴訟のみを裁判上の和解により完結させているのも、このことを前提としている。このような場合にも、家庭裁判所の関連損害賠償請求訴訟についての管轄権は失われない。小野瀬厚＝岡健太郎編著『一問一答新しい人事訴訟制度』商事法務（2004年）38頁、82頁参照

なお、離婚訴訟そのものには当然人事訴訟法が適用されるが、関連損害賠償請求訴訟は、家庭裁判所に係属する場合でも、本来民事訴訟であるものを便宜上、家庭裁判所で審理判断するにすぎないから、人事訴訟法の適用はないものと解される[29]。関連損害賠償請求の原始的併合提訴を認める同法17条1項が、「民事訴訟法136条の規定にかかわらず、」と規定するのは、人事訴訟と関連損害賠償請求訴訟とが同種の訴訟手続によらないことを前提としているものと解される[30]。

本問では、XのYに対する慰謝料請求、Zに対する慰謝料請求のいずれも、XY間の離婚訴訟の関連損害賠償請求として離婚訴訟と併合審理され得る。

(2) **当事者**

配偶者に対する慰謝料請求訴訟の当事者は、離婚に係る夫婦である。婚姻共同生活の平和を破壊する行為をした第三者に対する慰謝料請求の当事者は、夫婦の一方及び当該第三者となる。

なお、第三者の夫婦の一方との不貞行為は、特段の事情のない限り、夫婦間の未成年の子に対する不法行為を構成するものではないから（前掲昭和54年最判〔27000202〕）、夫婦間の子が離婚に伴う慰謝料請求訴訟の当事者となることは通常ない。

(3) **訴訟物**

配偶者に対する個別慰謝料請求訴訟の訴訟物は、通常の不法行為に基づく損害賠償請求であり、個々の不法行為及び被侵害利益により訴訟物を特定していくことになる。

これに対し、配偶者に対する離婚慰謝料請求は、配偶者たる地位を被侵害利益ととらえ[31]、相手方配偶者の一連の有責行為により離婚を余儀なくされ

---

29 井上繁規「離婚訴訟における訴訟の集中（下）」判例タイムズ624号（1987年）19頁参照
30 松川正毅ほか編『新基本法コンメンタール人事訴訟法・家事事件手続法』日本評論社（2013年）47頁参照
31 前掲大津66頁、70頁、213頁参照

たことの全体を1個の不法行為として、それから生ずる精神的苦痛に対する損害賠償請求と構成するのが通常と考えられるが[32]、なぜ全体を1個の不法行為ととらえてよいのか等、曖昧な点が残るともいわれている。

第三者に対する慰謝料請求訴訟の訴訟物は、通常の不法行為に基づく損害賠償請求であり、個々の不法行為及び被侵害利益により訴訟物を特定していくことになるものと解される。

(4) 攻撃防御方法と主張立証責任

ア　配偶者に対する個別慰謝料請求

(ｱ)　請求原因

個別慰謝料請求の請求原因は、被侵害利益（生命・身体や貞操権等）、相手方配偶者による加害行為（暴力や不貞行為等）、相手方配偶者の故意又は過失、精神的損害の発生及び因果関係であり、いずれも原告が主張立証責任を負う要件事実であって、通常の不法行為に基づく損害賠償請求の攻撃防御方法と異ならない。なお、損害が精神的損害のみである場合には、慰謝料の算定においては、被害者の落ち度を含めた一切の事情を考慮するから、当該個別の不法行為に係る被害者の落ち度（暴力に至る過程で被害者が加害者を挑発していた事実等）は、過失相殺の抗弁として慰謝料算定とは別に考慮す

32　東京高判平成21・12・21判時2100号43頁〔28170467〕参照。なお、この裁判例は、離婚及び離婚慰謝料請求を認めた前訴と、婚姻中の行為につき個別慰謝料請求をした後訴（本訴）との関係について、個別の有責行為が独立して不法行為を構成することがあるかについては、当該有責行為が性質上独立して取り上げるのを相当とするほど重大なものであるか、離婚慰謝料の支払を認める前訴によって当該有責行為が評価し尽くされているかどうかによって決するのが相当とした。そのうえで、後訴を前訴で評価が尽くされた事実に基づく請求と認め、その他の事実関係にも照らし、単に既判力の抵触というにとどまらず紛争の蒸返しに当たるとして、信義則違反の不適法な訴えである旨の判断をしており、注目される。ただし、ここでいう不法行為を構成するか否かに係る判断要素と、既判力の抵触との判示及び紛争の蒸返しとの評価がそれぞれどのような関係に立つのかは明らかではなく、離婚慰謝料請求と個別慰謝料請求との訴訟物の異同について明確な答えを出したものとはいえない。

る必要はなく、慰謝料算定上の減額要素と位置付ければ足りるであろう。

なお、個別慰謝料請求の性質上、加害行為として主張されるのは、不貞行為等や暴力、侮辱等の意図的・意識的な行為がほとんどであり、その認定が可能であれば、故意又は過失を独立して事実認定上の争点にする必要は通常ない。

(イ) 抗弁以下の攻撃防御方法

抗弁としては、貞操権のように事実上の離婚ないし婚姻関係の破綻により消滅する権利を被侵害利益とする請求に対しては、不貞行為等の前にこれらの事由により被侵害利益が消滅した旨の主張が考えられる。

また、夫婦間の債権債務に係る時効は、前記のとおり離婚後6か月経過以降は完成し得るから、離婚後の個別慰謝料請求に対しては、損害発生時から3年の経過及び離婚後6か月の経過を主張して消滅時効を援用することが考えられる。

不貞行為等を理由とする個別慰謝料請求には、請求者が不貞行為等の相手方である第三者から、不真正連帯債務に当たる慰謝料債務の全部又は一部の弁済を受けた旨の主張がされることもある。このような事実は、不貞行為等をした配偶者が基準時（口頭弁論終結時）に負う慰謝料債務額を減額する考慮要素又は全部若しくは一部弁済の抗弁として位置付けられ得る。

イ　配偶者に対する離婚慰謝料請求

(ア) 請求原因

離婚慰謝料請求の請求原因は、配偶者たる地位を被侵害利益とすることから、婚姻関係の存在及びその解消（離婚請求と併合して請求する場合には、離婚請求認容の判決の確定により要件が充足し、はじめて慰謝料請求権が発生することから、口頭弁論終結時においては将来の給付請求としての性質を有する[33]。）、婚姻関係の破綻（離婚原因の充足）が相手方配偶者の行為に基

33　なお、離婚慰謝料請求の将来の給付の必要性は当然肯定されるから、判決であえて触れるものは少ないものと考えられる。

づくこと、当該行為の違法性及び当該行為についての相手方の故意又は過失、精神的損害の発生（及び因果関係）となると解される。

離婚慰謝料の請求においては、婚姻関係の破綻と因果関係を有する限り、婚姻期間中の相手方配偶者の行為を一連一体のものとして主張することが可能と考えられている。

違法性ないし故意又は過失についてみると、個別慰謝料の請求をすることも可能な傷害を伴う強度の暴力や不貞行為等は、行為の性質や態様からみて当然に違法有責な行為といえ、当該行為自体が認定可能な限り、違法性や故意又は過失は問題とならない。

しかしながら、口論の一部を切り取った暴言、モラルハラスメント、精神的虐待等や、生活費の分担態様等が違法有責な行為と主張される場合には、暴言等については前後の口論の内容や経緯、生活費についてはそのような分担に至った経済的背景や夫婦間の意思疎通の状況、各自の価値観の相違等にも由来し、当該行為自体が認定できたとしても、それについて一方配偶者のみが違法有責であると評価することが必ずしも容易ではないことが多い。そのような複数の行為の全体的な評価が争点となる事案では、結局、原被告双方の主張内容からそれぞれの婚姻に対する考え方、経済観念や価値観を把握するようにし、主張事実と客観的証拠との整合性を照らし合わせてそれぞれの物語の信用性を見定めながら、いずれか一方が違法有責とまでいえるのか、当事者尋問の結果も踏まえて全体的に事実を認定し、評価をするほかないであろう。

(イ) 抗弁以下の防御方法

抗弁としては、請求原因で主張されている違法有責行為の際には既に事実上の離婚ないし婚姻関係の破綻に至っていた旨の主張が考えられる。請求原因においては、婚姻の成立により被侵害利益（配偶者の地位）が発生し、それが請求原因で主張されている違法有責行為により侵害され破綻した旨の主張がされているのであるから、当該違法有責行為以前に事実上の離婚ないし婚姻関係の破綻に至っていた旨の主張は、権利利益侵害行為の前に被侵害利

益が消滅していた旨の抗弁と位置付けられ得る。

　また、請求原因事実と両立する請求者の他の違法有責行為の事実や、相手方の行為について違法有責性を減殺させる事実も抗弁となり得る。相手方は、離婚慰謝料請求権の発生を障害するには、婚姻関係の破綻について、専ら又は主として相手方に違法性ないし責任があるとまではいえない旨を主張立証すれば足りる。

　消滅時効の抗弁は、離婚成立時を起算点として（前掲昭和46年最判〔27000620〕）、3年の経過を主張する必要があるから、離婚請求と併合して請求されることが多い実務上は、ほとんど問題にならない。

　請求者が、婚姻関係破綻の原因の1つとなった配偶者の不貞行為等の相手方である第三者から、慰謝料債務の全部又は一部の弁済を受けた旨の主張がされることもある。このような事実は、離婚慰謝料算定の考慮要素となると考えらえる[34]。

(ｳ)　攻撃防御方法の構成における実務上の留意点

a　網羅的な主張について

　離婚慰謝料請求においては、訴訟実務上、当事者の婚姻生活中の不満を時系列で羅列してすべてを請求原因として網羅的に主張する訴状や準備書面がしばしば見られる。しかしながら、客観的には些細ともみられることについても過度の不満を述べるような主張をすると、主張者の婚姻自体や配偶者に対する期待が高すぎるのではないかと受け止められ、他の主張でも過剰な反応や誇大な表現をしているのではないかとも見られやすくなる。また、婚姻関係の破綻時期よりはるか昔の事実を主張しても、結局破綻との因果関係が認め難く、慰謝料額の評価にも何ら影響を与えないことが多い。単純に争点

34　なお、不貞行為等の相手方に対する慰謝料請求権と配偶者に対する離婚慰謝料請求権との関係は、後者が前者と同一の不貞行為等による精神的損害についての慰謝の目的を含む限りにおいて、不真正連帯債務の関係に立つと考えられるが、離婚慰謝料の内訳が明示されるわけではなく、その具体的意味は不明瞭といわざるを得ない。

が多くなればなるほど、最も力点を置きたい争点の比重が小さくなりやすい面も否めないし、いたずらに争点が増えても、紛争解決が遅くなるだけである。

b　一面的ないし創作性の高い主張について

例えば、双方とも喧嘩腰に交わした口論の一部を切り取って、相手方のみが暴言を吐いたかのように見せる一面的な主張がされることも実務上多く見られる。しかしながら、相手方の反対主張立証や、他の争点である親権者指定のための事実の調査（調査官調査）などの過程で、結局双方とも喧嘩腰の口論をしていたなどとわかることも多い。結果として、一面的な主張をしていると、他の争点についても同様に自己に都合の良い主張をしているのではないかと思われやすくなる。

また、中には、一方当事者の手持ち証拠をよく吟味し、訴訟代理人と綿密に打ち合わせのうえ、自身に全く落ち度のないよう一見矛盾のないストーリーを作り上げて主張立証していると見られる事案もある。このようなストーリーは、準備書面で主張のやり取りをしている限りは、準備時間があるためか、創作性が露呈しないことが多い（ただし、一部にわずかな主張の変遷が見られることは少なくない。）。しかしながら、当事者尋問における反対尋問や補充尋問において、創作性の高い部分を掘り下げられ、当事者が十分に受け答えできずに代理人の顔をうかがいながら戸惑う様子を見せ、結局のところ、真実の部分に係る供述の信用性をも失う結果になっている事案も散見される。

c　客観的な背景事情についての説明を十分にすべきこと

当事者の意識においては当然の前提となっている当事者の職業や住所の変遷、一方配偶者の両親との同居や介護負担の有無、子の進学・就職や傷病の状況等、夫婦関係のあり方やその中での個々の言動の評価の方向性を措定し得る客観的な背景事情の主張立証が必ずしも十分でないこともままみられる。

例えば、夫が定年退職後、妻に管理を任せていた預貯金の残高があまりに少ないとして自ら管理をするようになってから、預貯金が貯まるようになっ

たから、妻の浪費は明らかであるなどと主張されることがある。このような主張に対し、妻側は、生活費に費消していた、夫も奢侈品を買ったことがある、預貯金の状況は夫も確認可能で、貯金できない状況を容認する発言があったなどと主張してはみるものの、立証の問題にぶつかる様子が見られる。しかし、夫の年収の変遷、住宅ローン返済の状況、自動車購入の状況、子が中学から大学まで私立学校や学習塾に通学して定年間際に大学を卒業した等の客観的事情から、貯蓄可能な状況でなかったことが比較的容易に裏付けられることがある。このような事情が明らかになれば、夫側がしばしば要求する婚姻全期間における家計簿の開示などは必要性がないことも容易に明らかとなり得る。

　前記のような客観的な背景事情を十分に認識し、裁判所及び相手方に必要な説明したうえで攻撃防御方法を組み立てるよう心掛ければ、奏功しない主張立証をする必要がなくなることも多いのではないかと考えらえる。

d　小括

　離婚慰謝料請求においては、確かに婚姻生活中の相手方配偶者の行為を一連一体のものとして全体的に評価するが、夫婦互いに衝突や行き過ぎもあったはずであり、程度の差はあれ、いずれか一方が完全に悪いというべき事案はないのではないかと思われるし、網羅的、一面的ないし創作的な主張の仕方では、かえって逆効果となることが多い。

　攻撃防御方法の構成に当たっては、客観的な背景事情を十分に認識し、裁判所及び相手方に対して必要な説明をしたうえで、婚姻関係の破綻時期に近く、かつ相手方の違法有責性が比較的明瞭な事実のみに絞って請求原因として主張立証し、請求者の非を認めるべき部分は誠実に認める態度を示し、その他の事実を主張ないし説明したい場合においては、事情として主張するか、陳述書に記載するにとどめておくという方法が、裁判所だけでなく当事者にとっても望ましいのではないかと考えられる。

ウ　第三者に対する慰謝料請求

(ア)　請求原因

　個別慰謝料請求の請求原因は、被侵害利益（婚姻共同生活の平和の維持）、第三者による加害行為（一方配偶者との不貞行為等の婚姻共同生活の平和を侵害する行為）、第三者の故意又は過失、精神的損害の発生及び因果関係であり、いずれも原告が主張立証責任を負う要件事実であって、通常の不法行為に基づく損害賠償請求の攻撃防御方法と異ならない。故意又は過失の対象は、ひとまず既婚者であることで足りると解される。継続的な不貞行為の場合、不貞の関係を持った一方配偶者が既婚者であることをことさらに隠していた等の事情があれば格別、継続的に既婚者と不貞の関係をもった第三者には、少なくとも過失ありと評価されることが多いと考えられる。

(イ)　抗弁以下の攻撃防御方法

　抗弁としては、請求原因で主張されている第三者の加害行為の際には既に夫婦関係が事実上の離婚ないし婚姻関係の破綻に至っていた旨の主張が考えられる。請求原因においては、婚姻の成立により被侵害利益（婚姻共同生活の平和）が発生し、それが請求原因で主張されている加害行為により侵害された旨の主張がされているのであるから、当該加害行為以前に事実上の離婚ないし婚姻関係の破綻に至っていた旨の主張は、加害行為の前に被侵害利益が消滅していた旨の抗弁と位置付けられ得る。

　また、必ずしも破綻の認定がされなくとも、第三者が婚姻関係の破綻を信じ、そう信じるにつき相当の理由があることを基礎付ける事実の主張は、請求原因と両立する事実により過失が否定され得るため抗弁となる（ただし、破綻後の不貞であった旨の認定がされない場合において、第三者が破綻を信じたことを理由として過失が否定される事案はまれであろう。）。

　さらに、第三者の加害行為により婚姻関係が破綻に至らず、かえってこれを奇貨として第三者に夫婦共同して多額の慰謝料請求をするなど、いわゆる美人局類似の請求をしていると認めるべき特段の事情がある場合には、権利濫用の抗弁が成立し得る（最三小判平成8・6・18家裁月報48巻12号39頁

〔28020094〕参照)。

　また、消滅時効の抗弁は、請求者が第三者と他方配偶者との同棲関係ないし不貞行為を知った時から3年の経過が要件事実となる（ただし、離婚に至った事案では、離婚自体の損害に係る慰謝料請求権について、消滅時効の起算点を離婚成立の時からとする裁判例がある。詳細は後述する。）。

　なお、損害が精神的損害のみである場合には、慰謝料の算定においては、被害者の落ち度を含めた一切の事情を考慮するから、当該個別の不法行為に係る被害者の落ち度（不貞行為等の前に被害者が婚姻共同生活を自ら破壊する行為をしていたこと等）は、過失相殺の抗弁として慰謝料算定とは別に考慮する必要はなく、慰謝料算定の考慮要素と位置付ければ足りるであろう。

　不真正連帯債務の関係に立つ不貞相手の配偶者による弁済の事実も抗弁となり得る。ただし、同一の原因事実に基づく個別慰謝料の弁済であれば、そのまま弁済の抗弁となり得るが、離婚慰謝料の一部弁済は、不貞の相手方等の第三者に対する慰謝料請求権との関係では充当関係が不明確とならざるを得ないから、慰謝料算定の考慮要素となるにとどまると考えられる。

　夫婦間の慰謝料請求に係る免除の効力が第三者にも及び、慰謝料請求権の全部ないし一部が免除される場合があり、全部ないし一部の免除の抗弁となり得る。詳細は後述する。

(5) 訴訟の終了について

　慰謝料請求訴訟は、通常の民事訴訟であるから、判決のほか、訴えの取下げ、和解、請求の放棄及び請求の認諾によって終了し得る。配偶者に対する慰謝料請求訴訟と不貞の相手方等の第三者に対する慰謝料請求訴訟とは、通常共同訴訟であり、弁論の分離やいずれか一方のみとの訴訟上の和解も可能である。

　なお、配偶者に対する離婚慰謝料請求は、離婚請求訴訟の請求棄却判決、訴えの取下げや請求の放棄等により離婚に至らない場合には、なお発生の要件を欠くから、請求棄却される。

4 主張立証上のポイント

(1) 不貞行為等の立証について

どの程度の立証がされれば、不貞行為（性交渉）の立証として十分かは、具体的事案によって様々であり、一般化することは極めて難しい。

実務上は、例えば、男女が一緒にラブホテルに入り、その後同じラブホテルから出てくる写真が証拠提出されていても、その男女が強固に不貞行為を否認することがままあり、ホテルでの滞在時間、その前後の行動、否認の理由等を考慮すると、その際に不貞行為があったとまでは認め難い事案もある。逆に、客観的証拠が夫婦間ないし夫と第三者女性とのメール等の通信記録しかない場合でも、その内容とこれについての説明の合理性などを考慮して、不貞行為があったと認め得る事案もある。

もっとも、不貞行為があったと認め得るか否か微妙な事案では、不貞行為があったと認められるか否かは、総合判断である慰謝料の額にはそれほど影響がないというのが実感[35]ともされる。

なお、裁判実務上まれに、当事者が不貞行為の実質証拠となり得る証拠を当事者尋問まで提出せず、尋問の際に（しばしば大量に）弾劾証拠として使用する事案がみられる。しかしながら、それによって供述の信用性の弾劾はし得たとしても、弾劾証拠が、実質証拠として用いられるとは限らず、必ずしも当該当事者が意図したとおりの事実認定がされないこともあり得る。このような証拠は、遅くとも、不貞行為の主張に対する相手方の認否及び否認の理由が明確に主張された段階で、実質証拠として提出しておくべきであろう。

本問では、ZがY経営の会社の従業員であったことをも考慮のうえ、Xの主張の当否について証拠を吟味することとなろう。

(2) 破綻の有無と時期の認定について

婚姻関係の破綻の有無の認定は、婚姻関係が主観的・客観的にみて修復不可能な状態に至っているか否かによってなされる[36]。当事者双方とも明確か

---

35 前掲東京弁護士会弁護士研修センター運営委員会編〔阿部潤〕17頁参照
36 前掲阿部12頁参照

つ強固に離婚の意思を表明している場合には、たとえ同居中であっても、主観的に修復不可能に至っているとして、破綻の認定が可能である。これに対し、当事者の一方が離婚を拒否し婚姻関係の継続を望んでいる場合には、客観的な事情[37]として、同居中の婚姻関係の円満の程度、別居に至る経緯、別居期間、別居後の関係等の事情が考慮され得る。別居の有無は、破綻の認定に必要不可欠とまではいえないものの、ひときわ重要な判断要素とされている[38]。

婚姻関係が現在（離婚訴訟の基準時に）破綻に至っているか否か、あるいは遅くともいつごろには破綻したかの認定に比べ、破綻した時期を厳密に認定するのは困難を伴い、認定の基準を容易に定式化することはできない。夫と同棲相手との間に子ができ、その子について妻に対し親子関係不存在確認の調停ないし訴訟を提起した等、夫婦双方にとって明瞭に関係修復が著しく困難となる事情が生じていればまだわかりやすいが、そのような事情も見当たらない事案では、厳密にいつかを認定するための決め手を欠くことが多いと考えられる[39]。

5 有責配偶者に対する慰謝料請求権の消滅時効

破綻前の不貞行為等の立証ができた場合、Xは、Yに対し、個別慰謝料請求又は離婚慰謝料請求をすることができる。

前記1(3)のとおり、前者は、離婚成立の日から6か月経過するまで時効が完成しない（民法159条）。後者は、離婚成立の日から消滅時効が進行し、

---

[37] 客観的事情については、前掲松原253頁以下に詳しい。
[38] 前掲阿部13頁、前掲安西53頁参照
[39] 不貞の相手方に対する慰謝料請求事件では、「婚姻を継続し難い重大な事由」の場合とは異なり、長期間の別居継続は要求されておらず、別居したことをもって破綻に至ったとされる傾向があるとの指摘があるが（前掲安西53頁）、その後修復に至っていない夫婦関係の破綻時期を遡及的に認定するに当たり、ほかに決め手となる事情がないことも理由の1つと考えられ、必ずしも破綻の意義を離婚事件と異ならしめるものではないと考えられる（前掲田中249頁、前掲阿部28頁参照）。

時効期間は 3 年間である。したがって、Y に対する慰謝料請求権の消滅時効の援用は、主張自体失当である。

6　不貞行為等の相手方第三者に対する慰謝料請求権の消滅時効

(1)　不貞行為等による精神的苦痛に対する慰謝料請求においては、前掲平成 6 年最判〔27817231〕の理が当てはまるとすれば、X が YZ の不貞行為等を知った時から、それまでの不貞行為等に係る慰謝料請求権の消滅時効が進行することとなろう。本問において、X がいつごろ YZ の不貞行為等を知ったかは明らかでなく、その認定は具体的事情次第であるが、本問のような事案で XY の別居ではなく YZ の不貞行為等により XY の婚姻関係が破綻したといえるとすれば、通常は、別居により婚姻関係が破綻したといえる時期以前に、X が YZ の不貞行為を知り、このことによって夫婦関係が決定的に破綻したと認められる事案が多いと考えられる[40]。本問においても同様であるとすると、平成 26 年の慰謝料請求訴訟提起以前に Z に対し何らの時効中断措置も採られていないとすれば、X は、訴訟提起の 3 年以上前から YZ の不貞行為を知っていたと認められ、前掲平成 6 年最判〔27817231〕によれば、X の Z に対する慰謝料請求権は、全部又は大部分[41]が消滅時効により消滅していることとなろう。

これに対し、不貞の相手方に対する慰謝料請求においても、夫婦関係が破綻して離婚に至った場合には、離婚慰謝料請求と同じように、離婚を余儀な

---

[40]　例外的に、XY の別居直後から Y が Z と不貞関係を持ったため、X による婚姻修復の努力が Y に奏功せず、X が YZ の不貞関係を知らないまま、当該不貞関係により破綻に至ったといえるようなケースも考えられ得る。
[41]　YZ 間の不貞行為等により婚姻関係の破綻後も、Z は破綻に原因を与えた者であるから「特段の事情」があり、同棲関係を継続している限り X に対する不法行為が成立すると解すれば、平成 23 年の同居解消直前の一部について、平成 26 年の訴え提起により時効が中断している可能性はあることになる。これに対し、「特段の事情」はないと解する立場からは、婚姻関係破綻までの不法行為に基づく慰謝料請求権は、優に消滅時効が完成していることとなろう。

くされた精神的苦痛に対する慰謝料（夫婦間の離婚原因慰謝料及び離婚自体慰謝料に相当するもの）を請求することができるとの理解の下、一方配偶者と第三者とが長期間同棲関係を継続した後、離婚成立に至った事案において、慰謝料請求が単に一方配偶者と第三者との肉体関係ないし同棲の違法を理由とするものではなく、その継続によって最終的に離婚をやむなくされるに至ったことにより精神的苦痛を被ったことを理由とする損害の賠償をも求める場合には、このような損害は離婚が成立してはじめて評価されるものであるから、第三者との肉体関係ないし同棲の継続等を理由として離婚を命ずる判決が確定するなど、離婚が成立したときにはじめて、離婚に至らせた第三者の行為が不法行為であることを知り、かつ、損害の発生を確実に知ったこととなるものとして、離婚成立の時から慰謝料債権の消滅時効が進行するものと解する裁判例（東京高判平成10・12・21判タ1023号242頁〔28050904〕）がある。この裁判例に対する強い反対は現在のところ見当たらず、本問に対する回答も、ひとまずこの裁判例の見解によることとしたい。

　この裁判例の見解によれば、本問において、Xは、Zに対する慰謝料請求とともに、Yに対する離婚請求を併合提起しているため、破綻前の不貞行為等の立証がされた場合で、当該不貞行為等と婚姻関係の破綻との間に因果関係があり、離婚原因があると認められるときは、XY間で離婚請求が認容され、離婚が成立することから、Xは、Zに対し、不貞行為等自体の精神的苦痛のほか、離婚を余儀なくされた精神的苦痛に対するものも含めて慰謝料請求をすることができるものと解される。そして、離婚を余儀なくされた精神的苦痛に対する慰謝料部分は、離婚の成立によってはじめて損害を確実に知ったことになるから、消滅時効はいまだ完成していないこととなろう。

(2)　なお、本問のZは、Xによる離婚及び慰謝料請求訴訟提起の3年ほど前にはYとの同居を解消しているところ、この点をどのように考えるべきかは問題となり得る。

　実務上は、一方配偶者の別居の原因となった第三者との不貞関係は別居後間もなく終了したものの、そのまま別居状態が継続して互いに修復の動きも

なく、当該不貞関係の終了後10年以上経って子が成人してから離婚が成立するような事案も決して珍しくない。このような場合にも、第三者(Z)の不貞行為の破綻への因果関係は容易に否定し難いと思われるところ、離婚を余儀なくされた精神的苦痛に対する慰謝料部分は、離婚の成立によってはじめて損害を確実に知ったことになるから消滅時効は完成していないとする前掲平成10年東京高判〔28050904〕の見解によれば、第三者(Z)は、一方配偶者(Y)との不貞ないし同棲関係の解消後も、いつされるかわからない当該夫婦(XY)の離婚成立後3年が経過するまでは、離婚を余儀なくされた慰謝料の請求を受け得る地位に立ち続けることとなる。このような帰結が必ずしも当事者間の利害をバランスよく調整したものと常にいえるかどうかは疑義のある事案もあり得ると思われ、今後の課題として指摘しておきたい。

　なお、前掲安西55頁は、前掲平成10年東京高判〔28050904〕の見解を基本的に肯定しつつ、離婚前に婚姻関係が破綻しており、破綻時期が訴え提起（これによってはじめて時効中断することを前提とする。）の3年以上前である場合には、不貞自体による精神的苦痛に対する慰謝料請求権は時効により消滅しており、その後の離婚そのものによる精神的苦痛はわずかであろうから、慰謝料も少額となろうことを指摘しており、本文記載のバランスに配慮していることがうかがわれる。しかしながら、前掲平成10年東京高判〔28050904〕は、離婚をやむなくされたことによって被った精神的苦痛に対する慰謝料を200万円と算定している。同判決の事案は、確かに他方配偶者が多大な精神的苦痛を受けたと認め得る事案ではあったものの、前掲神野ケース研究33頁が夫婦間の離婚慰謝料について、東京家裁の平成24年4月から平成25年12月までの間に終局した人事訴訟事件のうち不貞又はこれに準じる行為が問題となった事案の判決での平均認容額が223万円であったとされていることにも照らすと、前記200万円は必ずしも少額ともいえないように思われ、同判決は、前記わずかであろうとされる離婚そのものによる精神的苦痛に対する慰謝料（離婚自体慰謝料に相応か）のみならず、離婚に向かう契機となった精神的苦痛に対する慰謝料（離婚原因慰謝料に相応か）を

も併せ考慮しているのではないかとも思われる。このような場合に、前掲安西55頁の指摘どおり、離婚そのものによる精神的苦痛に対する慰謝料の賠償しか問題にならないとは必ずしも言い切れないように思われる。

　また、たとえ少額であっても、離婚そのものによる精神的苦痛に対する慰謝料をいつまでも請求され得ること自体の当否も問題ではないかとも思われる。

　そこで、1つの試論としては、不貞の相手方に対する関係での被侵害利益は、夫又は妻たる身分上の地位そのものではなく（前掲大津30頁は、不法行為に基づく離婚慰謝料請求における被侵害利益を「配偶者たる地位」と構成する。）、あくまで婚姻共同生活における平和の維持であるから、夫婦間における離婚慰謝料請求とは異なり、その侵害による損害は、どの程度に婚姻共同生活における平和を破壊し、婚姻関係を強度に破綻させたかによって評価され、かつ、それに尽きるものと考えるべきであり、さらに夫婦間の固有の問題である離婚自体をさらに別途発生する相当因果関係のある損害ととらえることはできず（離婚していれば、婚姻関係が破綻したことを明確に認定可能になるとはいえる。）、消滅時効の起算点については専ら前掲平成6年最判〔27817231〕によるものと解し、ただ破綻の原因を与えた第三者との関係では、破綻後の不貞行為についても被侵害利益が消滅しているとはいえない「特段の事情」があるものと解することが考えられる（前掲田中試論、島岡指摘と同旨）。直感的には、婚姻関係を破綻させる継続的行為をした当の本人が、その継続中のある時点において婚姻関係は破綻したから、他方配偶者の被侵害利益は消滅したため、それ以降の行為は不法行為とはならない旨主張することには素朴な違和感を禁じ得ないのであり、特に、婚姻関係を即時に破綻させるような強度の加害行為をした者ほど、その後直ちに破綻の効果を援用し得るというのはバランスを欠くように思われる。理論的には、前掲平成8年最判〔28010413〕のいう「特段の事情」は、婚姻関係の破綻による被侵害利益消滅の法律効果を信義則上自己に有利に援用し得ないというべき特段の事情を含み得るものと解し、婚姻関係の破綻に自ら原因を与えた者が、

その破綻による被侵害利益消滅の法律効果を援用するのは信義則に反すると構成することが考えられる。

このように解すれば、例えば一方配偶者との同棲により婚姻関係を破綻させた第三者は、その後も同棲関係を継続する限りは破綻後も不法行為責任を負うが、他方の配偶者が同棲関係を知り、その同棲関係が解消された場合には、離婚成立のいかんにかかわらず、同棲解消後3年を経過すれば、他方配偶者に対する慰謝料支払義務は、完全に時効消滅することになり、離婚成立後に別途離婚を余儀なくされた慰謝料請求を受けることもなくなり、妥当なバランスを図り得るのではないかと考えられる。

7　免除の効力

(1)　問題の所在

本問のように、夫婦間で和解離婚する場合、請求の放棄や清算条項を含む和解を成立させることは珍しくない。

多くの場合、特に一方配偶者が明確に有責といい得る事案では、和解離婚には一定の離婚給付を伴うが、紛争解決の実情から、その給付の名目が「解決金」や「和解金」などの曖昧なものにされることもままある。また、慰謝料請求がされている事案でも、すべて「離婚に伴う財産分与」として離婚給付が合意されることもある。調停や和解で財産分与をする際には、慰謝料的要素を含むか否かを明確にすべきといわれるが[42]、本問のような「一切の金銭請求をしない」旨の条項や、包括的清算条項[43]を含めて和解離婚する場合には、夫婦間で慰謝料、財産分与その他名目のいかんを問わず和解成立以

---

[42]　前掲昭和46年最判〔27000620〕の調査官解説（『最高裁判所判例解説民事篇〈昭和46年版〉』法曹会495頁）、『書記官事務を中心とした和解条項に関する実証的研究〈補訂版・和解条項記載例集〉』裁判所職員総合研究所（2009年）146頁参照

[43]　包括的清算条項の書き方は多岐にわたるが、一例を挙げれば、「原告と被告は、本和解により本件離婚に関する紛争をすべて解決したものとし、原被告間には、本和解条項に定めるほか、何らの債権債務がないことを相互に確認する。」などと記載する。

前に観念し得るすべての金銭的請求権[44]を互いに放棄する趣旨でこのような条項を定めるのが一般的と解され、夫婦間においては、財産分与のうち慰謝料的要素が含まれるか否かや、それがいくら含まれ、いくら放棄するかを明確にする実益に乏しいことも少なくない。

　しかしながら、本問のＺのように共同不法行為者に当たる不貞の相手方がいる場合には、夫婦間の離婚給付たる「解決金」等に不貞行為に係る慰謝料が含まれるか否か、含まれるとすればいくら含まれるか、あるいは「一切の金銭請求をしない」旨の条項や包括的清算条項に、不貞の相手方に対する免除の趣旨も含まれるか否かが問題となり得る。特に、本問のようにＹとＺとが同居を解消しているような事案では、ＹとＺとで利害関係を異にするに至っており、多くの場合訴訟代理人も異なり、必ずしもＸＹ間の和解離婚において、ＸのＺへの請求の可否を明確にしない条項が作られることもまれではない。

　これは、通常の和解の意思表示の解釈の問題であるから、和解調書の文言のみに拘泥せず、一般法律行為の解釈の基準に従って解釈すべきであり（最二小判昭和31・3・30民集10巻3号242頁〔27002939〕参照）、和解に至る経緯、紛争の実態、当事者の合理的な意思、和解条項の記載自体、和解成立以後の事情などから事案に即して解釈することとなる。具体的には、和解の目的及び和解に至る経緯（離婚給付がある場合にはその支払名目や金額の決定に至る経緯等）を中心に、当初の請求額、不貞の立証の見込みとこれに応じた通常の慰謝料額の目安、不貞による精神的苦痛に対する慰謝料以外の要素を含めた離婚慰謝料の目安、慰謝料以外の離婚給付の内容及び支払方法、和解成立後の当事者の行動（特に、第三者に対する請求をしたか否か、請求をした場合にはその時期及び請求額）等、諸般の事情を総合して、その後不貞の相手方に対する慰謝料請求を留保する趣旨であったか否か、不貞の相手

44　なお、年金分割請求権は、夫婦相互の権利義務ではなく国に対する権利であるから、清算条項によって放棄されないものと解される。また、離婚後の子の養育費請求権や面会交流を求める権利は、清算条項によっても放棄されないものと解される。

方から他方配偶者への求償を残さない趣旨であったか否かを判断するほかないであろう。

　ただし、免除の合意ないし単独行為としての免除の効力は、その法律行為の当事者間でのみ生ずるのが通常であるから、第三者の債務をも免除する意思があったと認められるためには、そのように認めるべき十分な理由がなければならないものと解される。また、不貞行為等により婚姻関係を破綻させられた他方配偶者は、和解離婚に伴い、認められるべき慰謝料満額程度の弁済を受けたのでなければ、さらに慰謝料を回収する機会を放棄せず、不貞の相手方に対する請求の可能性を留保しておくのが通常の意思ではないかと考えられる。

(2)　本問の検討

　本問では、XY間で「Yに対しては一切の金銭請求をしない」との条項を定めて和解離婚したものであるから、これがZに対する慰謝料請求の免除の意思を含むか否かが問題となる。

　本問では、XYの和解離婚に伴う離婚給付がされたか否かが明らかでないが、離婚給付がされた場合には、その支払名目や金額の決定に至る経緯を含め、前記アに例示したような諸般の事情を総合して、Zに対する免除の意思を含むか否かを判断することとなる。

　本問では、XはYとの間でのみ訴訟上の和解を成立させたものであり、Zに対する慰謝料請求訴訟は終了させていないから、XがZの債務を全額免除する趣旨であったとは容易に認め難いであろう。ただし、単にXがYに対し金銭請求をしないというだけでなく、YZ間におけるYの負担部分を免除して、ZのYに対する求償をさせない趣旨が含まれていれば、Yの負担部分相当額については、Zに対する免除の意思が含まれ得ることとなる。

（長　博文）

◆参考文献

本文中に掲げるもののほか
・中里和伸『判例による不貞慰謝料請求の実務』弁護士会館ブックセンター出版部 LABO（2015 年）

6 財産分与

設例6 妻Xと甲会社を経営する夫Yとは、平成10年に婚姻し、代金1億円で購入したY名義のマンション（頭金2000万円をY預金から拠出し、残金8000万円をY名義の住宅ローンで分割支払）に同居していたが、Yの度重なる暴力や不貞行為が原因となり、平成21年以降、別居状態にある。なお、Yは、別居後、Xに婚姻費用を一切支払っていない。

Xは、平成26年、離婚調停を経て、Yに対し、離婚訴訟を提起し、附帯処分として財産分与を求めた。別居時、XYには、前記マンション（裁判時の評価額は6000万円、住宅ローン債務の残高は4000万円）のほか、各自名義の預貯金及び生命保険契約があり、また、Yは、甲会社の全株式を保有し、将来、退職金も支給される見込みであったが、現在、前記マンション以外の双方の財産関係は明らかではない。Yは、離婚請求は争わないものの、Xに対する分与財産はないと主張している。

Xの財産分与の申立ては認められるか。

Basic Information

1 財産分与とは

(1) 財産分与の意義

財産分与とは、離婚した夫婦の一方から他方に対し、夫婦の財産を分与することをいう。内縁関係の解消の際も財産分与請求権が認められる（最二小判昭和33・4・11民集12巻5号789頁〔27002684〕、名古屋家審平成10・6・26判タ1009号241頁〔28042601〕等。島津一郎＝阿部徹編『新版注釈民法(22)親族(2)』有斐閣（2008年）242頁）。

民法は、762条1項で夫婦別産制を採用しているが、離婚の際に、形式的

な財産の名義人（一般的には夫である場合が多い。）が常に名義財産を取得するものとすると、無償労働等により婚姻生活を維持してきた財産の非名義人（一般的には妻である場合が多い。）にとって不公平な結果となる場合がある。

　そこで、夫婦間の衡平を図るため、財産の潜在的持分を顕在化させ、あるいは実質的な共有財産を清算することが、財産分与の主な目的である（前掲島津＝阿部編194頁）。

　判例は、「離婚における財産分与の制度は、夫婦が婚姻中に有していた実質上共同の財産を清算分配し、かつ、離婚後における一方の当事者の生計の維持をはかることを目的とする」としている（最二小判昭和46・7・23民集25巻5号805頁〔27000620〕）。

(2) 財産分与請求権の根拠

　民法768条1項は、「協議上の離婚をした者の一方は、相手方に対して財産の分与を請求することができる。」と規定し、協議上の離婚をした者について、他方に対する財産分与請求権を認めている。

　また、同条2項は、「前項の規定による財産の分与について、当事者間に協議が調わないとき、又は協議をすることができないときは、当事者は、家庭裁判所に対して協議に代わる処分を請求することができる。ただし、離婚の時から2年を経過したときは、この限りでない。」と規定し、財産分与は第一次的には当事者間の協議により、第二次的に家庭裁判所に協議に代わる処分を請求することができるものとしている。家庭裁判所に対する処分の請求は離婚のときから2年を経過するとできなくなるが、これは除斥期間を定めたものと解されている（仙台家審平成16・10・1家裁月報57巻6号158頁〔28101199〕）。

　同条3項は、「前項の場合には、家庭裁判所は、当事者双方がその協力によって得た財産の額その他一切の事情を考慮して、分与をさせるべきかどうか並びに分与の額及び方法を定める。」と規定し、家庭裁判所が判断する際の基準を示している。しかし、その内容は抽象的で、家庭裁判所の広い裁量

を認めるものとなっている。

　これらの規定は、同法771条により裁判上の離婚に準用されており、離婚訴訟における附帯処分として財産分与を求めることができる。

　抽象的な財産分与請求権は離婚の成立によって当然生じるものであるが、具体的な内容は同法768条2項で規定する当事者間の協議又はこれに代わる家庭裁判所の処分により形成される（最二小判昭和55・7・11民集34巻4号628頁〔27000169〕）。

2　財産分与の処分を求める申立ての種類

　家庭裁判所に対して財産分与の処分を求める手続には、①夫婦関係調整（離婚）調停事件の申立て、②財産分与調停事件又は財産分与審判事件の申立て及び③離婚訴訟における財産分与の附帯処分申立ての3つがある。

　民法768条1項は、当事者が離婚したことを前提としており、家庭裁判所に対する財産分与調停事件又は財産分与審判事件の申立ては離婚の成立前に申し立てることはできない（北野俊光＝梶村太市編『家事・人訴事件の理論と実務〈第2版〉』民事法研究会（2013年）259頁）。

　実務では、いまだ離婚していない場合は、調停前置主義（家手法257条2項）により、まず、①夫婦関係調整（離婚）調停事件を申し立て、その手続の中で離婚とともに財産分与についても話し合われ、同調停が合意に至らず不成立等で終了した場合、その後に提起される③離婚訴訟の附帯処分（人訴法32条1項）として財産分与が求められることが多い。

　離婚はしたものの、財産分与が未了である場合は、離婚から2年を経過する前に②財産分与調停事件又は財産分与審判事件を申し立てることができる。なお、財産分与審判事件が申し立てられた場合は、家庭裁判所は、当事者の意見を聞いたうえで、いつでも調停に付すことができる（家手法274条1項）。

　前記のとおり、財産分与は第一次的に当事者間の協議によるとされているため、家庭裁判所における財産分与の手続は当事者主義的運用が妥当であり、当事者間で合意がある事項については、基本的にこれを前提に判断される。

申立ての際には、その後の手続を迅速かつ充実したものとするため、当事者間の従前の協議の経過や合意した事項又は協議をすることができない事情等を記載しておくことが望ましい。

3　財産分与の当否、分与の額及び方法の検討順序

家庭裁判所が財産分与の当否、分与の額及び方法を判断するに当たっては、①求められている財産分与の法的性質、②法的性質ごとの財産分与の基準時、③清算的財産分与の対象となる財産（以下「対象財産」という。）の範囲、対象財産の評価、清算割合、④婚姻費用の清算、⑤慰謝料的財産分与、⑥扶養的財産分与、⑦具体的分与額、⑧分与方法を順に検討するのが一般的である。

◆設例に対する回答

1　Xが求める財産分与の法的性質

Xは、まず、財産分与の主目的である夫婦の財産の清算を求めるものと考えられる。また、XYの別居の原因がYの度重なる暴力や不貞行為にあることから、Xは財産分与において慰謝料を考慮するように求めることも予想される。さらに、Yは、Xに対し、別居以降婚姻費用を一切支払っていないから、Xは未払の婚姻費用の清算を求める可能性もある。

したがって、家庭裁判所は、手続の早い段階で、Xに対し、財産分与の中で夫婦の財産の清算のほか、慰謝料及び婚姻費用の清算を求める意思があるかを確認することになる。

2　財産分与の基準時

本設例では、XYは平成21年以降、XがYに対し離婚とともに財産分与を求めた平成26年まで約5年間別居状態であったことから、この間、XY間に夫婦としての経済的な協力関係はなかったと考えられる。また、別居後、財産分与を求めるまでの間にXYそれぞれの財産に変動が生じている可能性

があることから、対象財産確定の基準時は別居時と考えるのが相当である。

各財産の評価の基準時については、各自名義の預貯金及び生命保険契約については別居時、Y名義のマンション（以下「本件マンション」という。）及びY名義の甲会社株式については裁判時とし、また、婚姻費用及び慰謝料算定の基準時は裁判時と考えるのが相当である。

3 対象財産の確定

別居時に存在した夫婦の財産として、①本件マンション、②各自名義の預貯金、③各自名義の生命保険契約、④Y名義の甲会社株式があり、その他に、⑤Yに将来退職金が支給される見込みであるから、①ないし④が対象財産となり、⑤については、退職金支給の蓋然性等を考慮して判断することになる。

また、Xが、甲会社名義の財産の分与を求める場合には、甲会社が実質的にはYの個人経営の会社で、その財産が法人ではなく個人の財産といえる特別な事情等があるかを検討することになる。

4 対象財産の評価

(1) 本件マンションについて

本件マンションは、XYが婚姻後、Yの預金から2000万円の頭金を拠出し、Yが8000万円の住宅ローンを組んで代金1億円で購入したものであり、実質的共有財産である。

頭金2000万円がYの婚姻前から貯蓄していた預貯金であった場合等は、当該2000万円はYの特有財産といえる。Yは、自己の特有財産であった2000万円を本件マンション取得のために消費したことになるから、本件マンション取得に当たり、1億分の2000万の割合、すなわち5分の1の割合でYの寄与があると考えられる。

本件マンションの清算対象としての評価は、裁判時の評価額6000万円から、残債務4000万円を控除した2000万円となるから、その5分の1である400万円が本件マンションについてのYの寄与分として考慮される。

(2) 各自名義の預貯金について

各自名義の預貯金については、原則として別居時の残高が財産分与の対象となる。

本設例においては、XYそれぞれが各自の預貯金の別居時の残高証明書を提出し、清算の対象となる預貯金額を確定する。

(3) 各自名義の生命保険契約について

各自名義の生命保険契約については、原則として別居時の解約返戻金相当額が清算の対象となる。

本設例においては、各生命保険契約の名義人が、別居時の解約返戻金相当額について資料を提出し、清算の対象となる額を確定する。

もっとも、生命保険契約の締結が婚姻以前である場合は、契約期間と婚姻期間の比率等により、清算の対象となる額を計算する必要がある。

(4) Y名義の甲会社株式について

株式については、原則として裁判時の評価額が清算の対象となる。

本設例のように非上場株式の場合は、まずは評価について当事者の合意を目指し、合意ができない場合は、公認会計士等に鑑定を依頼するなどしてその評価額を確定する。

(5) 退職金について

Yは、自身が経営する甲会社から将来退職金を受給する見込みであるところ、前記のとおり、Yが退職金を受給する蓋然性が高いと考えられる場合は、将来受給する退職金も財産分与の対象となるが、清算の対象とする具体的な額の計算方法については後記解説1(3)ア(エ)のとおりである。

就労期間と婚姻期間が異なる場合は、退職金額試算の根拠となったYの就労期間とXYの婚姻期間の比率等を考慮して、財産分与の対象となる退職金の額を計算する必要がある。

5 清算割合

清算的財産分与における清算割合は、特段の事情がない場合は、対象財産

に対するXYの寄与は平等と考えるのが相当であるから、2分の1である。

6　未払の婚姻費用及び慰謝料について

　Yは別居後、Xに婚姻費用を一切支払っていないところ、Xが未払の婚姻費用を財産分与において考慮するように求める場合は、一切の事情の1つとして考慮することになる。

　また、XYは、Yの度重なる暴力や不貞行為が原因で別居に至っているため、Xが、Yに対する慰謝料を財産分与手続の中で求める場合は、これも一切の事情の1つとして考慮することになる。

7　具体的分与額及び分与方法

　前記4記載の対象財産の評価額を合算したうえ、前記4(1)のYの寄与分を控除した残額の原則として2分の1に前記Yの寄与分を加算したものが財産分与におけるYの具体的取得分額、その余の額に前記6記載の未払の婚姻費用及び慰謝料で認容される額を加算した額がXの具体的取得分額となる。

　特段の事情がなければ、対象財産のうち、形式的に名義人となっている者が当該名義財産を取得することとし、Xが取得する財産の評価額の合計が、前記Xの具体的取得分額に満たない場合は、その差額がYからXに対する具体的分与額となり、Xの申立ては認められる。

　財産分与は金銭での支払が原則であり、Yに対し、Xに前記の具体的分与額を支払うよう命じることになる。

◆ 解　説

　以下、①財産分与の当否、分与の額及び方法、②財産分与に対する課税、③財産分与の手続及び④保全処分について解説する。

1　財産分与の当否、分与の額及び方法の検討

(1)　財産分与の法的性質

　財産分与の法的性質は、①清算的財産分与、②慰謝料的財産分与、③扶養的財産分与の3つであると解するのが判例、通説であり（最三小判昭和31・2・21民集10巻2号124頁〔27002946〕、前掲昭和46年最判〔27000620〕、最三小判昭和53・2・21裁判集民123号83頁〔27740064〕。前掲北野＝梶村編260頁）、このうち①清算的財産分与が、離婚における財産分与の中心的要素となる。

　なお、実務では、財産分与の手続の中で、過去の婚姻費用の清算を求める事案もみられる。判例は、過去の婚姻費用の分担態様は「当事者双方の一切の事情」の1つであるとして、財産分与において婚姻費用の清算を認めており（最三小判昭和53・11・14民集32巻8号1529頁〔27000223〕）、近時は、婚姻費用の清算を、清算的財産分与等と並ぶ独立の項目として扱う傾向にある（前掲島津＝阿部編225頁）。

(2)　財産分与の基準時

　財産分与の対象とする財産について、①どの時点で存在する財産を対象とするか、また、②各対象財産についてどの時点での評価を算定の基礎とするかを確定する必要がある。

　判例は、「一切の事情とは当該訴訟の最終口頭弁論当時における当事者双方の財産状態の如きものも包含する趣旨と解するを相当とする」としているが（最一小判昭和34・2・19民集13巻2号174頁〔27002589〕）、財産分与の基準時を、法的要素ごとの個別算定において別居時又は裁判時とすることを否定するものではないと解される（大津千明『離婚給付に関する実証的研究』司法研修所（1981年）126頁）。

　前記①の基準時の判断は、慰謝料的財産分与及び扶養的財産分与は、離婚時における損害の程度や要扶養性等が問題となるため、事実審における口頭弁論終結時と考えるのが相当であり、清算的財産分与については、夫婦の経済的協力関係が終了した時点と考えるのが一般的で、多くの事案では別居時

と考えられる（前掲島津＝阿部編221頁）。実務では、基準時について当事者の合意があればそれによるなど、事案に応じて、相当な基準時を定めることになる。

なお、基準時以降、分与時までに当事者の一方が対象財産を個人的に処分又は破壊するなどした場合は、当該財産が存在するものと仮定して、その評価額を清算の対象とすることになる。例えば、別居時に1000万円あった夫名義の預金のうち500万円を、夫が裁判時までに遊興費等に消費してしまった場合は、清算対象は1000万円となる（秋武憲一『新版離婚調停』日本加除出版（2013年）296頁）。

前記②の基準時については、不動産や株価等、当事者の行為とは無関係に価値の変動が生じる財産については裁判時、その他のものは別居時とするのが相当である。

(3) 清算的財産分与

ア　対象財産及び評価

清算的財産分与の対象となるのは、夫婦が基準時（原則として別居時）に有する①共有財産及び②実質的共有財産である。

清算的財産分与は、形式的に夫婦の共有となっている財産の清算のみならず、実質的な共有財産の清算を目的としている。すなわち、夫婦別産制（民法762条1項）により夫婦の一方が婚姻前から有する財産及び婚姻中に自己の名で取得した財産は特有財産となるが、特に、婚姻中に取得した財産は、実質的にはむしろ共有財産と考えるべきものがあり、離婚に際しては、婚姻中に他方の名義で取得した財産についても夫婦間の協力（同法752条）を評価することにより、実質的共有財産として清算の対象とするのが衡平と考えられている（中川善之助先生追悼現代家族法大系編集委員会編『現代家族法大系2　婚姻・離婚』有斐閣（1980年）〔中川淳〕326頁）。

したがって、夫婦の財産のうち、実質的な特有財産（婚姻前から各自が所有していた財産、婚姻中、一方が相続、贈与等相手方と無関係に取得した財産、各自の装身具等社会通念上各自の専用品とみられる物）以外の共有財産

（夫婦が共有名義で取得した財産、婚姻中にその共同生活のために購入した家財道具等）及び実質的共有財産（名義は夫婦の一方に属するが、実質的に共有となすべき物）が財産分与の対象となる。

このように考えると、同法762条1項の「特有財産」とは、財産分与の対象とならない狭義の特有財産と、財産分与の対象となる実質的共有財産である広義の特有財産が含まれることになる（秋武憲一＝岡健太郎編著『離婚調停・離婚訴訟〈改訂版〉』青林書院（2013年）170頁）。

一方配偶者の狭義の特有財産であっても、他方の配偶者がその維持に貢献した場合や、無形財産の形成に貢献した場合は、この点を清算的財産分与の中で考慮するのが相当である（前掲大津121頁）。

婚姻中に取得した財産は、原則として清算の対象となるとの事実上の推定が働くため、基準時に存在する個々の財産が清算の対象となる財産か否かは、財産の内容、取得経緯、夫婦の生活実態等から、前記事実上の推定を覆す事情の有無により判断することになる（渡邊雅道「財産分与の対象財産の範囲と判断の基準時」判例タイムズ1100号（2002年）50頁）。

なお、分与財産の法定果実も基準時に存在するものは分与の対象となる（高松高決昭和63・10・28家裁月報41巻1号115頁〔27806707〕）。

実務では、夫婦の一方が、別居時に財産の一部を持ち出したなどと主張されることがあるが、持出しの事実が認定でき、当該財産が特定できる場合には対象財産となるが、持出しの事実自体が不明である場合や、当該財産が特定できない場合には、当事者主義的運用の一環として、対象財産から除外せざるを得ない（野田愛子＝梶村太市総編集『新家族法実務大系1 親族Ⅰ 婚姻・離婚』新日本法規出版（2008年）〔沼田幸雄〕488頁）。

また、子ども名義の預金等、第三者名義の財産であっても、実質的には夫婦の共有財産である場合には対象財産に含まれる。この点、配偶者が経営する会社の財産が対象財産に含まれるか争われることがあるが、原則として、法人名義の財産は対象財産には含まれず、株式や持分等のみを分与の対象とするのが相当であり、法人格が名目だけである場合等、例外的な場合は分与

の対象となる（前掲大津116頁）。

以下、個別の財産ごとに実務上問題となる点について検討する。

(ア)　不動産

a　住宅ローンの残債務がある場合

　本件マンションは4000万円の住宅ローンが残っているところ、このように、不動産に係る残ローンがある場合、実務では、不動産の時価から残債務を控除した額を財産分与の対象とする考え方や（東京高決平成10・3・13家裁月報50巻11号81頁〔28033393〕）、支払った返済分から元金に充当された分の合計額を不動産の実質的価値とする考え方（名古屋高金沢支決昭和60・9・5家裁月報38巻4号76頁〔27800421〕）等があるが、前者の方が多く用いられる（前掲北野＝梶村624頁）。

　また、財産の評価については、公示価格、固定資産税課税標準額、相続税路線価額及び不動産の簡易査定等を基に、当事者が合意した評価額を基準とするが、合意ができない場合は、家庭裁判所による鑑定を実施することもある。もっとも、家庭裁判所による鑑定には費用及び時間が少なからずかかるため、実務では、当事者が合意した評価額を基準に判断されることが多い。

　不動産がいわゆるオーバーローンの場合の扱いが問題となるが、後記「(オ)債務」のように、夫婦の債務がある場合は、積極財産の合計額から債務額を控除した残額を清算対象として処理する裁判例（東京地判平成12・9・26判タ1053号215頁〔28060747〕）や、当該不動産は無価値として財産分与の対象から除外する裁判例（前掲平成10年東京高決〔28033393〕、名古屋高決平成18・5・31家裁月報59巻2号134頁〔28130330〕）等があり、事案に応じて、債務の清算を考慮することになる。

b　不動産取得に当たり特有財産が使用された場合

　本件マンション購入時に頭金にした2000万円の預金が、XY婚姻前にYが貯蓄したものであった場合等は、同2000万円はYの特有財産であったといえる。しかし、基準時には存在しない同2000万円をYの特有財産として考慮すべきであろうか。

この点、婚姻時には存在していたが、その後消費して基準時には残存していない財産については、遺産分割において財産出資型の寄与分が認められるように、財産分与の寄与度の問題として理解すべきと指摘する見解（前掲野田＝梶村総編集〔沼田〕489頁）や、特有財産の換価代金と婚姻中に蓄えられた預金等を併せて取得した財産も夫婦の共有財産に当たり、財産分与の対象となるものであり、ただ、財産分与の判断をするに当たって、その財産形成に特有財産が寄与したことを斟酌すれば足りるとした裁判例もある（東京高判平成7・4・27家裁月報48巻4号24頁〔28010589〕）。

このように考えると、本設例では、前記2000万円は、別居時まで残存しているものではないから、財産分与においてYの特有財産としては考慮することはできないが、本件マンションの購入代金1億円に対する2000万円の割合でYの寄与を考慮することになる。

(イ) 預貯金

預貯金については、原則として基準時（原則として別居時）の残高が清算の対象となる。

実務では、当事者が、婚姻時の残高は特有財産であるとし、基準時の残高から婚姻時の残高を控除するように主張する場合もあるが、婚姻時の残高と基準時の残高の比率や婚姻後の預貯金の使途等を考慮し、前記「(ア) b 不動産取得に当たり特有財産が使用された場合」で指摘したとおり、財産分与における寄与の問題として考慮するなどして、事案に応じて判断されることになる。

(ウ) 生命保険・株式

生命保険については、基準時（原則として別居時）の解約返戻金相当額が清算の対象となる。

株式については基準時（原則として裁判時）の評価額が清算の対象となる。上場株式の場合は、基準時直近の時点等、評価時点について当事者で合意をするなどして、評価額を確定することが可能である。しかし、非上場株式の場合は、実際にはその評価が困難であり、公認会計士等に評価を依頼するこ

とが考えられるが（前掲秋武314頁）、相応の時間と費用がかかるため、評価について当事者の合意を目指すことが現実的である。

㈣　退職金・年金

　財産分与において退職金が対象財産となるか問題となる場合、既払の退職金と未払の退職金がある。既払の退職金については、婚姻期間に応じた部分について共同財産として清算の対象となることに争いはないが、未払の退職金についても、配偶者の年齢や退職金規定の内容等から、近い将来退職金が支給される蓋然性が高いと判断される場合には、いわゆる無形財産の一種として、対象財産に含まれる（前掲大津120頁。前掲平成10年東京高決〔28033393〕）。

　ただし、離婚の時点では、将来退職金が支給されるか否かはいまだ不確実であるし、実際に支給される額も不確定であるから、将来支給される退職金を対象財産に含める際には、当事者が前記のようなリスクを公平に分担するよう、清算対象とする額や支払方法等を検討する必要がある。

　裁判例には、①離婚時に退職すると仮定した場合に支給される退職金額を基に分与額を定め、離婚後実際に退職金の支給を受けることを条件に分与額を支払うよう命じるもの（前掲平成10年東京高決〔28033393〕、名古屋高判平成12・12・20判タ1095号233頁〔28072312〕）、②定年まで勤務すると仮定した場合に支給される退職金額を基に分与額を定め、分与額から中間利息を控除した金額を、離婚時に支払うよう命じるもの（東京地判平成11・9・3判時1700号79頁〔28050111〕）、③定年まで勤務すると仮定した場合に支給される退職金額を基に、勤続年数と婚姻期間の割合、退職時期に応じた一定の変数を使用した計算式により分与額を定め、離婚後実際に退職金の支給を受けることを条件に、分与額を支払うよう命じるもの（大阪高判平成19・1・23判タ1272号217頁〔28141764〕）などがある。

　いずれも一長一短であり、結局は、当事者の意向、資力、実際に支給を受ける退職金額と離婚時に退職すると仮定した場合に支給される退職金額との想定される差額、離婚後に想定される生活状況といった事情を考慮して事案

にふさわしい方法を定めるほかないとの指摘もある（近藤幸康「財産分与を巡る裁判例と問題点」判例タイムズ1352号（2011年）94頁）。

年金についても、従来退職金と同様の問題があったが、離婚時年金分割制度の導入により、厚生年金及び共済年金に関しては、財産分与で考慮する必要はなくなった。しかし、いわゆる企業年金については、依然として未払の退職金と同様の問題が残る。

(オ)　債務

財産分与の規定は積極財産を対象としており、債務の清算は想定していないと解されているから、離婚時に夫婦の財産が債務超過となっている場合は、財産分与請求権は生じないと考えられる（前掲秋武299頁）。

しかし、債務はあるものの、積極財産の方が多い場合は、婚姻中に各自が負担した債務のうち、双方の共同の利益のために負担した債務（住宅ローン等）は、衡平の観点から、積極財産から控除するなどして清算するのが相当である。実務では、個別財産取得のための債務は、清算対象財産総額から控除して清算的財産分与の算定を行っている裁判例もある（前掲平成12年東京地判〔28060747〕。前掲島津＝阿部編219頁）。

不動産がいわゆるオーバーローンである場合には、当該不動産の現在価値をないものとして清算的財産分与の対象から外し、事実上、不動産及び債務の名義人が当該不動産を取得するものとして処理する裁判例もある（前掲平成10年東京高決〔28033393〕、前掲平成18年名古屋高決〔28130330〕）。しかし、この場合も、債務の負担については明示しないから、事実上、債務名義人がオーバーローン部分を含めて債務を負担することになる（ただし、オーバーローンではあるが、不動産取得という利益も得ており、ローンの返済は、自己の財産形成という側面もあることを考慮する必要がある。）ため、債務の負担割合を定める必要性があるとの指摘もあるが、裁判例はあまり多くないようである（前掲島津＝阿部編222頁、松谷佳樹「財産分与と債務」判例タイムズ1269号（2008年）7頁）。

主文で債務の負担を命じた裁判例（前掲平成11年東京地判〔28050111〕）

もあるが、債務の名義人に当該債務の負担を命じるものであり、当事者間での将来の求償割合を決する以外の意味はないとの指摘もある（前掲渡邊51頁）。

　各自が負担している債務の清算を考慮したうえ、具体的分与額を算定する方法もあり（前掲松谷5頁）、不動産を売却してオーバーローン部分の債務だけが残る場合等はこのような考え方が公平とも考えられ、結局、当事者の衡平に配慮し、事案に応じて債務の清算を考慮するのが相当である。

イ　清算割合

　ここでいう清算割合は、清算的財産分与の対象財産が確定した後の全体財産に対する各自の寄与の割合である。

　従来学説は、清算割合について平等説、平等推定説、寄与度説等が存在したが、平成8年民法改正案要綱において、「各当事者の寄与の程度は、その異なることが明らかでないときは、相等しいものとする」とのいわゆる2分の1ルールが規定されたことから、現在では、財産分与の清算割合については、その寄与率は原則として2分の1と考えるのが実務の主流である（前掲島津＝阿部編222頁）。もっとも、夫の専門資格による寄与を重視して、妻の寄与を3割とした裁判例（大阪高判平成12・3・8判時1744号91頁〔28061324〕）もあり、事案ごとに各自の寄与の程度が異なると判断するべき事情の有無を判断することになる。

　なお、清算的財産分与が実質的共有財産の清算を目的とする以上、婚姻関係破綻について有責であることを理由に清算的財産分与を拒否したり、有責性をその減額事由とすることは許されない（村重慶一＝梶村太市編著『人事訴訟の実務』新日本法規出版（1987年）225頁）。

(4)　**婚姻費用の清算**

　判例は、婚姻継続中における過去の婚姻費用の分担の態様は、当事者双方の一切の事情にほかならないとし、「裁判所は、当事者の一方が過当に負担した婚姻費用の清算のための給付をも含めて財産分与の額及び方法を定めることができる」として、過払の婚姻費用の清算を財産分与の中で処理できる

ことを明示している（前掲昭和53年最判〔27000223〕）。

　既に支払った婚姻費用の返還を求める趣旨の婚姻費用の清算については、夫婦関係が円満に推移している間に支払われた過当な婚姻費用は、その清算を要する旨の夫婦間の明示又は黙示の合意がある等の特段の事情のない限り清算を要しないとした裁判例（高松高判平成9・3・27判タ956号248頁〔28021658〕）や、当事者の一方が自発的に又は合意に基づいて、いわゆる標準的算定方式で算定される額を超えた婚姻費用を支払った場合は、著しく相当性を欠くものでない限り、財産分与の前渡しとして評価することは相当でないとした裁判例があり（大阪高決平成21・9・4家裁月報62巻10号54頁〔28163129〕）、いわゆる標準的算定方式で算定される額を超えて婚姻費用が支払われた場合でも、常に清算が認められるものではない。

　婚姻費用の具体的な考慮方法について、過去何年分まで遡るのか、標準的算定方式により算出した婚姻費用の全額を加算するべきかなどは、事案に応じて、家庭裁判所が裁量により判断することになる（前掲秋武＝岡編著188頁）。

　なお、離婚によって過去の婚姻費用請求権が消滅するか否かは裁判例が分かれており、後日の紛争防止のため、財産分与の中で過去の婚姻費用の清算を考慮したか否かを明確にしておく必要がある（前掲北野＝梶村編266頁）。

(5)　慰謝料的財産分与

　離婚における慰謝料には、離婚原因となった行為から生じる慰謝料と、離婚そのものから生じる慰謝料があり、いずれも財産分与とは別に不法行為に基づく慰謝料を請求することができる。

　もっとも、前記のとおり、財産分与には慰謝料的要素が含まれると考えられており、当事者が離婚請求とともに財産分与だけを申し立てた場合、慰謝料的要素を含ませる趣旨であることを明らかにしている場合は、家庭裁判所はこれに従って審理、判断をすることになる。逆に、同申立てから慰謝料請求を除外する意思を明らかにしている場合は、家庭裁判所はその意思に拘束される。当事者が、離婚及び財産分与とともに別途、損害賠償請求として慰

謝料の支払を求めている場合には、裁判所は、財産分与の額及び方法の決定に際して、慰謝料的要素を考慮することはできない（前掲昭和53年最判〔27740064〕。前掲村重＝梶村編著208頁）。

　財産分与において慰謝料的要素を考慮することのメリットの１つは、財産分与の調停手続又は審判手続において、本来、家事審判事項ではない慰謝料についても同一手続内で解決が可能となる点にある。

　もっとも判例は、「財産分与がなされても、それが損害賠償の要素を含めた趣旨とは解せられないか、そうでないとしても、その額および方法において、請求者の精神的苦痛を慰藉するには足りないと認められるものであるときには、すでに財産分与を得たという一事によって慰藉料請求権がすべて消滅するものではなく、別個に不法行為を理由として離婚による慰藉料を請求することを妨げられない」としており、さらに、配偶者の有責行為により離婚をやむなくされ精神的苦痛を被ったことを理由としてその損害の賠償を求める場合は、「このような損害は、離婚が成立してはじめて評価されるものであるから、個別の違法行為がありまたは婚姻関係が客観的に破綻したとしても、離婚の成否がいまだ確定しない間であるのに右の損害を知りえたものとすることは相当でなく、相手方が有責と判断されて離婚を命じる判決が確定するなど、離婚が成立したときにはじめて、離婚に至らしめた相手方の行為が不法行為であることを知り、かつ、損害の発生を確実に知ったことになるものと解するのが相当である」としている（前掲昭和46年最判〔27000620〕）。したがって、財産分与で慰謝料が考慮されても、その額及び方法において、請求者の精神的苦痛を慰謝するには足りないと認められるものであるときなどには、さらに、その後の慰謝料請求が認められる場合もある。

　慰謝料の算定において考慮される事情は、一般的事情として、破綻原因（不貞、悪意の遺棄、精神的虐待、侮辱、暴力、飲酒、ギャンブル等）、有責行為の態様、婚姻（同居）期間、別居期間、責任の割合、婚姻生活の実情、当事者の社会的地位、親権の帰属等が、被告側の事情として、現在の資産、

収入、職業、非嫡出子の出生や認知の有無、生活費の支給状況等が、原告側の事情として、現在の生活状況（資産、収入、職業等）、年齢、性別、破綻の責任、初婚・再婚の別等がある（前掲村重＝梶村編著230頁）。

　財産分与において慰謝料的要素を考慮する際は、金銭給付以外にも、特別な事情がある場合には現物給付によることも可能である。また、清算的財産分与の額は、清算対象財産の範囲による制約があるが、慰謝料額の判断は裁判官の裁量によって定められ、限定はないと考えられている（前掲島津＝阿部編232頁）。

(6) 扶養的財産分与

　扶養的財産分与については、清算的財産分与や慰謝料的財産分与によっても、なお離婚の一方当事者の離婚後の生活の保護が十分でない場合に、補充的に認められると考えるのが判例、多数説である（前掲北野＝梶村編263頁）。

　扶養的財産分与が認められる場合の具体的な内容については、「離婚後の生計を維持できる程度」の義務について、標準生計費を目安に、具体的な事案ごとに公平の見地から判断するほかない（前掲大津175頁）。しかし、扶養的財産分与の程度は生活扶助義務の程度である最低生活費と考える通説によれば、扶養的財産分与が認められる事案は限られており、裁判例においても、扶養的財産分与が認められる事例は少ないとされる（前掲島津＝阿部編216頁）。

　扶養的財産分与の算定において考慮される事情としては、当事者の資力、健康状態、就職の可能性等があり、請求者側の要扶養性と相手方の扶養能力が要件となる（前掲平成18年名古屋高決〔28130330〕）。

(7) 具体的分与額の算定

　実務における財産分与の算定方法には、清算的財産分与、慰謝料的財産分与及び扶養的財産分与を総合考慮して、一括裁量によって分与の額及び方法を定める方法（一括裁量方式）と、法的性質ごとに個別に審理、算定する方法（個別算定方式）がある。

一般的には、個別算定方式が妥当と考えられており（前掲村重＝梶村編著214頁）、清算的財産分与の対象財産の評価額を合算し、清算割合により各自の具体的取得分額を求めたうえ、各財産について、基本的には名義人に当該名義財産を取得させるものとして各自の実際の取得額を計算し、具体的取得分額と実際の取得額との差額に、未払婚姻費用の清算、慰謝料及び扶養料で認容される額を併せ考慮して、具体的分与額を算出する。

(8) **分与方法**

分与の方法は、事案によって金銭給付及び現物給付が考えられるが、金銭による分与が財産分与の原則的方法である（前掲大津182頁）。扶養的財産分与や慰謝料的財産分与では、原則として金銭給付が命じられ、一括払のほか、定期金給付が定められる場合もある（札幌地判昭和44・7・14判時578号74頁〔27451593〕、横浜地横須賀支判平成5・12・21判時1501号129頁〔27818869〕）。調停では分割払を定める条項もある。

現物給付の方法によるのは、ある特定の財産が、当該財産の非名義人である一方当事者の今後の生活に不可欠である場合、当該財産の名義人に金銭給付の資力がない場合、当該財産の取得、維持について非名義人の貢献度が大きい場合、当該財産の利用権限が非名義人にある場合、当該財産の所有権帰属についての紛争を防ぐ必要がある場合、当該財産の現実の占有等を尊重する場合、当事者の取得希望が強い場合等の特別な事情がある事案である（前掲大津184頁）。

また、扶養的財産分与においては、扶養の方法として特に必要がある場合は、相手方の同意なしに、金銭給付に代えて特有財産の分与を命じることもできると解されている（斎藤秀夫＝菊池信男編『注解家事審判法〈改訂版〉』青林書院（1992年）389頁）。

給付命令の内容については、財産分与は、対外的には夫婦のどちらかの名義又は共有名義になっている財産について、離婚に伴い対内的な取得者を決める手続であるから、対外的な名義人がそのまま当該財産を取得する場合には、形成処分は理由中の判断にとどめ、名義人ではない配偶者に財産を取得

させる場合にのみ、主文で給付命令を掲げれば足りるとするのが一般的である（前掲村重＝梶村編著217頁）。したがって、調停条項においても、形式的な名義人が当該名義財産を取得する場合は条項化する必要はなく、非名義人が財産を取得する場合に、名義人から非名義人に対し、当該財産を財産分与として譲渡する旨の給付条項を記載することになる。

2　財産分与に対する課税

　財産分与として不動産等金銭以外の財産を給付した場合の課税について、判例は、「財産分与として不動産等の資産を譲渡した場合、分与者は、これによって、分与義務の消滅という経済的利益を享受したものというべきである。」とし、不動産等の資産譲渡のうち、財産分与に係るものを課税対象とすることを認め（最三小判昭和50・5・27民集29巻5号641頁〔21050440〕）、所得税基本通達においても、財産分与として不動産等金銭以外の財産を給付した場合は、譲渡所得税が課されることを明確化した（所得税基本通達33－1の4）。

　他方で、財産分与として財産を取得した場合は、所得税は課されず、原則として贈与税も課されないが、取得した財産の額が婚姻中の夫婦の協力によって得た財産の額その他の一切の事情を考慮してもなお過当であると認められる場合又は離婚を手段として贈与税若しくは相続税のほ脱を図ると認められる場合には、贈与税が課されることになる（相続税基本通達9－8）。

　もっとも、夫婦が共働きで、同等の収入を得て、同等の負担により取得した土地について、離婚時の財産分与として土地を分筆して所有権移転登記をした場合は、共有物分割として課税対象とならない場合もある（前掲野田＝梶村総編集〔澁谷雅弘〕531頁）。

　慰謝料は非課税であり、「解決金」や「和解金」としての支払であっても、実質的には財産分与又は慰謝料と認められるものである場合は非課税となる（清水節「財産分与・慰謝料等を受けた人にかかる税金」判例タイムズ747号（1991頁）146頁）。

なお、課税に関する錯誤により、協議離婚に伴う財産分与契約が無効となり得ることを認める判例もあり（最一小判平成元・9・14 判時 1336 号 93 頁〔22003091〕）、協議離婚や調停手続等で財産分与の額及び方法を定める際には、あらかじめ課税の有無や内容等を確認しておくのが相当である。

3　財産分与の手続

(1)　管轄

財産分与手続の管轄は、夫婦関係調整（離婚）調停事件又は財産分与調停事件は相手方の住所地又は当事者が合意した地（家手法 245 条 1 項）、財産分与審判事件は夫又は妻であった者の住所地（家手法 150 条 5 号）、離婚訴訟は原告又は被告の普通裁判籍（人訴法 4 条 1 項）である。

(2)　調停手続、審判手続及び人事訴訟手続の関係

調停手続、審判手続及び人事訴訟手続は、それぞれ全く別の手続であり、調停手続で提出された資料が審判手続や人事訴訟手続でそのまま引き継がれるものではない。

調停手続で提出された資料を審判手続で裁判所の判断の資料とするには、審判手続において裁判所が事実の調査をする必要がある。人事訴訟手続では、当事者は、必要に応じて改めて証拠等を提出することになる。

このように、調停手続で提出された資料を審判手続又は人事訴訟手続に引き継がないことで、当事者は、調停手続において任意の合意に向けた柔軟な主張をすることが可能となる。

もっとも、実務では、裁判官の判断により、調停手続で提出された資料の多くは審判手続において事実の調査の対象とするため、基本的には調停手続で提出された資料が審判手続においても判断の資料となる。当事者が調停手続で提出した主張書面等で、審判手続では主張を維持しない部分については、審判期日で明らかにしておく必要がある。また、人事訴訟手続においても、調停手続での主張が事実上蒸し返されることもあるため、調停手続での主張内容は、あくまでも調停限りのものであることを明示しておくと、その後の

紛争を防ぐことにもなる。

(3) 調停及び審判手続

　調停手続において離婚とともに財産分与の処分を求める場合は、夫婦関係調整（離婚）調停事件を申し立てることになる。離婚については合意したものの、財産分与については合意ができない場合は、夫婦関係調整（離婚）調停事件は、財産分与を除いたうえで成立させることもできるが（この場合、調停条項に清算条項を入れないことに注意する必要がある。）、離婚と財産分与は切り離すことはできないとして、調停自体が不成立となることもある。前者の場合、離婚成立から２年以内に、財産分与の調停又は審判を申し立てることができ、後者の場合は、その後の人事訴訟手続において、財産分与の附帯処分申立てをすることができる。

　前記「１(3)ア(オ)債務」のとおり、夫婦の財産が債務超過となっている場合は財産分与請求権が生じないため、原則として審判手続や人事訴訟手続では財産分与の請求が認められないこととなる。しかし、調停手続においては、当事者間で債務の負担割合の合意をすることも可能であるし、債権者を利害関係人とすれば、債務の名義人自体を変更することも可能であるから、このような場合は調停手続での紛争解決が当事者にとって大きなメリットとなる。

　なお、財産分与審判事件においては、申立後、相手方が本案について書面を提出し、又は家事審判の手続の期日において陳述をした後は、相手方の同意を得なければ取り下げることができない（家手法153条）。

(4) 人事訴訟手続

　婚姻取消しの訴え又は離婚の訴えにおいては、附帯処分として財産分与を求めることができる（人訴法32条１項）。

　この申立ては元来審判事項であるから、財産分与に関する審理は家事事件手続法に基づき、人事訴訟手続と併存することによるやむを得ない制約（公開主義等）を除き、本来の審判手続と異なる有利、不利な取扱いは許されない（前掲村重＝梶村編著213頁）。事実の立証方法は自由な証明で足り、事実の調査によることも可能であるが、実務上は、ほぼ訴訟手続上の方法によ

第1　婚姻・離婚に関する事件

って立証がなされている。

　また、処分権主義の適用がないため、申立ての際は、必ずしも請求の額及び方法を明示する必要はなく、額及び方法を特定しない申立ても適法である（最二小判昭和41・7・15民集20巻6号1197頁〔27001177〕）。明示したとしても家庭裁判所を拘束するものではないが、迅速かつ充実した審理を実現するため、対象財産や分与を求める財産等をできる限り特定して申立てがされることが望ましい。この場合、家庭裁判所は、特別の事情がない限り当事者の申立てを尊重することになる（前掲大津219頁）。

　また、同様の理由から、不利益変更禁止の原則は適用されないが、実務上、上訴人に不利益な変更がなされることは少ないと思われる。

　なお、判決の主文で財産分与が命じられても既判力はない。また、主文において遅延損害金を付けることは可能であるが、財産分与請求権は裁判確定前は具体的な権利としては形成されていないため、仮執行宣言を付けることはできない。

(5)　財産の開示

　財産分与手続の冒頭で、当事者の一方又は双方が、他方当事者が管理する財産の開示を求めることが多い。調停手続においては、当事者の任意の話合いによる合意を目指す観点から、任意に財産が開示されることが望ましい。当事者が任意の開示に応じない場合には、調査嘱託や送付嘱託が申し立てられることもあるが、その際は、探索的な調査嘱託や送付嘱託は許されず、当該財産が存在する蓋然性を具体的に指摘したうえ、財産をできる限り特定して申立てをする必要がある。

4　保全処分

　財産分与請求権を被保全権利とした保全事件を申し立てる場合は、民事保全法に基づく申立て又は家事事件手続法に基づく審判前の保全処分（家手法105条）の申立てのいずれによるべきか。

　この点、既に離婚が成立している場合は、裁判所に対する財産分与請求は

調停手続又は審判手続となるため、財産分与の調停事件又は審判事件を申し立てたうえ、財産分与請求権を被保全権利とした審判前の保全処分を申し立てることになる。しかし、いまだ離婚が成立していない場合は、財産分与の調停事件又は審判事件の申立ては認められないため、審判前の保全処分を申し立てることはできない。そこで、いまだ離婚が成立していない場合でも、既に離婚訴訟に附帯する財産分与の申立てがされている場合や、近い将来、同申立てがされる可能性がある場合は、離婚訴訟での附帯処分申立てを前提とした民事保全法に基づく申立てをすることができると解されている（上野泰史「離婚に伴う財産分与請求権や慰謝料請求権による仮差押え」判例タイムズ1078号（2002年）75頁。中村也寸志「離婚に伴う財産分与請求権を被保全権利とする民事保全」判例タイムズ770号（1992年）12頁）。この場合、離婚事由についての疎明も必要となる。人事訴訟を本案とする保全命令事件の管轄は、本案の管轄裁判所又は仮に差し押さえるべき物若しくは係争物の所在地を管轄する家庭裁判所である（人訴法30条）。

　財産分与に慰謝料的要素を含める場合には、不法行為の具体的態様を示して請求する金額を特定するなどし、請求する財産分与の法的性質ごとに金額を具体的に主張、疎明する必要がある。

　財産分与は金銭給付によるのが原則であるから、保全処分の種類は原則として金銭債権を被保全権利とした仮差押えとなる。もっとも、財産分与において特定物の給付が認容される蓋然性が認められる場合には、処分禁止の仮処分によることも考えられる（前掲秋武＝岡編著104頁）。

（田中　優奈）

◆参考文献

・島津一郎＝阿部徹編『新版注釈民法⑿親族⑵』有斐閣（2008年）
・北野俊光＝梶村太市編『家事・人訴事件の理論と実務〈第2版〉』民事法研究会（2013年）
・大津千明『離婚給付に関する実証的研究』司法研修所（1981年）

第1　婚姻・離婚に関する事件

- 村重慶一＝梶村太市編著『人事訴訟の実務』新日本法規出版（1987年）
- 秋武憲一『新版離婚調停』日本加除出版（2013年）
- 中川善之助先生追悼現代家族法大系編集委員会編『現代家族法大系2　婚姻・離婚』有斐閣（1980年）〔中川淳〕326頁
- 渡邊雅道「財産分与の対象財産の範囲と判断の基準時」判例タイムズ1100号（2002年）50頁
- 野田愛子＝梶村太市総編集『新家族法実務大系1　親族Ⅰ　婚姻・離婚』新日本法規出版（2008年）〔沼田幸雄〕488頁、〔渋谷雅弘〕526頁
- 近藤幸康「財産分与を巡る裁判例と問題点」判例タイムズ1352号（2011年）86頁
- 秋武憲一＝岡健太郎編著『離婚調停・離婚訴訟〈改訂版〉』青林書院（2013年）
- 松谷佳樹「財産分与と債務」判例タイムズ1269号（2008年）5頁
- 清水節「財産分与・慰謝料等を受けた人にかかる税金」判例タイムズ747号（1991年）146頁
- 斎藤秀夫＝菊池信男編『注解家事審判法〈改訂版〉』青林書院（1992年）

7　年金分割

> **設例 7**　妻Xは、平成10年に会社員の夫Yと婚姻し、専業主婦として社宅でYと同居していたが、不仲となって平成18年に別居し、以後、別居状態が続いている。
>
> 　Xは、平成26年、離婚調停を経て、Yに対し、離婚訴訟を提起し、附帯処分として、2分の1の年金分割を求めた。
>
> 　Yは、離婚請求は争わないものの、年金分割について、XとYが婚姻期間の半分以上の間別居している事情を考慮して分割割合が定められるべきであると主張している。
>
> 　Xの年金分割の申立ては認められるか。

Basic Information

1　離婚時年金分割制度とは

　我が国の年金制度は、①20歳以上のすべての国民が共通して加入する国民年金、②会社員等が加入する厚生年金保険（被用者年金）[1]、③公的年金（①及び②）を補完する企業年金等の3つに分けることができ、全国民に共通した①を基礎として、②と③がこれに上乗せされる、いわゆる3階建ての構造とされている。

　公的年金のうち、国民年金は全国民に共通するものであるから、生活の基本的な部分に対応する老齢基礎年金（国民年金）は、夫及び妻に対してそれ

---

[1] 後記（解説1(3)）のとおり、被用者年金制度の一元化等を図るための厚生年金保険法等の一部を改正する法律（平成24年法律第63号）施行前は、被用者年金として、会社員が加入する厚生年金保険制度のほかに、公務員及び私立学校教職員が加入する共済年金制度があったが、一元化法施行後、共済年金制度は厚生年金保険制度に一元化された。

れぞれ支給されるが、設例のように、夫婦の一方のみが働いて厚生年金保険の被保険者である場合、いわゆる２階部分の給付に対応する老齢厚生年金等は、被保険者本人である夫婦の一方（設例の夫Ｙ）のみが受給権者となり、他の一方（設例の妻Ｘ）は当該部分について権利を有しない。

　また、老齢厚生年金等の保険給付（報酬比例部分）の額は、被保険者の標準報酬等を基礎として算定されるところ、いわゆる現役時代の男女の雇用の格差等を背景として、夫婦双方の年金受給額に大きな格差が生じる場合がある。そのため、夫婦が離婚した場合において、就労期間がないか、短期間であったり、低賃金であったりした者は、高齢期において十分な所得水準を確保することができなくなる。

　この問題に対応するため、平成16年６月に公布された「国民年金法等の一部を改正する法律」（平成16年法律第104号）等の年金制度改革関連法により、離婚時年金分割制度が導入された。同制度により、夫婦が離婚等をした場合において、厚生年金保険等の被用者年金に係る報酬比例部分の年金額の算定の基礎となる標準報酬等につき、夫婦であった者の合意又は裁判により分割割合（請求すべき按分割合）を定め、その定めに基づいて、夫婦であった者の一方の請求により、厚生労働大臣等が、標準報酬等の改定又は決定（以下「改定等」という。）を行うこととされた。

　離婚時年金分割制度により、標準報酬等の改定等がされると、分割を受けた者は、自分自身の年金として、改定等された標準報酬等に基づき、受給資格に応じた年金を受給することができる。

２　年金分割の種類

　離婚時年金分割には、合意分割と３号分割の２種類がある。

　合意分割は、離婚等をした当事者又は家庭裁判所が請求すべき按分割合を定め、当事者の一方からの厚生労働大臣等に対する年金分割の請求（標準報酬の改定等を求めるもの。以下「標準報酬改定請求」という。）により、保険料納付記録を、定められた割合により分割する制度であり、平成19年４

月1日以後の離婚に適用される。

　これに対し、3号分割は、夫婦の一方が被用者年金に加入し、他の一方がその被扶養配偶者として国民年金法上の第3号被保険者と認定されていた期間（第3号被保険者期間。平成20年4月1日以降の部分に限る。）があるときに、その期間について、被扶養配偶者から厚生労働大臣等に対する年金分割請求により、保険料納付記録を、当然に2分の1の割合で分割する制度であり、平成20年4月1日以後の離婚に適用される。3号分割の場合、合意分割と異なり、当事者又は家庭裁判所において、請求すべき按分割合を定める必要はない。

3　請求すべき按分割合を定める方法

　合意分割において、請求すべき按分割合は、当事者の合意により定めるのが原則であるが、合意のための協議が調わないとき又は協議をすることができないときは、当事者の一方の申立てにより、家庭裁判所は、請求すべき按分割合を定めることができる（厚生年金保険法78条の2第2項）。

　この場合、①離婚等をした当事者の一方が請求すべき按分割合に関する処分事件（家手法別表第二の十五）を申し立て、請求すべき按分割合について定める審判を求めることができるほか、②設例のように、離婚訴訟において、附帯処分として、請求すべき按分割合を定めるよう求めることもできる（人訴法32条1項）。

4　請求すべき按分割合の判断基準

　夫婦であった者の一方から年金分割の申立てがあった場合、家庭裁判所は、請求すべき按分割合を定めるに当たって、「当該対象期間における保険料納付に対する当事者の寄与の程度その他一切の事情」を考慮することとされている（厚生年金保険法78条の2第2項）。

　この点につき、離婚時年金分割制度の対象となる被用者年金が基本的に夫婦双方の老後等のための所得保障としての社会保障的意義を有していること

から、婚姻期間中の保険料納付は、夫婦の互いの協力により、それぞれの老後等のための所得保障を同等に形成していくという意味合いを有しているものと評価することができ、対象期間における保険料納付に対する夫婦の寄与の程度は、特別の事情がない限り、互いに同等とみるのが相当であるとの解釈の下、裁判実務上、多くの事案において、請求すべき按分割合は0.5と定められている。

◆設例に対する回答

1 Xは、離婚訴訟を提起していることから、人訴法32条1項に基づき、附帯処分として、年金分割を申し立てることができる。

2 家庭裁判所は、Xの申立てに基づき、対象期間における保険料納付に対する当事者の寄与の程度その他一切の事情を考慮して、請求すべき按分割合を定める。

3 前記（BasicInformation4）のとおり、対象期間における保険料納付に対する夫婦の寄与の程度は、特別の事情がない限り、互いに同等とみるのが相当であるところ、本件においては、XとYの婚姻期間が16年であるのに対し、その半分の期間の8年間別居している点が、前記特別の事情に当たるといえるか、問題となる。

この点について、離婚時年金分割の制度趣旨に照らせば、単に別居期間が長期にわたっているというだけで、直ちに前記特別の事情に当たると解するのは相当でないと解される。別居の原因が、専らXの責めに帰すべきものであるなど、Xの有責性が顕著で、対象期間における保険料納付に対する夫婦の寄与の程度を同等とみることが著しく不当であるといえるような事情のない限り、前記「特別の事情」に当たるということは困難であろう。

本件のXとYは、不仲となったことにより別居に至ったものであるが、不仲となった原因について、対象期間における保険料納付に対する夫婦の寄与の程度を同等とみることが著しく不当であると評価し得る事実が認定できない限り、Xの申立てのとおり、請求すべき按分割合は0.5と定められるも

7 年金分割【設例7】

のと考えられる。

◆解　説

1　年金制度の概要

前記（BasicInformation1）のとおり、我が国の年金制度は、いわゆる1階部分に相当する国民年金、2階部分に相当する厚生年金保険及び3階部分に相当する企業年金等の3階建ての構造とされているところ、このうち、公的年金である国民年金及び厚生年金保険の概要は、次のとおりである。

(1)　国民年金

ア　国民年金制度は、憲法25条2項に規定する理念に基づき、老齢、障害又は死亡によって国民生活の安定が損なわれることを国民の共同連帯によって防止し、もって健全な国民生活の維持及び向上に寄与することを目的とする制度であり（国民年金法1条）、同目的を達成するため、国民の老齢、障害又は死亡に関して必要な給付を行うこととされている（同法2条）。

イ　国民年金の被保険者は、以下の3種類に分類される（同法7条1項）。

①　日本国内に住所を有する20歳以上60歳未満の者であって、後記②及び③のいずれにも該当しないもの（第1号被保険者。自営業者、農業者、学生等がこれに該当する。）

②　厚生年金保険の被保険者（第2号被保険者。民間サラリーマン、公務員、私立学校教職員等がこれに該当する。）

③　第2号被保険者の配偶者であって主として第2号被保険者の収入により生計を維持するもの（第2号被保険者である者を除く。以下「被扶養配偶者」という。）のうち20歳以上60歳未満のもの（第3号被保険者。いわゆる専業主婦等がこれに該当する。）

ウ　第1号被保険者の保険料は、年齢、所得に関係なく、定額であり（同法87条3項）、厚生年金保険の被保険者及びその被扶養配偶者は、同時に国民年金の被保険者（第2号被保険者及び第3号被保険者）となるが、個々に国民年金の保険料の納付義務を負わず（同法94条の6）、厚生年金保険の管掌

者としての政府等が、国民年金に対し、毎年、基礎年金拠出金を負担する（同法94条の2及び第94条の3）。

エ　国民年金法の定める給付としては、すべての種別の被保険者のための基礎年金としての老齢基礎年金、障害基礎年金及び遺族基礎年金があり、さらに、第1号被保険者のための付加年金、寡婦年金及び死亡一時金がある（同法15条）。このうち、老齢基礎年金は、同法の定める受給資格期間（保険料納付済期間等）を満たした被保険者（被保険者であった者）が65歳に達したときに支給することとされており（同法26条）、同年金の額は定額である（同法27条等）。

オ　給付を受ける権利（受給権）は、受給権者の請求に基づいて、厚生労働大臣が裁定する（同法16条）。裁定により年金受給権が確認されると、それを受けて年金の支給が開始される（同法18条参照）。

(2)　**厚生年金保険**

ア　厚生年金保険制度は、労働者の老齢、障害又は死亡について保険給付を行い、労働者及びその遺族の生活の安定と福祉の向上に寄与することを目的とし（厚生年金保険法1条）、被保険者（被保険者であった者）の老齢、障害又は死亡に関し、各基礎年金に上乗せする形で3種類の年金を支給する制度である。

イ　適用事業所（同法6条ないし8条の3）に使用される70歳未満の者は、厚生年金保険の被保険者とされている（同法9条）。

厚生年金保険法の被保険者は、前記(1)のとおり、第2号被保険者として国民年金の被保険者となることから、厚生年金保険と国民年金の2つの年金制度に加入することとなる。

他方、厚生年金保険の被保険者の被扶養配偶者であって20歳以上60歳未満の者は、第3号被保険者として国民年金の被保険者となるが、厚生年金保険の被保険者とはならないので、被扶養配偶者である期間につき、厚生年金保険制度による年金給付を受給することはない。

ウ　保険料は、標準報酬月額及び標準賞与額にそれぞれ保険料率を乗じて得

た額とされ（同法81条3項）、被保険者と被保険者を使用する事業主がそれぞれ保険料の半額を負担する（同法82条1項）。

エ　厚生年金保険法の定める給付としては、老齢厚生年金、障害厚生年金、障害手当金及び遺族厚生年金がある（同法32条）。このうち、老齢厚生年金は老齢基礎年金に、障害厚生年金は障害基礎年金に、遺族厚生年金は遺族基礎年金に、それぞれ上乗せされる形で支給されることが基本となる。

　年金等の給付額は、標準報酬月額及び標準賞与額を基礎として一定の率を乗じるなどして計算される。例えば、老齢厚生年金の報酬比例部分の年金額は、老齢基礎年金（国民年金）のように定額ではなく、被保険者であった期間の報酬等との関係で比例的に算出される。

オ　厚生年金保険の保険給付を受ける権利（受給権）は、受給権者の請求に基づいて厚生労働大臣等の実施機関（同法2条の5）が裁定する（同法33条）。裁定により年金受給権が確認されると、それを受けて年金の支給が開始される（同法36条参照）。

(3) 被用者年金制度の一元化

　被用者年金制度の一元化等を図るための厚生年金保険法等の一部を改正する法律（平成24年法律第63号。以下「一元化法」という。）の施行前は、被用者年金制度として、厚生年金保険制度のほか、いわゆる共済年金（国家公務員共済組合制度、地方公務員共済組合制度及び私立学校教職員共済制度）が存在した。いずれも保険料や給付額等の年金制度の内容については、厚生年金とほぼ同様の仕組みとされており、組合員等（組合員等であった者）の老齢、障害又は死亡に関し、各基礎年金に上乗せする形で3種類の年金を支給する、いわゆる2階部分の給付を行う制度であったが、一元化法により、厚生年金保険制度に公務員及び私学教職員も加入することとされたため、被用者年金制度は、厚生年金保険制度に統一された。一元化法のうち厚生年金保険制度の統一に係る部分の施行日は、平成27年10月1日である（一元化法附則1条）。

2 離婚時年金分割制度の概要

(1) 年金分割の対象

離婚時年金分割制度において年金分割の対象となるのは、いわゆる2階部分に対応する被用者年金であり、基礎年金等は分割対象とならない。すなわち、被用者年金の分割は、基礎年金の額には影響しない。

(2) 年金分割の方法

年金分割の方法としては、被用者年金の被保険者(第2号被保険者)の保険料納付に基づく対象期間(法律婚の場合は原則として婚姻期間)中の保険料納付記録を分割し[2]、分割を受けた者について、保険事故が発生した場合(老齢厚生年金を受給できる年齢に達した等)には、年金分割による改定後の保険料納付記録に基づいて算定された額の年金受給権が、当該分割を受けた者自身に発生するという方法が採られている。

(3) 年金分割の種類

年金分割を行うには、当事者の合意又は裁判所の決定により分割割合を定めたうえで、当事者の一方から厚生労働大臣等に対して標準報酬改定請求を行う必要がある(厚生年金保険法第3章の2、合意分割。前記 BasicInformation1 参照)。

合意分割をすることができるのは、平成19年4月1日以降に離婚した場合に限られるが、同日以降の離婚であれば、婚姻期間全体が分割の対象となる。

また、離婚当事者の一方が被扶養配偶者として国民年金法上の第3号被保険者と認定されていた期間(第3号被保険者期間。平成20年4月1日以降の部分に限る。)がある場合には、当該期間については、被扶養配偶者から厚生労働大臣等に対する請求により、保険料納付記録を当然に2分の1の割合で分割することができる(厚生年金保険法第3章の3、3号分割。前記 BasicInformation1 参照)。

---

[2] 具体的には、対象期間に係る被保険者期間の各月ごとに当事者双方の標準報酬の改定等を行う。

7 年金分割【設例7】

⑷ 年金分割の手続

以下、合意分割の手続について述べる。

ア 分割割合の意義等

合意分割における分割割合は、夫婦の対象期間（婚姻期間）における標準報酬総額（以下「対象期間標準報酬総額」という。）の合計額のうち、分割により標準報酬が増額改定等される者（分割を受けることによって増額等される者。厚生年金保険法78条の2第1項柱書所定の『第2号改定者』）の分割後における対象期間標準報酬総額の割合（請求すべき按分割合。同法78条の2第1項1号かっこ書）のことをいう。すなわち、請求すべき按分割合は、双方の対象期間における標準報酬総額の合計額のうち、分割を受ける者に割り当てるべき割合の形で求められることとされている。

なお、転職により、厚生年金保険、共済年金などの複数の被用者年金の対象となる者については、一元化法施行前は、これらの年金（年金分割制度の対象となる厚生年金保険、国家公務員共済年金、地方公務員共済年金、私立学校教職員共済年金）ごとに年金分割を行う必要があったが、一元化法施行日である平成27年10月1日以降は制度横断的な分割となり、共済年金等の加入期間を含めて対象期間標準報酬総額を計算することになる（厚生年金保険法上の被保険者は、実施機関ごとに、国家公務員共済組合の組合員（第2号厚生年金被保険者）、地方公務員共済組合の組合員（第3号厚生年金被保険者）、私立学校教職員組合法の規定による私立学校教職員共済制度の加入者（第4号厚生年金被保険者）及びこれらの被保険者以外の厚生年金保険の被保険者（第1号厚生年金被保険者）に分けて規定されているところ（同法2条の5第1項1号から4号まで）、国家公務員共済組合員期間は第2号厚生年金被保険者期間、地方公務員共済組合員期間は第3号厚生年金被保険者期間、私立学校教職員共済加入者期間は第4号厚生年金被保険者期間とされ、2以上の種別の被保険者期間を有する者については、2以上の種別の被保険者期間を合算して対象期間標準報酬総額を計算し、これに基づいて按分割合の範囲が定められる。同法2条の5、78条の35）。

また、合意分割において、請求すべき按分割合は、当事者の合意等により定められることとされるものの、全く自由に定めることを許すものではなく、許容範囲が定められている（厚生年金保険法78条の3第1項かっこ書参照）。

　具体的には、夫婦の対象期間標準報酬総額の合計額に対する、分割により標準報酬が増額改定等される者の、分割前の対象期間標準報酬総額の割合を超え、2分の1以下とされており、下限として、分割前に対象期間標準報酬総額の少なかった者が分割後に増額改定されるように定めなければならず、かつ、上限として、分割前に対象期間標準報酬総額の多かった者が分割後に双方の対象期間標準報酬総額の合計額の半分以上を確保することができるように定めなければならない。

イ　当事者等への情報提供等

　前記アのとおり、請求すべき按分割合については、法令上の上限及び下限が定められていることから、当事者の合意又は裁判によって請求すべき按分割合を定めるに当たっては、その許容範囲を正確に把握する必要がある。

　そこで、当事者の双方又は一方は、厚生労働大臣等に対し、標準報酬改定請求を行うために必要な情報の提供を請求することができることとされている（厚生年金保険法78条の4第1項本文、同条第2項本文、同法施行規則78条の8）。同情報は、①当事者（第1号改定者及び第2号改定者）それぞれの対象期間標準報酬総額、②按分割合の範囲（下限）及び③①②の算定の基礎となる期間（対象期間）等である。この情報提供は、年金分割のための情報通知書という書面によって行われている。

ウ　合意又は裁判による分割割合の決定

　合意分割においては、離婚等をした当事者間の合意により年金分割の割合を定めたうえで、厚生労働大臣等に対し、標準報酬改定請求をすることになるが（厚生年金保険法78条の2第1項1号）、合意が調わないとき等は、家庭裁判所が、夫婦であった者の一方の申立てにより、分割割合を定めることができることとされている（同条第2項）。

　前記（BasicInformation3）のとおり、家手法別表第二の十五の項の事件

における請求すべき按分割合に関する処分としての審判のほか、人事訴訟の附帯処分として離婚請求等を認容する判決と同時に裁判することも可能である（人訴法32条1項）。

エ　年金分割の請求（標準報酬改定請求）

　当事者間の合意又は裁判により請求すべき按分割合が定められた場合は、当事者が厚生労働大臣等に対し、標準報酬等の改定等を請求することになる。

　標準報酬改定請求に当たっては、厚生労働大臣等に対し、所定の事項を記載した請求書等のほか、以下のいずれかの書類を提出することとされている（厚生年金保険法78条の2第3項、同法施行規則78条の4）。

(ア)　夫婦であった者の一方が標準報酬改定請求をする場合

　①　当事者間で合意ができた場合には、標準報酬改定請求をすること及び請求すべき按分割合について合意している旨が記載された公正証書の謄本若しくは抄録謄本又は公証人の認証を受けた私署証書

　②　家庭裁判所で定めた場合には、請求すべき按分割合を定めた確定した審判、調停調書、確定した判決又は和解調書の謄本又は抄本

(イ)　夫婦であった者の双方又は各代理人がともに年金事務所等に出向いて標準報酬改定請求を行う場合

　①　標準報酬改定請求をすること及び請求すべき按分割合について合意している旨を記載し、かつ、当事者自ら署名した書類

　②　運転免許証等又は印鑑・印鑑登録証明書

オ　年金分割の実施（厚生労働大臣等による標準報酬の改定等）

　標準報酬改定請求を受けた厚生労働大臣等は、一定の対象期間に係る被保険者期間の各月ごとに、標準報酬月額及び標準賞与額を、合意等により定められた請求すべき按分割合を基礎として計算された額にそれぞれ改定等を行うことにより、合意分割に係る年金分割を実施する（厚生年金保険法78条の6）。

カ　年金額の改定

　オにより標準報酬の改定等が行われると、改定後の標準報酬総額を基礎と

して年金額が算定され、当事者それぞれが自分自身の受給資格に応じて、分割後の保険料納付記録に基づいた額の年金を受給することになる。

キ　請求期限等

合意分割は、夫婦が婚姻中に行うことは認められていないが、離婚等がされた場合には、当該夫婦が年金を受給していない時点であっても標準報酬改定請求が可能である（厚生年金保険法78条の2第1項本文）。

請求期限としては、離婚等をした日の翌日から起算して2年を経過した場合には、標準報酬改定請求を行うことができなくなることとされている（同法78条の2第1項ただし書、同法施行規則78条の3第1項本文）。ただし、2年が経過する前に家庭裁判所に対し、請求すべき按分割合に関する処分等の申立てをすれば、事件の進行中に2年が経過しても、分割割合を定めた審判・判決の確定後又は調停・和解の成立後1か月以内であれば標準報酬改定請求が可能である（同法施行規則78条の3第2項）。

3　年金分割事件の審理

請求すべき按分割合に関する処分を行うに当たっては、主として①「按分割合の範囲」の確定及び②具体的な「請求すべき按分割合」の定めについて審理を行う必要がある。

(1)　「按分割合の範囲」の確定

「請求すべき按分割合」を適正に定めるためには、その前提として、「按分割合の範囲」を正確に把握する必要があるところ、請求すべき按分割合に関する処分の申立てを受けた家庭裁判所は、基本的に、申立人から、厚生労働大臣等からの情報に係る資料（年金分割のための情報通知書）の提出を受け、同資料に基づいて審理を行う。

なお、審理の途中で按分割合の範囲に著しく影響を及ぼすような事情の変更が生じたことが判明した場合などには、事実の調査又は調査嘱託により、裁判所が厚生労働大臣等に対する資料提供の求め（厚生年金保険法78条の5）を行うことも想定される。

また、合意分割の対象期間に3号分割の対象となる期間（平成20年4月1日以後に被扶養配偶者である期間（以下「特定期間」という。））が含まれる場合は、特定期間について3号分割がされたものとみなしたうえで按分割合の範囲が算定され、当事者等に対する提供情報の内容も同様のものとなる（厚生年金保険法78条の20第3項）。

(2) 「請求すべき按分割合」の定め

　「請求すべき按分割合」を定めるに当たっては、「当該対象期間における保険料納付に対する当事者の寄与の程度その他一切の事情」を考慮するものとされているところ（厚生年金保険法78条の2第2項）、これは、「対象期間における保険料納付に対する当事者の寄与の程度」を考慮事情として特に規定することにより、離婚時年金分割においては、いわゆる清算的要素を重視すべき旨を示す趣旨である[3]。

　被用者年金は、その性質上及び機能上、基本的に夫婦双方の老後等のための所得保障としての社会保障的意義を有しているものであるところ、離婚時年金分割制度との関係においては、婚姻期間中の保険料納付は、互いの協力により、それぞれの老後等のための所得保障を同等に形成していくという意味合いを有しているものと評価することができる。したがって、対象期間における保険料納付に対する夫婦の寄与の程度は、特別の事情のない限り、互いに同等とみるのが相当であり、この趣旨は、3号分割制度につき、「被扶養配偶者を有する被保険者が負担した保険料について、当該被扶養配偶者が共同して負担したものであるという基本的認識の下に」（厚生年金保険法78条の13）、当然に2分の1の割合で分割することとされていることに現れている。そして、この点は、合意分割の場合であっても、基本的には変わらないものと考えられる[4]。

---

[3] 山下正通＝高原知明「国民年金法等の一部を改正する法律における厚生年金保険の標準報酬の改定の特例（離婚時年金分割制度）の創設及びこれに伴う人事訴訟法の一部改正の概要」家裁月報57巻3号（2005年）45頁等参照

[4] 最高裁判所事務総局家庭局監修『離婚時年金分割制度関係執務資料』司法協会（2007年）等参照

他方、「請求すべき按分割合」を定めるに当たっては、「一切の事情」を考慮することも可能であるから（厚生年金保険法78条の2第2項）、例えば、夫婦に他にめぼしい財産がなく、かつ、夫婦の離婚後の経済状態、離婚原因に係る有責性などに鑑み、前記の清算的要素のみでは妥当な解決を図ることができない場合などに、補充的に慰謝料的要素や扶養的要素をも考慮して請求すべき按分割合を定めることも否定されているわけではない。

(3) 財産分与制度との関係

財産分与制度は、夫婦が有する特定の財産を、一定の要件及び手続により具体的に分与すること等を内容とする制度であるのに対し、離婚時年金分割制度は、年金受給権の計算の基礎となる標準報酬を、一定の要件及び手続により分割することを内容とする制度であって、両者は、分与（分割）の対象を異にする別個独立の制度であるといえる。

財産分与においても、一切の事情を考慮して夫婦財産の清算割合を判断することとされているところ、裁判実務上は、例外的な事情のない限り、夫婦双方の寄与の程度について2分の1を基本とする考え方が一般的となっているが、前記のとおり、財産分与制度は離婚時年金分割制度とは異なる制度であり、年金分割においては、財産分与と比較して2分の1の原則性が強いものと考えられる[5]。

(4) 請求すべき按分割合を定めるに当たっての別居期間の考慮

財産分与においては、裁判実務上、夫婦の経済的協力関係は原則的に別居によって終了するものととらえ、別居時に存在した財産を分与対象財産とすることが多いところ、年金分割においても、保険料納付に対する夫婦の寄与の程度につき、同居期間に比例すべきであるとの主張がされることがある。本設例における夫Yも、同様の考え方に立つものと考えられる。

---

[5] 野田愛子＝安倍嘉人監修『改訂人事訴訟法概説』日本加除出版（2007年）〔岡健太郎〕473頁以下等参照。ただし、元夫から元妻に対して申し立てられた年金分割についての請求すべき按分割合を定める審判において、同割合を0.3と定めた事例として、東京家審平成25・10・1判時2218号69頁〔28222492〕がある。

しかし、離婚時年金分割制度は、夫婦で支払った保険料は夫婦双方の老後等のための所得保障としての意義を有しているとの基本的認識の下に創設された制度であり、3号分割においては、別居期間の長短にかかわらず、当然に分割割合を2分の1とすることとされている。このことからすれば、年金分割における請求すべき按分割合を定めるに当たっては、保険料納付に対する夫婦の寄与の程度を同居期間に比例するものと考えるのは相当でなく、別居期間が長期間に及んでいることやその原因等の事情により、保険料の納付に対する寄与の程度を同等とみることが著しく不当といえるような例外的な事情がある場合に限り、按分割合を0.5未満と定めることとすべきであると考えられる。

　以下の裁判例では、一定の別居期間が存在することを請求すべき按分割合を定めるに当たって考慮すべきであるか否かが争われたものの、いずれも、請求すべき按分割合につき0.5と判断されている。

　まず、名古屋高決平成20・2・1家裁月報61巻3号57頁〔28150349〕は、婚姻期間332か月の元夫婦につき、元妻が元夫に対して2分の1の年金分割を求めて審判を申し立てた事案において、厚生年金保険等の被用者年金が、婚姻期間中の保険料納付により夫婦双方の老後の所得保障を同等に形成していくという社会保障的性質及び機能を有していることに鑑みれば、特段の事情のない限り、按分割合は0.5とされるべきであるとしたうえで、当事者間において合計155か月の単身赴任期間があることについては、そもそも別居とは異なるから特段の事情には当たらず、31か月の別居期間があることについても、前記制度趣旨に照らすと原則的按分割合0.5を変更すべき特段の事情には該当しないと判示して、按分割合を0.5と定めた原審判を是認した。

　また、広島高決平成20・3・14家裁月報61巻3号60頁〔28150351〕は、婚姻期間約7年の元夫婦につき、元妻が元夫に対して年金分割を求めた事案において、2年4か月の別居期間があることは、按分割合を定めるに当たって斟酌しなければ不相当というべきまでの明白な破綻別居期間と認定することはできず、相手方による財産の浪費又は隠匿は、仮にあるとしても財産分

与等で解決すべき事項であるから、いずれも按分割合を定めるに当たって双方の寄与を同等とみることの例外を認めるべき特別な事情に当たらないと判示して、按分割合を 0.5 と定めた原審判を是認した。

このほか、婚姻期間約 35 年の夫婦について、7 年間の別居期間と 7 年間の家庭内別居期間があるとの主張について、「特別の事情」に該当しないと判断したもの（札幌高決平成 19・6・26 家裁月報 59 巻 11 号 186 頁〔28132299〕）、婚姻期間約 14 年 7 か月、別居期間約 5 年 2 か月の夫婦につき、婚姻期間中の保険料納付等に対する寄与は、妻と夫で同等とみるのが相当であるとし、按分割合を 0.5 と定めたもの（名古屋高判平成 21・5・28 判時 2069 号 50 頁〔28161100〕）などがある。

さらに、大阪高決平成 21・9・4 家裁月報 62 巻 10 号 54 頁〔28163129〕は、婚姻期間約 36 年、別居期間約 14 年の夫婦において、妻が夫に対し、離婚訴訟の附帯処分として、2 分の 1 の年金分割を求めた事案において、対象期間中の保険料納付に対する寄与の程度は、特別の事情がない限り、互いに同等とみて、按分割合を 0.5 と定めるのが相当であるところ、「上記特別の事情については、保険料納付に対する夫婦の寄与の程度を同等とみることが著しく不当であるような例外的な事情がある場合に限られる」としたうえで、「長期間別居しているからといって、上記の特別な事情に当たるとは認められない」と判示して、前記申立てを却下した原審判を変更し、請求すべき按分割合を 0.5 とした。

以上のとおり、離婚時年金分割の制度趣旨、裁判例等の傾向等からすると、長期間の別居について、前記特別の事情に当たるとされることは、例外的な場合にとどまるものと考えられる。

（小堀　瑠生子）

◆**参考文献**

本文中に掲げるもののほか
・光岡弘志「離婚時年金分割制度の概要と家事調停における手続について」ケース研

究289号（2006年）3頁以下
・秋武憲一＝岡健太郎編著『離婚調停・離婚訴訟〈改訂版〉』青林書院（2013年）203
　頁以下

8 親権者・監護権者の指定、子の引渡し、保全処分等

設例 8

妻Xと夫Yとは、平成8年に婚姻し、平成10年に長女A、平成13年に二女B、平成20年に長男Cが生まれたが、Xの不倫が原因で夫婦関係が悪化し、平成25年以降、XがCを連れて実家に帰り、別居状態にある。

Xは、平成26年、Yを相手方として、離婚調停を申し立てた。

(1) XYともに、離婚することで意見が一致しているが、互いに子らの親権を主張して譲らない場合、どのように親権者を定めるか。

(2) ABは、Yとの同居を希望し、CはXとの同居を希望している場合、どのように親権者を定めるか。

(3) Yは、XがYに無断でCを連れて行ったことを理由に、Cを取り戻したいと考えている。どのような方法が考えられるか。

Basic Information

1(1) 親権とは、親が未成年の子を健全な社会人にするために監護教育する権利（及び義務）のことをいい、①子の身上を保護・監督し、子を教育して精神的発達を図る監護養育の権利義務（身上監護権、民法820条）と、②子が財産を有するときに、これを管理し、また、子の財産上の法律行為について子を代理し又は子に同意を与え、子の財産を維持管理する権利義務（財産管理権、同法824条以下）に分けられる。

婚姻中の父母は同時に親権者になり、かつ、共同で親権者となるのが原則である（同法818条1項・3項本文）ところ、離婚する場合は父母のいずれかの単独親権になる（同法819条1項・2項）。

なお、同法766条1項は、父母が協議上の離婚をするときは、子の監護を

すべき者その他の子の監護について必要な事項につき協議で定める旨を規定している。民法が離婚後の親権者について単独親権制としながら、これとは別に監護権の制度を設けたのは、例えば、父母の一方が、子の身上監護者としては適当であるが子の財産を管理するなどの親権全般を行うには不適当である場合など、子の福祉や利益を確保するために親権者と監護者を分けて定めることが必要な場合があり得るからである。

(2)　未成年の子がいる父母が協議上の離婚をするときは、その協議で、その一方を親権者と定めなければならない（民法819条1項）。親権者を定める協議が調わず協議離婚をすることができないときは、離婚調停の申立てをして、調停手続の中で親権者を定めることになり、また、調停が不成立となったときは、離婚訴訟の提起をして、判決や和解等で親権者を定めることになる。

父母のいずれを親権者に定めるかは、子の利益及び福祉を基準に判断される（同法819条6項参照）。具体的な考慮事情としては、①父母の事情として、監護の意欲と能力、健康状態、経済状態、居住・教育環境、従前の監護状況、子に対する愛情の程度、実家の資産、親族・友人等の援助の可能性等が、②子の事情として、子の年齢、性別、兄弟姉妹関係、心身の発育状況、従来の環境への適応状況、環境の変化への適応性、子の意向等が挙げられる。

なお、前記の事情のうち、子の意向について、これを重視することは結論に関する責任を子に負わせることになりかねないとの考えもあろうが、子も自己の意思を表明することができる権利主体であるのだから、親権者を定めるに当たり、子の意向を考慮の外に置くことはできない。家事事件手続法は、このような観点から、子がその結果により影響を受ける家事審判及び家事調停の手続においては、子の意思を把握するように努め、子の年齢及び発達の程度に応じて、その意思を考慮しなければならないとしている（家手法65条、258条1項）。もっとも、当該子の意思をどのように把握し、また、それをどの程度評価するかについては、当該子の年齢や発達の程度、言語・表現能力の程度、当該子の置かれている現在の立場、これまでの生活歴等を踏

まえたうえ、子の最善の利益という観点からの個別具体的な判断が必要である。

　子が複数いる場合に、子それぞれの意向が一致しないこともあり得るが、前記のとおり、子の意向が重視されるべきであるにしても、その子の親権者を父母のいずれに定めるかは総合的な判断によることになる。抽象的には、兄弟姉妹が同一の親の下で生活を送ることは、その健全な成長に資するものであると考えられるけれども、兄弟姉妹の不分離が絶対的な価値を有するものではなく、あくまで、子の最善の利益を検討するうえでの一要素であることに注意が必要である。

2　別居中の夫婦間における子の奪い合いをめぐる紛争は、子の監護者指定・引渡しの審判又は調停の手続（民法766条類推適用、家手法別表第二の三、244条）により解決を図るのが通常であろう。また、子の監護者指定・引渡しの審判事件又は調停事件を本案として、併せて審判前の保全処分（同法157条1項3号）が申し立てられることも少なくない。なお、人身保護法の手続によることも考えられるが、その場合には、拘束の違法性が顕著であるといえるためには、拘束している親の監護が子の福祉に反することが明白であることを要するとされており（最三小判平成5・10・19民集47巻8号5099頁〔25000058〕、最三小判平成6・4・26民集48巻3号992頁〔27818791〕）、紛争解決手段として利用される場面はおのずと限られよう。

　子の監護者を定める一般的・抽象的な基準は、離婚時に親権者を定める場合と同様、「子の利益」に合致するかどうかであり、「子の利益」に合致するかどうかを判断するうえで考慮する事情も基本的に同じである。したがって、離婚調停が係属している場合で、当事者双方とも離婚することについては意見が一致しているときには、父母の離婚に先行して子の監護者を定めるべき必要性があるかどうかが吟味されることになろう。

◆設例に対する回答

1 設例(1)について

離婚調停において親権者を父母のいずれにするかにつき争いがある場合、まず、当事者に対し、従前の監護状況、現在の監護状況、将来の監護方針とその実現を支える環境整備の状況や見込み、非親権者と子の交流のあり方等を明らかにさせたうえで、必要に応じて家庭裁判所調査官を関与させ、行動科学の知見等に基づく調査等を経るなどして、①父母の監護の意欲と能力、健康状態、経済状態、居住・教育環境、従前の監護状況、子に対する愛情の程度、実家の資産、親族・友人等の援助の可能性等、②子の年齢、性別、兄弟姉妹関係、心身の発育状況、従来の環境への適応状況、環境の変化への適応性、意向等の各事情を把握し、親権者を父母のいずれにするのが子の利益に合致するのかを明らかにしていくのが一般的であると思われる。

設例(1)においても、同様に調停手続を進めて、当事者の主張や家庭裁判所調査官による調査の結果等から明らかになった諸般の事情を総合的に考慮して、A、B、Cそれぞれについて XY のいずれを親権者とするのが「子の利益」に合致するかを見ていくことになろう。

2 設例(2)について

兄弟姉妹が同一の親の下で生活を送ることは、その健全な成長に資するものであると考えられるけれども、兄弟姉妹の不分離は、あくまで子の最善の利益を検討するうえでの一要素であるにとどまり、絶対的な価値を有するものではない。したがって、前記1の各事情を踏まえて検討した結果、兄弟姉妹を分離することとするのが子の利益にかなうとの判断に至ることもあり得るであろう。

したがって、設例(2)においても、A、B及びCの各意向のほか、前記1に示した各事情を踏まえて検討し、A、B及びCを分離することなく、同一の親の下で生活させるのが子の利益に合致するといえるのか、分離した方がむしろ子の利益にかなうのかを慎重に判断することになろう。

なお、親権者については同一の親を定めたうえで、非親権者の下で兄弟姉妹の一部又は全部を監護するとの結論もあり得なくはないけれども、その場合には、子の利益の観点から、親権と監護を分離させることの必要性ないし相当性が吟味されなければならないであろう。

3　設例(3)について

別居に際し、父母の一方が子を無断で連れ去ることは、しばしば起こり得る事態である。このような場合、子を連れ去られた親が子を取り戻す方法としては、①人身保護法に基づく人身保護請求を申し立てる方法と、②家事事件手続法に基づく子の監護者指定・引渡しの審判又は調停を申し立てる方法が考えられる。もっとも、前者については、拘束している親の監護が子の福祉に反することが明白であることを必要とすることで実務の運用は固まっており、実際には、後者の家事事件手続法に基づく手続をとることが多いであろう。

設例(3)でも、Yは、Cの監護者をYと定めること及びXはCをYに引き渡すべきことを求める内容の審判又は調停を申し立てることが考えられる。また。その審判事件又は調停事件を本案として、審判前の保全処分を申し立てることも考えられよう。

なお、仮にYが子の監護者指定・引渡しの審判を申し立て、併せて審判前の保全処分を申し立てた場合、子の監護者を定める一般的・抽象的な基準は、離婚時に定める場合と同様、「子の利益」に合致するかどうかであり、「子の利益」に合致するかどうかを判断するうえで考慮する事情も基本的に同じであるから、本案である審判事件は調停に付されて、先行する離婚調停と同時に進行することになると考えられる。また、審判前の保全処分申立事件は、子の急迫の危険を防止するため必要があること（保全の必要性）が要件となっているので（家手法157条1項3号）、Yはその点を疎明する必要があるところ、XがCを連れて実家に帰ってから1年が経過している本設例において、別居後Cの様子が全く明らかにされないなど、子の福祉を害

する事態をうかがわせる事情があるのであれば格別、Xが無断で連れて行ったという理由だけでは、保全の必要性を根拠付けることは困難であろう。

◆解　説

1　親権と監護権

(1) 親権の意義

　親権とは、親が未成年の子を健全な社会人にするために監護教育する権利及び義務の総称である。親権の内容は、①子の身上を保護・監督し、子を教育して精神的発達を図る監護養育の権利義務（身上監護権、民法820条）と、②子が財産を有するときに、これを管理し、また、子の財産上の法律行為について子を代理し又は子に同意を与え、子の財産を維持管理する権利義務（財産管理権、同法824条以下）に分けて整理することができる。親権は、権利というよりも義務という側面が強いことから、これを自由に譲渡したり放棄したりすることは許されず、親権者を変更したり、辞任したりするには家庭裁判所の審判を経なければならない（家手法別表第二の八、別表第一の六十九）。

ア　身上監護権

　身上監護権とは、未成年の子の身上を保護・監督し、子を教育して精神的発達を図る監護養育の権利及び義務をいう。身上監護権は、民法上、子の居所指定権（民法821条）、懲戒権（同法822条）、職業許可権（同法823条）が定められているが、これに限定されるものではない。子に普通教育を受けさせること（憲法26条2項、教育基本法5条1項、学校教育法16条、29条、45条）も身上監護権に含まれる。

イ　財産管理権

　財産管理権とは、未成年の子の財産を管理し、子の財産上の法律行為について子を代理し又は子に同意を与え、子の財産を維持管理する権利及び義務をいう（民法5条、824条以下）。管理行為には、子の財産の価値を維持する保存行為のほか、これを利用及び改良する行為、処分する行為が含まれる。

(2) 親権者

　民法上、親権は、父母の婚姻中は原則として父母が共同で行使するものとされているが（民法818条3項本文）、離婚する場合は父母のいずれかの単独親権となる（同法819条1項・2項）。これは、離婚により別々の生活をする父母に共同親権を認めてその共同行使を認めると、監護のあり方についての争いを招くなどして未成年の子の福祉や利益に害を及ぼすおそれがあるためであるといわれている。

(3) 監護者

　前記のとおり、親権は、未成年の子の身上監護と財産管理からなるところ、監護権は身上監護の領域で親権と重なることになる。民法が、前記のとおり離婚後の親権者につき単独親権制を採用しながら、これとは別に監護権の制度を設けた（民法766条1項）のは、例えば、父母の一方が、子の身上監護者としては適当であるが子の財産を管理するなどの親権全般を行うには不適当である場合など、子の福祉や利益を確保するために親権者と監護者を分けて定めることが必要な場合があり得るからである。

(4) 親権と監護権の分属

　もっとも、親権と監護権を分属させることには慎重であるべきであろう。親権と監護権を父母に分属させれば、日常的な子の監護養育は監護者が行い、親権者は財産管理権により子の監護養育に関与する余地を残すことになる（東京高決平成18・9・11家裁月報59巻4号122頁〔28130933〕）が、身上監護と財産管理は密接に結びついていることからすれば、父母が離婚後も子の健全な人格形成のために協力できる関係にない場合には、子の監護養育をめぐり争いが生じ、子の福祉や利益に反することとなる可能性が高い。そうすると、親権と監護権を分属させるのは、父母がともに子の監護に対する理解を有し、かつ、相互に協力することが十分に可能な状況にあって、親権と監護権を分属させることがむしろ子の福祉の実現につながると考えられるような例外的な場合に限られるというべきである（東京高決平成5・9・6家裁月報46巻12号45頁〔28019157〕参照）。

2 親権者を定めるうえで考慮される要素

(1) 離婚時において父母のいずれを親権者に定めるかは、子の利益及び福祉を基準に判断される（民法819条6項参照）。具体的な考慮事情としては、①父母の事情として、監護の意欲と能力、健康状態、経済状態、居住・教育環境、従前の監護状況、子に対する愛情の程度、実家の資産、親族・友人等の援助の可能性等が、②子の事情として、子の年齢、性別、兄弟姉妹関係、心身の発育状況、従来の環境への適応状況、環境の変化への適応性、子の意向等が挙げられる。

　子の意向については、これを重視することは結論に関する責任を子に負わせることになりかねないとの考えもあろうが、子も自己の意思を表明することができる権利主体であるのだから、親権者を定めるに当たり、子の意向を考慮の外に置くことはできない。家事事件手続法は、このような観点から、子がその結果により影響を受ける家事審判及び家事調停の手続においては、子の意思を把握するように努め、子の年齢及び発達の程度に応じて、その意思を考慮しなければならないとし（家手法65条、258条1項）、また、子の監護に関する処分の審判（子の監護に要する費用の分担に関する処分の審判を除く。）をする場合には、15歳以上の子の陳述を聴かなければならないとしている（同法152条2項）。

　もっとも、当該子の意思をどのように把握し、また、それをどの程度評価するかについては、当該子の年齢や発達の程度、言語・表現能力の程度、当該子の置かれている現在の立場、これまでの生活歴等を踏まえたうえ、子の最善の利益という観点からの個別具体的な判断が必要である。したがって、離婚調停において、親権者を父母のいずれにするかにつき争いがあるときは、より適切な判断をするために、家庭裁判所調査官による行動科学の知見等を活用した事実の調査が必要となることが多いであろう。家庭裁判所調査官による事実の調査を含む、家庭裁判所調査官の調停手続への関与については後述する。

(2)　「子の利益」に合致するかどうかを判断するに当たり考慮すべき事情と

して、前記(1)のほか、①面会交流の許容性、②兄弟姉妹の不分離、③監護開始の違法性、④母性優先などがいわれることがある。

ア　面会交流の許容性

　子は、父母双方と交流することにより人格的成長を遂げることから、婚姻関係が破綻した後も、子が父母双方から愛情を受けていると実感しながら育つことは、子の健全な成長にとって必要であると考えられる。このような観点から、他方の親をどれほど信頼して寛容となれるか、子との面会交流を認めるか（寛容性のテスト）といった点も、親権者指定の考慮要素となり得る。

　もっとも、面会交流を禁止・制限すべき事由がある場合もあることなどを考慮すると、面会交流を拒否するということだけで親権者としての適格性が欠けるとするのは相当ではない。子を非監護親に面会させない場合に子の人格的成長をどのように図る考えであるのかなどを正しく把握したうえで、子の利益にかなうかどうかを慎重に検討するのが相当であろう。

イ　兄弟姉妹の不分離

　兄弟姉妹が同一の親の下で生活を送ることは、一般的に、その健全な成長に資するものであるということができよう。もっとも、個別具体的な事案において、兄弟姉妹をあえて分離することが、子それぞれの最善の利益につながるといえる場合もあり得ると考えられる。そのような場合にまで兄弟姉妹の不分離を貫くことは相当であるとはいえないであろう。兄弟姉妹の不分離は、あくまで子の最善の利益を検討するうえでの一要素であるにとどまり、絶対的な価値を有するものではないことに注意が必要である。

ウ　監護開始の違法性

　違法な連れ去り行為によって有利な地位を獲得することを許すことは違法行為を助長する結果となる。したがって、現在の監護状態が法律や社会規範を無視して開始された場合は、監護親の親権者としての適格性に疑義を生じさせる事情となり得ることは否定できない。

　もっとも、親権者の指定は、あくまで子の利益の観点から判断されるものであるから、違法な監護の開始があったというだけで、常に親権者としての

適格性が欠けるという結果になるわけではないことに注意が必要である。

エ　母性優先

　かつては乳幼児については母親を優先すべきとする考え方が定着していた時期もあった。しかし、家庭における父母の役割が多様化した現代においては、このような考え方は、硬直化した考えであるといわなければならない。近時は、子の健全な成長・発達のために不可欠である養育者との愛着関係や心理的絆を満たす者は生物学的母や女性に限定されるものではないとの発想から、性別を問わない「主たる監護者」による監護継続の必要性を重視する考え方が主流になっているといえる。

3　親権者指定の実際

(1)　家事調停手続

ア　離婚することに合意していたとしても、離婚後の子の親権者を父母のいずれにするかにつき協議が調わないときは、協議離婚することができないので、この場合には、夫婦関係調整調停（離婚調停）を申し立てることになる。なお、離婚に関しては調停前置主義が採用されているから、調停を経ることなく離婚訴訟を提起しても、特段の事情がない限り、家事調停に付されることになる（家手法257条1項）。

イ　離婚調停において、親権につき争いがあるときは、調停委員会は、当事者双方から前記2に挙げた事情につき聴取し、また、母子手帳、保育園等の連絡帳、通知表等の資料を提出させて、子の監護に関する実情を把握したうえで、父母のいずれを親権者とするのが子の利益及び福祉にかなうかを検討し、調整を進めることになるが、より適切な判断をするためには、家庭裁判所調査官を調停手続に関与させ、その有する行動科学の知見等を活用することが有用である。

　家庭裁判所調査官の調停手続への関与の主要な態様としては、①期日立会い等（家手法258条、59条）、②事実の調査（同法258条、58条）がある。

㋐ 期日立会い等（家手法258条、59条）

　家庭裁判所調査官は、親権をめぐる争いのある離婚調停手続において、期日に立ち会うことで、前記2⑴で示した父母の事情や子の事情を中心とする主張の対立点を的確に理解し、また、期日に出頭した当事者の心情面や情緒面の問題点などを把握することが可能となろう。家庭裁判所調査官は、そのようにして理解し把握した事情を基に、家庭裁判所調査官による事実の調査の要否やタイミング、内容等について、意見具申を行うことになる。

　また、家庭裁判所調査官は、事実の調査をした場合は、その結果を書面又は口頭で報告することになるが、実務では、調査報告書を作成して報告するのが通常である。そして、調査報告書を調停期日までに当事者に閲覧又は謄写させて（ただし、相当と認めるときに限る。同法254条3項）その内容を把握させるとともに、家庭裁判所調査官が調停期日に立ち会い、当事者に対し、調査結果を口頭で重ねて説明して、理解を促すこともある。

㋑　事実の調査（家手法258条、58条）

　親権をめぐる争いのある離婚調停手続における調査事項としては、「子の監護状況」、「子の意向・心情」、「親子交流場面の観察」等が一般的であり、調査命令はこれらを組み合わせて発令されることもある。

a　「子の監護状況」調査

　同居親による子の監護の実情、同居親の下での子の生活状況や心身の状態、同居親と子との関係、さらには、別居親と子との関係や交流状況等を調査し、現在の子の監護状況が子の福祉に合致するものかどうか、監護環境上の問題がないかどうか等を評価することを目的とする。また、事案によっては、別居親が予定している監護態勢が調査事項に含められることもある。

b　「子の意向・心情」調査

　子が両親の紛争をどのように受け止め、両親に対してどのような心情を抱き、今後の生活についてどのような希望を抱いているかを、子の年齢や発達の程度等に応じた方法で把握することを目的とする。この場合、家庭裁判所調査官は、子の言語的な表現のみならず、非言語的な表現や子が置かれてい

る状況等を踏まえて、行動科学の知見等を活用して、分析、評価することになる。

c 「親子交流場面の観察」調査

家庭裁判所内に設けられている児童用の調査室等において、監護親と子、非監護親と子との交流場面を各々観察し、それぞれの親の子に対する態度や接し方、子の親に対する態度や接し方等から、それぞれの関係性を評価することを目的とする。

家庭裁判所調査官は、前記の調査を行う際には、必要に応じて、同居親、別居親、子との面接調査のみならず、家庭訪問による環境調査や、事案によっては、祖父母や知人等の監護補助者や、保育園、幼稚園、小学校、児童相談所等の関係機関等の調査も行い、より客観的な情報の収集に努めている。

ウ 親権その他の離婚条件につき当事者双方の納得できる合意が得られ、調停委員会によって相当と認められて、調停条項として調書に記載されたときは、調停が成立して（家手法268条1項）、調停手続は終了する。

他方、親権につき合意に至らなかった場合には、調停委員会は、当事者間に合意が成立する見込みがなく調停が成立しないものとして、調停手続を終了させることになる（同法272条1項）。なお、離婚調停が不成立として事件が終了した旨の通知を受けた日から2週間以内に離婚訴訟を提起した場合には、家事調停の申立ての時にその訴えがあったものと擬制され（同法272条3項）、この場合、訴え提起の手数料も、離婚調停の申立てについて納めた手数料の額に相当する額は既に納付されたものとみなされる（民事訴訟費用等に関する法律5条1項）。

(2) **人事訴訟手続**

ア 離婚調停が不成立となっても、直ちに離婚訴訟に移行するわけではなく、改めて離婚訴訟を提起しなければならない。また、離婚調停において提出した資料等を離婚訴訟においても利用したいときには、改めて証拠として提出する必要がある。

離婚訴訟においては、裁判所は、申立てがなくても親権者の指定につき判

断しなければならない（民法819条2項）。もっとも、親権に関する原告の考えとその理由を訴状に記載するのが通常である。

イ(ア)　離婚訴訟において子の親権者の指定につき争いがあるときは、当事者双方において、親権者としての適格性を前記2に挙げた事情を踏まえて具体的に主張し、必要な証拠を提出することになる。

　また、当事者が提出した証拠により容易に親権者指定につき判断できるような場合は別として、家庭裁判所調査官の調査を実施するだけの十分な必要性があるといえるときには、家庭裁判所調査官による前記(1)イ(イ)に示したような事実の調査を積極的に実施するのが、適正な紛争解決につながり、人事訴訟が家庭裁判所に移管された趣旨にもかなうといえよう。

(イ)　調査の実施時期については、調査事項が何であるかにより異なる。例えば、調査事項が子の監護状況や子の意向であれば、証拠調べと重複しないから、訴訟の早い段階で調査することも相当であるといえる。その調査結果を踏まえて和解を勧めることで早期の解決を図ることも可能となる。これに対して、子に対する虐待など親権者の適格性に関する事実に争いがあるときは、証拠調べで前提事実について心証を形成してから調査するのが相当である場合が多いであろう。

(ウ)　なお、調停段階において、家庭裁判所調査官が子の監護状況等につき調査を行ったときには、その調査結果が記載された調査報告書が書証として提出されることが多く、この場合、不利な調査結果になった当事者から再調査の申出がされることも少なくない。このような場合、再調査を実施するかどうかが問題になるが、再調査が子に対してさらなる精神的負担を与え得るものであることを踏まえたうえで、調停時における調査からの経過期間その他の事情から監護状況に変更があるとうかがわれるかどうか、調停時における調査の範囲が訴訟における争点を踏まえても十分であるかどうか等を考慮して、再調査の必要性を検討することになろう。

ウ　親権につき合意できれば、和解による離婚を成立させることが可能である。

これに対して、合意に至らなければ判決となる。この場合、離婚自体には不服はないけれども親権者指定について不服があるということがあり得るが、親権者指定についてだけ不服申立てをすることはできない（人訴法1条、民訴法281条1項）。

4　別居に際し子を連れ去られた親が子を取り戻す方法

別居に際し、父母の一方が子を無断で連れ去ることは、しばしば起こり得る事態である。このような場合、子を連れ去られた親が子を取り戻す方法としては、①人身保護法に基づく人身保護請求を申し立てる方法と、②家事事件手続法に基づく子の監護者指定・引渡しの審判又は調停（及び審判前の保全処分）を申し立てる方法が考えられる。

(1)　人身保護請求を申し立てる方法

夫婦の一方が他方に対し、人身保護法に基づき共同親権に服する子の引渡しを請求した事案において、最高裁は、「夫婦の一方（請求者）が他方（拘束者）に対し、人身保護法に基づき、共同親権に服する幼児の引渡しを請求した場合には、夫婦のいずれに監護させるのが子の幸福に適するかを主眼として子に対する拘束状態の当不当を定め、その請求の許否を決すべきである（最高裁昭和42年(オ)第1455号同43年7月4日第一小法廷判決・民集22巻7号1441頁）。そして、この場合において、拘束者による幼児に対する監護・拘束が権限なしにされていることが顕著である（人身保護規則4条参照）ということができるためには、右幼児が拘束者の監護の下に置かれるよりも、請求者に監護されることが子の幸福に適することが明白であることを要するもの、いいかえれば、拘束者が右幼児を監護することが子の幸福に反することが明白であることを要するものというべきである（前記判決参照）。けだし、夫婦がその間の子である幼児に対して共同で親権を行使している場合には、夫婦の一方による右幼児に対する監護は、親権に基づくものとして、特段の事情がない限り、適法というべきであるから、右監護・拘束が人身保護規則4条にいう顕著な違法性があるというためには、右監護が子の幸福に

反することが明白であることを要するものといわなければならないからである。」と判示して、いわゆる明白性の要件の考え方を採ることを明らかにした（前掲平成5年最判〔25000058〕）。この考え方は、最三小判平成6・2・8判時1502号104頁〔27825613〕、前掲平成6年最判〔27818791〕でも示されており、実務上定着しているといえる。

　なお、最二小判平成6・7・8判時1507号124頁〔27821011〕は、離婚調停において調停委員会の面前でその勧めによってされた合意により、夫婦の一方が他方に対し、期間を限って幼児を預けたが、他方の配偶者が、前記合意に反して約束の期日後も幼児を拘束し、前記幼児の住民票を無断で自己の住所に移転したなどの事実関係の下で、前記拘束に顕著な違法性があるとした。前記判決では、いわば、拘束者が、裁判所が関与した合意に反する明白な手続違反を犯しているということ自体に、人身保護規則4条に規定する拘束の顕著な違法性があるととらえたものと考え得る（『最高裁判所判例解説民事篇〈平成5年度〉』法曹会933、934頁注釈10参照）。また、最一小判平成11・4・26判時1679号33頁〔28040766〕は、調停手続の遂行過程で当事者の協議により形成された合意に基づき実施された面会交流時に実力を行使して子を連れ去ったという事案につき、人身保護規則4条所定の顕著な違法性があるとした。

　このように、人身保護規則4条所定の顕著な違法性があるといえる場合には人身保護請求を求める方法によることも可能であるけれども、実務上は、顕著な違法性を要件としない、子の監護者指定・引渡しの審判又は調停を申し立てる方法が積極的に活用されているといえよう。

(2)　子の監護者指定・引渡しの審判又は調停（及び審判前の保全処分）を申し立てる方法

ア　子の監護者指定・引渡しの審判又は調停について

(ｱ)　民法766条1項は、その文言上、離婚の際の子の監護に関する処分を定めるものであるが、婚姻中の夫婦の場合も、同法766条1項を類推適用して子の監護に関する処分をすることができると解される。そして、子の監護者

を定める一般的・抽象的な基準は、離婚時に定める場合と同様、「子の利益」に合致するかどうかであり、「子の利益」に合致するかどうかを判断するうえで考慮する事情も基本的に同じであるから、前記2で述べたことがそのまま当てはまる。

(イ)　また、子の監護者指定・引渡しの調停が申し立てられた場合の進行についても、①調停委員会は、当事者双方から前記2に挙げた事情につき聴取し、また、母子手帳、保育園等の連絡帳、通知表等の資料を提出させて、子の監護に関する実情を把握したうえで、父母のいずれを監護者とするのが子の利益及び福祉にかなうかを検討し、調整を進めることになること、②より適切な判断をするためには、家庭裁判所調査官を調停手続に関与させ、その有する行動科学の知見等を活用することが有用であることなど、離婚調停において親権者を定める場合につき前記3(1)で述べたことが基本的に当てはまる。

　もっとも、子の監護者指定・引渡しのみが調停手続における話合いのテーマになることは少なく、実際は、離婚調停が進められる中で親権が争点として顕在化した際に、子の監護者指定・引渡し調停事件が併せて申し立てられるなど、関連事件が複数係属する中で話し合われるテーマの1つであることの方が多い。そのため、調停手続においては、複雑に絡み合った対立点について、当事者双方の感情面にも配慮しながら、調整の先後関係を検討して、一括解決に向けて整理することが肝要になる。

(ウ)　むしろ、子の監護者指定・引渡し事件は、監護開始の経緯等をめぐり当事者間の感情的な対立が激しいこともあり、申立時においては、調停手続ではなく審判手続が選択されることが多い。この場合、審判手続を選択した当事者（申立人）の意向をひとまず尊重して審判手続を先行させ、当事者双方の主張を踏まえて争点を整理し、紛争の実情を把握したうえで、審判手続による解決を進めるか、調停に付して話合いによる解決を図るかを見極めていくことになろう。

　審判の申立書には、相手方の数と同数の写し（家手規則47条）並びに申立ての理由及び事件の実情についての証拠書類があるときはその写し（家手

規則37条2項）を添付しなければならないとされているところ、申立書の写しについては相手方への送付が必要的である（家手法67条1項）のに対し、主張を根拠付けるための資料の写しの送付は必要的とされていない。しかし、特に審判前の保全処分が併せて申し立てられている場合など、相手方の言い分を速やかに把握して実質的な審理を進めていく必要が特に高い場合には、申立書に添付される証拠書類の写しについても、申立人に相手方の数と同数の写しを添付してもらい、申立書の写しと併せて相手方に送付するなどの工夫が求められよう。

そして、審判期日においては、当事者双方の言い分を踏まえて争点を整理し、紛争の実情を把握していくことになる。別表第二審判事件においては、申立てが不適法であるとき又は申立てに理由がないことが明らかなときを除き、当事者の陳述を聴取するのは必要的であり、当事者の申出があるときは、審問の期日においてしなければならない（家手法68条）。審問においては、子の従前及び現在の監護状況や、別居に至った事実経緯について、当事者双方から提出された主張書面や資料を踏まえて、対立点をより明確にする趣旨で陳述を聴取したり、争いのある事実経過につき証拠調べに類する形で陳述を聴取したりする。この審問は、他の当事者の立会いの下実施するのが原則である（同法69条本文）が、他の当事者が立ち会うことによりかえって事実の調査に支障が生じるおそれがあると認められる場合には、例外的に他の当事者の立会いなしに審問を実施することもできる。

また、同法152条2項は、子の監護に関する処分の審判（子の監護に要する費用の分担に関する処分の審判を除く。）の子に与える影響の重大性に鑑み、当該審判をする場合には、15歳以上の子の陳述を聴かなければならないと規定している（なお、15歳未満の子であっても、家庭裁判所は、適切な方法により子の意思の把握に努め、子の年齢及び発達の程度に応じてその意思を考慮する必要があるとされる（同法65条参照））。具体的な子の陳述聴取や意思把握の方法としては、裁判官の審問のほか、家庭裁判所調査官による調査、陳述書の受領、書面照会等の方法が考え得るが、子の年齢や事案

の性質等に応じ、適切な方法で子の意思を把握することが求められる。

家庭裁判所調査官を手続に関与させ、その有する行動科学の知見等を活用することが有用であることなど、離婚調停において親権者を定める場合につき前記3⑴で述べたことは、基本的に審判手続にも当てはまる。

イ　子の監護者指定・引渡しの審判又は調停を本案とする審判前の保全処分について

家手法157条1項3号は、家庭裁判所は、子の監護に関する処分についての審判又は調停の申立てがあった場合において、強制執行を保全し、又は子その他の利害関係人の急迫の危険を防止するため必要があるときは、当該申立てをした者の申立てにより、当該事項についての審判を本案とする仮差押え、仮処分その他の必要な保全処分を命ずることができると規定している。

以下、手続の概要を簡潔に説明する。

㈠　申立書の写しの送付について

家事事件手続法は、審判前の保全処分については、申立書写しの相手方への送付を定める家手法67条1項を準用していない。もっとも、迅速かつ充実した主張反論を確保する観点からは、申立書写しを送付することが望ましい事案もあると考えられ、柔軟に運用することが期待される。

㈡　陳述聴取について

家手法107条は、「審判を受ける者となるべき者の陳述を聴かなければ、することができない。」と規定しており、陳述聴取の方法を限定していないから、書面等によることも可能である。もっとも、実際の審理においては、審理を充実させる観点から、双方当事者が立ち会うことのできる期日を指定して行うことが多いであろう。

また、同法157条2項は、子の監護に関する処分について、仮の地位を定める仮処分（子の監護に要する費用の分担に関する仮処分を除く。）を命ずる場合には、当該仮処分が一般に子に重大な影響を与えるものであることに鑑み、原則として満15歳以上の子の陳述を聴かなければならないと規定している。

㈦　保全処分を求める事由について

　申立人は、保全処分を求める事由、すなわち、本案認容の蓋然性と保全の必要性を疎明しなければならない（家手法106条2項）。

a　本案認容の蓋然性

　本案審判においては、一定の請求権の客観的内容の存否が審理の対象となるのではなく、本案に関する権利義務関係の形成の当否及びその内容が審理の対象となることから、審判前の保全処分の要件としては、本案審判において一定の具体的な権利義務が形成されることについての蓋然性が必要となる。

　そして、心証の程度は疎明で足りる（家手法106条2項）が、子の監護者指定・引渡し事案の実情という観点からは、数次の裁判において異なった判断がされる都度子の引渡しの強制執行がされると、子に対して著しく大きな精神的緊張と精神的苦痛を与えることになり、このこと自体が子の福祉に反することになるとの配慮から、本案審判と審判前の保全処分とで結論は実質的には異なることはないとされる傾向にある。そのため、本案の審判手続における権利義務形成の状況を一応見極められる段階まで、かなりの実質的審理を必要とする場合も少なくないのが実情であろう。

b　保全の必要性

　家手法157条1項本文は、保全の必要性について、「子その他の利害関係人の急迫の危険を防止するため必要があるとき」と規定している。つまり、家事事件手続法は、本案認容の蓋然性が認められるだけでは審判前の保全処分の発令要件としては足りず、さらに、保全の必要性が必要であるとしている。そして、子の監護者指定・引渡しの事案では、子の福祉の観点から、できる限り数次の強制執行を避けることへの配慮が必要であることは前記のとおりであり、この観点からも必要性の充足性が判断されるべきことになる。

　この点に関し、東京高決平成24・10・18判時2164号55頁〔28182583〕は、「未成年者の養育をめぐる夫婦間の紛争において、裁判により未成年者の引渡しが命じられる場合としては、①審判前の保全処分により未成年者の監護者を仮に定めて未成年者の引渡しを命じる場合、②抗告審においてこの

保全処分を不当として取り消すとともに保全処分の執行の回復措置として未成年者の引渡しを命じる場合、③監護者を定め、監護者に未成年者を引き渡すよう命じる本案の審判が確定した場合、④監護者を定める本案の審判が確定した後に離婚訴訟が提起され、審判で定められた監護者とは異なる者を親権者と定める判決が確定し、親権者による監護のための必要な処分として未成年者の引渡しが命じられる場合などがある。夫婦間の離婚をめぐる紛争が離婚訴訟の判決の確定によって終局するまでの間には、このように数次の裁判が積み重ねられる可能性があるが、その中で異なった判断がされた場合に、そのつど未成年者の引渡しの強制執行がされるときは、未成年者に対して著しく大きな精神的緊張と精神的苦痛を与えることになり、このこと自体が未成年者の福祉に反することになる。したがって、審判前の保全処分により未成年者の引渡しを命じる場合は、後の処分によりこれとは異なる判断がされて複数回未成年者の引渡しの強制執行がされるという事態を可能な限り回避するような慎重な配慮をすることが必要である。」「審判前の保全処分としての子の引渡命令についての以上の法的性質及び手続構造からすれば、審判前の保全処分として未成年者の引渡しを命じる場合には、監護者が未成年者を監護するに至った原因が強制的な奪取又はそれに準じたものであるかどうか、虐待の防止、生育環境の急激な悪化の回避、その他の未成年者の福祉のために未成年者の引渡しを命じることが必要であるかどうか、及び本案の審判の確定を待つことによって未成年者の福祉に反する事態を招くおそれがあるといえるかどうかについて審理し、これらの事情と未成年者をめぐるその他の事情とを総合的に検討した上で、審判前の保全処分により未成年者について引渡しの強制執行がされてもやむを得ないと考えられるような必要性があることを要するものというべきである。」と判示している。

(エ) 執行について

審判前の保全処分に対しては、即時抗告ができるが（家手法110条）、当然には執行停止の効力はなく、裁量的に執行停止の裁判がされる余地があるだけである（同法111条1項）。なお、審判前の保全処分の執行は、申立人

に審判書が送達されてから 2 週間を経過するとできなくなる（同法 109 条 3 項が準用する民保法 43 条 2 項）ので、注意が必要である。

(オ)　審理の実際

　子の監護者指定・引渡しの審判と併せて審判前の保全処分が申し立てられた場合、裁判所は、当事者双方の意向を踏まえつつ、①審判前の保全処分と本案（審判事件）のいずれに軸足を置いた審理を行うか、②家庭裁判所調査官の事実の調査を、とりあえず審判前の保全処分の帰趨を迅速に判断するための調査とするか、本案の帰趨をも見据えたうえでの幅広い調査とするか、③連れ去りの違法性が顕著に強い事案であるとみて、あえて家庭裁判所調査官の調査を行うまでもなく速やかに審判するか等について、審判前の保全処分の認容の可能性を見極めつつ審理方針を策定している。そして、審判前の保全処分をいち早く発令し、子の救済を図るべき事案においては、子の引渡しを命じる審判前の保全処分の執行期間（家手法 109 条 3 項が準用する民保法 43 条 2 項）をも勘案し、審判前の保全処分を出すタイミングや送達方法を慎重に吟味しながら、発令を行っているのが現状である。もっとも、子を強制執行手続にさらすこと自体、子に対して大きな精神的緊張と精神的苦痛を与えることは否定できないから、事案によっては、裁判所から、心証を開示したうえで、当事者に対して任意の引渡しに向けた説得をすることもあろう。他方、保全の必要性がないとの心証に至った事案においては、当事者に対し、その旨心証を開示したうえで、審判前の保全処分の申立てを取り下げて本案（審判事件）に注力するよう促すことが多いと考えられる。

　　　　　　　　　　　　　　　　　　　　　　　　　　（佐々木　公）

◆参考文献

本文中に掲げるもののほか
・東京家事事件研究会編『家事事件・人事訴訟事件の実務』法曹会（2015 年）〔本多智子〕51 頁以下、〔石垣智子＝重髙啓〕228 頁以下、〔神野泰一〕358 頁以下
・梶村太市ほか「子の引渡し保全処分事件の処理をめぐる諸問題」家庭裁判月報 47

巻 7 号（1995 年）1 頁以下
- 松本哲泓「子の引渡し・監護権者指定に関する最近の裁判例の傾向について」家庭裁判月報 63 巻 9 号（2011 年）1 頁以下
- 野田愛子＝梶村太市総編集『新家族法実務大系 2』新日本法規出版（2008 年）〔瀬木比呂志〕351 頁以下、〔若林昌子〕383 頁以下
- 松村徹「子の監護に関する処分事件の制度およびこれに関連する裁判例」判例タイムズ 1376 号（2012 年）29 頁以下
- 吉村真幸「子の引渡しと人身保護請求」判例タイムズ 1100 号（2002 年）176 頁以下
- 中山直子「別居中の夫婦間の子の引渡請求」判例タイムズ 1100 号（2002 年）172 頁以下
- 中山直子「子の引渡しの判断基準」判例タイムズ 1100 号（2002 年）182 頁以下
- 林賢一「子の奪い合いをめぐる紛争事件における家庭裁判所調査官の役割」判例タイムズ 1100 号（2002 年）184 頁以下

9 面会交流

設例9　夫Xと妻Yとは、平成8年に婚姻し、平成12年に長女A、平成20年に長男Bが生まれたが、Xの不貞が原因で夫婦関係が悪化して、平成25年以降、Yが子らを連れて実家に帰り、Yの両親（子らの祖父母）と暮らすようになり、別居状態にある。Xは、別居後、子らと一切面会できていない。

　Xは、平成26年、Yを相手方として、離婚調停を申し立てるとともに、子らとの面会交流を求める調停を申し立てた。

(1) Yは、別居前、自分がXからDVを受けていたことを理由に、子らとの面会交流を拒否している。Xの申立てはどのように判断されるか。

(2) Yは、子らがXとの面会を拒否していることを理由に、子らとの面会交流に応じない意向を示している。Xの申立てはどのように判断されるか。

(3) XY間で、子らとの面会交流を定める調停が成立し、その後、一時、子らとの面会交流が行われたものの、その後、Yは、言を左右にして子らとの面会交流に応じない。Xはどのような方法を採ることができるか。

(4) (3)の場合において、Yは、Xとの面会交流により、子らが学校を休みがちとなるなどの悪影響が生じていると考えている。Yは、どのような方法を採ることができるか。

Basic Information

1　面会交流とは、父母の離婚の前後を問わず、父母が別居状態にある場合に、未成年の子と離れて暮らす親（非監護親）と子が交流することをいう。

　面会交流については、従前、明文の規定がなかったものの、家事審判事項であるとの解釈に基づき、父母間で協議が整わない場合に、調停や審判で紛

争解決が図られていた。その後、社会や家族モデルの変化に伴い、面会交流の重要性を意識する父母が増え、社会全体に面会交流に対する肯定的な見方が広まるとともに、面会交流が子に与える好影響についての心理学的知見が報告されるようになったことから、平成24年4月1日施行の改正後の民法766条1項において、はじめて面会交流が明文化され、協議離婚する父母が子の利益を最も優先して考慮して定めるべき事項であることが明記された。

そして、現在の家裁実務では、面会交流は、子が非監護親から愛されていることを知る機会として、子の健全な成長にとって重要な意義があることに照らし、子の福祉の観点から、面会交流の実施がかえって子の福祉を害するといえる特段の事情（面会交流を禁止又は制限すべき事由）が認められない限り、適切な方法で面会交流が実施されるべきであるという考え方が広く共有されている。

2 近年、面会交流調停・審判事件は飛躍的に増加しており、離婚調停（夫婦関係調整調停）の中で面会交流が争点となることも多くなっている。

面会交流に関する紛争は、離婚をめぐる紛争を背景とし、父母の感情的対立を伴うものであるうえ、面会交流に対する非監護親の権利意識の高まりも影響して、父母が、子の視点に立って、面会交流のあり方を協議したり、円滑な実施に向けて協力したりすることができず、調整が難航し、合意による解決が困難な事案が増えている。

また、面会交流の可否や方法についての判断は、面会交流を実施することで子の心身や生活に悪影響が生じるか、また、どのような方法であれば、子が非監護親と楽しく過ごすことができ、かつ、継続して円滑に実施できるかという観点から、子の年齢、子や父母の心身及び生活の状況、子の意思、親子や父母の関係性等、子や父母に関する様々な客観的又は心理的な事実を総合考慮してなされるものであり、行動科学の知見に基づく分析と将来予測を伴う難しい判断である。

このように、面会交流に関する紛争は、現在、家庭裁判所で扱われる事件の中でも、最も複雑困難な紛争類型の1つであるといえる。

3　いずれにせよ、家庭裁判所においては、面会交流に関する紛争はまず調停で扱われ、調停委員会が、家庭裁判所調査官（以下「調査官」という。）を活用するなどして、当事者とともに面会交流の可否を検討し、面会交流を禁止又は制限すべき事由がない場合には、面会交流が適切な方法で円滑に実施されるよう調整を図ることとなり、そこで調整がつかない場合に、審判がなされるのが通常である。

◆設例に対する回答

1　まず、調停委員会は、子らの年齢、子らやXYの心身及び生活の状況、子らの意思、子らとX及びXとYの各関係性等、子らやXYに関する様々な客観的又は心理的な事実を総合考慮し、Xと子らとの面会交流を実施することで、子らの心身や生活に悪影響が生じるかという観点から、面会交流を禁止又は制限すべき事由の有無を検討することとなる。そして、そのような事由がない場合には、どのような方法であれば、子らがXと楽しく過ごすことができ、かつ、継続して円滑に実施できるかという観点から、面会交流の実施方法を検討することになる。また、子が複数いる場合、個別に面会交流の可否や方法を検討することとなるが、きょうだい間で面会交流の実施の有無や方法を異にすることは、きょうだい間に新たな葛藤を生じさせ、その関係を毀損する可能性もあるから、きょうだい間の関係性も考慮する必要がある。

2(1)　設例(1)の場合、例えば子らが、XのYに対するDVを見聞きしているために、Xに対して恐怖心を抱き、面会交流を拒否している場合には、面会交流を実施することで、子らに強い精神的苦痛を与えるおそれがあるから、基本的に、面会交流を禁止・制限すべきという判断になる。

そこで、調停委員会は、X及びYの陳述や証拠資料（写真や診断書）、調査官による子の意思把握調査の結果を踏まえ、XのYに対するDVの内容、それに対する子らの認識の程度、子らとXとの関係性、面会交流についての子らの意向や心情等を把握したうえで、面会交流を実施することで、子ら

の心身や生活に悪影響が生じるか否かを検討することになる。その結果、直接の面会が相当でないと判断された場合には、子らとＸとの親子関係の回復を目的とした間接的交流の実施を検討することとなる。

　なお、仮に子ら自身がＸに恐怖心を抱いていない場合でも、例えばＹがＸから受けたＤＶによって、強い精神的ダメージを受けている場合には、面会交流を実施することで、Ｘとの接触を強いられるＹが精神的に不安定になり、子らの心身や生活に悪影響が生じるおそれがないかも検討しなければならない。もっとも、本設例の場合、長女Ａ（現在14歳）は、直接Ｘと連絡をとって面会場所に赴くことが可能な年齢であるし、Ｙの両親が代わりにＸと連絡をとることも可能であるから、ＹとＸとの接触が不可欠とはいえない。また、Ｙと子らは、同居するＹの両親からのサポートを受けられる環境にあるため、面会交流の実施によってＹが精神的に不安定になり、子らにまで悪影響が生じることは通常考えにくい。

⑵　次に、直接の面会が相当と判断された場合には、実施方法を検討することになる。

　本設例の場合、ＸＹ間の紛争性が高く、互いに直接連絡を取り合って、面会の日時、場所、方法等について協議をすることは困難と思われること、Ａは、直接Ｘと連絡をとって面会場所に赴くことが可能な年齢であり、また、Ａの勉強や部活動等の都合を考えると、あらかじめ詳細を定めるのは望ましくないこと等を考慮すると、例えば「月１回程度」といった頻度だけを定めて、具体的な面会の日時等については、Ａが直接Ｘと連絡をとって柔軟に決めるという内容が相当と考えられる。

3⑴　設例⑵の場合、調停委員会は、子らが真意に基づいて面会交流を拒否しているか否か及び拒否の理由を把握する必要があり、まずは、Ｘ及びＹの陳述や証拠資料によって認められる事実から、子らの意思を推測する。そのうえで、必要に応じて、調査官による子らの意向又は心情調査を行い、子らの真意や拒否の理由を把握することとなる。

⑵　Ａが面会を拒否する発言をしている場合、その年齢や発達段階（思春

期）からすると、例えば、不貞をし、家族生活を破綻させたＸに対する強い嫌悪感や、Ｙに対する同情心から、真意に基づいて面会を拒否していると考えられる。Ａの年齢が高く、相応の判断力があると考えられることからすると、その意向に反して面会を強いると、Ａは自分の意見を否定されたと受け止めて傷つき、あるいは、Ｘへの拒否感を増幅させ、かえって両者の信頼関係を壊すことになりかねない。したがって、Ａの面会拒否が真意に基づくものであれば、直接の面会を実施するのは相当ではなく、まずは、間接的交流を通して、信頼回復を図るのが相当であると判断される。

(3) 一方、長男Ｂの年齢（現在６歳）からすると、自らのＸに対する拒否感情ではなく、ＹやＡに影響されて面会を拒否している可能性もあるから、調査官による子の心情調査によって、Ｂの真意や拒否の理由を慎重に見極める必要がある。その結果、Ｂの拒否が真意に基づくものであり、面会交流を実施することでＢに悪影響が生じると認められるときは、直接の面会を禁止又は制限し、間接的交流を検討することとなる。他方、例えば、ＢがＸと１年以上会っていないせいで、面会に不安を感じて拒否しているにすぎない場合には、調停委員会は、Ｂの不安を解消することを目的として試行的面会交流を実施したり、Ｂの不安に配慮した面会方法を提案したりして、直接の面会に向けた調整を図ることとなる。

4　設例(3)の場合、Ｘは、面会交流の履行を確保するために、家庭裁判所に履行勧告の申出をするか、面会交流の実施を求めて、再度、面会交流調停を申し立てることが考えられる。また、既に成立した調停条項に、①面会交流の日時又は頻度、②各回の面会交流時間の長さ、③子の引渡しの方法（引渡しの時刻及び場所）が記載され、Ｙが給付すべき内容が特定されている場合には、Ｘは、家庭裁判所に調停調書に基づく間接強制の申立てをすることができる。

5　設例(4)の場合、Ｙは、面会交流の禁止又は実施方法の変更を求めて、再度、面会交流調停（又は審判）を申し立てることが考えられる。

◆解 説
1 面会交流に関する事件の概要
(1) 面会交流の意義
　父母が別居状態にある場合における未成年の子と非監護親との交流は、かつては「面接交渉」と呼ばれていたが、次第に「面会交流」という呼称が実務で定着し、平成24年4月1日に施行された民法等の一部を改正する法律（平成23年法律第61号）による改正後の民法766条1項においても「父又は母と子との面会及びその他の交流」と表記されている。

　面会交流の方法には、大きく分けて、非監護親と子とが直接面会する方法と、手紙、電話やメールなどを利用して連絡を取り合う方法（総じて「間接的交流」と呼ばれる。）の2つがある。近年、ビデオ通話等のインターネットを利用した様々なコミュニケーションツールが普及しており、間接的交流の方法は多様化している。

(2) 面会交流の法的根拠
　離婚後の面会交流については、民法766条に規定があり、「父母が協議上の離婚をするときは…（中略）…父又は母と子との面会及びその他の交流…（中略）…その他の子の監護について必要な事項は、その協議で定める。この場合においては、子の利益を最も優先して考慮しなければならない。」（1項）、「前項の協議が調わないとき、又は協議をすることができないときは、家庭裁判所が、同項の事項を定める。」（2項）と定められている。また、離婚前の面会交流についても、同法766条が類推適用されると解されており[1]、面会交流は、離婚の前後を問わず、家事審判事項（家手法別表第二の三）となる。

　ところで、民法改正前は、面会交流についての明文の規定がなく、実務上は、面会交流が改正前の民法766条1項の「その他監護について必要な事

---

[1] 最一小決平成12・5・1民集54巻5号1607頁〔28050871〕は、離婚前の面会交流について前記改正前の766条が類推適用されることを明示した。

項」に含まれるとの解釈[2]に基づき、調停や審判で解決が図られていた。

　その後、社会や家族モデルの変化に伴って、面会交流の重要性を意識する父母が増え、社会全体に面会交流に対する肯定的な見方が広まるとともに、面会交流が子に与える好影響についての心理学的知見（後述(4)参照）も数多く報告されるようになった。

　これらを背景として、改正後の民法は、面会交流が子の健全な成長にとって重要な意義があることに照らし、父母が、協議離婚に際して面会交流についての取決めをし、これを遵守することを促進する目的から、はじめて面会交流を明文化した。また、面会交流については、離婚をめぐる父母の感情的対立が合意形成の妨げとなりやすく、離婚協議における駆け引きの材料とされかねないことから、改正後の民法は、面会交流について定める場合は、子の利益を最も優先して考慮しなければならない旨を明記して、父母が、夫婦の問題と子の幸せを区別し、子の視点に立って、面会交流についての取決めをすることを促している。

(3) 面会交流の法的性質

　従前より、面会交流の法的性質については見解が分かれており[3]、改正後の民法もこの点を明らかにしていないが、実務上は、非監護親が監護親に対して面会交流の実施を求める請求権ではなく、「子の監護のために適正な措置を求める権利」[4]ととらえられ、父母間の（調停）合意又は審判によってはじめて具体的な権利として形成されるものと解されている[5]。

(4) 面会交流が子に与える影響についての心理学的知見

ア　父母の不和による別居や離婚に伴い、子は、忠誠葛藤（どちらの親に付

---

[2] 離婚前の面会交流につき、最二小決昭和59・7・6判時1131号79頁〔27490242〕、離婚後の面会交流につき、前掲平成12年最決〔28050871〕
[3] 田中通裕「面会交渉権の法的性質」判例タイムズ747号（1991年）322頁
[4] 『最高裁判所判例解説民事篇〈平成12年度（下）〉』法曹会〔杉原則彦〕514頁
[5] もっとも、法的性質の違いにより、面会交流の可否の判断基準に大きな差異はないとされており、実際の事件において、法的性質が争点となることはない。

くか迷い葛藤すること)、喪失感、不安、悲しみ、無力感などといった否定的な感情を体験し、年齢や発達段階によっては、発熱や下痢等の身体症状、抑うつ、学業不振、攻撃的言動等の様々な反応を示すこともあるとされている。また、長期的に、離婚を取り巻く出来事の記憶や、親密な関係性を築くことへの不安やおそれなどの影響が続く場合も少なくないと指摘されている。

そして、非監護親との交流を継続することは、このような父母の別居や離婚による子への悪影響を最小限にし、子が精神的な健康を保ち、心理的・社会的な適応を改善するために重要であるといわれている。すなわち、子は、①非監護親からも大切に愛されていることを確認する体験を通して、自尊心や自己肯定感を持ち、他者を尊重する気持ちを育むことができ、また、②価値観の違う両親との交流を通して、監護親の意見や感情に巻き込まれず、両親から等距離を置くことで親離れが可能となり、さらに、③父と母という性別も価値観も異なる大人が自分の人格形成にどのような影響を与えたかを知ってはじめて、親とは異なる自分らしさ(アイデンティティ)を発見することができるとされている。

イ　もっとも、父母の離婚や一方の親との離別それ自体よりも、父母の不和の方が、子に与える悪影響は大きく、離婚後の子の心理的・社会的な適応を改善するためには、非監護親との交流のみならず、離婚した父母間の紛争性の低減も重要であるとの指摘もある。

そして、一般に、非監護親との交流は、頻度よりも質が重要とされており、父母間の紛争性が低い場合には、高頻度の交流は、子のより良い適応につながるが、父母の紛争が激しい場合には、高頻度の交流は、逆に子の適応の悪さに結びつくとされている。

(5)　面会交流についての家裁実務の考え方

かつては、非監護親は離れたところから子を見守るべきであるという社会的風潮があり、家裁実務も、子と監護親との関係を重視し、子の心理的葛藤などに配慮して面会交流に慎重であった。

その後、民法改正と背景を同じくして、家裁実務にも変遷がみられ、現在

では、面会交流は、子が、監護親のみならず、非監護親からも愛されていることを知る機会として、子の健全な成長にとって重要な意義があることに照らし、子の福祉の観点から、面会交流の実施がかえって子の福祉（利益）を害するといえる特段の事情（面会交流を禁止又は制限すべき事由）が認められない限り、適切な方法で面会交流（原則として、直接の面会）が実施されるべきであるという考え方が広く共有されている（東京高決平成25・7・3判タ1393号233頁〔28213945〕等）。

また、現在の家裁実務では、親が面会交流を認める態勢にあるかどうかが、監護者指定の基準としても大きな意味を持つとされている[6]。

2　家庭裁判所で面会交流について定める手続

(1)　手続

ア　調停

(ア)　当事者は、離婚の前後を問わず、面会交流調停の申立てをすることができる（家手法244条以下）。

また、離婚後の面会交流については、離婚調停において協議し、定めることもできる。ただし、面会交流調停が不成立となった場合には、当然に審判手続に移行し（同法272条4項、別表第二の三）、家庭裁判所が定めることとなるのに対し、離婚調停が不成立となっても審判手続には移行しないから、面会交流については何も定まらないこととなる。したがって、非監護親が、離婚の成否にかかわらず、別居中の面会交流の実施を求める場合には、面会交流調停を別途申し立てる必要がある。実務上は、非監護親が、離婚調停と併せて、又は、離婚調停の係属中に、面会交流調停を申し立てることも少なくなく、その際は、離婚の協議と並行して、面会交流の協議が行われる。

---

[6]　現に子を監護している親が、面会交流禁止・制限事由がないのに、面会交流を拒否していることを理由に、現に子を監護していない親を監護親と定め、子の引渡しを命じた事例（大阪高判平成21・6・30平成20年(ネ)2644号等〔28170693〕）がある。

(イ) 面会交流をめぐる紛争は、調停での解決が特に望ましいと考えられている。

面会交流が適切に定められるためには、子のことを最もよく知る父母が、面会交流の目的を正しく理解したうえで、子の視点に立って、面会交流の可否や方法を考え、協議をする必要がある。また、定められた面会交流が継続して円滑に実施されるためには、監護親がその内容に納得していることはもちろん、父母間に相応の信頼関係や協力関係が存在することも必要である。父母間の紛争性が高く、協力関係が失われている状況では、日時や場所等についての連絡調整や子の引渡しが困難であり、仮に実施しても、子が父母の間で忠誠葛藤に陥り、精神的に不安定になるおそれもある[7]。

しかし、家庭裁判所に持ち込まれる事案においては、父母が、面会交流の目的や父母間の協力関係の必要性を十分に理解していないことが多く、監護親において、夫婦間の紛争をめぐる非監護親への対立感情から面会交流を拒否したり、非監護親において、子や監護親の心情や状況に配慮せず、自己の当然の権利として面会交流を強硬に求め、拒否する監護親を非難したりすることも少なくない。

そのため、面会交流が適切に定められ、円滑に実施されるためには、調停委員会が、行動科学の知見及びそれに基づく面接技法を有する調査官を活用しながら、父母への働きかけや調整を行い、父母が子の視点に立って面会交流のあり方を考え、協力して面会交流を実施できるだけの関係や環境を整えることが重要である。

したがって、面会交流をめぐる紛争を解決するためには、はじめに調停を申し立てるのが望ましいといえる。

イ　審判

当事者は、面会交流審判の申立てを行うことができる（家手法150条以

---

[7] 父母間の紛争性が高く、協力関係が欠けている場合には、面会交流が制限されたり（東京高決平成25・6・25家裁月報65巻7号183頁〔28220204〕）、禁止されたりする（仙台家審平成27・8・7判時2273号111頁〔28234510〕）こともある。

下)。また、面会交流調停が不成立となった場合には、調停の申立時に審判の申立てがあったものとみなされる（同法272条4項、別表第二の三）。

もっとも、面会交流は、調停での解決が最も望ましいことから、審判の申立てが先行した場合、家庭裁判所は職権で事件を調停に付す（同法274条1項）のが通常である。

ウ　離婚訴訟

離婚訴訟の当事者は、判決で、離婚後の面会交流について定めることを求める附帯処分の申立てをすることができる（人訴法32条1項、民法771条、766条1項）。また、離婚訴訟における和解の場面で、面会交流について協議し、定めることも可能である。

もっとも、離婚訴訟においては、調査官が調整活動のために関与することは想定されておらず（人訴法34条参照）、面会交流について当事者間に実質的な争いがある場合には、離婚訴訟ではなく、調停において解決を図るのが望ましい。そのため、離婚訴訟において面会交流が実質的争点となる場合、家庭裁判所は、離婚訴訟を調停に付す（家手法274条1項）か、あるいは、面会交流の点を除いて離婚訴訟の和解又は判決をすることとし、面会交流に関しては、別途、調停又は審判で定めることとするのが通常である。

(2)　当事者

面会交流は、民法766条の定める子の監護に関する処分であるから、面会交流調停・審判の当事者は子の父母である。また、監護親の再婚相手が子と養子縁組をしている場合には、親権を有することから、再婚相手も当事者とすべきであると解される（大阪高決平成18・2・3家裁月報58巻11号47頁〔28112260〕参照）。

実務上は、非監護親が、面会交流を求めて、調停又は審判を申し立てる場合が多いが、監護親が、面会交流の禁止や、既に定められた実施方法の変更を求めて申し立てることや、非監護親に子と面会交流をするよう求めて申し立てることも可能である。

なお、実務上、子の父母以外の者（例えば、子の祖父母）については、一

般に、面会交流調停・審判の申立権がなく、当事者にならないと解されている（ただし、子と非監護親との面会交流の実施方法として、父母以外の者の立会いの有無が検討されることはある。）。

(3) 管轄

ア　調停の管轄裁判所は、相手方の住所地を管轄する家庭裁判所又は当事者が合意で定める家庭裁判所である（家手法245条1項）。

イ　審判の管轄裁判所は、子の住所地を管轄する家庭裁判所である（同法150条4号）。

ウ　家庭裁判所は、管轄に属さない家事調停・審判事件を処理するため特に必要があると認めるときは、職権で自ら処理（いわゆる「自庁処理」）をすることができる（同法9条1項ただし書）。例えば、調停が不成立となって審判手続に移行する場合、調停事件が係属した家庭裁判所に審判の管轄がないときでも、自庁処理が可能である。

また、審判事件を調停に付す場合にも、自庁処理をすることができる（同法274条3項）。

3　面会交流に関する調停・審判事件の審理

(1) 調停・審判規範と争点

面会交流について定めるに当たっては、子の福祉（利益）を最も優先して考慮しなければならない（民法766条1項）。

そして、現在の家裁実務では、面会交流は、子が非監護親から愛されていることを知る機会として、子の健全な成長にとって重要な意義があることに照らし、子の福祉の観点から、面会交流の実施がかえって子の福祉を害するといえる特段の事情（面会交流を禁止又は制限すべき事由）が認められない限り、適切な方法で面会交流（原則として、直接の面会）が実施されるべきであると考えられている（前述1(5)参照）。

したがって、調停・審判においては、①面会交流禁止・制限事由の有無（面会交流の可否）、及び、②面会交流の実施方法が主な争点となる。

(2) 判断基準と考慮要素

　基本的に、面会交流禁止・制限事由の有無の判断は、面会交流を実施することで、子の心身や生活に悪影響が生じるかという観点から行われ、また、実施方法については、どのような方法であれば、子が非監護親と楽しく過ごすことができ、かつ、子や監護親に過度の負担をかけずに、継続して円滑に実施できるかという観点から判断がなされる。なお、子が複数いる場合には、個別に判断がなされる[8]。

　そして、その判断に当たっては、子や父母に関する様々な客観的又は心理的な事情が考慮されるのであるが、大きくは、子に関する事情、親子関係に関する事情、及び、父母に関する事情に分けられる。具体的には、以下のようなものがある。

ア　子に関する事情

　子の年齢、性別、心身の状況、発達の程度、生活状況、子の心情や意向、父母間の紛争についての認識、きょうだい間の関係性[9]

イ　親子関係に関する事情

　同居中及び別居後の子と非監護親との関係性、別居後の面会交流の実施状況、子と監護親又はその再婚相手との関係性

ウ　父母に関する事情

　父母の関係性（父母間の紛争の状況や内容）、父母の心身の状況や意向、非監護親の言動や態度に関する問題の有無、父母の再婚の有無や時期

(3) 審理の流れ

ア　調停委員会は、はじめに、当事者から子や父母に関する事情を聴取するなどして、面会交流の実施を妨げている具体的事情（例えば、父母間の感情

---

[8] きょうだい間で異なる判断がなされた事例（東京家八王子支審平成18・1・31家裁月報58巻11号79頁〔28112263〕）もある。

[9] きょうだい間で面会交流の実施の有無や方法を異にすることは、きょうだい間に新たな葛藤を生じさせ、その関係を毀損する可能性もあるから、きょうだい間の関係性も考慮しなければならない。

的対立、当事者の面会交流や相手に対する誤解、子や監護親の不安や不信感など）を把握し、面会交流の可否や方法に関する争点を整理する。

　面会交流禁止・制限事由の有無が問題となる場合には、調停委員会は、当事者の主張立証や調査官の調査を踏まえ、検討することとなる。

　現在の家裁実務が面会交流の実施に積極的であるといっても、父母間で協議が調わず、家庭裁判所に持ち込まれる事案の中には、監護親が合理的理由から面会交流を拒んでいる場合も少なくないため、面会交流禁止・制限事由の有無についての判断は慎重になされる必要がある。他方で、面会交流の実施による子への影響に不安がある場合や、面会交流を円滑に実施できない事情がある場合でも、安易に面会交流禁止・制限事由があると判断するのではなく、当事者への働きかけや調整、調査官の活用、実施方法の工夫等によって、面会交流の実施を妨げている事情の解消に努め、子の福祉にかなう形で面会交流を実施する余地がないかを十分検討しなければならない。

イ　そして、面会交流禁止・制限事由が認められない場合には、調停委員会は、当事者の主張立証や調査官の調査を踏まえ、実施方法を検討することとなる。他方、直接の面会が相当でない場合でも、子と非監護親との関係の修復を図るため、間接的交流の可否や方法について検討がなされる。

ウ　なお、監護親が、子との面会交流を拒む非監護親に対して、面会交流をするよう求めている事案においても、基本的に前記ア及びイのような審理が必要である[10]。調停委員会は、非監護親が面会交流を拒否する理由など、面会交流の実施を妨げている具体的事情を的確に把握したうえで、面会交流の可否や方法を検討することとなる。

(4) 面会交流禁止・制限事由

　実務上、面会交流禁止・制限事由の有無が問題となる場合としては、主と

10　非監護親が、監護親が離婚に応じなければ面会交流をしないとの意向を示して、面会交流の調停期日を欠席したため、監護親の申立てを却下した原審判について、非監護親に対する働きかけや父母間の調整を試みたうえで、最終的に面会交流の実施の当否や条件等を判断する必要があるとして、原審判が取り消され、差し戻された事例（東京高決平成28・5・17公刊物未登載）がある。

して以下のようなものがある[11]。

ア　非監護親が子を連れ去るおそれがある場合

　非監護親が面会交流の際に子を連れ去ることは、子の生活環境を急激に変化させ、子の心身に大きな負担を与える可能性が高く、子の福祉を著しく害する行為である。したがって、過去の連れ去りの事実、別居に至る経緯や別居後の非監護親の言動などから、非監護親が監護親による子の監護状況に強い不満を持っており、面会交流の際に子を連れ去るおそれがあると認められる場合には、基本的に面会交流を禁止・制限すべきである。

　もっとも、監護親が子の連れ去りを危惧することに一応の理由がある場合であっても、非監護親が、連れ去りが子の福祉を害する行為であることを理解し、連れ去り防止のための条件（例えば、監護親や第三者の立会いや面会場所の限定など）に応じる場合には、面会交流禁止・制限事由があるとまではいえないこともある。

イ　非監護親が子に対して虐待その他不適切な言動を行うおそれがある場合

　非監護親が、面会交流の際に、子に暴力を振るったり、威圧的・侮辱的言動をしたりすることは、子の心身に大きなダメージを与えるものである。また、非監護親が、面会交流の際に、子の前で、監護親を非難し、監護親との離反を促すような発言をすることも、子と監護親との信頼関係や子の精神的安定を阻害し、子に心理的葛藤を与える可能性が高く、子の福祉を害するものである。したがって、非監護親の過去の虐待その他不適切な言動、別居に至る経緯や別居後の非監護親の言動などから、非監護親が、面会交流の際に、子に対して不適切な言動を行うおそれがあると認められる場合には、基本的に面会交流を禁止・制限すべきである。

　もっとも、懸念される非監護親の言動の内容やその可能性の程度によって

---

[11] 結局のところ、子や父母に関する一切の事情を考慮したときに、面会交流の実施が、子の心身や生活に悪影響を及ぼすおそれがあると認められる場合に、面会交流禁止・制限事由があると判断されるのであり、本書で例示した事由に限られるものではない。

は、非監護親が、そのような言動が子の福祉を害する行為であることを理解し、それを防止するための条件（例えば、第三者の立会いなど）に応じる場合には、面会交流禁止・制限事由があるとまではいえないこともある。

ウ　監護親が非監護親からDV等を受けていた場合

(ｱ)　子が、非監護親の監護親に対するDV等の暴力的な言動を見聞きしている場合、子自身も精神的ダメージを受け、非監護親に対して恐怖心を抱いていることがあり、そのような場合に面会交流を実施すると、子に大きな精神的苦痛を与えるおそれがあるから、面会交流を禁止・制限すべきであるといえる。

しかし、非監護親の監護親に対するDV等の内容、子の認識の程度、子と非監護親との関係性などによっては、面会交流を実施しても、子に負担をかけない可能性もある。したがって、監護親が非監護親からDV等を受けていたからといって直ちに面会交流禁止・制限事由があるということはできず、子の意思など、子や父母に関する様々な事情を総合考慮して判断される[12]。

(ｲ)　監護親が非監護親からDV等を受けていた場合、子自身が非監護親に恐怖心を抱いていないときでも、面会交流が禁止又は制限されることがある。

例えば、監護親が非監護親から受けたDV等によって、PTSDを発症したり、非監護親に対して強い恐怖心を抱いたりしているため、子の引渡し等の際に非監護親と接触することが困難な場合、面会交流の実施によって、監護親が精神的に不安定となり、子の心身や生活に悪影響が生じるおそれがあるときは、面会交流を禁止・制限すべきである[13]。ただし、子が幼いために監護親（主に母親）との分離が困難な場合は別として、それ以外の場合には、

12　監護親が非監護親からDV等を受けていた場合でも、面会交流禁止・制限事由がないと判断された事例（前掲平成25年東京高決〔28213945〕）がある。

13　監護親が、非監護親から受けたDV等を原因とするPTSDで通院しており、その様子を見た子が心因反応を発症している場合に、監護親の負担を増大させてまで直接交流を行うと、かえって子の非監護親に対するイメージを悪化させる可能性があるとして、直接の面会を禁止した事例（東京高決平成27・6・12判時2266号54頁〔28233423〕）がある。

親族の協力や第三者機関の利用によって、父母が接触することなく面会交流を実施できる可能性もあるから、面会交流禁止・制限事由の有無を判断する際には、そのような可能性も踏まえた検討が必要となる。

(ｳ)　なお、監護親が子とともにDV被害者のための保護施設に入所している場合には、監護親が外部との接触を禁止されているために、面会交流の実施が事実上困難なことが多い。また、配偶者からの暴力の防止及び被害者の保護等に関する法律（いわゆる「DV法」）による保護命令（同法10条）が発令され、非監護親が監護親や子に接触することなどが禁止されている場合も、面会交流の実施は事実上困難である。

エ　子が面会交流を拒否している場合

(ｱ)　子が面会交流を拒否する言動を示しているとの監護親の主張をもって、直ちに面会交流禁止・制限事由があると判断することはできない。監護親が子の言動を曲解している場合や、子が監護親からの影響を受け、又は監護親の心情を慮ってそのような言動をしている場合などもあるから、監護親が把握している子の言動のみから、子が真意に基づき面会交流を拒否していると認めることはできない。

　子の真意は、子や父母に関する事情を総合して判断されるものであり、当事者の陳述や証拠資料から、子の拒否が当然といえるような客観的事情が認められる場合には、それは真意に基づくものと判断され得る。しかし、当事者の主張立証のみから子の真意を把握することが困難な場合や子の真意に争いがある場合には、調査官による子の意思の把握のための調査（後述(6)エ(ｵ)参照）を活用して、子の真意や拒否の理由を把握することとなる。

(ｲ)　子が真意に基づいて面会交流を拒否していると認められる場合、特に子の年齢が高く、相応の判断力を有していると認められる場合などには、その意思に反して面会交流を強いると、子は自分の意見を否定されたと受け止めて傷つき、あるいは、非監護親への拒否感を増幅させるおそれがあり、かえって子と非監護親との信頼関係を毀損しかねない。また、子が、同居中の非監護親の言動等から、非監護親に対して恐怖心や強い嫌悪感を抱いており、

それが原因で面会交流を拒否している場合には、面会交流の実施により精神的苦痛を与えるおそれもある。このような場合には、子の拒否は、面会交流禁止・制限事由となり得る。

　他方、子が真意に基づいて面会交流を拒否している場合でも、その理由によっては、直ちに面会交流禁止・制限事由があるとまではいえないこともある。例えば、幼い子が監護親からの分離に不安を抱いている場合、子が非監護親と長期間会っていないために不安を抱いている場合、父母間の紛争が激しいため、子が、面会を通じてその紛争に巻き込まれ、葛藤状態に置かれることを懸念している場合、子が、監護親（又は再婚相手）の心情や精神状態への影響を懸念している場合などには、父母間の関係調整、面会方法の工夫（監護親や第三者の立会いなど）、面会交流への導入（試行的面会交流）などによって、子に精神的負担をかけることなく、面会交流を実施できる場合もあるといえる。

㋒　なお、子が面会交流を拒否している事案において、非監護親が、子が監護親の影響を受けて「片親疎外」（子が監護親と過剰に強く結びつき、非現実的なほどに否定的な見方や感情によって、非監護親を激しく非難・攻撃するなどして接触を拒絶する病理的現象）の状態にあると主張し、面会交流の必要性を強く訴えることがある。しかし、子の拒否には様々な理由が考えられるから、子が拒否している事実のみをもって、片親疎外の認定ができるわけではない。重要なのは、子の真意や子が面会交流を拒否する要因を把握することであり、調停・審判において、子が片親疎外の状態にあるか否かを主たる争点として扱うことはない。

オ　監護親が再婚した場合

　監護親が再婚したからといって、子と非監護親との実親子関係が失われるわけではなく、面会交流の重要性が否定されるものでもない。監護親と再婚相手は、その実親子関係を前提として、子の精神的安定を図りながら再婚家庭の平穏を確保することが期待されるのであり、むしろ、子と非監護親との関係を否定し、面会交流を禁止することは、子と再婚相手との信頼関係の構

築を妨げるおそれもあると考えられる。したがって、監護親の再婚は、直ちに面会交流禁止・制限事由に当たるとはいえない。

　もっとも、監護親の再婚は子に少なからず動揺を与えるものであり、子と再婚相手との関係の醸成や、再婚家庭における子の精神的安定も重要であるから、子や父母、再婚相手に関する事情を総合考慮し、面会交流を開始する時期や方法などを慎重に検討する必要がある[14]。

　カ　非監護親が婚姻費用や養育費を支払わない場合

　婚姻費用や養育費の支払の有無は、面会交流禁止・制限事由と直接結びつくものではない（前掲平成18年大阪高決〔28112260〕）。しかし、これらの不払が原因で、子が非監護親に不信感を抱き、面会交流を拒否する場合もある。

(5)　**面会交流の実施方法**

　ア　直接の面会

　面会交流の目的からすれば、直接の面会が原則であり、間接的交流は、直接の面会が相当でない場合や、互いに遠隔地に居住しており、直接の面会が事実上困難な場合などに、例外的に選択されるものと考えられている。

(ｱ)　実施方法を抽象的に定める場合

　面会交流は、長期間にわたり継続して実施されることが予定されており、あらかじめ具体的な日時等を定めたとしても、子の体調や都合によって変更しなければならない場合はあるし、また、子の意思や状況、子と非監護親との関係性の変化によって、既定の方法が子に適さなくなることもあり得る。したがって、実施方法に関しては、あらかじめ詳細を定めずに、父母が、子の意思や状況に応じて、その都度、事前に協議して定めることが望ましい。各最一小決平成25・3・28[15] も、面会交流の調停調書又は審判に基づく間接

---

[14]　監護親の再婚相手と子とが養子縁組をした事案において、新しい家族関係が確立される途中にあることを考慮し、従来実施されていた宿泊付き面会交流は、子の精神的安定に悪影響を及ぼすおそれがあるとして、日帰りの面会交流を認めた事例（前掲平成18年大阪高決〔28112260〕）がある。

強制が可能であることを判示するに先立ち、「面会交流は、柔軟に対応することができる条項に基づき、監護親と非監護親の協力の下で実施されることが望ましい」と述べている。

そのため、父母の協力が期待できる場合には、実務上、「監護親は、非監護親に対し、非監護親が当事者間の子と、（月○回程度）面会交流をすることを認める。具体的な日時、場所、方法については、子の福祉に配慮し、当事者間で事前に協議して定める。」などと抽象的に定められることが多い。

(イ) 実施方法を具体的に定める場合

他方、調停での働きかけや調整を尽くしてもなお、監護親が面会交流に拒否的である場合、父母間の協力関係が構築されない場合、父母が個別の事情に柔軟に対応する能力を欠く場合など、父母間で実施方法を協議して定めることが困難であると考えられる場合には、面会交流の頻度（回数）、日時、子の引渡し場所及び方法等をある程度具体的に定めた方が、円滑な実施が期待できるといえる[16]。

また、監護親が面会交流の定めを遵守しない可能性が高いために、間接強制の可能な条項を定める場合には、①面会交流の日時又は頻度、②各回の面会交流時間の長さ、③子の引渡しの方法（引渡しの時刻及び場所）の特定が必要となる（後記4(3)ア参照）。もっとも、面会交流を定めた調停調書や審判に基づく間接強制が可能なのは、それが、引渡場所において非監護親に子を引き渡すという監護親の給付義務を定めたものだからであり（後述4(3)ア参照）、監護親にそのような給付義務を負わせるのが相当なのは、一般に、子が幼く、面会交流の実施に監護親による子の引渡しが必要で、かつ、監護

---

15 ①平成24年（許）第41号（判時2191号46頁〔28211015〕）、②平成24年（許）第47号（判時2191号48頁〔28211020〕）、③平成24年（許）第48号（民集67巻3号864頁〔28211017〕）。

16 面会交流の方法を協議して定めるだけの信頼関係が父母間に形成されていない場合、面会交流の方法を具体的に定める必要があるとして、抽象的に定めた原審判が取り消され、差し戻された事例（東京高決平成25・9・26判タ1421号137頁〔28241114〕）がある。

親による子の引渡しが可能な事案と考えられる。これに対し、子の年齢が高くなると、子が自ら非監護親と連絡を取り合い、待ち合わせ場所に赴くこともできるし、逆に、監護親から面会をするよう促されても従わず、他の予定を優先する場合もあり得る。そのような事案で、監護親にできることは、子と非監護親の面会を妨害しないことが中心となり、間接強制ができるような監護親の給付義務を定めることは、通常、想定しにくい。

そして、仮に、実施方法を具体的に定める場合には、子や父母に関する事情[17]を総合考慮し、どのような方法であれば、子が非監護親と楽しく過ごすことができ、かつ、子や監護親に過度の負担をかけずに、継続して円滑に実施できるかという観点から検討がなされる。

a　頻度、日時、各回の面会時間の長さ

面会交流は、高頻度又は長時間とすると、子や監護親の負担が大きくなり、継続的に実施するのが困難となるおそれがある反面、低頻度又は短時間とすると、子と非監護親との関係の醸成につながらない可能性がある。

そのため、頻度については、実務上、月1回（程度）と定められることが最も多い。そして、頻度に関して当事者間の対立が激しい場合には、子や父母に関する事情を総合考慮して、月1回よりも高頻度あるいは低頻度とするのが適切かという観点から検討がなされるのが実情である。また、子の負担に配慮して、当面は低頻度又は短時間の面会交流とし、段階的に頻度や時間を増やす内容を定めたり[18]、一定期間実施した後に、当事者間で頻度や時間について再協議するという内容を定めたりすることもある。

日時及び面会時間の長さを具体的に定める場合には、面会交流の実施日、開始時刻（監護親が非監護親に子を引き渡す時刻）、終了時刻（非監護親が監護親に子を引き渡す時刻）を明確にする必要があり、通常、「毎月第〇〇

17　前掲平成25年東京高決〔28241114〕は、子の発達や発育の状況、性格や行動傾向、日常的な生活日程等、父母の心身の状況、経済状況、面会交流に対する理解の程度等、面会交流に適した場所や引渡しの場所等の有無、面会交流の援助者の有無などを挙げている。

曜日の◯時から◯時まで」などと定められる。

b　子の引渡し方法（引渡しの時刻及び場所）

　子の引渡し方法を具体的に定める場合は、「監護親は、面会交流開始時刻に、○○駅改札口で、非監護親に子を引き渡し、非監護親は、面会交流終了時刻に、同所で、監護親に子を引き渡す。」などと定められる。

　また、監護親が住所を秘匿している場合に、その住所が推知されないように引渡場所を工夫したり、監護親と非監護親の接触が困難な場合に、親族などの第三者が代わって子の引渡しをすることを定めたりすることもある。

c　第三者機関

　非監護親による子の連れ去り等を防止するための条件を定める場合（前述3⑷参照）、子が非監護親との面会に不安を抱いている場合、監護親と非監護親の接触が困難な場合、子が幼いため、監護親との分離ができない場合などに、面会交流援助事業を行う民間団体（いわゆる「第三者機関」）を利用することがある[19]。利用方法としては、第三者機関の職員を介して連絡をとり合う方法、職員を介して子の受渡しをする方法、職員が面会に立ち会う方法などがある。

　もっとも、第三者機関を利用した面会交流を定めるに当たっては、父母が

18　長期間面会交流が実施されていないことや子が幼少であること等を考慮し、いきなり頻回の面会交流を実施すると子に大きな負担を強いることになるとして、面会の頻度及び面会時間を段階的に増加させる内容を定めた事例（大阪高決平成22・7・23家裁月報63巻3号81頁〔28170390〕）がある。また、非監護親と子との交流が長らく途絶えていたため、試行的面会交流が双方共に緊張して十分に打ち解けないままに終わってしまったこと等を考慮し、最初は、比較的短時間で、監護親が立ち会える面会交流とし、回数を重ねながら、段階的に面会時間をのばしていく方法を定めた事例（東京高決平成28・4・26公刊物未登載）もある。

19　父母間の信頼関係が失われている状況において、面会交流を早期に開始し、正常化していくためには、第三者機関の立会いの下で面会交流を開始するのが相当であるとした事例（前掲平成25年東京高決〔28220204〕）がある。なお、同決定は、面会交流が非監護親ではなく子のために行われるものであることを理由に、第三者機関にかかる費用を父母が折半することを定めている。

それぞれ事前に第三者機関と連絡をとり、職員と面談を行うなどして、第三者機関の援助の内容や条件、費用を確認するとともに、父母が想定している形での第三者機関の利用が可能であることを確認しておく必要がある。

d　その他

事案によっては、日程変更を要する場合の代替日、宿泊を伴う面会交流、父母間の連絡方法、監護親や親族の面会への立会い、面会場所、非監護親の学校行事等への参加[20]、面会中の遵守事項（写真撮影など）について定めることもある。

イ　間接的交流

直接の面会を禁止又は制限すべき場合でも、子と非監護親との関係を修復して、将来的に直接の面会を実現し、良好な親子関係を構築することは子の健全な成長にとって重要であるから、将来の面会に向けた準備として、又は、低頻度の面会と併せて、間接的交流の実施を検討する必要がある。ただし、非監護親が子の心情に配慮した手紙やメールを書くことができない場合や、子が非監護親と間接的に交流するだけでも精神的苦痛を感じる場合などもあり得るから、間接的交流の可否や方法についても十分に検討しなければならない。

そして、間接的交流を実施する場合は、できる限り双方向の交流が行われることが望ましく（前掲平成27年東京高決〔28233423〕参照）、監護親が非監護親からの手紙やプレゼントを子に渡すことや、監護親が非監護親に子の近況がわかるような写真や通知表の写し等を送付することを定める場合が多い。

(6)　**審理上の留意点**

ア　当事者の主張立証及び争点整理について

20　監護親が面会交流を強く拒否していること等からすると、非監護親が保育所で参観することによって、当事者間に紛争が発生し、子に悪影響を与えかねないこと等を理由に、非監護親の保育所での参観を認めなかった事例（前掲平成22年大阪高決〔28170390〕）がある。

(ア)　当事者本人は、面会交流に対する理解の不十分さや相手への対立感情から、子の視点に立って、的確な主張立証をすることができない場合も多いから、調停委員会は、双方から、子や父母に関する事情を十分に聴取し、面会交流の可否や方法についての主張を整理し、争点を的確に把握する必要がある。当事者が情緒的に混乱するなどして、調停委員会による主張整理が困難な場合には、調査官を活用することもある。また、対立点が詳細にわたる場合には、当事者に陳述書や準備書面の提出を指示し、双方の主張やその基礎となる事実について認識を共有化することもある。

　事実関係に争いがある場合には、当事者に客観的な証拠資料（診断書や診療録、写真など）の提出を促し、必要に応じて、調査官による事実の調査（後述エ(ウ)参照）を実施して事実関係の解明に努めることとなる。

(イ)　当事者に手続代理人が就いている場合には、子の福祉の観点から、的確かつ適切な主張立証をすることが期待される。逆に、手続代理人が当事者本人と同化し、本人の意向を伝達するだけの存在になってしまうと、子の福祉にかなう紛争解決が阻害されかねないことに留意する必要がある。例えば、非監護親の手続代理人が、監護親を誹謗中傷する書面を提出することは、無用に感情的対立をあおるだけで、かえって面会交流の実施を妨げるおそれが高い。他方、例えば、監護親の手続代理人が、非監護親を誹謗中傷する内容の子からの手紙を提出することは、そのような手紙を書かせること自体、子を父母の紛争に巻き込む不適切な行為であるうえ、仮にそれが子の真意に基づくものだとしても、内容によっては、非監護親にこれを示すことで親子関係の修復が困難となり、長期的にみて子の利益とならない。

イ　当事者への働きかけや調整

(ア)　面会交流が適切な形で定められ、円滑に実施されるためには、当事者双方が面会交流に対する理解を深め、子の視点に立って面会交流のあり方を協議するとともに、協力して面会交流を実施できるだけの関係や環境を整えることが重要である（前述2(1)ア(イ)参照）。

　そのために、調停委員会は、まずは、傾聴を通じて、当事者の感情を整理

するとともに、各庁の待合室に備え付けられたリーフレット[21]や当事者助言用DVD[22]、調査官を活用するなどして、当事者が面会交流の目的を理解し、子の視点へ転換できるように働きかける。

　そして、明確な面会交流禁止・制限事由がない場合には、調停委員会は、面会交流の実施を妨げている事情を解消するための調整を図ることとなる。具体的には、調査官を活用した調整（後述エ参照）のほか、面会交流が円滑に実施できるような実施方法を提案したり、面会交流の導入として、期日間に当事者間で任意に面会交流が実施できるよう調整したりすることなどが考えられる。

(イ)　当事者に手続代理人が就いている場合、子の福祉にかなう形で紛争を解決することが、結果的にその当事者の利益となる以上、手続代理人も、適切な解決に向けた当事者への働きかけや調整を行うことが求められる。実際、多くの事案で、手続代理人による働きかけや調整が奏功し、紛争解決につながっている。

ウ　子の意思の把握

　家事事件手続法は、子がその結果により影響を受ける調停・審判の手続においては、子の陳述の聴取、調査官による調査その他の適切な方法により、子の意思を把握するように努め、調停・審判をするに当たり、子の年齢及び発達の程度に応じて、その意思を考慮しなければならないと定めている（家手法65条、258条1項）。面会交流に関する事件においても、子の利益を確保する観点から、子の意思を正確に把握し、それを踏まえて面会交流の可否や方法を検討する必要がある。

　なお、子の意思を把握する方法は、調停委員会や調査官が子から直接聴取する方法に限られず、父母や学校等の関係機関から子の状況等を聴取し、子

---

[21]　「面会交流のしおり―実りある親子の交流を続けるために―」（最高裁判所作成）
[22]　「子どものいる夫婦が離れて暮らすとき考えなければならないこと」（最高裁判所作成）

の意思を推認する方法や、子が作成した書面（陳述書等）から把握する方法などがある。

エ　調査官の活用

調停委員会又は裁判官は、調停・審判手続において、調査官に、事実の調査（家手法58条1項、258条1項、261条1項・2項）[23] 調整活動（同法59条3項、258条1項、261条1項）及び期日立会い（同法59条1項・2項、258条1項、260条1項6号）を命じることができる。面会交流に関する事件における調査官の活用には、主に以下のようなものがある。

(ア)　欠席当事者に対する出頭勧告及び意向調査

相手方（主に監護親）が面会交流に拒否的であるために期日に出席しない場合、調査官が、欠席当事者に対し、欠席の理由や今後の出欠の意向を聴取し、出頭を促すことが多い。また、出頭勧告によっても当事者が出席しない場合には、調査官が、面会交流についての欠席当事者の意向を直接聴取して、事件の進行を図ることもある。

(イ)　主張整理（感情調整）を目的とする意向調査

当事者が情緒的に混乱している場合や精神疾患等を有する場合で、調停委員会による聴取が困難な場合に、調査官が、期日間に、当事者と面接をして意向を聴取し、主張を整理することがある。その結果、面会交流禁止・制限事由の有無が明らかになる場合も少なくない。

また、調査官が時間をかけて当事者の話を聴くことで、調停に対する不信感が和らぎ、子の視点に立って協議をする意欲を持つようになる場合もある。

(ウ)　情報収集を目的とする事実の調査

当事者の陳述や証拠資料だけでは、面会交流の可否や方法についての判断材料が足りない場合などに、調査官が、客観的又は心理的な事実を収集する

---

[23] 調査官が事実の調査を行った場合、その結果を記載した調査報告書が作成されるのが通常である（家手法59条3項、261条3項）。実務上、調査報告書については、調停・審判手続のいずれにおいても、当事者の閲覧謄写が許可されるのが原則的取扱いとなっている。

ため、当事者の意向調査、子の状況調査、子の心情・意向調査、試行的面会交流（交流場面観察）を行うことがある。子の状況調査の対象としては、父母、関係者（親族や監護補助者）、子本人のほか、学校、保育所、幼稚園、児童相談所、医療機関等の関係機関が考えられる。

(エ)　子の意思の把握を目的とする調査

　当事者の陳述や証拠資料だけでは、子の意思が十分に把握できない場合等には、調査官が、子の意思を把握するための調査を行うことが多い。

　調査方法は、主に子の年齢や発達の程度によって異なり、大きく分けて、①子の意向調査、②子の心情調査、③子の状況調査がある。

①　子の意向調査

　子が10歳程度であれば、子は相応の判断力を有し、自己の意向を表明することができるため、調査官が、子と面接し、面会交流についての具体的な意向を直接聴取する。

②　子の心情調査

　子が小学校低学年であれば、一応自己の意思を言葉で表明することはできるため、調査官が、子と面接し、父母に対する心情を聴取したり、子の行動を観察したりして、子の意思を把握する。

③　子の状況調査

　子が未就学児童等の場合には、自己の意思を言葉で表明するのが困難であるため、調査官が、子の状況に関する情報を収集するとともに、家庭訪問や試行的面会交流の際の子の行動を観察するなどして、子の父母に対する感情を把握し、子の意思を推認する。

　前記①ないし③のいずれの調査においても、調査官は、子の状況や心情等に配慮し、子ができるだけ監護親からの影響を受けずに、安心して話せるように、聴取する場所や方法を工夫している。

　子の意思把握の調査の結果は、面会交流の可否や方法についての判断に役立つのみならず、当事者双方に子の状況や心情を理解させ、子の視点に立って協議する意欲を持たせる効果もある。

(オ) 当事者間の調整を目的とする調査

　前述の当事者の意向調査、子の状況調査、子の心情・意向調査等は、その調査結果を当事者に示すことで、当事者が、子や相手の状況又は心情を理解し、子の視点に立って協議をする意欲を持つようになることもあり、当事者間の対立関係の緩和を目的として実施される場合がある。

(カ) 試行的面会交流（交流場面観察）

　試行的面会交流とは、家庭裁判所内の児童室（プレイルーム）において、調査官の立会いの下、子と非監護親とが面会交流をし、調査官がその様子を観察する調査である。このとき、監護親も、ワンウェイミラー越し又は別室のモニターで、児童室における面会交流の様子を観察することができる。

　試行的面会交流は、ⓐ子や監護親の不安などが原因で、直ちに当事者間で面会交流を実施することが難しいときに、面会交流の導入を目的として行われる場合や、ⓑ当事者間の意見の調整が難しいときに、子の意思や状況、面会交流が子に与える影響などについて、当事者双方に現実に即した認識を持たせ、子にとって望ましい面会交流のあり方を再検討させることを目的として行われる場合、ⓒ調査官が、面会交流の様子を観察し、子と非監護親との関係性を把握することで、面会交流を適切に定めるための情報を収集する目的で行われる場合などがある。

(キ) 期日立会い

　調査官は、以下のような目的で、期日に立ち会うことがある。

①　調査の準備

　　当事者の陳述を直接聴き、態度を観察するなどし、今後の調査の要否、内容及び時期を検討する。

②　当事者に対する助言・援助

　　当事者に対し、面会交流の目的や子の状況・意思等に関する理解を促したり、当事者の対立関係を調整したりするための助言をする。また、情緒的に混乱している当事者や精神疾患を有する当事者の感情を整理するための援助をする。

③　調査結果のフィードバック

　調査官が行った調査の結果は、調査報告書に記載され、実務上は、原則として当事者の閲覧謄写が許可される運用となっている。もっとも、調査結果に対する当事者の理解を深め、それに基づく解決意欲を引き出すために、調査官が、当事者に対し、調査結果を直接説明することが多い。

オ　調停に代わる審判（家手法284条）の活用

　面会交流の実施自体には合意が形成されているものの、実施方法の細部について折合いがつかない場合などに、調停に代わる審判によって、一定の判断を示して、紛争の早期解決を目指すことが考えられる。

(7)　**審判**

ア　審理

　面会交流調停が不成立となると、審判手続に移行し、面会交流禁止・制限事由の有無や実施方法について審理がなされる（基本的に、調停手続での審理と同様である。）。もっとも、調停手続で審理が尽くされている場合には、同手続で提出された証拠資料や調査報告書等について事実の調査がなされることにより、調停手続での審理の結果が審判手続に引き継がれ、新たな主張立証がない限り、短期間で審理を終結することができる。

　ただし、審判をするに当たっては、当事者の陳述を聴くほか（家手法68条）、15歳以上の子の陳述を聴かなければならない（同法152条2項）。15歳以上の子には自立した意向があると推認され、その意向を尊重することが子の福祉にかなうと考えられるからである。子の陳述聴取の方法に制約はないものの、審判がなされるような紛争性の高い事案では、調査官による子の意向調査が実施されることが多い。

　審理が終結すると、家庭裁判所は、審判をすることとなる。もっとも、面会交流の円滑な実施を確保する観点から、家庭裁判所は、当事者に心証を開示したうえで、改めて合意による解決を促すことが多い。最終的に、合意形成が見込まれるときは、家庭裁判所は、審判手続を中止したうえで、事件を調停（裁判官による単独調停）に付し、調停を成立させることになる（その

結果、審判事件は当然に終了する。）。
イ　不服申立て
　子の父母及び子の監護者は、面会交流に関する審判及びその申立てを却下する審判に対して、即時抗告をすることができる（家手法 156 条 4 号）。

4　面会交流の履行確保
　調停・審判で定められた面会交流が実施されない場合の履行確保の方法として、以下のものがある。
(1)　履行勧告
　面会交流について定める調停又は審判をした家庭裁判所は、権利者（非監護親）の申出があるときは、義務の履行状況を調査し、義務者（監護親）に対し、その義務の履行を勧告することができる（家手法 289 条）。
　実務上、履行勧告は、調査官が行っており（同法 289 条 3 項）、一般に、電話や書面で、監護親から、面会交流を実施しなかった理由等を聴取したうえで、監護親に対して面会交流を実施するよう働きかけたり、監護親から聴取した内容を非監護親に伝え、当事者間の行き違いを解消するなどの調整活動を行ったりしている。その結果、面会交流が実施されることもある。
　もっとも、履行勧告は、本来、当事者間の調整までを予定した手続ではないため、おのずと限界があり、面会交流が実現されないまま履行勧告の手続が終了することも少なくない。その場合には、再調停や間接強制を検討する必要がある。
(2)　再調停
　履行勧告によっても面会交流が実施されない場合には、非監護親が、再度、面会交流調停を申し立てることが多い。
　再調停の手続においては、面会交流の実施状況や不実施の理由、前の調停や審判の後に生じた事情等から、面会交流の実施を妨げている事情を把握したうえで、それを解消することで円滑に実施されるよう、当事者への働きかけや調整が行われ、必要に応じて、実情に即した履行可能性のある実施方法

に変更するための協議がなされる。

　その結果、既に定められている面会交流の内容を変更する必要がない場合には、再調停は申立ての取下げにより終了し、変更の必要がある場合には、調停又は審判により新たな面会交流の内容が定められることになる（民法766条3項）。

(3)　間接強制（民執法172条）

ア　監護親が、非監護親に対し、子と面会交流をすることを認める旨の調停や、監護親に対し非監護親と子との面会交流の実施を命じる審判は、一般に、「監護親が、引渡場所において非監護親に対して子を引き渡し、非監護親と子との面会交流の間、これを妨害しないなどの給付を内容とするもの（前掲平成25年最決〔28211020〕）」である。

　給付の意思が表示された調停調書や、給付を命ずる審判は、執行力のある債務名義と同一の効力を有する（家手法75条、268条1項）ところ、面会交流を定めた調停調書や審判については、面会交流の性質から、間接強制の可否や要件に関して見解が分かれていた[24]。この点につき、前掲各最高裁平成25年3月28日第一小法廷決定（注15参照）は、「面会交流は、柔軟に対応することができる条項に基づき、監護親と非監護親の協力の下で実施されることが望ましい」としながらも、面会交流を定めた調停調書又は審判について、性質上、間接強制ができないものではないと判示した。

　もっとも、強制執行が可能であるためには、監護親がすべき給付の内容が特定されていなければならないことは当然であり、前記各決定によれば、①面会交流の日時又は頻度、②各回の面会交流時間の長さ、③子の引渡しの方法（引渡しの時刻及び場所）の特定が必要であると解されている。

イ　間接強制の申立ては、面会交流について定める調停又は審判をした家庭裁判所に行う（民執法172条6項、171条2項）。

24　なお、面会交流は反復継続して実施されるものであるところ、子の引渡しの直接強制の反復は、子の福祉に反する苛酷な執行になる可能性が高いことから、直接強制は許されないと解されている。

間接強制の申立てがあったときは、家庭裁判所は、監護親がすべき給付の内容が特定されているか等の強制執行の要件を審査し、その要件を満たす場合には、債務者（監護親）を審尋（同法172条3項。書面審尋でもよいと解されている。）したうえで、間接強制決定をするか否かを判断する。

　家庭裁判所が、間接強制決定をする場合には、債務者（監護親）に対し、一定期間内に調停調書又は審判で定められた面会交流を実施しなければ、面会交流の不履行1回当たり一定額（実務上、数万円が多い。）の間接強制金を債権者（非監護親）に支払うことを命じることになる。

　なお、債務者（監護親）審尋において、子が面会交流を拒否しているため、面会交流を実施することができないなどという主張がなされることがある。しかし、前掲最決平成25年3月28日〔28211017〕は、子の心情等は、審判等で面会交流について定める段階で考慮されていたはずであるとして、これをもって審判時とは異なる状況が生じたといえるときは、面会交流の禁止やその内容や条件を変更する新たな調停又は審判を申し立てる理由になり得ることは格別、間接強制決定をすることを妨げる理由にはならないと判示している。したがって、債務者から前記のような主張がなされても、家庭裁判所は、基本的に、間接強制決定をすることとなる[25]。そのため、監護親において、調停成立後又は審判確定後に生じた事情から、面会交流を実施することが相当でないと考える場合には、再調停を申し立てる必要がある。

ウ　間接強制は、監護親に心理的圧迫を加えて面会交流の実施を促すものであるが、間接強制によっては、面会交流の実施を妨げている事情そのものを解消することはできず、履行がなされるとは限らないし、むしろ間接強制によって父母の感情的対立が激化し、子と非監護親との関係にも悪影響を及ぼ

---

[25] 子が面会交流の場に行くことを嫌がったために、審判で定められた面会交流の義務を履行しなかったことについて、今後、債務者が未成年者に対して適切な指導・助言をすることにより、子の福祉を害することなく義務を履行することが可能であるなどとして、間接強制金の支払を定めた事例（大阪家審平成28・2・1公刊物未登載）がある。

しかねない。そのため、間接強制が可能な場合であっても、まずは再調停の申立てがなされることが多い。

5　面会交流の変更

　面会交流は、長期間にわたって継続して実施されることが予定されており、その間、子の意思や状況、子と非監護親との関係性の変化によって、既定の面会方法が子に適さなくなることもあり得る。また、間接的交流を重ねた結果、子と非監護親との関係が修復され、直接の面会が可能となることも考えられる。したがって、父母は、実施方法の変更、又は、面会交流の禁止を求めて、再度、面会交流調停や審判を申し立てることができる（民法766条3項）。

　その場合、前の調停や審判の後に生じた事情等から、その内容を維持することが子の福祉に反するかどうかを検討し、変更の必要がある場合には、新たな面会交流の内容を定めることとなる。

（關　隆太郎）

◆参考文献

本文中に掲げるもののほか
・野田愛子＝梶村太市総編集『新家族法実務大系2 親族法2』新日本法規出版（2008年）〔榮晴彦＝綿貫義昌〕333頁
・松原正明『人事訴訟の実務』新日本法規出版（2013年）317頁
・松本哲泓「子の引渡し・監護者指定に関する最近の裁判例の傾向について」家庭裁判月報63巻9号（2011年）47頁
・金子修編著『逐条解説・家事事件手続法』商事法務（2013年）
・細矢郁ほか「面会交流が争点となる調停事件の実情及び審理の在り方―民法766条改正を踏まえて―」家庭裁判月報64巻7号（2012年）1頁
・水野有子＝中野晴行「面会交流の調停・審判事件の審理」法曹時報66巻9号（2014年）1頁以下
・柴田義明「判批」ジュリスト1470号（2014年）76頁
・秋武憲一監修・髙橋信幸＝藤川朋子『子の親権・監護の実務』青林書院（2015年）〔髙橋信幸〕154頁

10 渉外事件

設例 10　日本人Yは、平成18年、米国人Xを夫として、米国において同国の方式により婚姻し、平成20年に長女Aを出産したが、その後、Xと不仲となり、Xに無断でAを連れて来日し、以後、Aとともに日本に居住している。Xは、平成23年に、米国において離婚の訴えを提起したが、訴状、呼出状などの送達は公示送達により行われたため、Yの応訴なしに訴訟手続が進み、Xの離婚請求を認容し、Aの親権者をXとする判決が確定した。

(1) Xは、平成26年、日本の家庭裁判所に、Yを相手方として、Aとの面会交流を求める審判を申し立てた。Xの申立ては認められるか。

(2) (1)において、Xが、Aとの面会交流ではなく、Aの引渡しを求める審判を申し立てた場合、Xの申立ては認められるか。

(3) (2)の審判の申立てを受けたYが、離婚調停を経たうえで、Xを被告として、Xとの離婚及びAの親権者をYと定めることを求める訴えを提起した場合、Yの請求はどのように判断されるか。

Basic Information

1　渉外事件の判断枠組みと基本概念

(1) 当事者の国籍や住所、婚姻した国や死亡した国などが我が国以外の場合に、当事者間での法的紛争（このような紛争を「渉外事件」という。）を解決するための判断の順序としては、まず、我が国に裁判をする権限があるのか（この権限の有無に関する問題を「国際裁判管轄」という。）が判断され、次に、我が国に裁判管轄がある場合には、どの国の法律を用いて判断するか（このように渉外事件に適用される実質法を「準拠法」という。）が検討されることになる。

(2) 人事訴訟事件及び家事事件の国際裁判管轄については、これまで解釈に委ねられていた部分が多く、全般にわたって規律を定めた法律は存在していなかった。しかし、近年になり、法制審議会において明文化の議論がされ、同審議会の答申に基づき、平成28年2月26日、第190回国会に「人事訴訟法等の一部を改正する法律案」が提出され審議されている状況にある。

(3) 準拠法をどのように決めるかについては、裁判管轄を有する国の国際私法規定（抵触規定ともいう。）により決定されることになる。我が国では、法の適用に関する通則法（以下「通則法」という。）がこれを規定している。

準拠法の決定のプロセスは、①当該渉外事件がどのような法律関係の性質を有しているか（例えば「相続」に関するものか、「婚姻」に関するものか、といったこと）を決め、その後、これに対応する国際私法規定を適用するにつき、②その国際私法規定が準拠法選択のために用いている基準の要素（例えば、国籍や住所等であり、この基準の要素は「連結点」と呼ばれている。）を確定することになる。これにより、③具体的に、どの国の法律が準拠法とされるかが特定されることになる。

しかし、例えば、米国のように、州ごとに法体系が異なっているような国の場合には、米国籍という連結点を確定しただけでは準拠法を特定することができず、さらにどの州の法律を適用するか決める必要がある。また、我が国の国際私法規定を適用することが国際的な規律の調和に反する場合には、外国の国際私法規定を加味して準拠法を決めること（例えばA国の国際私法によればB国法が準拠法となるが、B国の国際私法によれば、A国法が準拠法となる場合に、A国でA国法を準拠法とする場合を「狭義の反致」と呼んでおり、我が国では、通則法41条にこれを規定している。）が必要な場面もある。

(4) 連結点の重要な概念として「本国」と「常居所」がある。

ア　本国について

本国とは、ある人について、その者が国籍を有する国である。本国法は1つに決定しなければ準拠法が確定できないため、通則法38条では、重国籍

者、無国籍者及び地域的に不統一の法体系を持つ国の本国法の決定方法を規定している。

イ　常居所について

　常居所とは、一般に、人が居所よりは長期の相当期間にわたり常時居住する場所をいうとされている。この常居所という概念が国際私法上使われるのは、一般的な「住所」という概念が、各国ごとに相当程度異なった概念であり、国による解釈上の争いを避けるため、条約における連結点の概念として用いられるようになったことによる。

　常居所は事実上の概念として理解されており、通則法にもその意義は規定されていないが、居住の目的、期間、状況等の諸要素を総合的に判断して決定されると解されている。また、法務省の通達（「法例の一部を改正する法律の施行に伴う戸籍事務の取扱いについて」平成元・10・2法務省民二第3900号民事局長通達、最終改正平成24・6・25民一第1550号通達）が参考にされる場合もある。

2　子の監護に関する処分についての国際裁判管轄、準拠法

(1)　子の引渡しや子との面会交流といった子の監護に関する処分の国際裁判管轄については、明文の規定はなく、解釈により判断される。

　子の監護に関する処分が離婚訴訟や離婚調停などの離婚事件とは別に、独立して申し立てられた場合は、子の住所地に国際裁判管轄を認めるのが裁判例の多数である。また、面会交流などが離婚事件に伴い申し立てられた場合には、離婚の成否と一体のものとして扱われるのが相当であるとして、離婚事件と同一の国際裁判管轄を認めるのが裁判例の多数である。

　合意管轄及び応訴管轄については、子の福祉の観点から、認められないとするのが一般的な考えである。

(2)　子の監護に関する処分の準拠法は、独立して申し立てられた場合又は離婚に伴い問題となる場合とを問わず、親子間の法律関係として、通則法32条の適用があるとするのが一般的である。

3 離婚訴訟の国際裁判管轄、準拠法

(1) 離婚訴訟の国際裁判管轄についても、明文の規定はなく、解釈によって決定される。

(2) 離婚訴訟の国際裁判管轄については、外国人同士が当事者の場合には、最大判昭和39・3・25民集18巻3号486頁〔27001929〕を参考に、日本人が当事者に含まれる場合には、最二小判平成8・6・24民集50巻7号1451頁〔28010783〕を参考に判断されることが一般的である。

　前記の最高裁判所の判例によれば、原則として、被告の住所地国が日本にある場合に我が国に国際裁判管轄を認めるとするが、被告が日本に住所を有していない場合であっても、当事者間の公平や裁判の適正・迅速の理念により、条理に従って、日本の管轄を肯定すべき場合に該当するかを判断することになる。

(3) 離婚訴訟の準拠法は、通則法27条本文、25条に基づき、①夫婦の本国法が同一であるときはその法により、②その法がない場合においては、夫婦の常居所地法が同一であるときはその法により、③そのいずれもの法もないときは、夫婦に最も密接に関係がある地の法によるとされる。

　ただし、夫婦の一方が日本に常居所を有する日本人であるときは、日本法が準拠法となる（通則法27条ただし書）。

　夫婦の共通本国法が協議離婚を認めておらず、裁判離婚しか認めていない場合に、日本の家庭裁判所において調停離婚や和解による離婚を成立させることができるかということについては議論があるが、実務上は、調停離婚や和解離婚は、離婚の相当性につき裁判所の公的判断がされている裁判離婚の一種であるとして、可能とするのが一般的である。

4 ハーグ条約に基づく子の返還と子の引渡し

(1) 国境を越えた子の連れ去りの紛争については、1980年にハーグ国際司法会議において、その解決のための国際的なルールを定めた「国際的な子の奪取の民事上の側面に関する条約」（以下「ハーグ条約」という。）が採択さ

れた。

　日本でも、平成25年に同条約が国会で承認され、平成26年4月1日から、ハーグ条約が発効することとなった。

(2)　ハーグ条約では、子をもともと居住していた常居所地国に迅速に返還することが子の利益にとって最も重要であるという原則を採っており、奪取された子が16歳未満で、日本国に住所があり、子の連れ去り前に居住していた国（常居所地国）の法令によれば子の連れ去りが子の返還を求める者の監護権を侵害しており、常居所地国がハーグ条約締約国の場合には、原則として子を返還しなければならないとされている。

(3)　子の返還を拒否できる事由は例外的であり、例えば、子を返還した場合に、申立人が子に対する虐待をするおそれがあることや、子を連れ去った者に対し、子の面前で暴力を振るうなどして子に心的外傷を生じさせるおそれがある場合、子の年齢などに照らして、子が返還に対して拒否していることを考慮することが相当である場合などには、返還を拒否できるとされている。

(4)　ハーグ条約に基づく子の返還の審理においては、監護権の判断は子の常居所地で行われるべきであるという理念から、申立人に子の監護を委ねることが相当であるかといった、監護権の内容について判断をすることは許されていない。また、子はあくまで常居所地国に返還するのであり、申立人に子を引き渡すことまでは要求されていない。

◆設例に対する回答

1　設例(1)について

　面会交流を求める審判は、子の監護に関する処分と解されており、その国際裁判管轄については、子の住所地にあるとするのが一般的である。したがって、Xの申立てについては、Aの住所地国である日本に国際裁判管轄があるから、国際裁判管轄に関して、Xの申立ては適法と考えられる。

　子の監護に関する処分の準拠法については、親子間の法律関係として、通則法32条により、Aの本国法がX又はYの本国法と同一であればそれに

より、そのような本国法がない場合はAの常居所地法によるとされる。

　本件では、同法の適用により準拠法が定まり、それに基づきXの申立てが判断されることになる。例えば、A及びYがともに日本国籍（二重国籍の場合も含む。）を有していれば、日本法によることになる。また、Aが米国籍、Xも米国籍で、米国における本国法として同一の州法が適用される場合には、同州法が準拠法となる。

2　設例(2)について

　子の引渡しの審判も、子の監護に関する処分と解されており、設例(1)と同様、Aの住所地である日本に国際裁判管轄があると認められる。

　準拠法についても、設例(1)と同様、通則法32条によることになる。

　親権者の指定を含む米国の離婚判決については、公示送達のために、民訴法118条の承認の要件を満たしておらず、日本国内において、親権者をYとする効力は認められないことになる。したがって、Xが、米国の離婚判決が日本においても効力を有するとして、親権者の地位に基づいて子の引渡しを求めるものであれば、引渡しの根拠は当然には認められず、Xの申立ては却下されることになると考えられる。他方、Xが、米国の離婚判決を前提とせず、父母の監護権を根拠として子の引渡しを求めるものであれば、その内容について、準拠法に基づいて審理されることになる。

　なお、Xが米国へのAの返還を求める場合、Aの連れ去りは平成26年4月1日より前であると考えられるから、ハーグ条約に基づく子の返還の申立てを日本ですることはできないが、同日以降の連れ去りについては、日本と米国とはハーグ条約締約国であることから、この場合には、Xとしては、子の引渡しという手続のみならず、同条約による子の返還を検討することも考えられる。

3　設例(3)について

　離婚訴訟における国際裁判管轄については、明文の規定はなく、条理によ

り決定される。

　Yは日本人であるから、日本人を当事者に含む場合の離婚訴訟の国際裁判管轄に関する最高裁判所の判例（前掲平成8年最大判〔28010783〕）を参考に判断されることになる。

　本件では、Xの住所地国は米国であるから、原則として日本に国際裁判管轄はないことになる。しかし、Yは日本人で日本に住所を有しているから、日本との関連性は一定程度認められる。また、Xが取得した米国での離婚判決は、公示送達によるものであるから、民訴法118条の要件を欠き、日本で効力を有しない一方、Yが米国で離婚訴訟を提起することも、既に離婚判決が下されている以上、不適法却下とされる可能性が高い。

　そのため、Yは日本で離婚訴訟を提起する以外に方法は考えられず、日本での離婚訴訟について国際裁判管轄を肯定することが条理にかなうと考えられるから、Yの離婚訴訟は適法なものとして審理されることになる。

◆**解　説**

1　子の監護に関する処分（親権者の指定又は変更に関する事件を含む。）の国際裁判管轄

　子の監護に関する処分（親権者の指定又は変更に関する事件を含む。以下、単に「子の監護に関する処分」という。）の国際裁判管轄については、現在のところ、明文の規定はなく、解釈により決定される。

　なお、平成26年から、法制審議会国際裁判管轄法制（人事訴訟法及び家事事件関係）部会において、人事訴訟事件及び家事事件の国際裁判管轄に関する規律が審議され、そこでの議論を踏まえ、法制審議会は、平成27年10月、法務大臣に「人事訴訟事件及び家事事件の国際裁判管轄法制の整備に関する要綱」を答申している。また、これに基づき、法務省は、第190回国会に「人事訴訟法等の一部を改正する法律案」（以下「改正法律案」という。）を提出した。

　改正法律案は、身分関係事件の国際裁判管轄について、これまで解釈に委

ねられていた規律を明文化したものであり、今後の実務にとっても参考になると考えられるため、以下、改正法律案にも触れながら、従前の議論とともに記述することとする。

(1) 面会交流、子の引渡しが独立して問題となる場合の国際裁判管轄

ア　子の監護に関する処分である面会交流や子の引渡しが、独立して審判として申し立てられた場合、対象となっている子の監護状況や子が実際に生活している環境などにつき、子の生活関係と密接している地で判断することが、子の福祉に資するとの考えから、子の住所地国に国際裁判管轄を認める裁判例が多数である（東京高決平成20・9・16家裁月報61巻11号63頁〔28153495〕、東京家審平成20・5・7家裁月報60巻12号71頁〔28150033〕）。

なお、子の住所地がどこであるかをどのように判断するかは議論があり、特に国境を越えた子の連れ去りについて、連れ去られた後の子の居住地を子の住所と認定できるかという問題がある。

子の住所地に国際裁判管轄を認めるのは子の福祉の観点によるという理由から、子の奪取があった場合にもそれによって子の現実の居住地国の管轄を否定する理由はないとする見解（中野俊一郎「異国籍の夫婦間の子の監護に関する国際裁判管轄権」民商111巻1号170頁）がある一方、裁判例としては、子について、米国において、米国内を居住場所とする内容の監護計画の命令が出た直後、米国から一時帰国として子とともに日本に渡航した親が、その後、日本で生活することを決意し、日本での住所を住民登録したうえ、子の監護者の指定を自分にするよう求めた子の監護の処分に関する審判事件の抗告審において、子の留置の経緯や外国裁判に違反することなどの事情を基に、子の住所地国が日本にあると評価して日本に国際裁判管轄を認めるのは相当でないと判断した事案（前掲平成20年東京高決〔28153495〕）がある。

イ　合意管轄及び応訴管轄については、子の福祉についての裁判所の後見的役割を重視し、当事者の意思に委ねることは相当でないという理由から、認められないというのが通説（岡垣学＝野田愛子編『講座・実務家事審判法5　渉外事件関係』日本評論社（1990年）〔松原正明〕213頁以下、櫻田嘉章

「判批」平成4年度重要判例解説299頁）であり、同旨の裁判例もある（東京高判平成5・11・15判タ835号132頁〔27818002〕）。

ウ　改正法律案家手法3条の8では、親権に関する審判事件、子の監護に関する処分の審判事件及び親権を行う者につき破産手続が開始された場合における管理権喪失の審判事件については、子の住所（住所がない場合又は住所が知れない場合には居所）が日本国内にあるときに裁判所に管轄権があるとされている一方、合意管轄や応訴管轄を認める規定は設けられておらず、前記と同様の考えを採用している。なお、家事調停事件全般については、同法3条の13第1項において、当該調停を求める事項についての訴訟事件又は家事審判事件について日本の裁判所が管轄権を有するとき（同項1号）、相手方の住所が日本国内にあるとき（同項2号）、当事者が日本の裁判所に家事調停の申立てをすることができる旨の合意をしたとき（同項3号）に裁判所が管轄権を有するとされている。

(2)　離婚に伴い子の監護に関する処分が問題となる場合の国際裁判管轄

ア　離婚訴訟の附帯処分において、面会交流や親権者の指定が問題となる場合、離婚の成否と一体のものとして行われるべき裁判であることなどを理由に、裁判例の多くは離婚と同じ国際裁判管轄を認めている（名古屋高判平成16・3・23裁判所HP〔28092080〕、東京地判平成16・1・30判時1854号51頁〔28091543〕）。

イ　改正法律案人訴法3条の4第1項では、日本の裁判所が離婚の訴えについて管轄権を有するときは、子の監護者の指定その他の子の監護に関する処分についての裁判及び親権者の指定についての裁判に係る事件について我が国が管轄権を有するとされており、前記と同様の考えを採用している。

2　子の監護に関する処分の準拠法

(1)　子の監護に関する事件の処分は、それが独立して問題となる場合と、離婚に伴い問題となる場合とを問わず、通則法32条の適用があるとするのが一般的である（東京地判平成2・11・28判時1384号71頁〔27808841〕、京

都家審平成 6・3・31 判時 1545 号 81 頁〔27828427〕)。同規定では、両性の平等の観点や、子の保護の観点から準拠法を決定すべきという理念に基づき、①子の本国法が父又は母の本国法と同一であるときはそれによるとされ、②そのような本国法がない場合は、子の常居所地法によるとされている。

(2) 子の本国法につき、子が二重国籍の場合は、国籍を有する国のうち、子が常居所を有する国があるときはそれにより、常居所を有する国がないときは最も密接な関係がある国の法が本国法となるが、二重国籍のいずれかが日本国籍の場合は、日本法が子の本国法となる（通則法 38 条 1 項)。

米国や、カナダ、オーストラリアのように、同一国家内に複数の州があり、それぞれ内容の異なる複数の法規範が場所的に併存している国（地域的不統一法国）では、通則法 38 条 3 項により、「その国の規則」、すなわち、本国に場所的な法の抵触を解決するための統一的な国内規則があればこれによるが、ない場合には、当事者に最も密接な関係がある地域の法が本国法になる。なお、米国について、通則法 38 条 3 項にいう規則がないとして、子について最も密接な関係がある地域の法律につき判断した裁判例（横浜地判平成 10・5・29 判タ 1002 号 249 頁〔28041374〕）がある。

また、親子間の法律関係については、反致条項の適用はない（通則法 41 条ただし書)。

(3) 離婚の際、子について親権者の指定が必要か否かを判断する場合、子の成人年齢が問題となる。この場合、一般的には、行為能力の準拠法による通則法 4 条により、子の本国法によると解されている[1]。成人年齢は、各国によって異なり、例えば、中国、フィリピンは 18 歳、韓国は 19 歳となっている。また、親権の内容（単独親権か、共同親権かなど）は、通則法 32 条によるものと解されるから、離婚後も共同親権制度を採用する国の法律が準拠法となる場合、例えば中国法が準拠法となる場合などは、子が未成年であっ

---

[1] 扶養義務の前提としての成人年齢に関するものとして、東京高決平成 18・10・30 判時 1965 号 70 頁〔28131382〕。

ても、親権者の指定はしないことになる[2]。

3 離婚訴訟の国際裁判管轄

(1) 離婚訴訟の国際裁判管轄についても、現在のところ、明文の規定はなく、解釈によって決定されるが、この点に関する最高裁判所の判例としては、以下の2つの判決が重要である。

① 最大判昭和39・3・25民集18巻3号486頁〔27001929〕（以下「昭和39年判決」という。）について

ア 離婚訴訟の国際裁判管轄について、最高裁判所としてはじめて判断を示したものが昭和39年判決である。同判決は、外国人同士の離婚事件の事案であったが、被告の住所が日本にある場合に、日本に国際裁判管轄を認めることが原則であるとする一方、原告の住所が日本にあり、かつ、①原告が遺棄された場合、②被告が行方不明である場合、③その他これに準ずる場合には、被告の住所が日本になくても日本に国際裁判管轄があると判示している。

イ 同判決については、前記の例外的場合として示された事由についてその意義が問題とされている。

「遺棄」とは、被告が我が国で原告を悪意に遺棄して国外に去った場合が典型例である。そのほかに、被告が外国において原告を遺棄し、原告が我が国に帰国した場合も含まれるかについては学説上争いがある。また、「被告の行方不明」については、どの程度の期間が必要かにつき議論されているものの（早田芳郎「判批」渉外判例百選〈第2版〉(1986年) 188頁以下）、客観的に行方不明であればよいとするのが有力説（司法研修所編『渉外家事・人事訴訟事件の審理に関する研究』法曹会（2010年）95頁）である。

② 最大判平成8・6・24民集50巻7号1451頁〔28010783〕（以下「平成8年判決」という。）について

---

2 中国法が準拠法となる場合に、離婚後、監護者（撫養者）を指定したものとして、大阪家審平成6・12・2家裁月報48巻2号150頁〔28010203〕。

ア　昭和39年判決後に渉外離婚訴訟事件に関する国際裁判管轄について判断された最高裁判所の判決として、平成8年判決がある。これは、原告が日本人、被告がドイツ人（ドイツ在住）である離婚訴訟事件の国際裁判管轄が問題となった事案である。同判決は、被告の住所が我が国にある場合には当然に我が国に管轄が認められるとしたうえで、被告が我が国に住所を有しない場合であっても、原告の住所その他の要素から離婚請求と我が国との関連性が認められ、我が国の管轄を肯定すべき場合のあることは否定し得ないところであるとしたうえで、どのような場合に、我が国の管轄を肯定すべきかについては、当事者間の公平や裁判の適正・迅速の理念により条理に従って決定するのが相当であるとした。そして、平成8年判決の事案では、既にドイツで離婚判決が確定していたものの、同判決について日本での効力が認められない状況にあったことから、このような状況の下では、原告がドイツで離婚訴訟を提起しても不適法とされる可能性が高く、原告にとって日本で離婚訴訟を提起する以外に方法がないとして、日本での離婚訴訟の国際裁判管轄を肯定したものである。

イ　平成8年判決では、他方で昭和39年判決につき、「事案を異にし本件に適切でない。」とも判示していたことから、昭和39年判決と平成8年判決との関係が議論されたが、実務上は、昭和39年判決は、外国人同士の離婚事件についての判断であり、平成8年判決は、当事者に日本人が含まれる場合の判断であるとする見解が有力であり、同旨の理由を述べている裁判例（前掲平成16年東京地判〔28091543〕）もある。

ウ(ア)　なお、平成8年判決の事案において前提とされた事実として、外国の離婚判決の日本における効力の問題がある。これは外国（離婚）判決の承認の問題と呼ばれているが、今日の通説・判例は、離婚訴訟については、民訴法118条の適用を認めている。

(イ)　外国非訟事件裁判（例えば、離婚に伴う親権者の指定の裁判）についても、同様の議論があり、民訴法118条の要件をすべて適用（準用）する考えや、同条1号及び3号を承認要件とする考え、各事案によって個別的に要件

を検討すべきとする考えなどがある。裁判例としては、面会交流に関し、同法118条の適用はないが、条理により承認要件を定めたもの（前掲平成6年京都家審〔27828427〕）、外国判決による子の引渡判決の執行判決を求めた事案につき、同法118条1号、3号の要件を具備するときは承認されるとしたもの（前掲平成5年東京家審〔27818002〕）がある。

㋒　なお、改正法律案家手法では、79条の2において「外国裁判所の家事事件についての確定した裁判（これに準ずる公的機関の判断を含む。）については、その性質に反しない限り、民訴法118条の規定を準用する。」としており、一定の留保はあるものの、家事事件につき、民訴法118条の準用を認めている。

(2)　応訴管轄及び合意管轄については、被告保護の観点から問題ないとして、応訴管轄及び合意管轄を肯定する考えと、身分関係事件における公益性の観点から否定する考えがある[3]。

(3)　離婚訴訟の附帯処分等の国際裁判管轄について、子の監護に関する処分は前述したとおりであるが、その他につき、財産分与、慰謝料の国際裁判管轄は、離婚事件と同様と考えるのが通説（最高裁判所事務総局編『渉外家事事件執務提要（下）』法曹会（1992年）29頁、加藤文雄『渉外家事事件整理ノート〈新版〉』新日本法規出版（2008年）151頁）及び判例（東京高判平成5・3・29判タ811号227頁〔27814847〕）である。また、養育費については、一般的に、扶養に関して義務者である被告の住所地国に原則的に管轄を認めたうえで、未成年者の子の扶養については子の利益保護の観点から原告の住所地にも管轄を認める見解が有力であるとされているが（前掲司法研修所編150頁）、特別事情の有無を問わず、原告の住所地国に国際裁判管轄を認める見解（山田鐐一『国際私法〈第3版〉』有斐閣（2004年）544頁、前掲岡垣＝野田編〔早田芳郎〕267頁）もある。

3　被告の応訴を考慮して国際裁判管轄を認めたものとして東京地判平成7・12・26判タ922号276頁〔28020054〕。

(4) なお、我が国に国際裁判管轄が認められた場合、手続法は法廷地である日本法によるべきであるから、我が国の人事訴訟法や家事事件手続法が適用されることになる。したがって、家手法257条の調停前置主義も適用されることになり、当事者は、離婚訴訟を提起する前に家庭裁判所の調停を申し立てることが原則となる。もっとも、被告が行方不明などの理由で我が国に国際裁判管轄が認められるような事案では、調停を申し立てることなく離婚訴訟を提起しても、同法257条2項ただし書の「裁判所が事件を調停に付することが相当でないと認めるとき」に該当するとして、付調停にされないこともあると考えられる。

(5) 改正法律案人訴法3条の2では、人事に関する訴えについての国際裁判管轄の規定が置かれている。

同条では、身分関係の当事者双方ともに日本人の場合には、準拠法も日本法となることや、日本を離れている場合でも日本と密接な関連を有していることが多く、使用言語の問題からも被告が日本で裁判を行うことに便宜があることなどを考慮して、当事者の双方の国籍が日本人である場合にも管轄を認めたほか、昭和39年判決及び平成8年判決で示された規範を条文化する、という考えの下で、以下のような内容の条文案が提出されている。

「3条の2　人事に関する訴えは、次の各号のいずれかに該当するときは、日本の裁判所に提起することができる。

① 身分関係の当事者の一方に対する訴えであって、当該当事者の住所（住所がない場合又は住所が知れない場合には、居所）が日本国内にあるとき。

② 身分関係の当事者の双方に対する訴えであって、その一方又は双方の住所（住所がない場合又は住所が知れない場合には、居所）が日本国内にあるとき。

③ 身分関係の当事者の一方からの訴えであって、他の一方がその死亡の時に日本国内に住所を有していたとき。

④ 身分関係の当事者の双方が死亡し、その一方又は双方がその死亡の時

に日本国内に住所を有していたとき。
⑤ 身分関係の当事者の双方が日本の国籍を有するとき（その一方又は双方がその死亡の時に日本の国籍を有していた時を含む。）。
⑥ 日本国内に住所がある身分関係の当事者の一方からの訴えであって、当該身分関係の当事者が最後の共通の住所を日本国内に有していたとき。
⑦ 日本国内に住所がある身分関係の当事者の一方からの訴えであって、他の一方が行方不明であるとき、他の一方の住所がある国においてされた当該訴えに係る身分関係と同一の身分関係についての訴えに係る確定した判決が日本国で効力を有しないときその他の日本の裁判所が審理及び裁判をすることが当事者間の衡平を図り、又は適正かつ迅速な審理の実現を確保することとなる特別の事情があると認められるとき。」

4 離婚訴訟の準拠法

(1) 離婚の準拠法は、①夫婦の本国法が同一であるときはその法により、②その法がない場合においては、夫婦の常居所地法が同一であるときはその法により、③そのいずれもの法もないときは、夫婦に最も密接に関係がある地の法によるとされているが（通則法27条本文、25条）、④夫婦の一方が日本に常居所を有する日本人であるときは、日本法が準拠法となる（同法27条ただし書）。

(2) 離婚に伴う附帯処分につき、養育費の準拠法は、子の扶養の問題であるから、扶養義務の準拠法に関する法律が適用され、子の常居所地法によることになる（同法2条）。

財産分与については、離婚に伴う夫婦の財産の清算であり、離婚の効果の問題であるとして、同法27条によるとする見解（前掲山田451頁以下、前掲岡垣＝野田編〔鳥居淳子〕153頁以下）が一般的であり、同旨の裁判例（東京地判平成17・2・18判時1925号121頁〔28111141〕）もある。

(3) 離婚に伴う慰謝料請求については、その性質として、①離婚を余儀なくされたことそのものによる慰謝料と、②離婚に至るまでの個々の行為を原因

とする慰謝料がある。

①については、離婚と不可分であるとして、離婚の準拠法である通則法27条によるというのが通説（溜池良夫『国際私法講義〈第3版〉』有斐閣（2005年）469頁、前掲山田450頁）及び多くの裁判例（神戸地判平成6・2・22判タ851号282頁〔27825421〕）である。また、②については、不法行為の準拠法によるとして通則法17条とするのが多数説（前掲山田450頁）とされているが、離婚の準拠法によるべきであるとする有力説（前掲溜池469頁、前掲鳥居152頁）もある。なお、外国においては、不貞相手に対する慰謝料請求が認められない国もあり[4]、準拠法が外国法となる場合には注意が必要である。

(4)　夫婦の共通本国法が協議離婚を認めておらず、裁判離婚しか認めていない場合に、日本の家庭裁判所において調停離婚や和解による離婚を成立させることができるかということについては議論がある。

実務上は、調停離婚であっても、離婚の相当性につき裁判所の公的判断がされている裁判離婚の一種であるとして可能とするのが一般的である。この場合、例えば調停において成立した場合には、その成立調書に「本調停は、日本国家事事件手続法268条により確定判決と同一の効力を有する。」旨の文言を入れる場合が多い。なお、外国によっては、日本の調停調書では離婚として承認が得られないところもあるようであり、調停に代わる審判（家手法284条）により離婚を成立させる場合もある。

5　ハーグ条約に基づく子の返還と子の引渡し

(1)　概要

ア　国境を越えた子の連れ去りの紛争については、国際結婚の増加とともに、国際的に深刻な問題となっていたことから、1980年にハーグ国際私法会議

4　ニューヨーク州法を準拠法とする不貞相手に対する慰謝料請求に関する裁判例として、東京地判平成26・9・5判時2259号75頁〔28232677〕。

において、その解決のための国際的なルールを定めたハーグ条約が採択され、その後、多くの国が同条約を締約する状況となっていた。

　日本でも、ハーグ条約締約につき、議論が重ねられた結果、平成25年、国会で同条約が承認され、平成26年4月1日から日本でもハーグ条約が発効することとなった。また、同条約について国内的に実施する手続を定めた「国際的な子の奪取の民事上の側面に関する条約の実施に関する法律」(以下「実施法」という。)も同日から施行されている。

　日本では、これまで、国境を越えた子の連れ去りに対しては、人身保護請求又は、子の引渡しに関する手続によるしかなかったところ、ハーグ条約に加盟したことにより、ハーグ条約締約国間においては迅速かつ円滑にその解決が図られることとなった。

イ　ハーグ条約では、国境を越えた子の連れ去りがあった場合、子がこれまでと異なる文化環境での生活を余儀なくされることは子にとって有害であること、また、子の監護に関する紛争は、これまで子が生活してきた国(常居所地国)で解決されることが子にとって望ましいということから、子の利益にとって最も重要なのは、迅速に子をもともと居住していた常居所地国に返還することであるという原則を採っている。

(2)　ハーグ条約に基づく子の返還について

ア　中央当局について

　ハーグ条約では、各締約国に、子の迅速な返還を確保するという条約の趣旨の実現を担うための機関として、中央当局の設置を義務付けている。

　日本では、中央当局は、外務大臣とされている(実施法3条)が、実際の事務は、外務省領事局ハーグ条約室がこれを行っている。

　中央当局では、外国にいる親などから子の返還に関する援助申請に対し、これを認める決定をした場合には、連れ去られた子や、子と同居している者の所在の特定、当事者間の協議による解決の促進、弁護士などの法律専門家の紹介、翻訳の支援、子の所在に関する裁判所からの調査嘱託の回答などの事務を行っている。

イ　子の返還事由

㋐　子を連れ去られた親は、子を監護している者に対し、子の常居所地国への返還を求める申立てを裁判所にすることができる（子の返還事件）。なお、実施法では、事件処理に関するノウハウの蓄積や専門的知見の獲得のために管轄を集中させる必要があるとして、子の返還事件の申立てを東京家庭裁判所及び大阪家庭裁判所の２庁に限定している（実施法32条１項）。

　子の返還事件につき、その申立てが認められるためには、以下の４つの事由（子の返還事由）のいずれもが認められる必要がある（同法27条）。

① 　子が16歳に達していないこと
② 　子が日本国内に所在していること
③ 　常居所地国の法令によれば、子の連れ去り等が申立人の監護の権利を侵害するものであること
④ 　子の連れ去り等の時に、常居所地国がハーグ条約の締約国であったこと

㋑　なお、ハーグ条約及び実施法では、条約や実施法が効力を生じた後の子の連れ去りについてのみ適用がされるとされているところ（ハーグ条約35条１項、実施法附則２条）、我が国では、前記のとおり平成26年４月１日からハーグ条約及び実施法の効力が生じていることから、これ以前に子が連れ去られている場合には、条約及び実施法に基づいて子の返還を求めることはできない。

ウ　子の返還拒否事由

他方、条約は、例外的に子の返還を拒否することができる事由も定めており、実施法はこれを受けて、以下の６つの事由のいずれかに該当する場合は、子を返還しなくてもよいとしている（実施法28条１項各号）。

① 　子の返還の申立てが子の連れ去り等の時から１年を経過した後にされたもので、かつ、子が新たな環境に適応していること（同項１号）
② 　申立人が子の連れ去り等の時に子に対して現実に監護の権利を行使していなかったこと（同項２号）

③ 申立人が子の連れ去り等の前にこれに同意し、又は連れ去り等の後にこれを承諾したこと（同項3号）
④ 常居所地国に子を返還することによって、子の心身に害悪を及ぼすことその他子を耐え難い状況に置くこととなる重大な危険があること（同項4号）
⑤ 子の年齢及び発達の程度に照らして、子の意見を考慮することが適当である場合において、子が常居所地国に返還されることを拒んでいること（同項5号）
⑥ 常居所地国に子を返還することが日本国における人権及び基本的自由の保護に関する基本原則により認められないものであること（同項6号）

　また、実施法は、前記④の返還拒否事由につき、裁判規範としての明確化や、当事者の予測可能性を担保するため、裁判所が、その事由の有無について考慮すべき事情を例示として3点挙げている（同法28条2項1号ないし3号）。その内容は、子に対する暴力のおそれの有無、相手方が申立人から子に心理的外傷を与えることとなる暴力を受けるおそれの有無及び申立人又は相手方が常居所地国で子を監護することが困難な事情の有無とされており、これらは、他の条約締約国の実務において実際に子の返還が拒否された例を参考に規定されたものである。

　裁判所はこれらの事情を含め、「その他一切の事情」（同法28条2項）を総合考慮して子の返還拒否事由を判断することになる。

(3) ハーグ条約に基づく子の返還と家事事件における子の引渡しの異同

　ハーグ条約に基づく子の返還については、連れ去られた子を元に戻すという意味では、子の引渡しと類似した請求であるといえるが、家事事件における子の引渡しと異なっている点もある。

ア　監護権の判断について

　家事事件における子の引渡しについては、引渡しを求める者の監護権の有無や、その適格性が判断され、これに基づき引渡しの有無が決定される。

　他方、ハーグ条約に基づく子の返還は、前記のとおり、子の監護権の有無

やその適格性の判断は、子が返還された後に、子の常居所地国で行われるのが子の福祉に資するという理念に基づいている。したがって、子の返還が申し立てられた国では、原則として子の監護に関する決定を行わないこととされており（同条約16条）、これを受けて、実施法では、親権者の指定や子の監護に関する処分についての審判事件（子の親権者の指定を伴う離婚訴訟も含まれる。）が係属している裁判所は、子の不法な連れ去り等があった旨の通知を受けた場合、子の返還の申立てが相当の期間内にされないとき又は子の返還の申立てを却下する裁判が確定したときを除いて、当該審判事件について裁判をすることを禁止されている（実施法152条）。したがって、ハーグ条約に基づく子の返還の審理においては、子の引渡しにおける審理とは逆に、監護権の判断が禁止されていることに留意が必要である。

イ　子の返還の方法

家事事件における子の引渡しは、相手方が申立人に対し、子を引き渡すこと、すなわち、子の現実の監護を相手方から申立人に移転することをその内容としている。

他方、ハーグ条約に基づく子の返還は、申立人の元ではなく、常居所地国に子を返還することを目的としている。子の返還事件が認められた場合の主文は「相手方は子を○○国（子の常居所地国）に返還せよ。」というものであり、必ずしも子を申立人に引き渡すことまでは要求していない（もっとも、執行段階で、後述の返還実施者に申立人が指定された場合は、事実上、申立人に子が引き渡されることになる。）。したがって、連れ去った親が申立人に子を引き渡さず、子とともに常居所地国に戻って、その監護を続けることも、常居所地国での監護権の判断として禁止されていないのであれば、可能ということになる。また、その返還は、子の監護に関する判断を常居所地国で行うというためのものであるから、常居所地国での返還後の監護権の裁判により、子の監護について相手方がふさわしいとされ、外国に出国することが認められた場合には、再び子を連れ去った国に戻すということも考えられる。

また、執行手続についても、実施法は、民事執行法の特則として、間接強

制の前置や、債務者に代わって常居所地国に子を返還する者（返還実施者という。）による返還の実施などの規定を置いている（実施法4章）。

（篠原　康治）

◆参考文献

本文中に掲げるもののほか
・松原正明編著『人事訴訟の実務』新日本法規出版（2013年）521頁
・司法研修所編『渉外家事・人事訴訟事件の審理に関する研究』法曹会（2010年）27頁以下、91頁以下、136頁以下
・野田愛子＝梶村太市総編集『新家族法実務大系2』新日本法規出版（2008年）〔櫻田典子〕678頁以下
・秋武憲一＝岡健太郎編著『離婚調停・離婚訴訟〈改訂版〉』青林書院（2013年）217頁以下
・大谷美紀子「国境を越える子の監護問題の法的処理の現状と課題（日米間の事案を中心に）」判例タイムズ1376号（2012年）4頁以下
・松村徹「子の監護に関する処分事件の制度およびこれに関連する裁判例（渉外事件も念頭において）」判例タイムズ1376号（2012年）29頁以下
・早川眞一郎「『国際的な子の監護』をめぐる問題について」判例タイムズ1376号（2012年）47頁以下
・大谷美紀子編著『最新渉外家事事件の実務』新日本法規出版（2015年）95頁以下
・金子修編『一問一答・国際的な子の連れ去りへの制度的対応』商事法務（2015年）2頁以下、6頁、21頁、126頁以下、129頁以下、139頁以下、166頁
・篠原康治「東京家庭裁判所における子の返還に関する事件の審理について」ケース研究326号（2016年）42頁以下

11　調停に代わる審判

設例 11

1　妻X（35歳、専業主婦）と夫Y（40歳、会社員、大学卒）の間には、7歳の子が1人いる。

Xは、子を連れてYと別居した後、5年後に、Yを相手方として、離婚、親権者の指定、養育費、財産分与、慰謝料を求める夫婦関係調整（離婚）調停を申し立てるとともに、同日、離婚が成立するまでの別居期間中の婚姻費用を求める婚姻費用分担調停を申し立てた。

(1)　Xは遠方に在住しているため、電話会議の方法を利用することにより調停期日が開かれ、XY間で、財産分与、慰謝料を含め、すべて合意に達した場合、調停に代わる審判（家手法284条）をすることができるか。

(2)　前記設例において、Yは、調停期日に出席し、源泉徴収票を提出したうえで、離婚、親権者についてはXの求めに応じるものの、養育費及び婚姻費用については感情面から東京・大阪養育費等研究会作成の養育費・婚姻費用算定表（判例タイムズ1111号（2003年）285頁以下参照。以下「算定表」という。）どおりの額で合意することはできないが、家庭裁判所の判断には従う旨の意思を示した。しかし、財産分与及び慰謝料については一切応じるつもりはない旨主張した。この場合、家庭裁判所は、調停に代わる審判をすることができるか。

(3)　前記設例において、Yが調停期日に出頭せず、答弁書や資料の提出もしなかった場合に調停に代わる審判をすることができるか。

2　妻Xは夫Yと婚姻中、Zと性的関係を持ち、懐胎した。その後、XはYと離婚したが、離婚後200日で子Aを出産した。Xは、子Aの親権者法定代理人としてZを相手方として認知調停を申し立て、資料としてZがAの実父であるとする私的鑑定書を提出し、ZもXと性的関係を持ったこと及びAがZの子であることを認めている。この場合、

11 調停に代わる審判【設例11】

> 家庭裁判所は合意に相当する審判（家手法277条）をすることができるか。できない場合にはどのように手続を進めるべきか。

Basic Information

1 調停に代わる審判

(1) 家庭裁判所は、調停が成立しない場合において相当と認めるときは、当事者双方のために衡平に考慮し、一切の事情を考慮して、職権で、事件の解決のために必要な審判（調停に代わる審判）をすることができる（家手法284条1項）。この調停に代わる審判は、話合いによる解決をすることのできる事項について家事調停の手続において合意に至らない場合に、直ちに家事調停事件を終了させてしまうのではなく、家事調停事件の係属する手続法上の家庭裁判所（調停裁判所）が一切の事情を考慮して、異議の申立てがなければその内容どおりの効力を生ずることを前提に解決案の提示としてする審判である（同法3編3章）。

(2) 家事審判法では、調停に代わる審判の対象事件は離婚や離縁、遺留分調停事件等のいわゆる一般調停事件に限定されていたが（家審法24条2項）、家事事件手続法では、婚姻費用、養育費、面会交流や遺産分割等の別表第二に掲げる事項についての家事調停事件（以下「別表第二事件」という。）にまで対象事件が拡大された。これは、当事者間に合意が成立しない場合に、当事者に異議の申立ての機会を保障しつつ、裁判所がそれまでに収集した資料に基づき合理的かつ具体的な解決案を示して紛争の解決を促すという調停に代わる審判の制度趣旨は、一般調停事件に限らず、別表第二事件についても該当すると考えられたことによる。

(3) 調停に代わる審判は、家事審判法下では、対象事件である一般調停事件においてもほとんど活用されていなかったが、家事事件手続法施行後は、前記のとおり対象事件が拡大されたことだけでなく、その有用性（紛争の早期解決、実情に即した柔軟な解決、第1審の審理充実）が再認識された結果、

別表第二事件のみならず一般調停事件を含む対象事件全体について、紛争の合理的で迅速な解決に資すると認められる事案について、積極的な活用が進んできている。

2 合意に相当する審判

(1) 合意に相当する審判とは、人事に関する訴え（離婚及び離縁の訴えを除く。）を提起することができる事項についての家事調停の手続において、当事者間に申立ての趣旨のとおりの審判を受けることについて合意が成立し、当事者双方が申立てに係る無効若しくは取消しの原因又は身分関係の形成若しくは存否の原因について争わない場合に、家庭裁判所が、必要な事実を調査したうえで、前記合意を相当と認めるときにする審判である（家手法3編2章）。

(2) 合意に相当する審判は、特定の身分関係の無効若しくは取消し又は新たな形成等をもたらし、対世的効力があるという意味で公益性が高いことから任意処分は許されず、また、その性質上本来は訴訟事項として、対審公開の訴訟手続により審理判断される事項について、前記のとおり紛争性がない場合に限って、事実の調査により実体的な真実に合致していることを確保しつつ、家庭内の秘密を保持する観点から非公開の手続により、簡易迅速に処理することを認め、もって訴訟経済に資するとともに、当事者の負担を軽減させることとしたものである。

(3) 近年、科学技術の発達により、親子関係不存在確認や認知の事件において、当事者から提出される私的なDNA鑑定書や、裁判所の正式鑑定により、嫡出推定の及ぶ期間内に出生した子について、生物学上の父子関係が認められないことが判明することがある。この点につき、最一小判平成26・7・17民集68巻6号547頁〔28223056〕は、民法772条により嫡出推定を受ける子との間に生物学上の父子関係が認められないことが明らかである場合であっても、同条による嫡出推定が及ばなくなるものとはいえず、親子関係不存在確認の訴えをもって父子関係の存否を争うことはできない旨判示した。

◆設例に対する回答

1　設例1⑴について

　本設例では、両当事者間ですべて合意に達しているが、電話会議システム又はテレビ会議システム（以下「電話会議等」という。）の方法や調停条項案の書面による受諾によって離婚調停を成立させることはできないこととされている（家手法268条3項、270条2項）。そこで、本設例のような、調停手続において電話会議等の方法を利用することで当事者の意思を十分確認することができ、当事者が早期の解決を希望している場合には、裁判所は、Xが出頭できる期日を指定することなく、調停に代わる審判をすることができる。これにより、早期にかつ当事者に負担をかけることなく紛争を解決することができる。

2　設例1⑵について

　本設例では、離婚及び親権者の指定については合意に達していることから、養育費以下の附帯請求を切り離すことに当事者が合意すれば、離婚及び親権者の指定についてのみ調停を成立させることも可能である。しかし、婚姻費用及び養育費については収入資料が提出されており、算定表によるべきでない特段の事情も認められないのであれば、別途申立てがなされる見込みの婚姻費用及び養育費の調停ないし審判においても算定表で算出される額が基準となる。また、Yは、婚姻費用及び養育費については裁判所の判断に従う意思を明らかにしている。そこで、裁判所は、調停に代わる審判により、離婚及び親権者の指定については当事者の合意内容に従い、婚姻費用及び養育費については算定表で算出される額を定めることができる。他方、財産分与及び慰謝料については対立が激しく、厳格な証拠調べが行われていない段階で調停に代わる審判をすることについては慎重にならざるを得ないと考えられる。したがって、財産分与及び慰謝料を切り離して調停に代わる審判をする場合には、切り離すことについて当事者の意向を確認しておくことが望ましい。

3 設例1(3)について

　本設例のように、Yが調停期日に欠席し、答弁書や資料の提出もない場合、夫婦関係調整（離婚）調停申立事件については、別居期間から婚姻関係が破綻していることが明らかであり、親権者の指定についても現在の監護状況について調査官調査を実施するなどしてXと定めることが相当であると判断できる場合でない限り、一方当事者の主張のみで身分関係の変動を伴う判断をすることは慎重にならざるを得ず、調停に代わる審判はするべきではないと考える。ただし、婚姻費用については賃金センサスを用いてYの年齢及び学歴を踏まえた年収を算出し、これを算定表に当てはめて算出した額について出席当事者であるXが了解する場合には調停に代わる審判をすることができる。

4 設例2について

　本設例では、子Aは、XとYの離婚後300日以内に出生した子は嫡出推定を受ける（民法772条2項）。したがって、子Aが推定の及ばない子でない限りZは子Aを認知することはできない。そして、DNA鑑定によって生物学上の父子関係の存否が明らかである場合であっても、嫡出推定が及ばなくなるものではないから（親子関係不存在確認の訴えに関して前掲平成26年最判〔28223056〕）、Xが提出した私的鑑定書をもってAを推定の及ばない子と認めることはできない。そこで、推定の及ばない子か否かにつき、妻が子を懐胎すべき時期に、既に夫婦が事実上の離婚をして夫婦の実態が失われ、又は、遠隔地に居住して、夫婦間に性的関係を持つ機会がなかったことが明らかであるなどの事情が存在する場合に限るという外観説（最一小判昭和44・5・29民集23巻6号1064頁〔27000814〕、最三小判平成12・3・14判時1708号106頁〔28050541〕等参照）を前提に、事実認定及びYの手続保障の観点から、Yの調停期日への出席、意見照会又は陳述聴取を行い、事実の調査を行ったうえで嫡出推定が及ばないと認定できる場合には合意に相当する審判をすることができる。一方、事実の調査の結果、嫡出推定が及

ぶ場合には、別途、Yに対し嫡出否認事件の申立てを促すことになる。なお、嫡出否認事件につき合意に相当する審判がなされてAが嫡出子ではなくなれば、通常は任意認知を選択することになることが多く、その場合は認知事件の申立ては取り下げるよう促すことになる。

◆ 解 説

1　調停に代わる審判の事件数の推移

　調停に代わる審判は、家事審判法下では対象事件が一般調停事件に限られ、かつ、一般調停でもほとんど活用されていなかった。平成17年から家事事件手続法施行前である平成24年までは事件数は全国で65件から110件、全事件数に対する割合はわずか0.1％にすぎなかった。しかし、家事事件手続法施行後の平成25年は812件、0.6％、平成26年は2415件、1.8％と年々増加しており、平成27年はさらに増加傾向にある。調停に代わる審判に対する異議申立て件数は、平成25年が55件、平成26年が234件と調停に代わる審判の件数の1割を超えていない。なお、別表第二事件については、異議申立後は審判手続に移行するが、審判手続移行後の終局結果については明確な統計資料はないものの、審判手続移行後の事件のうち、付調停（家手法274条）により調停成立したものや、審判がなされたものの抗告もなく確定したものが相当数含まれているものと思われる。このように、家事事件手続法施行後に調停に代わる審判が活用されるようになったのは、対象事件が拡大されたことだけでなく、後述する調停に代わる審判の有用性（紛争の早期解決、実情に即した柔軟な解決、第1審の審理充実）が再認識された結果であると考えられる。また、調停に代わる審判の件数が飛躍的に増加しているにもかかわらず、異議申立て件数がその1割に満たないのは、後述するように、調停に代わる審判に適した事件を選別したうえで、欠席当事者を含めた当事者の意向や手続保障に配慮した運営がなされている結果であると考えられる。

2　調停に代わる審判の手続

(1) 調停に代わる審判の主体

　調停に代わる審判の主体は、調停機関としての調停委員会や裁判官単独で行う調停における当該裁判官ではなく、調停裁判所である。なお、調停に代わる審判の前提となる家事調停の手続が調停委員会で行われている場合には、調停に代わる審判をするには、あらかじめ、その調停委員会を組織する家事調停委員の意見を聴かなければならない（家手法284条2項）。

(2) 調停に代わる審判の対象

　調停に代わる審判の対象は、前記BasicInformation1⑵のとおり、一般調停事件及び別表第二事件である。ただし、合意に相当する審判の対象となる事項については調停に代わる審判をすることはできない（家手法284条1項ただし書）。合意に相当する審判の手続では、重要な身分関係の形成又は存否の確認に関する事項を対象としていることに鑑み、申立ての趣旨のとおりの審判を受けることの合意を慎重に確認することが重要であって、この合意を調停に代わる審判の確定（異議がないという消極的態度）をもって合意と同視することは相当でないからである。

(3) 調停に代わる審判の方式等

ア　審判書の作成

　調停に代わる審判は、審判書を作成してしなければならず、審判書には、主文のほか、理由の要旨を記載しなければならない（家手法258条1項、76条1項本文、同条2項）。調停に代わる審判の主文には、法定の判断事項に限らず、事案の内容や、調停の経緯及び当事者の意向等を踏まえて、分割払の条項や確認条項、紳士条項、精算条項等を盛り込むことができる。また、理由の要旨は、後記3の調停に代わる審判の類型のうち、⑴の合意型で当事者の合意どおりに審判する場合や、⑵の不一致型のうち、調停委員会から当事者双方に対し調停案を示して内容や理由を説明していたり、合意が成立しない場合には調停に代わる審判をする予定であるとして、その内容の見通しと理由を説明している場合には、理由の要旨は「相当と認め」等の簡略なも

ので足りることが多いとされている。他方、(3)の欠席型では、理由の要旨は、欠席当事者が審判書を読んで結論に至る理由を理解することができる程度の内容[1]を記載するべきである。これにより、欠席当事者は、異議をするか否かの判断や異議後の手続において何を主張立証すべきかを検討することができ、異議をしない場合には紛争の早期解決が図られ、また、異議をした場合には異議後の手続の審理が充実するからである。

イ 審判の告知方法の特則

調停に代わる審判は、当事者に対し、「相当な方法」で告知しなければならない（家手法258条1項、74条1項）が、公示送達の方法によってすることはできない（同法285条2項）。したがって、当事者が所在不明の場合には、調停に代わる審判をすることができない。また、調停に代わる審判を行った後告知するまでの間に当事者が所在不明になるなどして、告知することができないときは、家庭裁判所は、これを取り消さなければならない（同法285条3項）。これらにより、当事者が審判の内容を知らないまま調停に代わる審判の効力が生ずることを防ぎ、当事者の手続保障を図っている。

(4) 異議の申立て及びこれに対する審判等

当事者は、調停に代わる審判の告知を受けた日から2週間の不変期間内に家庭裁判所に異議の申立てをすることができる（家手法286条1項・2項、279条2項3項）。家事審判法では利害関係人にも異議申立権が認められていたが（家審規則139条1項）、家事事件手続法では当事者に限定された。なお、異議の申立ては書面でしなければならない（家手規則137条1項）。

異議申立権は放棄することができる（家手法286条2項、279条4項）。

家庭裁判所は、異議の申立てが不適法であるときは、これを却下しなければならず、異議の申立人は、異議の申立てを却下する審判に対し、即時抗告

---

[1] 例えば、婚姻費用分担請求事件や養育費請求事件において算定表を用いる場合には、算定表の根拠となる事実（未成年者の人数と年齢、当事者双方の年収）を、欠席当事者の年収につき賃金センサスを利用する場合には賃金センサスの根拠となる事実（年齢や学歴）等。

することができる（同法286条3項・4項）。

適法な異議の申立てがあったときは、調停に代わる審判はその効力を失い、家庭裁判所は、当事者に対し、その旨の通知をしなければならない（同法286条5項）。通知を受けた当事者は、その日から2週間以内に家事調停の申立てがあった事件について訴えを提起したときは、家事調停の申立ての時にその訴えがあったものとみなされ（同法286条6項）、別表第二事件について調停に代わる審判の効力を失った場合には、調停の申立ての時に当該事項についての家事審判の申立てがあったものとみなされ、当然に審判に移行する（同法286条7項）。

(5) 調停に代わる審判に服する旨の共同の申出

離婚及び離縁事件を除き、当事者が調停に代わる審判に服する旨を共同の申出の形で書面によってしたときは、その後、調停に代わる審判の告知前に同申出が撤回されない限り当事者は同審判に対し異議を申し立てることができない（家手法286条8項ないし10項）。これは、民訴法265条に規定するいわゆる裁定和解の制度に倣い、家事事件手続法により新たに設けられた制度であり、これにより、審判内容が早期に確定し、審判によって形成された権利がより早期に実現されることになる。

(6) 調停に代わる審判の効力

当事者から異議の申立てがないとき又は異議の申立てを却下する審判が確定したときは、別表第二事件の調停に代わる審判は審判と同一の効力を、その余の調停に代わる審判は確定判決と同一の効力を有する（家手法287条）。

3　実務における調停に代わる審判の類型

家事事件手続法が施行されて3年以上が経過し、前記2のとおり、調停に代わる審判も積極的に活用され、相当数の事例が集積された。これらの活用事例を分類すると、以下のとおり、①合意型、②不一致型、③欠席型の3類型に分類することができる。

(1) 合意型

当事者間に実質的に合意が成立しているが、期日において調停を成立させることができない場合である。

ア　離婚又は離縁について合意しているが、当事者の全員又は一方が調停期日に出席しないため調停を成立させることができない場合

　離婚又は離縁の調停事件は、調停の成立により身分関係が変動するという重大な効果が生じることから、調停成立時における当事者の離婚意思又は離縁意思の確認を慎重に行う必要がある。そのため、欠席当事者の手続代理人を通じて離婚又は離縁について合意に達したとしても、当該期日で調停を成立させることはできないとされている。同じく、電話会議等の方法や調停条項案の書面による受諾によって離婚調停を成立させることはできないこととされている（家手法268条3項、270条2項）。しかし、遠方に居住していたり病気等により出席が困難な当事者に出席を求めることは多大な負担を強いることになる。このような事案において調停に代わる審判を行うことにより、当事者の負担を軽減し早期に紛争を解決することができる。なお、当事者は、調停に代わる審判に対して不服があれば告知後2週間以内に異議の申立てを行うことにより審判を失効させることができ、最終的な意思決定が調停に代わる審判後も当事者に留保されているので、同法268条3項及び270条2項の規定を潜脱するものではない。設例1(1)はこの類型の事例である。

イ　当事者多数の事案で、一部の当事者しか期日に出席できないが、実質的には合意ができている場合

　遺産分割事件、遺産に関する紛争調整事件、遺留分減殺調停事件等の当事者多数の事案において、実質的な合意ができている場合に、調停に代わる審判を行えば、全員が出席できる期日の指定の困難さや書面による受諾（家手法270条）の煩雑さ（受諾書面や印鑑証明の提出等）を避けて早期に紛争を解決することができる。

ウ　離婚調停において、離婚と併せて年金分割の合意ができたが、年金分割に関する情報通知書が取得できない場合

一方当事者が単独で年金分割の手続をするためには、調停調書に年金分割に関する情報通知書（以下「情報通知書」という。）を添付するか、情報通知書の内容を調停条項として記載する必要がある。実務では、申立時に情報通知書が添付されていない場合には、第1回期日までに情報通知書の提出を求めているが、取得に時間を要するため（通常、申請から1か月程度要するようである。）、第1回期日で合意に達してもその時点で情報通知書の取得が未了であることがある。この場合、情報通知書を取得できる具体的な見通しが立っている場合には、年金分割の条項を除いて離婚調停を成立させるとともに、同日付けで年金分割調停事件の申立てを促し、即日その第1回期日を開いて双方の合意を確認したうえ、後日、申立人から情報通知書が提出された時点で年金分割について合意どおりの調停に代わる審判をすることにより、当事者に再度の調停期日への出席を求めることなく早期に紛争を解決することができる。

(2) 不一致型

　調停委員会で調停成立に向けて調整を尽くしたものの、調停手続では合意に至らず、調停を成立させることができない事案の中には、わずかな条件の差で折合いがつかなかったり、当事者の心情面で合意できない場合があり、そのような事案の当事者の中には家庭裁判所の判断には従うとする当事者も相当数存在する。

　例えば、婚姻費用分担、養育費、遺産分割等の経済事件においてわずかな金額の差であるにもかかわらず感情的な抵抗感から合意できない場合や、離婚事件において離婚や離婚条件の大部分について合意しているが、養育費等の金銭給付や年金分割の割合、面会交流の頻度等についてわずかな差で合意できない場合で、家庭裁判所の判断には従うとか積極的には争わない旨述べている事案などがある。この場合には、調停に代わる審判をしても異議も出ず確定する確率が高く、それだけ早期に紛争を解決することができる。設例1(2)はこの類型の事例である。

(3) 欠席型

　相手方が欠席している場合の活用類型である。ただし、調停に代わる審判はあくまで調停の代替的な解決手段であるから、このような事案の場合、まずは続行期日を指定したうえで、書記官から期日通知書を送付し、また、家庭裁判所調査官に命じて出頭勧告や意向調査をするなどして、出頭確保に努めるべきである。しかし、それでも出頭しない当事者は相当数いるので、そのような欠席当事者に対し、前記期日通知書や出頭勧告の書面等で調停期日への欠席を続けると調停に代わる審判がなされる可能性があることや調停に代わる審判の見通し等を告知して、調停に代わる審判をする場合における相手方の手続保障を図っておくべきである。

ア　婚姻費用分担事件及び養育費事件で、相手方が手続に全く応答しないまま期日に出頭しない事案や、答弁書は提出したものの一切支払う意思はないし期日にも出頭しない旨主張している事案の場合、調停期日に欠席している相手方は、調停不成立後の審判手続の重要性（審判が債務名義になること等）を理解せず、審判手続にも出席せず、審判が出されてはじめて事の重大さに気付き即時抗告することが多い。そうすると、高等裁判所ではじめて実質的な審理が行われることになり、申立人の審級の利益を害することになる。そこで、このような事案で調停に代わる審判をすることにより、仮に相手方から異議が申し立てられたとしても、相手方は審判手続に出席して自らの主張及び資料を提出することになり、実質的な審理を図ることができる。なお、この事例では、審判期日ではじめて実質的な話合いの機会が持たれるので、調停期日に欠席していた相手方の主張を十分に聞き取ったうえで改めて家庭裁判所から調停案を示すと、これに応じる当事者も相当数いるので、その場合には付調停にしたうえで裁判官の単独調停で調停が成立することになる。設例1(3)のうち婚姻費用分担事件はこの類型の事例である。

イ　多数当事者のいる遺産分割事件では、一部の当事者が期日に欠席する場合があるが、欠席当事者が分割案に積極的に反対の態度を示していない場合には、調停に代わる審判をすることにより早期に紛争解決を図ることができ

る。

ウ　その他、相手方欠席の事案のうち、実務では、親権者変更事件で、親権者を監護実態に合わせて変更する事案や、夫から生活費の分担もないまま、長期にわたる別居が継続して、夫婦としての実態はない状態で、未成年の子もない夫婦間の離婚調停において、申立人である妻は離婚給付を求めることなく、今後公的給付を受けるために離婚だけを求めている事案で調停に代わる審判がなされた事例が報告されている。なお、親権者変更事件では、調停段階で家庭裁判所調査官による現在の監護状況の調査や子の年齢によっては子の意向調査を行うべきである。

4　調停に代わる審判の有用性及び活用における留意点
(1)　有用性
ア　紛争の早期解決

調停に代わる審判に対し、異議の申立てがなされず確定すれば、紛争が早期に解決し、権利者は債務名義を取得することができる。

イ　実情に即した柔軟な解決

前記2(3)アのとおり、調停に代わる審判の主文には、法定の判断事項に限らず、事案の内容や、調停の経緯及び当事者の意向等を踏まえて、分割払の条項や確認条項、紳士条項、精算条項等を盛り込むことができることから、一切の事情を考慮して、実情に即した柔軟な解決を図ることができる。

ウ　第1審の審理充実

別表第二事件の調停に代わる審判に対して異議の申立てがなされると審判に移行するが、不一致型では、調停に代わる審判の審判書により、当事者は、主文に至る理由につき、家庭裁判所の考え方をより的確に理解する機会を持つことができることから、移行後の審判手続において、当事者は家庭裁判所の考え方を踏まえて従前の主張を整理したうえで的確な資料を提出することになる。これにより、審判移行後の手続では争点及び主張が明確になり、争点を中心とした充実した審理を行うことができる。また、欠席型の場合、前

記3(3)のとおり、欠席当事者は、移行後の審判手続において、自らの主張及び資料を提出して手続に対応することになるから、実質的な審理をすることができ、抗告審になってはじめて実質的な審理が行われるという事態を避けることができる。

(2) 留意点

調停に代わる審判は、審判ではなく、あくまで調停手続の中で当事者に異議の申立ての機会を保障しつつ家庭裁判所がそれまでに収集した資料に基づき合理的かつ具体的な解決案を示して紛争の解決を促すというものであるから、安易に調停に代わる審判をするのではなく、調停委員会による紛争解決に向けた十分な働きかけを尽くしたうえで行うべきである。

また、調停に代わる審判は、異議申立てをする機会の付与と相まって、事後的な合意の成立という実質を備えている必要がある。したがって、法律上も当事者の手続保障がなされているが（家手法285条2項・3項、286条1項・2項等）、運用面においても十分な手続保障と情報提供がなされるべきである。具体的には、①当事者に対し、調停に代わる審判がされることが予告されていること、②出席当事者に対しては想定される審判の内容を説明して十分に理解してもらうこと、③欠席当事者に対しては調査官による出頭勧告や意向調査をしてできる限り欠席当事者の出頭確保や意向確認の努力をすること、④不一致型や欠席型の審判書では、当事者が審判に服するか異議の申立てをするかが判断できる程度の理由を摘示すること、⑤審判書の送達に際し、調停に代わる審判やその効力に関する一般的な説明及び異議の申立ての手続等を記載した書面を同封するなどして当事者に調停に代わる審判の効力や異議申立手続について十分に理解してもらうことなどが挙げられる。

さらに、不一致型でも対立が激しい場合は調停に代わる審判をするのは不相当であったり、欠席型で当事者の主張や資料のみを判断資料とせざるを得ない事案では、調停に代わる審判の主文に盛り込める内容にも限界がある場合がある。例えば、夫婦関係調整調停事件において、不貞等の離婚原因や慰謝料の額で対立して調停が成立せず、当事者が離婚訴訟を望んでいる場合に

は、調停に代わる審判をしたとしても異議が出され、かえって紛争解決が遅くなる可能性がある（設例1(2)の事案で離婚や親権者についても激しく争われた場合）。また、欠席事案の場合、別居期間の長さや夫婦間の未成年の子の現在の監護状況を踏まえて離婚と親権者の指定のみについて調停に代わる審判を行うことはあり得るとしても、一方当事者の資料のみから財産分与や慰謝料等を調停に代わる審判で判断することには慎重にならざるを得ない場合が多い（設例1(3)の事例）。

5　合意に相当する審判の手続

(1)　合意に相当する審判の主体

　合意に相当する審判は、調停委員会による調停だけでなく、裁判官のみによる調停（家手法267条1項）においてもすることができる。ただし、家事調停の手続が調停委員会で行われている場合には、合意に相当する審判をするには、あらかじめ、その調停委員会を組織する家事調停委員の意見を聴かなければならない（同法277条3項）。

(2)　合意に相当する審判の対象

　人事に関する訴え（離婚及び離縁の訴えを除く。）を提起することができる事項であり（家手法277条1項）、具体的には以下のとおりである。

ア　婚姻の無効・取消し、協議上の離婚の無効・取消し、婚姻関係の存否確認（人訴法2条1号）

イ　嫡出否認、認知、認知の無効・取消し、父の確定、親子関係の存否確認（同条2号）

ウ　養子縁組の無効・取消し、協議上の離縁の無効・取消し、養親子関係の存否確認（同条3号）

エ　その他の身分関係の形成又は存否の確認を目的とする訴えを提起することができる事項についての調停事件

(3)　合意に相当する審判の当事者

　合意に相当する審判の当事者は、原則として人事訴訟の訴えを提起するこ

とができる者が申立人となり、原則として人事訴訟において被告とすべき者（人訴法12条、14条及び41条から43条まで）が相手方となる。しかし、人事訴訟において検察官が手続の当事者となる場合には、公益の代表者である検察官が審判を受けることについての合意をしたり、原因事実について争わないことの判断をしたりすることはできないと考えられることから、合意に相当する審判はできない。また、身分関係の当事者の一方が死亡した後は、合意に相当する審判をすることができない（家手法277条1項ただし書）。

(4) **合意に相当する審判の要件**

合意に相当する審判は、①当事者間に申立ての趣旨のとおりの審判を受けることについて合意が成立していること（家手法277条1項1号）、②当事者の双方が申立てに係る無効若しくは取消しの原因又は身分関係の形成若しくは存否の原因について争わないこと（同項2号）、③家庭裁判所が必要な事実の調査をしたうえで①の合意を正当と認めること（同項本文）を要する。

①の合意については、電話会議等（同法258条1項、54条1項）や書面による受諾（同法270条1項）による方法によっては、成立させることができない（同法277条2項）。重要な身分関係の形成又は存否の確認に関するものであり、①の合意を成立させるに当たっては、当事者の真意をより慎重に確認する必要があるからである。

②の「事実の調査」の方法としては、裁判官による審問、家庭裁判所調査官による調査等（同法58条、59条）、医師である裁判所技官による診断等（同法60条）、他の家庭裁判所又は簡易裁判所若しくは受命裁判官に対する事実の調査の嘱託等（同法61条）、官庁、公署その他適当と認める者に対する嘱託等（同法62条）、証拠調べ（同法64条）があるほか、調停委員会が行う家事調停手続では、当該調停委員会を組織する家事調停委員による事実の調査（同法262条）や当該調停委員会を組織していない家事調停委員の専門的な知識経験に基づく意見の聴取（同法264条）などがある。嫡出否認、親子関係不存在確認、認知等の実親子に関する事件ではDNA鑑定が行われることが多いが、血液型など簡易な調査やその他の間接事実のみで判断でき

る場合も多い。

なお、事実の調査の時期は合意の後でも前でもよい。

(5) 審判等

　事実の調査をしたうえで①の合意を正当と認めるときは、当該合意に相当する審判をすることになるが、当事者の一方が死亡した後は合意に相当する審判をすることはできない（家手法277条1項）。一方、①の合意を正当と認めない場合には、調停不成立として事件を終了させ、当事者にその旨を通知し、当該当事者が通知を受けた日から2週間以内に訴えを提起したときは家事調停の申立ての時に訴えの提起があったものとみなされる（同条4項、272条）。

　なお、合意に相当する審判がされた後は、家事調停の申立ての取下げは相手方の同意を得なければその効力を生じない（同法278条）。

(6) 異議の申立て及びこれに対する審判等

　当事者及び利害関係人は、合意に相当する審判に対し異議の申立てをすることができるが、当事者は、家手法277条1項各号に掲げる要件に該当しないことを理由とする場合に限る（同法279条1項）。異議の申立ては、異議の申立てをすることができる者が審判の告知を受ける者である場合にあってはその者が審判の告知を受けた日から、審判の告知を受ける者でない場合にあっては当事者が審判の告知を受けた日（複数ある場合にはそのうち最も遅い日）から2週間の不変期間内にしなければならない（同条2項・3項）。異議の申立ては書面でしなければならない（家手規則135条）。異議の申立てをする権利は放棄することができる（家手法279条4項）。家庭裁判所は、合意に相当する審判に対して、①当事者がした異議の申立てが不適法又は理由がないとき、②利害関係人がした異議申立てが不適法であるときは、これを却下しなければならない（同法280条1項）。異議の申立てが却下された場合には、異議を申し立てた当事者又は利害関係人は、却下審判に対して即時抗告をすることができる（同条2項）。当事者から適法な異議の申立てがあり、これに理由があると認めるときは、家庭裁判所は、合意に相当する審

判を取り消さなければならない（同条3項）。合意に相当する審判が取り消された場合には、合意に相当する審判がされる前の状態に戻るから、合意が成立する見込みがないと認められれば、調停不成立として事件を終了させる（同法272条1項）。利害関係人から適法な異議の申立てがあった場合は合意に相当する審判は効力を失い、家庭裁判所は、当事者に対し、その旨の通知をしなければならない（同法280条4項）。通知を受けた当事者は、その日から2週間以内に、調停の申立てをした合意に相当する審判に係る事件について訴えを提起すれば、調停を申し立てたときに訴えの提起があったものとみなされる（同条5項）。

⑺ 合意に相当する審判の効力

　異議の申立てがないとき、又は異議の申立てを却下する審判が確定したときは、合意に相当する審判は、確定判決と同一の効力を有する（家手法281条）。なお、確定審判が戸籍の届出又は戸籍の訂正の申請を必要とするものである場合は、書記官は、遅滞なく、当該審判に係る身分関係の当事者の本籍地の戸籍事務を管掌する者に対し、その旨を通知しなければならない（家手規則134条前段）。

6　認知事件について

　合意に相当する審判の総事件数は減少傾向にあるにもかかわらず（平成17年の総事件数4914件に対し平成26年の総事件数は4029件）、認知事件のみ増加傾向にあり、平成17年の事件数668件に対し、平成26年は1258件と2倍近く増加している。これは、婚外子の認知を求める通常の認知事件だけでなく、近年、嫡出推定が及ぶ期間に出生した子について、出生届未了のまま、家庭裁判所に対して、血縁上の実父を相手方として認知の調停申立てをしてくることが増加しているからであると考えられる。また、その際、相手方が子の生物学上の父親であるとする私的DNA鑑定書を提出してくることも多い（本設例2の事案）。

　この場合、嫡出推定を受ける子を直ちに認知することはできないことから、

本来であれば、推定を受ける父との関係につき嫡出否認又は親子関係不存在確認の手続を経たうえで、血縁上の実父との関係で認知手続を行うことになるが、推定の及ばない子と認められれば、血縁上の実父に対して直接認知の申立てをすることができると解されている（前掲昭和44年最判〔27000814〕参照）。

そこで、嫡出推定が及ぶ期間に出生した子について血縁上の実父を相手方として認知の調停が申し立てられた場合、調停手続内で嫡出推定が及ぶか否かについて事実の調査を行うことになる。この場合、推定の及ばない子か否かの判断基準については、判例は、妻が子を懐胎すべき時期に、既に夫婦が事実上の離婚をして夫婦の実態が失われ、又は、遠隔地に居住して、夫婦間に性的関係を持つ機会がなかったことが明らかであるなどの事情が存在する場合に限るという外観説（前掲昭和44年最判〔27000814〕、前掲平成12年最判〔28050541〕等参照）に立っており、実務でもおおむね外観説に立った運用がなされている。なお、最高裁判所は、近時、DNA鑑定によって生物学上の父子関係の存否が明らかである場合であっても、嫡出推定が及ばなくなるものではないとの立場を明らかにした（親子関係不存在確認の訴えに関して前掲平成26年最判〔28223056〕）。したがって、当事者から相手方が子の生物学上の父親であるとする私的DNA鑑定書が提出されたとしても、これのみで合意に相当する審判をすることはできず、推定の及ばない子であるか否かを外観説の立場から事実の調査をすることになる。したがって、子の法定代理人である母親と戸籍上の父親との間の婚姻生活の実情（夫婦別居の時期及び状況並びにその後の経過等）等について母親だけでなく戸籍上の父親からも聴取する必要があるので、戸籍上の父親の調停期日への出席、意見照会又は陳述聴取を行うべきである。なお、子の法定代理人である母親は、戸籍上の父親からDVを受けたなどとして、戸籍上の父親が認知調停事件に関与することに強い拒絶反応を示すことがあるので、その点への配慮が欠かせない[2]。

2　戸籍上の父親が関与することを知って認知調停を取り下げることもあり、そうなると無戸籍の子を作出してしまうことになりかねない。

そして、戸籍上の父親からも事情を聴取したうえで、外観説の立場からは嫡出推定が及ぶ場合には、別途、戸籍上の父親に対し嫡出否認の調停を申し立てるよう促し、嫡出否認の調停の中で事実の調査としてDNA鑑定を行うことになる。なお、ほとんどの戸籍上の父親は、自分の戸籍に他人の子が自分の子として入ることに強い拒否反応を示し、その限度で手続に協力する者は多いが、中にはDNA鑑定のために自己の細胞を提供することや鑑定費用を負担することには消極的な態度を示す者も少なくない。その場合には、子と血縁上の父親との間のDNA鑑定の結果を前記戸籍上の父親と子との間の嫡出否認の調停における事実の調査に利用することも考えられよう。

　事実の調査の結果、嫡出否認が認められる場合には、嫡出否認について合意に相当する審判を行う。なお、これにより子は嫡出子ではなくなり、血縁上の父親は任意認知することができるので、当事者が任意認知を選択する場合には、当初申し立てられた認知事件の申立てを取り下げることになる。

〔鈴木　祐治〕

◆参考文献

本文中に掲げるもののほか
・金子修編著『逐条解説家事事件手続法』商事法務（2013年）834頁以下、857頁以下
・金子修編著『一問一答家事事件手続法』商事法務（2012年）240頁以下、244頁以下
・秋武憲一編著『概説家事事件手続法』青林書院（2012年）〔髙取真理子〕314頁以下、322頁以下
・東京家事事件研究会編『家事事件・人事訴訟事件の実務』法曹会（2015年）〔矢尾和子ほか〕262頁以下
・北野俊光＝梶村太市編『家事・人訴事件の理論と実務〈第2版〉』民事法研究会（2013年）359頁以下
・矢尾和子＝佐々木公「家事事件における調停に代わる審判の活用について」判例タイムズ1416号（2015年）5頁以下
・山本和彦ほか「座談会　家事事件手続法施行後3年の現状と今後の展望」家庭の法と裁判4号（2016年）35頁以下

第1 婚姻・離婚に関する事件

・金子修「家事事件手続法施行後満 3 年を迎えて」家庭の法と裁判 4 号（2016 年）61 頁以下
・最高裁判所事務総局家庭局「家庭裁判所事件の概況(1)―家事事件―」法曹時報 66 巻 12 号（2014 年）120 頁、同 67 巻 12 号（2015 年）126 頁、130 頁、131 頁

第2 親子関係に関する事件

1　嫡出否認、親子関係不存在

> **設例 12**　Yは、平成15年に、A女と婚姻した。Aは、平成23年頃からBと不倫関係となり、平成24年にXを出産した。YとAは、Xを両者間の子として出生届をして監護養育をしていたが、平成25年、Xの親権者をAと定めて協議離婚した。Aが私的に行ったDNA鑑定の結果によれば、BがXの生物学上の父親である確率は、99.999998％であるとされている。
>
> 　Xの実親子関係を定めるには、どのような訴えを提起すべきか。Aが、Xの法定代理人として、Yに対し、YA間の親子関係の不存在確認を求める調停を経て訴訟を提起した場合、どのような判断がされるか。

Basic Information

1　実親子関係をめぐる訴訟類型としては、嫡出否認の訴え、認知の訴え、認知の無効及び取消しの訴え、父を定めることを目的とする訴え、実親子関係の存否確認の訴えがある（人訴法2条参照）。

　また、家手法244条は、人事に関する訴訟事件について、調停を行うほか、合意に相当する審判（同法277条）を行うことを認めているので、前記の訴訟類型に該当する紛争は、いずれも家庭裁判所において、家事調停事件としても扱われることとなる。

2　設例のような事案において、前記の紛争類型のうち、どの手続を選択すべきかは、婚姻中に妻が懐胎した子をめぐる法律関係についての実体法の規定と密接に関係する。

(1)　民法は、妻が婚姻中等に懐胎した子を夫の子と推定するものとしている（民法772条）。そして、嫡出子とは、通常、婚姻上の出生子をいうから、同条の父性推定により、婚姻中の懐胎子は、嫡出子と推定されることとなる。

前記の民法の規定に従うと、設例のように、妻が、婚姻期間中に夫以外の男性との間に懐胎した子についても、夫の嫡出子としての推定が及ぶため、夫を父とする嫡出子出生届以外は受理されない。

　しかし、父性推定は、法律上の事実推定規定であり、通常、妻が婚姻中に性交渉を持つのが夫のみであるという経験則に基づくものにすぎない。したがって、その子が夫と妻との性的交渉によって懐胎されたものではないという事実が証明されれば、その推定は覆ることになる。

(2)　民法は、前記の事実の証明によって嫡出推定を争う訴訟類型として、嫡出否認の訴えを予定し、その他の手段を認めていない。したがって、民法の規定上は、推定される嫡出子について、父子関係を争う手段は、嫡出否認の訴えに限定されることになる。

　そして、嫡出否認の訴えは、原告適格が夫に限定されているから、一度嫡出推定が及ぶと、子側から親子関係を争う余地はないというのが民法の規定上の結論である。また、その出訴期間は、夫が子の出生を知ってから1年間と制限されており、訴訟要件が厳格である。

(3)　ほかに、親子関係を否定する手段として考えられるのは、親子関係不存在確認の訴えである。これは通常の法律関係存否確認の訴えの一類型であるから、原告適格や出訴期間について、嫡出否認の訴えのような厳格な制限はない。

　しかし、親子関係不存在確認の訴えが提起できるのは、典型的には、婚姻届提出後200日以内に出生した子（いわゆる「推定されない嫡出子」）のように、形式的にみて民法772条の適用がない父子関係に限定されることは、民法の規定ぶりから明らかといえる。

(4)　すなわち、「推定が及ぶ嫡出子であること」が嫡出否認の訴えの、「推定が及ぶ嫡出子ではないこと」が親子関係不存在確認の訴えの訴訟要件であり、この建前を崩すことは解釈上困難である。

　もっとも、この建前を貫くと、設例のような事案において、子が実父との間に法律上の親子関係を築く機会が著しく制限される結果となる。

そこで、形式的には嫡出推定が及ぶ父子関係について、推定の及ばない嫡出子とみなしたうえ（(3)の「推定されない嫡出子」と区別するため、「推定の及ばない嫡出子」という例が多い。本稿でも、その例に従う。）、親子関係不存在確認の訴えや、実父に対する認知の訴えの提起を許容する工夫がされるようになった。もっとも、その範囲を無制限に広げると、民法が嫡出関係を争う手段を制限した趣旨が没却される。

3 この点について、実務上の扱いは、実際の血縁関係と戸籍上の親子関係を一致させたいという子側の思いと、これを容易に許さない民法の建前との間で揺れており、下級審の判断は事案ごとに分かれていたが、最高裁は一貫して外観説の立場を維持している。

もっとも、実務上、訴訟に先立って行われる調停では、外観説とは異なる運用も許容されているので、この点についても解説で触れる。

◆設例に対する回答

1 Aは、Yとの婚姻期間中にXを懐胎し、出産している。したがって、民法772条により、XはYの嫡出子として推定される。この嫡出推定は戸籍の形式面から明らかとなるので、XをYの嫡出子とする出生届以外は受理されない。

BがXを認知できないかについてみると、認知は嫡出でない子についてのみできる（同法779条）から、XがBとの間に実親子関係を定めるためには、まず、XY間の嫡出関係を否定する必要がある。

2 設例のような事案において、XY間の嫡出関係を否定する直接的な手段として、嫡出否認の訴えと親子関係不存在確認の訴えがある。また、Bとの間での認知の訴えの中で、先決問題としてXY間の嫡出関係の不存在を争うことも可能とするのが最高裁の立場である。

そこで、設例において、これらの手段が可能か検討する。

3 まず、嫡出否認の訴えは、原告適格が夫に限定されているから（民法774条）、Yのみが嫡出否認の訴えを提起できる。Xの側は嫡出否認の訴え

は提起できない。

4 Xの側が親子関係を否定するための手段として、判例上、親子関係不存在確認の訴え及び認知の訴えが認められている。

しかし、嫡出推定を排除する直接的な手段は嫡出否認の訴えに限定されるし、認知は嫡出でない子についてしかできないのが民法の建前である。

したがって、Xの側が親子関係不存在確認の訴えや認知の訴えを提起するためには、Xに民法772条の適用がないこと（推定の及ばない嫡出子といえること）が訴訟要件となる。

同法772条所定の期間内に出生した子について、どのような要件を満たせば推定の及ばない嫡出子といってよいかについては争いがあるが、嫡出推定は、同居中の夫婦間において、妻が性的関係を持つのが夫に限定されるという経験則に基づくものであるから、そのような外観がないことが明白な事情が認められるのであれば、その推定を排除することが合理的といえる（外観説）。

この点につき、裁判例は、妻が子を懐胎すべき時期に、既に夫婦が事実上の離婚をして夫婦の実態が失われ、又は遠隔地に居住して、夫婦間に性的関係を持つ機会がなかったことが明らかであるなどの事情が存在した場合に限り、推定の及ばない嫡出子と認められるとする外観説を採用しており、XがBに対して、直接、認知の訴えを提起することを認めている（最一小判昭和44・5・29民集23巻6号1064頁〔27000814〕）。

また、前記の事情が認められる場合、XがYに対して親子関係不存在確認の訴えの提起が可能であることについては学説上も実務上も争いはない。

さらに進んで、設例のように、AY間の婚姻関係が破綻し、旧家庭の平和を考慮する必要がない場合や、血縁関係がないことが科学的証拠によって明らかにできる場合に、推定の及ばない嫡出子とみてよいかについては争いがあったが、最高裁の裁判例（最三小判平成12・3・14判時1708号106頁〔28050541〕、最一小判平成26・7・17民集68巻6号547頁〔28223056〕）は、これをいずれも否定し、外観説の立場を維持している。

これを設例について見ると、YとAは、Xを両者間の子とする出生届をして監護養育していたものであって、懐胎の時期から出生後まで、夫婦の実態を欠っていないから、性的関係を持つ機会がなかったことが明らかであるとはいえない。したがって、Xは推定の及ばない嫡出子ではない。

AY間の夫婦関係は破綻しているから、旧家庭の平和を守る要請はなく、かえって新たな家族関係を尊重すべきとも考えられるし、また、Xは、Bが血縁上の父親であることについて、有効な立証手段を有しているが、これらの事情によって、前記の結論が左右されるものでないことは、前記裁判例のとおりである。

したがって、結局、設例において、Xが親子関係不存在確認の訴えや認知の訴えを提起することはできないことになる。

5 なお、実務上、調停手続においては、前記のような厳格な訴訟要件を要求せず、当事者（XYAの三者）間の合意があるときは、前掲平成12年最判〔28050541〕のような事情が認められない事案であっても、DNA鑑定等の立証を経て、親子関係不存在確認（認知）の調停手続を進める運用も認められている。この運用によれば、家手法277条に基づく合意に相当する審判によって、XY間の親子関係を否定することができる。したがって、設例のような場合、調停手続によって、XYの親子関係を否定することが考えられるが、Yがこれに協力せず、調停が不成立となっている以上、その手段は採り得ない。

6 以上をまとめると次のとおりとなる。

まず、Xの実親子関係を定めるためには、Yが嫡出否認の訴えを提起することが考えられる。

Yが嫡出否認の訴えを提起しない場合、AがXの法定代理人となって、Yに対する親子関係不存在確認の訴えを提起することが考えられる（Bに対する認知の訴えの提起も考えられる。）。しかし、推定が及ぶ嫡出子について嫡出関係を否定する手段は嫡出否認の訴えに限定されており、科学的証明や旧家庭の破綻の有無によって、推定の及ばない嫡出子であることを立証する

ことは許されない。

したがって、親子関係不存在確認の訴えの提起は不適法となり、却下されることとなる。

◆解　説
1　実親子関係訴訟の種類と概要
(1)　実親子関係訴訟の種類

実親子関係をめぐる訴訟類型としては、嫡出否認の訴え、認知の訴え、認知の無効及び取消しの訴え、父を定めることを目的とする訴え、実親子関係の存否確認の訴えがある。

(2)　嫡出否認の訴え（民法775条）

嫡出否認の訴えは、民法772条により推定が及ぶ嫡出子について、血縁関係がないことの立証によって、推定の排除を認め、父子関係を否定することを目的とする形成訴訟である。

(3)　認知の訴え（民法787条）

認知の訴えは、任意認知がされない場合に、子やその直系卑属から血族関係の存在を主張立証し、親子関係を法律上創設することを目的とする形成訴訟である（最二小判昭和29・4・30民集8巻4号861頁〔27003176〕）。

(4)　認知の無効及び取消しの訴え

認知の無効及び取消しの訴えは、認知が錯誤、詐欺又は強迫に基づくものであった場合のように、無効原因や取消原因が存在する場合に、認知の効力を否定することを目的として提起される訴訟である。その法的性質等の詳細は本書第2-2（認知無効・取消し）を参照されたい。

(5)　父を定めることを目的とする訴え（民法773条）

父を定めることを目的とする訴えは、待婚期間（民法733条）中に再婚した女性が出産し、前婚の夫との間の嫡出推定と、後婚の夫との間の嫡出推定が重複する結果となる場合に、いずれかとの間に父子関係を創設することを目的とする形成訴訟である。

(6) 実親子関係の存否確認の訴え

　実親子関係の存否確認の訴えは、通常の法律関係確認訴訟の一類型である。設例で問題となる親子関係不存在確認の訴えは、この訴訟類型に含まれる。

2　嫡出推定の有無

(1)　嫡出推定の意味

　嫡出子とは、婚姻関係にある男女の間の子である（我妻榮『親族法』有斐閣（1961年）214頁）。

　そして、民法772条は、父子関係について、妻が婚姻中に懐胎した子を、夫の子と推定するとし（父性推定）、婚姻成立日から200日経過後又は婚姻解消若しくは取消しの日から300日以内に生まれた子は、婚姻中に懐胎したものと推定する（懐胎期間推定）と定める。

　これは、父性の推定を婚姻中の懐胎に基づき行うことを原則として定めたうえで、婚姻中の懐胎推定を懐胎期間から行うものであり、2段階の推定によって嫡出関係を推定するものである。

　以上を前提としたうえで、民法は、推定を排除する手段を、夫からの嫡出否認の訴えに限定している。

　これは、妻が、婚姻中に夫以外の男性の子を懐胎することはあり得ない事態ではないが、推定期間に出生した子を、一律に夫の子として取り扱うことが家庭の平和につながるとの理念に基づくものである。また、嫡出否認の訴えの原告適格や出訴期間が厳格に制限されるのは、可及的速やかに父子関係を確定し、身分的法律秩序の安定を図ることを目的とするものである。

　嫡出推定の有無は、前記の同法772条の規定によって定まるところ、この点に関連しては、①同法772条の適用対象外であるが、嫡出子と扱われる「推定されない嫡出子」、②形式的に、同法772条の適用対象であるが、簡便な手段によって推定排除を認める場面である、いわゆる「300日問題」、③形式的に同法772条の適用対象であるが、外観から推定排除を認める「推定の及ばない嫡出子」の問題がある。

(2) 推定されない嫡出子

　民法772条の適用がある子は、推定される嫡出子である。

　これに対し、同法772条の適用はないが、嫡出子として扱われるのが、婚姻成立日から200日以内に出生した子である。いわゆる推定されない嫡出子である。

　この場合は、通常は、婚姻前の懐胎であることが推定できるから、嫡出子として扱わないのが民法の立場であるが、結果的に夫婦となった男女間の子であり、嫡出子として扱う方が妥当といえることから、判例によって、内縁関係先行の有無や、夫の子であることの証明の有無を問うことなく、一律に嫡出子として扱う事務が確立されている（大判昭和15・1・23民集19巻54頁〔27500186〕）。

　もっとも、前記の場合でも、妻が再婚した場合で、出生が前婚解消後300日以内であった場合には、前婚の嫡出推定が及ぶため、後婚の夫を父とする嫡出子出生届は受理されない。

(3) 婚姻解消又は婚姻取消し後300日以内に出生した子

　婚姻解消又は婚姻取消し後300日以内に出生した子は、民法772条2項により、前夫の子と推定されるため、前婚の夫を父とする嫡出子出生届以外は受理されない。

　この結果、子と血縁上の父親との間に、法律上の親子関係を形成するためには、前夫からの嫡出否認の訴えの提起を待つか、推定の及ばない嫡出子であることを証明して親子関係不存在確認の訴えか認知の訴えを提起するしかない。

　しかし、そもそも、婚姻関係終了後に、他の男性との間に子を懐胎したことを客観的かつ容易に証明できるのであれば、あえて、同法772条2項を適用して嫡出推定を及ぼす必要はないともいえる。そこで、法務省は通達を発し、平成19年5月21日以後に出生の届出がされた子については、医師による「懐胎時期に関する証明書」が添付され、その記載から推定懐胎時期の最も早い日が婚姻解消又は取消しの後であると認められる場合には、同法772

条の推定が及ばないものとして、母の嫡出でない子又は後婚の夫を父とする嫡出子出生届出を可能とした（平成19年5月7日法務省民一第1007号通達）。これは裁判手続によらず、同法772条の適用を排除することを可能としたものである。

　もっとも、この扱いにより救済されるのは、婚姻解消又は取消し後に懐胎した事案に限定されるので、設例のように、婚姻中に夫以外との男性の間に懐胎した事案への適用はない。

(4)　推定の及ばない嫡出子

　設例の事案のように、民法772条2項の法定期間内に出生した子につき、父親が夫以外の男性である場合において、どのような事情があれば、「推定の及ばない」ものとして、親子関係不存在確認の訴えや認知の訴えの提起を認めるかについては争いがあるが、実務の扱いは、最高裁判決により統一されている。

　この点についてのリーディングケースは、外観説を採用したとされる前掲昭和44年最判〔27000814〕である。

　同判決は、妻がその子を懐胎すべき時期に、既に夫婦が事実上の離婚をして夫婦の実態が失われ、又は遠隔地に居住して、夫婦間に性的関係を持つ機会がなかったことが明らかであるなどの事情が存在する場合には、子は実質的には同条の推定を受けない嫡出子に当たるとする外観説を前提として、この場合、嫡出否認の訴えを待つことなく、子が直接血縁上の父を被告として認知の訴えを提起することを認めた。この場合、子が夫を被告として親子関係不存在確認の訴えを提起することが可能であることについての異論はない。

　この判示にいう事情としては、懐胎時期に、①夫が失踪宣告を受け、失踪中とされているとき、②夫が出征（最二小判平成10・8・31判時1655号128頁〔28032540〕）、在監（那覇家審昭和51・2・3家裁月報29巻2号130頁〔27452140〕）、外国滞在中であるとき、③事実上の離婚が成立していたとき、などと説明するのが一般的である。これに対し、夫が性的に不具者であるとか、性的関係が長期間ないといった事情は、家庭の秘事に立ち入らなけ

れば判断し得ないので、前記の事情に当たらない。

また、夫婦及び子の家族共同体としての生活が離婚等により破綻しているなどの事情がある場合や、血縁関係がないことが科学的証拠により明らかな場合に、推定の及ばない嫡出子といえるかについても、最高裁は、「夫と妻との婚姻関係が終了してその家庭が崩壊しているとの事情があっても、子の身分関係の法的安定を保持する必要が当然になくなるものではない。」（前掲平成12年最判〔28050541〕）、夫と子の間に生物学上の父子関係が認められないことが科学的証拠により明らかであり、かつ、子が、現時点において夫の下で監護されておらず、妻及び生物学上の父の下で順調に成長しているという事情があっても、子の身分関係の法的安定を保持する必要が当然になくなるものではないから、前記の事情が存在するからといって、同条による嫡出の推定が及ばなくなるものとはいえない（前掲平成26年最判〔28223056〕）として、いずれも推定の及ばない嫡出子と認める事情に当たらないと判示して、親子関係不存在確認の訴えの提起を否定した。

これは、従来の裁判例である外観説を維持し、血縁説、家庭破綻説、新家庭形成説の考え（学説の概要については、梶村太市「嫡出子否認の訴えと親子関係不存在確認の訴え」判例タイムズ934号（1997年）35頁）を採らないことを明らかにしたものである。

したがって、「推定の及ばない嫡出子」として親子関係不存在確認の訴えや認知の訴えの提起が認められるのは、結局、前記①から③までの場合に限定される。

3　嫡出否認の訴え

(1) 訴えの性質、訴訟物

嫡出否認の訴えは、推定される嫡出子の父子関係について、推定を排除する形成訴訟であり、その訴訟物は否認権である。

(2) 訴訟要件

ア　当事者適格

嫡出否認の原告適格は夫のみにあり、被告適格は子又は親権を行う母（これがないときは特別代理人）にある（民法775条）。

なお、夫は、子の出生後、嫡出であることを承認すると、否認権を失う（同法776条）。

イ　出訴期間

出訴期間は、夫が子の出生を知った時から1年以内である（民法777条）が、夫が成年被後見人であるときは、起算点についての特則がある。

(3)　実体審理の内容

原告が、夫と子との間に血縁関係がないことを立証する責任を負う。

DNA鑑定などの科学的立証によるのが最も端的であるが、被告が非協力的である場合や出頭しない場合など、これが実施できない場合には、血液型の背馳の有無や、懐胎推定時期における性的関係の有無といった間接事実を総合して血縁関係の有無を認定することになる。

(4)　判決の効果

嫡出否認の認容判決が確定すると、否認権の存在が既判力を持って確定する。この場合、父子関係は出生に遡って存在しなかったこととなる。

棄却判決が確定すると、否認権の不存在が既判力を持って確定する。この場合、父子関係の存在が確認される結果となる。

その効力は第三者に及ぶ（人訴法24条1項）。

4　親子関係不存在確認の訴え

(1)　訴えの性質、訴訟物

実親子関係不存在確認の訴えは、実親子関係に争いがある場合に、対世的効力を持つ判決によって、画一的確定を図り、これにより戸籍の記載の正確性を図る機能を持つ。

設例のような事案の場合に行われる親子関係不存在確認の訴えは、推定されない嫡出子と戸籍上の父親との間に、法律効果としての親子関係（父子関係）が存在しないことについての確認訴訟であり、訴訟物は特定人間の親子

関係である[1]。

(2) 訴訟要件

ア 当事者適格、確認の利益

親子関係不存在確認の訴えは、通常の法律関係確認訴訟の一類型であるから、確認の利益があれば、第三者でも訴えを提起できる。

確認の利益は、親族関係にあることのみで認めるのは困難であり、実父母が子について誤った戸籍の記載の除去を求める場合や、他人間の親子関係の存否の確定によって、当該第三者が直接に特定の権利を得、又は特定の義務を免れるという利害関係が必要とされる。

なお、子が父を相手に親子関係不存在確認の訴えを提起する際には、父子関係そのものが訴訟物となるから、戸籍上の父親のみを被告とすれば足りる（最三小判昭和56・6・16民集35巻4号791頁〔27000133〕）。

イ 出訴期間

嫡出否認の訴えとは異なり、出訴期間の制限はない。

ウ 子に嫡出推定が及ばないこと

民法772条2項所定の期間内に出生した子について親子関係不存在確認の訴えを提起するためには、その子が「推定の及ばない嫡出子」であることが訴訟要件となる。

推定の及ばない嫡出子というための事情が、懐胎推定期間に、①夫が失踪宣告を受け、失踪中とされているとき、②夫が出征、在監、外国滞在中であるとき、③事実上の離婚が成立していたときのいずれかに限定されることは前述のとおりである。

実務上多いのは③であるが、事実上の離婚に関する事実認定については、出生9か月前から夫婦が別居していた事案について、「以前から同人との間には性交渉がなかったものの、別居後子の出生までの間に、妻と性交渉の機会を有したほか、同人となお婚姻関係にあることに基づいて婚姻費用の分担

---

[1] この点については、『最高裁判所判例解説民事篇〈昭和56年度〉』365頁以下に詳しい。

金や出産費用の支払に応ずる調停を成立させた」という事実関係から、婚姻の実態が存しないことが明らかとはいえないとした裁判例（最二小判平成10・8・31判時1655号112頁〔28032473〕）が参考となる。

事実上の離婚の有無は、転居時期を客観的に示す証拠を中心に、当事者や証人の陳述、証言から認められる周辺事情を総合して行うのが本来の姿であるが、これによって、確実な心証が採れないときに、DNA鑑定のような科学的立証によって、立証を補完できるかは問題である。

しかし、そもそも科学的立証に頼らなければならないような事案では、外観上、夫婦間に性的関係を持つ機会がなかったことが明らかとはいえないであろう。また、科学的立証によって立証できる事実は「当該父子間に血縁関係がないこと」それ自体であって、「外観上、夫婦間に性的関係を持つ機会がなかったこと」を端的に立証できるものではなく、これを過度に重視することは、外観説を維持した最高裁判決の趣旨にそぐわない。これらの点を考慮すると、訴訟要件の審理において科学的立証を活用することには消極的な姿勢で臨むべきといえる。

(3) 実体審理の内容

訴訟要件の審理がクリアできると、父子間の血縁関係の有無が審理されることになる。

しかし、推定の及ばない嫡出子についての親子関係不存在確認の訴えの場合には、訴訟要件の判断の過程で、性的関係がなかったことが明白となっている。

したがって、その立証は、通常、訴訟要件の立証と重なる。もっとも、既に原告が、子と実父との間の血縁関係を証明するDNA鑑定の結果を準備している場合などには、心証を確実にする趣旨で、これを証拠調べすることはあり得よう。

前記のとおり、訴訟要件の立証と血縁関係の立証は重なることが多く、通常、心証が訴訟要件と実体審理で異なることはない。したがって、推定の及ばない嫡出子をめぐる親子関係不存在確認の訴えは、訴訟要件がないものと

する却下判決か、認容判決となることが多い。

(4) 判決の効果

親子関係不存在確認の訴えを認容する判決が確定すると、戸籍上の父と子の嫡出関係が消滅し、その形成力は第三者に及ぶ（人訴法24条1項）。

5 認知の訴え

(1) 訴えの性質、訴訟物

認知の訴えは、血縁関係の主張立証によって、親子関係を法律上創設する形成訴訟であり、その訴訟物は血縁関係に基づく認知請求権である。

なお、母子間の親子関係は、認知を待たず、分娩の事実により当然に発生するというのが裁判例である（最二小判昭和37・4・27民集16巻7号1247頁〔27002141〕）。したがって、母子間で認知が必要となるのは、捨子等で、当初不明であった母が後に出現したような事例に限定される。

(2) 訴訟要件

ア　当事者適格

原告適格は、「子、その直系卑属又はこれらの者の法定代理人」に認められる（民法787条）。

被告適格は、父又は母（成年被後見人の場合成年後見人（人訴法14条1項本文））にあるが、これが死亡した後は検察官が被告適格を有する（同法42条1項後段）。

なお、検察官が被告となる際には、調停前置主義の適用はない（最三小判昭和36・6・20裁判集民52号273頁〔27450769〕）。

イ　出訴期間

父又は母が存命中の場合、出訴期間の制限はない。「認知請求権はその性質上長年月行使しないからといって行使できなくなるものではない。」とするのが裁判例（最三小判昭和37・4・10民集16巻4号693頁〔27002168〕）である。

父又は母の死後は、出訴期間は3年に限定される（民法787条ただし書）。

その始期は、原則父又は母の死亡時であるが、「子またはその法定代理人において父の死亡の日から3年以内に認知の訴を提起しなかったことがやむをえないものであり、また、右認知の訴を提起したとしてもその目的を達することができなかった」との事情の下、父の死亡が客観的に明らかとなった時を始期とした裁判例（最二小判昭和57・3・19民集36巻3号432頁〔27000096〕）がある。

ウ　子に嫡出推定が及ばないこと

形式的に嫡出推定が及ぶ子が、実父を被告として、直接、認知の訴えを提起する場合、子に嫡出推定の及ばないことが訴訟要件となる。

その内容は、訴訟要件の立証方法について生じる問題を含め、親子関係不存在確認の訴えで述べたところ（前記4⑵ウ）と同じである。

(3)　**実体審理**

原告が、父子間の血縁関係の存在を立証する責任を負う。

立証方法に制限はなく、血縁関係の存否を科学的方法によって立証するのがもっとも有効である。

被告が血液鑑定に協力しない場合も少なくないが、文書提出命令において認められている真実擬制（民訴法224条）の適用の余地はないから（人訴法19条）、何らかの方法で血縁関係の存在を立証する必要が生じる。

この場合の事実認定については、①受胎可能日に父母間に性的関係があったこと、②血液型の背馳がないこと、③出生当時、父としての愛情を示していたことの立証（最一小判昭和31・9・13民集10巻9号1135頁〔27002887〕）や、①懐胎推定時期に父母間に継続的に性関係があったこと、②父以外の男性と性的関係があった事情が認められないこと、③血液型の背馳がないことの立証（最二小判昭和32・6・21民集11巻6号1125頁〔27002796〕）によって、血縁関係の立証を認めた裁判例が参考となる。

(4)　**判決の効果**

「父が子を認知する。」旨の請求認容の確定判決によって、親子関係が存在することが、出生時に遡って形成される（民法784条）。

請求棄却の確定判決によって、親子関係が存在しないことが確定する。

いずれにせよ、その効力は第三者に及ぶ（人訴法24条1項）。

6 調停手続（親子関係不存在又は認知）

(1) 2(4)でみたとおり、親子関係不存在確認（認知）の訴えの訴訟要件をめぐる実務の運用は、一連の最高裁判決によって、外観説で統一されるに至っている。

これに対し、訴訟に前置して行われる親子関係不存在確認（認知）の調停では、子、母及び夫（元夫の場合もあるが、ここでは夫で統一する。）の3者の合意が存在することを前提に、推定の及ばない嫡出子と認められない事案についても、合意に相当する審判で紛争を解決する運用が多い。

合意説には、理論的に明快でない面がありながらも、その有用性を積極的に評価する見解が多く、前掲平成26年最判〔28223056〕の後も、実務の運用に変更はない。

既に述べたとおり、推定の及ばない嫡出子と認めるための要件は厳格である。その結果、訴訟を利用して血縁に基づいた親子関係を形成する手段は、事実上、大きく制限されている。その不合理を回避するためには、夫の理解を得て、調停で現実的な解決を図る必要は大きい。推定の及ばない嫡出子をめぐる問題は、調停で条理に沿った解決をすることが特に重要な紛争類型といえる。

(2) 以下では、合意説に沿った調停運営の実情について説明する。

ア　当事者

親子関係不存在確認の調停は、子と夫の間で行われ、認知の調停は血縁上の子と父の間で行われるのが原則である。

イ　要件

(ｱ)　家手法277条は、①当事者間に申立ての趣旨のとおりの審判を受けることについての合意が成立していること、②当事者の双方が身分関係の存否の原因について争わないこと、③家庭裁判所が調査の結果、合意を相当と認め

ることを要件として定める。

(イ) ①の「合意」の主体は、手続上の当事者（子と夫又は父）である。

　この合意は調停期日において確認される。子の合意を法定代理人である母が代理して行えるかについては、これを肯定すべきである（金子修編著『逐条解説家事事件手続法』商事法務（2013年）838頁以下参照）。

　なお、合意が身分事項の形成又は存否にかかわることから、電話会議システムやテレビ会議システムの利用は認められない（家手法277条2項）。

(ウ) ②の「争わない」要件に関連しては、血縁関係の有無に関する原因事実に争いがないことの確認が必要となる。

　「争わない」主体は、手続の当事者である子及び夫であるが、この場合も、その原因事実を直接知る立場にある母が、子を代理して「争わない」ことを明らかにすれば足りる。

(エ) 合意説は、夫、母及び子が推定排除に合意していることを推定排除の根拠とする。

　したがって、親子関係不存在確認調停では、当事者となっていない母が推定排除に合意していることを確認する必要がある。同調停では、母は、子の法定代理人として手続に関与することが多いため、調停期日において、口頭で合意の有無が確認されるのが通例である。

　これに対し、認知調停における当事者でない夫の手続関与の要否については、次のように解される。

　まず、嫡出推定が及ばない事案であれば、直接父相手に認知の訴えが提起できるとするのが前掲昭和44年最判〔27000814〕であるから、その前置手続として子と父の間で調停を行うことに理論上の問題はない。もっとも、事実上の離婚が成立していたかなどの調査は、子（妻）側の言い分のみで行うことになるため、合意の相当性の審査は慎重に行う必要がある。

　これに対し、嫡出推定が及ばないとは認め難い事案については、嫡出関係を排除する根拠を、嫡出推定をめぐる身分関係の当事者（子、母及び夫）の合意に求める以上、認知調停の場合に夫を合意の対象から除外することは妥

当でないと考えられる。このように解すると、嫡出推定が及ばないと認め難い事案については、認知調停の結果、嫡出関係が排除されることにつき、夫の合意があることを確認する必要があるといえる（調停当事者の合意の相当性の審査として位置付けられると解される。）。

(3) 審判が確定すると、確定判決と同一の効力を持ち、父子関係の存否が対世効をもって確定する。

（本多　幸嗣）

◆参考文献

・松原正明「判批」家庭の法と裁判 3 号（2015 年）111 頁
・窪田充見「法における親子の意味」ジュリスト 1471 号（2014 年）67 頁
・大村敦志「『300 日問題』とは何か」ジュリスト 1342 号（2007 年）2 頁
・飛澤知行「判批」ジュリスト 1474 号（2014 年）113 頁
・岡部喜代子「いわゆる推定の及ばない嫡出子の手続的側面」判例タイムズ 1301 号（2009 年）39 頁
・澤井真一「実父子関係の成立を巡る実務上の諸問題」判例タイムズ 1301 号（2009 年）49 頁
・前田陽一「民法 772 条をめぐる解釈論・立法論に関する 2、3 の問題」判例タイムズ 1301 号（2009 年）57 頁

2 認知無効、取消し

> **設例 13** Xは、平成6年にA女と婚姻し、平成5年生まれのYを認知したが、平成23年、Aと離婚した。Xが私的に行ったDNA鑑定の結果によれば、XがYの生物学上の父親である確率は、0.0000002%とされている。
> (1) Xは、平成26年、認知は真実に反するもので、Aに騙されて認知をしたと主張して、Yを被告として、認知の無効・取消しの訴えを提起した。Xの請求は認められるか。
> (2) Xが、実は、Yを認知した際、Yとの間に血縁上の父子関係がないことを知っていた場合、認知の無効を主張することができるか。

Basic Information

1　認知は、嫡出でない子について法律上の親子関係を形成させるものであり、血縁上の父又は母がその意思に基づき法律上の親子関係を成立させる任意認知（民法779条）と、血縁上の父母が自発的に認知をしない場合や父母が死亡している場合に、裁判所の認知判決により法律上の親子関係を成立させる強制認知（同法787条）の2種類がある（ただし、実務上、認知が問題となるのは父のみである。）。

2　認知の効力を争う手段として、人訴法2条2号には、認知の無効及び取消しの訴えが定められているが、民法には、「認知をした父又は母は、その認知を取り消すことができない。」（民法785条）、「子その他の利害関係人は、認知に対して反対の事実を主張することができる。」（同法786条）の規定があるのみで、具体的な定めは置かれておらず、認知の無効原因及び取消原因のほか、誰がどのような主張をすることができるのかについても必ずしも明らかではなく、解釈に委ねられている。

3 血縁上の父子関係がないことを知りながらした認知につき、認知者が認知無効の訴えを提起した事案で、最三小判平成26・1・14民集68巻1号1頁〔28220184〕は、「血縁上の父子関係がないにもかかわらずされた認知は無効というべきであるところ、認知者が認知をするに至る事情は様々であり、自らの意思で認知したことを重視して認知者自身による無効の主張を一切許さないと解することは相当でない。また、血縁上の父子関係がないにもかかわらずされた認知については、利害関係人による無効の主張が認められる以上（民法786条）、認知を受けた子の保護の観点からみても、あえて認知者自身による無効の主張を一律に制限すべき理由に乏しく、具体的な事案に応じてその必要がある場合には、権利濫用の法理などによりこの主張を制限することも可能である。そして、認知者が、当該認知の効力について強い利害関係を有することは明らかであるし、認知者による血縁上の父子関係がないことを理由とする認知の無効の主張が同法785条によって制限されると解することもできない。」としたうえで、「そうすると、認知者は、同法786条に規定する利害関係人に当たり、自らした認知の無効を主張することができるというべきである。この理は、認知者が血縁上の父子関係がないことを知りながら認知をした場合においても異なるところはない。」と判示した。

4 認知取消しの訴えについては、民法785条の文言との関係で、詐欺・強迫による認知を取消原因と認めるべきかどうかについて学説上争いがあるが、後に述べるとおり、現在の通説は、詐欺・強迫による認知の取消しは同法785条で禁止されると解している。この通説に従った場合、認知の取消原因は、法定の承諾を欠く認知がされた場合のみとなる。

5 認知の訴え、認知無効の訴え、認知取消しの訴えのいずれについても調停前置主義が適用される。人事に関する訴え（離婚及び離縁を除く。）ができる事項に関する調停は、特殊な調停手続であり、調停による当事者間の合意形成と裁判所による事実の調査を経て、裁判所が合意に相当する審判をすることにより効果が生じる手続である。

2 認知無効、取消し【設例13】

◆**設例に対する回答**

1 設例(1)について

XとYとの間に生物学的な血縁関係がないと認められる場合、そのような真実に反する認知は無効なものとなる。

もっとも、設例(1)のように認知者自身が認知無効の訴えを提起することができるかについては、認知者自身が民法786条の「利害関係人」に当たるかどうかという点に関連して、従来下級審裁判例や学説上で見解が分かれていた部分であった。しかし、前掲平成26年最判〔28220184〕は、認知者も同条の「利害関係人」に当たるとして正面からこれを肯定するに至った。同判決の判示内容に従えば、設例(1)においても、認知者であるXは、自らがした認知につき認知無効の訴えを提起することができることになる。

なお、Xは、Yに対する認知がAに騙されてしたものだと主張しているところ、これは詐欺による認知取消しを主張する趣旨と解される。しかし、このような詐欺による認知の取消しは、同法785条により禁止されているというのが現在の通説であり、この通説に従えば、Xが、詐欺を理由に認知の取消しの訴えを提起することはできないということになる（なお、前記のように真実に反する認知はそもそも無効であるから、取消原因になるかどうかを問う余地はそもそもない。）。

2 設例(2)について

設例(2)は、Xが、Yと血縁上の父子関係にないことを知りながら認知をしたという事案である。前掲平成26年最判〔28220184〕は、このような場合であっても、認知者が民法786条の「利害関係人」に当たり認知の無効を主張することができる旨を判示しており、この判示内容によれば、設例(2)においても、Xが、認知の無効を主張することは可能となる。

他方、同判決も、認知者による認知無効の主張が権利濫用に当たる場合があること自体は否定していない。そのため、設例(2)において、Xが真実に反するものであることを知りながら認知をしたという事情は、権利濫用の一考

慮要素に当たり得る。また、Xが、Yが1歳前後の幼少時のころに認知し、20年以上もの間、真実に反する認知であることを知りながらそれを放置してきたとすると、このような事情も権利濫用の一考慮要素になること自体は否定できない。しかし、認知から50年以上経過し、認知者が死亡した後にされた認知無効の訴えが権利濫用とはいえないと判断された後述の最高裁判例に照らすと、前記の事情のみをもって権利濫用と評価することは消極方向となろう。

◆解　説

1　認知

(1)　認知は、嫡出でない子について法律上の親子関係を形成させるものであり、血縁上の父又は母がその意思に基づき法律上の親子関係を成立させる任意認知（民法779条）と、血縁上の父母が自発的に認知をしない場合や父母が死亡している場合に、裁判所の認知判決により法律上の親子関係を成立させる強制認知（同法787条）の2種類がある。

　任意認知は、戸籍法上の届出（戸籍法60条）又は遺言による単独の要式行為である（民法781条1項・2項）。

(2)　母の認知について

　民法779条は、認知の主体を「父又は母」と定めているが、実務上認知が問題となるのは父のみである。

　母については、「母とその非嫡出子との間の親子関係は、原則として、母の認知をまたず、分娩の事実により当然発生すると解するのが相当である」（最二小判昭和37・4・27民集16巻7号1247頁〔27002141〕）とされており、実務上、母の認知は不要という取扱いが定着している。また、例外的に母子関係が問題となる訴訟においても、母の認知判決ではなく、母子関係存在確認の判決がされている（大阪地判昭和58・6・27判タ503号172頁〔27490650〕）。

(3)　認知の要件

　認知の要件は、①生物学的親子関係が存在すること、②子に法律上の父が

いないことである。

①の要件については、DNA 鑑定を実施して決するのが通常である（後記(4)参照）。

②の要件について、他男に既に任意認知されている場合は、その認知の効力を失わせたうえでなければ、真実の父に対する認知の訴えを提起することはできない。なお、認知無効の訴えと認知の訴えは併合提起することができる（東京地判平成13・2・20判タ1072号227頁〔28070041〕）。

また、子に他男の嫡出推定（民法772条）が及ぶ場合は、嫡出否認（同法774条）がされない限り、認知の要件を欠くことになる。しかし、いわゆる推定されない嫡出子（婚姻成立から200日以内に出生した子）や推定の及ばない嫡出子（同法772条1項の推定は受けるが、夫の出征、服役、事実上の離婚等の特段の事情により、実質的に同条1項の推定がされない子）については、認知の訴えを提起することができる（最一小判昭和44・5・29民集23巻6号1064頁〔27000814〕、最二小判昭和49・10・11裁判集民113号1頁〔27452017〕。なお、推定が及ばない嫡出子をめぐる議論については本書第2-1〔嫡出否認、親子関係不存在〕参照。）。

(4) DNA 鑑定について

実務上、認知や親子関係不存在確認、嫡出否認などの身分関係の形成又は存否に関する調停や訴訟において、生物学的親子関係を審理するに当たっては、ほとんどのケースにおいて、DNA 鑑定を実施している。

家庭裁判所が実施する DNA 鑑定は、通常、裁判所の調停室等において、父親、子、母親のそれぞれにつき本人確認を行ったうえで、鑑定実施者において、各人の口腔内微物を採取する方法により行われる。本人が都合により裁判所に来ることができない場合には、最寄りの歯医者等で採取手続を行うなどのオプションを選択できる場合もある。そして、サンプル採取の過程は、鑑定書に詳細に記述されるのが一般的である。

鑑定費用は、委託する業者や地域、鑑定方法等により様々で、6万円程度のものから10万円を超えるものまで幅広く、前記のようなオプションを選

択した場合はさらに費用がかさむこととなる。鑑定費用が高額なことから、これをどのように当事者間で分担するかの調整をめぐり、多くの時間が費やされることも実務上は少なくない。

　ところで、近時は、市販又はインターネットの申込みによりキットを購入して、低廉かつ手軽にDNA鑑定が行えるようになっている。これらの多くは、鑑定キットを使って自己及び他人のサンプル採取を行い、これを業者に郵送すると、後日鑑定結果が送られてくるというものである。こうした簡易な方法によるDNA鑑定は、裁判所で実施する鑑定とは異なり、サンプル採取の場に第三者が立ち会っておらず、また、他人のサンプル採取の同意を得ていないものが多いうえに、鑑定書にサンプル採取過程の詳しい記載もないため、その過程を事後的に検証することもできない。このように、私的鑑定書は、サンプル採取過程に透明性を欠くため、これが裁判において書証として提出された場合にも、改めて裁判所において正式なDNA鑑定を実施するのが一般的である。仮に、鑑定費用の負担が困難であるなどの事情があって鑑定が実施できず、私的鑑定書に頼らざるを得ないような場合においても、その信用性の判断に当たっては、サンプル採取の過程等を丁寧に審理すべきである。

2　認知の無効・取消原因

(1)　認知の無効原因

　確定した認知判決を争うには専ら当該判決に対する再審の手続によるべきとされており（最二小判昭和28・6・26民集7巻6号787頁〔27003294〕）、認知無効や取消しの問題はそもそも生じない。家手法277条に基づく認知の審判についても、確定判決と同一の効力を有するとされている（同法281条）ことから、これを争う場合には、認知判決と同様に再審手続によるべきとされている。

　任意認知の無効原因としては、次のものがあるとされている。

ア　認知が血縁上の親子関係に反してされたものである場合

　血縁関係がないにもかかわらずされた認知については、無効とするのが前掲平成26年最判〔28220184〕の判示内容であり、取消原因になるとする見解は現在では見当たらない（中川善之助＝米倉明編『新版注釈民法⑶親族⑶親子⑴』有斐閣（2004年）〔前田泰〕369頁）。

イ　認知者の意思に基づかない認知

　認知者の意思に基づかない届出による認知は、無効である（最二小判昭和52・2・14裁判集民120号47頁〔27452211〕）。

　なお、認知者が、子を認知する意思を有し、かつ、他人に対し認知の届出の委託をしていたときは、届出が受理された当時父が意識を失っていたとしても、その受理の前に翻意したなど特段の事情のない限り、認知は有効に成立する（最二小判昭和54・3・30裁判集民126号401頁〔27452374〕）。

ウ　既に法的父子関係が存在する子を認知した場合

　嫡出推定を受ける子や他人により既に認知されている子に対する認知届が誤って受理された場合は、無効原因になるとする見解[1]と取消原因になるとする見解（前掲中川＝米倉編〔前田泰〕369頁等）がある。ただし、戸籍実務上は、職権による戸籍訂正が認められている（昭和29・9・25民甲1935、昭和33・10・29民二509）。

エ　直系卑属を有しない死亡した非嫡出子を認知した場合や直系卑属があるとの前提で死亡した非嫡出子を認知した後、その子と直系卑属との間に親子関係不存在確認の裁判が確定した場合は、認知は無効とされている（昭30・5・11民甲908）。

オ　認知のために必要な法定の承諾（民法782条、783条）を欠く場合

　成年の子に対する認知の場合には当該子の承諾（同法782条）、胎児認知の場合は母の承諾（同法783条1項）、死亡した子に対する認知で、その直

---

[1]　野田愛子＝梶村太市総編集『新家族法実務大系2親族Ⅱ』新日本法規出版（2008年）〔荒井九州雄〕209頁。ただし、認知がされた子に対し重複してされた認知の場合は、別途の考慮が必要としている。

系卑属が成年者であるときの当該直系卑属の承諾（同条2項）など、認知のために承諾が要件とされているのに、これを欠いて認知届がされた場合、無効原因になるとする見解（我妻榮＝立石芳枝『親族法・相続法』日本評論新社（1952年）185頁等）と取消原因になるとする見解（北野俊光＝梶村太市編『家事・人訴事件の理論と実務〈第2版〉』民事法研究会（2013年）〔大西嘉彦〕397頁、前掲野田＝梶村総編集〔大沼洋一〕72頁等）があるが、取消原因とみるのが多数説である。

(2) 認知の取消原因

ア　詐欺・強迫による取消しの可否

詐欺・強迫による認知については、真実の父子関係がある場合でも、取り消すことができるとするのがかつての判例（大判大正11・3・27民集1巻137頁〔27511093〕通説（青山道夫『改訂家族法論Ⅰ』法律文化社（1971年）164頁等）であった[2]。民法785条は「認知をした父又は母は、その認知を取り消すことができない。」と定めているが、これは、単なる撤回を禁止したものにすぎないとする。

しかし、現在の通説（我妻榮『法律学全集㉓親族法』有斐閣（1961年）237頁、前掲中川＝米倉編〔前田泰〕367頁、中川善之助『新版民法大要（親族法相続法）』勁草書房（1975年）98頁等）は、同法785条を字義どおり解し、真実の父子関係がある限り、これを取り消しても子や利害関係人が認知を求められるだけであって、このような無用の手続を避けるという観点から、取消しを認めないとする。この見解に立つ場合、認知の取消原因は、次のイの場合のみとなる。実務上も、認知取消訴訟が提起されることはほとんど例がない。

なお、真実の父子関係がない認知はそもそも無効なものであるから、詐欺・強迫によってされたかどうかを問う余地はない。

2　最近でも、内田貴『民法Ⅳ〈補訂版〉親族・相続』東京大学出版会（2004年）194頁が同見解を唱えている。

イ　認知に法定の承諾を欠く場合

　法定の承諾を欠く認知は取消原因となるのが多数説である（前記(1)オ参照）。

3　認知の訴え

(1)　法的性質

　認知訴訟は、嫡出でない子とその血縁上の父（又は母）との間に法律上の親子関係を形成することを目的とする形成訴訟であるというのが判例（最二小判昭和29・4・30民集8巻4号861頁〔27003176〕）通説（前掲我妻246頁、前掲中川96頁等）である。

(2)　訴訟物

　認知訴訟の訴訟物は、認知請求権である。

(3)　出訴期間

　父の生存中は、出訴期間に制限はない（民法787条ただし書の反対解釈）。

　これに対し、父又は母の死亡の日から3年を経過した場合は、認知の訴えを提起することができない（同法787条ただし書）。

(4)　当事者

ア　原告

　原告となるのは子、その直系卑属又はこれらの者の法定代理人である（民法787条本文）。

　胎児に、認知の訴えの原告となることができず、その母も代理して訴えを提起することはできないというのが判例（大判明治32・1・12民録5輯1巻7頁〔27520002〕）通説（前掲我妻242頁等）である。

　子の直系卑属については、同法783条2項との権衡から、子の死後においてのみ、認知の訴えを提起できるというのが通説（前掲我妻242頁、梶村太市＝徳田和幸編『家事事件手続法〈第2版〉』有斐閣（2007年）330頁等）である。

　未成年の子の法定代理人は、子が意思能力を有する場合にも、子を代理し

て認知の訴えを提起することができる（最三小判昭和43・8・27民集22巻8号1733頁〔27000929〕）。

イ　被告

被告は、父である（人訴法42条1項）。父が死亡している場合、死亡日から3年以内であれば、検察官を被告として、認知の訴えを提起することができる（民法787条ただし書、人訴法42条1項）。

(5)　審理

認知の要件は、生物学的親子関係が存在すること及び子に法律上の父がいないことである（前記1(3)参照）。

生物学的親子関係については、実務上、ほとんどの事案でDNA鑑定を実施して決している。しかし、被告が鑑定に応じない場合には、間接事実によりこれを決するほかない。

具体的には、母の受胎可能期間中に父と母との間で性交渉があったこと、父子間で血液型の矛盾がないこと、人種の違い、指紋、足紋、掌紋、父親としての愛情を示したことなどが間接事実になるとされている（最一小判昭和31・9・13民集10巻9号1135頁〔27002887〕）。

被告が合理的な理由なく鑑定を拒否する場合、それのみをもって直ちに生物学的父子関係を認めることはできないが、前記事情を間接事実とすることはできる（東京高判平成22・1・20判時2076号48頁〔28161844〕）。

子の母が懐胎当時父と内縁関係にあった場合には、民法772条が類推適用され、特段の事情がない限り、子は内縁の夫と事実上推定され、被告がこれを覆す事情を主張立証すべきことになる（最一小判昭和29・1・21民集8巻1号87頁〔27003229〕）。

(6)　判決

認容判決の主文は、「原告が被告の子であることを認知する。」である。認知判決の確定により出生時に遡って法律上の父子関係が生ずる。確定判決の効力は、第三者にも及ぶ（人訴法24条1項）。

4　認知無効の訴え

(1)　法的性質

認知無効の訴えの性質については、身分関係の画一的確定の観点から、認知無効の訴えによってのみ無効の主張を認めるべきであるとして形成訴訟と解すべきであるとする説（形成訴訟説、前掲内田 195-196 頁等）と、真実に反する認知は当然無効であり、当初から親子関係は生じないから判決を待たずに他の訴訟の先決問題として主張することができるとする当然無効説（無効確認訴訟説。前掲我妻 236 頁等）との間で分かれている。

判例は、認知が真実に反することを理由とする認知無効の訴えは形成の訴えに属するとして形成訴訟説に立っている（前掲大正 11 年大判〔27511093〕）が、最近の下級審裁判例の中には、認知が「無効であることを確認する」との判決主文を掲げるものもある（大阪高判平成 21・11・10 家裁月報 62 巻 10 号 67 頁〔28163131〕）。

無効原因のうち、少なくとも、他人が認知者の名義を冒用してした届出による認知や、嫡出推定を受ける子及び強制認知を経ている子に対する認知の場合等については、無効原因の大きさ等から当然無効とすべきとの見解（前掲野田＝梶村総編集〔荒井九州雄〕211 頁）もある[3]。最二小判昭和 57・12・17 裁判集民 137 号 619 頁〔27452670〕は、認知の届出が認知者の意思に基づかず、かつ、事実に反するとの理由による認知無効の訴訟につき、「認知無効の確認請求権」と表現しており、参考となる。

(2)　訴訟物

認知無効の訴えを形成訴訟と解する場合の訴訟物は、認知無効請求権である。

確認訴訟と解する場合の訴訟物は、認知の効力である。

---

[3]　前記 2 (1)のウ及びエ記載の戸籍実務は、当然無効説を前提としたものと解される。

(3) **当事者**

ア 原告

(ア) 原告となるのは被認知者と利害関係人である（同法786条）。

a 被認知者である子は、未成年であって意思能力を有する場合には訴訟能力が認められ、法定代理人によらずに訴訟行為をすることができる。

b 「利害関係人」には、子の母、認知者、認知者の妹など直系卑属の親族がこれに当たるとされている。

c 血縁関係がないことを理由に認知の無効を主張する場合において、認知者自身を「利害関係人」に含むかについては、かつて同法785条の趣旨とも関連して、認知者から認知の無効を主張できないとする判例（前掲大正11年大判〔27511093〕）もあった。しかし、近時は血縁関係の有無という事実要素を重視して認知者による認知の無効を認めるのが通説（前掲梶村＝徳田編338頁、前掲野田＝梶村総編集〔荒井九州雄〕208頁）である。

このような中、前掲平成26年最判〔28220184〕は、認知者自身も同法786条の「利害関係人」に当たると正面から認め、血縁上の父子関係がないことを知りながら認知をした場合においても異なるところはないと判示した（なお、前記多数意見に対しては、大橋正春裁判官の反対意見、木内道祥裁判官の補足意見及び寺田逸郎裁判官の意見がある。）。その理由として、認知者が認知をするに至る事情は様々であり、自らの意思で認知したことを重視して認知者自身による無効を一切許さないと解するのは相当でなく、利害関係人による無効主張が認められるのであれば、認知者自身による無効主張を一律に制限する理由に乏しく、具体的な事案に応じて必要がある場合には権利濫用の法理などでこれを制限することは可能であること、認知者が認知の効力について強い利害関係を有するのは明らかであることなどを挙げている。

(イ) 訴訟係属中に原告が死亡した場合は、訴訟は当然に終了となる（前掲昭和57年最判〔27452670〕）。

(4) **被告**

子が原告となる場合は、認知者が被告となり、認知者が原告となる場合は

子が被告となる。第三者が原告となる場合は、子及び認知者が被告となる（人訴法12条2項、固有必要的共同訴訟）。ただし、一方が既に死亡しているときは、生存者のみを被告とすれば足り、いずれも死亡している場合は、検察官を被告とする（同条2項・3項）。

訴訟係属中に被告が死亡したときは、検察官が訴訟を承継する（人訴法26条2項）。

(5) **審理**

ア　無効原因の存否の審理

前記無効原因の有無を審理することになる（無効原因の内容については、前記2(1)参照）。

イ　権利濫用の有無の審理

前掲平成26年最判〔28220184〕でも指摘されているように、血縁関係のない認知であっても、それを無効主張することが権利の濫用に当たるとされる余地にある。血縁関係がないことを知りながら認知をしたという事情は、権利濫用の一要素となり得る。また、最二小判昭和53・4・14判時894号65頁〔27441901〕では、被認知者の実母及び認知者の子が、被認知者に対する認知が真実に反することを知りながら長期間放置し（認知後57年、無効原因を知った後37年、認知者死亡後26年経過後の訴え）、認知者の死亡後、被認知者に対して遺産を相続させないことを目的として認知無効確認訴訟を提起したという事案で、このような請求は権利の濫用に当たらないとしており、参考となる。

(6) **判決**

認容判決の主文は、認知無効訴訟の法的性質を形成訴訟と解する場合には、「A（認知者）のB（市町村長）に対する〇年〇月〇日届出によるC（子）に対する認知を無効とする。」となる。確認訴訟と解する場合には、「A（認知者）のB（市町村長）に対する〇年〇月〇日届出によるC（子）に対する認知が無効であることを確認する。」となる。

認知無効の訴えを認容する判決が確定すると、認知は遡及的に効力を失い、

認知者と子との間の父子関係の不存在が確定する。請求棄却の判決がされると、事実審口頭弁論終結時点における認知無効請求権の不存在が確定することになる（確認訴訟と解する場合は、事実審口頭弁論終結時点における認知の効力の不存在が確定することになる。）。

確定判決の効力は、当事者のみならず第三者にも及ぶことになる（人訴法24条1項）。

5 認知取消しの訴え

(1) 法的性質、訴訟物

認知取消しの訴えは、任意認知により生じた法律上の親子関係を遡及的に消滅させることを目的とする形成の訴えであり、訴訟物は、任意認知取消請求権である。

(2) 当事者

法定の承諾を欠く認知を取消原因と解する場合の取消訴訟の原告は承諾権者（子、母、死亡した子の直系卑属）であり、被告は、子が原告のときは認知者、子が原告でないときは認知者及び子である（固有必要的共同訴訟）。

詐欺・強迫を取消原因とする場合の原告は認知者であり、被告は子である。

(3) 出訴期間

認知取消しの訴えの出訴期間についてこれを直接制限する定めはないが、同法808条（養子縁組の取消しに関する規定）を類推して、取消権の行使期間につき、詐欺を発見し又は強迫を免れた時から6か月、承諾を欠くときは承諾のない認知届が受理されたことを知ってから6か月と解すべきとの見解（前掲野田＝梶村総編集〔荒井九州雄〕215頁、前掲北野＝梶村編〔大西嘉彦〕741頁等）が有力である。

(4) 審理

取消原因の有無について審理することになる（取消原因の内容については、前記2(2)参照）。

(5) 判決

請求認容判決の主文は「原告（父）の被告（子）に対する認知を取り消す。」となる。取消判決が確定すると、認知は遡及的に効力を失い、認知者と子との間の父子関係不存在が確定する。請求棄却の判決が確定すると、事実審口頭弁論終結時における認知取消請求権不存在が確定する。

判決の効力は、当事者間のみならず第三者にも及ぶことになる（人訴法24条1項）。

6　認知、認知無効及び認知取消しの調停（合意に相当する審判）

(1) 調停前置主義

認知、認知無効、認知取消しのいずれについても、調停前置主義が適用されるから（家手法257条1項、244条）、原則として、まず家庭裁判所に調停の申立てをしなければならない。

(2) 手続

ア　認知、認知無効及び認知取消しの調停は、夫婦関係調整（離婚）等の一般調停や家手法別表第二の類型の調停とは異なり、「人事に関する訴え（離婚及び離縁の訴えを除く。）を提起することができる事項についての家事調停」として、同法277条に基づく合意に相当する審判の対象となる特殊な調停である。このような類型の調停としては、実務上、親子関係（父子関係）不存在確認、嫡出否認などが多いが、認知もこれらと並んで申立て件数の多い調停である。

なお、認知の調停と同時に養育費の調停が申し立てられる場合も少なくない。このような場合、個々の事案に応じた調停委員会の判断事項ではあるが、認知の調停を優先させ、DNA鑑定の結果などを踏まえて一定の結論が出た後、養育費の調整を図るのが通常である。

イ　具体的手続

(ｱ)　家手法277条の合意に基づく相当する審判をするには、①当事者間に申立ての趣旨のとおりの審判をすることにつき合意が成立していること（同条

1項1号)、②その身分関係の形成等の原因について争いがないこと（同条1項2号)、③家庭裁判所による事実の調査により、その合意が正当と認められること（同条1項頭書）が必要である。また、④前記調停手続が、調停委員会によって行われている場合には、合意に相当する審判をするときは、その調停委員会を組織する家事調停委員の意見を聴かなければならない（同条3項)。

　前記③の事実の調査の一環として、生物学的親子関係の判断のため、DNA鑑定を実施するのが通常である。

(イ)　前記(ア)①の当事者間の合意は、いわゆる電話会議システム等の利用の場合（家手法258条1項、54条1項）や調停条項案の書面による受諾の場合（同法270条1項）によって成立させることはできない（同法277条2項)。離婚や離縁の調停と同様である（同法268条3項、270条2項)。

(ウ)　認知、認知無効及び認知取消しの調停の管轄は、他の調停と同様、相手方の住所地を管轄する家庭裁判所又は当事者が合意で定める家庭裁判所である（家手法245条1項)。

　合意に相当する審判に対して不服がある場合には、当事者及び利害関係人は、2週間の不変期間内に異議申立てをすることができる（同法279条1項)。家庭裁判所は、前記異議申立てが不適法であるとき又は異議申立てに理由がないと認めるときは、これを却下しなければならないとされており（同法280条1項)、これに対してはさらに即時抗告をすることができる（同条2項)。

　他方、異議申立てが適法で、かつ、異議申立てに理由があると認めるときは、家庭裁判所は、合意に相当する審判を取り消さなければならない（同条3項)。

(エ)　異議申立てがなく、又は異議申立てを却下する審判が確定したときは、合意に相当する審判は、確定判決と同一の効力を有するものとされる（同法281条)。

ウ　認知の調停は、実務上、相手方が期日に出頭せず、出頭したとしても手

続に非協力である場合が珍しくない。前述のとおり、鑑定費用の調整に時間を要し、調停が一向に進まないという場合もある（実務上申立て件数は少ないが、認知無効や認知取消しの調停も同様と考えられる。）。このような調停進行上の問題が生じた場合には、その対処に当たり、裁判官と調停委員とが適時適切に評議を行い（必要に応じて、書記官や家庭裁判所調査官も立ち会う。）、調停の進行方針に関する認識の共有化を図ることが極めて重要である。

（伊賀　和幸）

◆参考文献

本文中に掲げるもののほか
・谷村武則「判批」ジュリスト1468号（2014年）90頁
・松原正明編著『人事訴訟の実務』新日本法規出版（2013年）442頁以下

第3 養子縁組に関する事件

1 離縁

設例 14　X（昭和30年生）は、昭和60年、Y女（昭和5年生）の長女A（昭和32年生）と婚姻し、Yと養子縁組した。その後、Xは、Aが父親（Yの夫。昭和55年死亡）から相続した居宅で、A及びYと同居し、Aとの間において、昭和62年に長男、平成2年に長女をもうけたが、平成15年にAが死亡した後、Yとの折合いが悪くなり、平成16年以降、Yの二女X宅に転居したYとは、一切音信不通の状態が続いている。なお、Yは、平成25年からほとんど寝たきりの状態となり、Xは、Bから介護費用の負担を求められている。

Xは、平成26年、Yを被告として、離縁訴訟を提起した、Xが、長期間の別居により養親子関係は形骸化しており、破綻していると主張したのに対し、Yは、Xの度重なる虐待や侮辱行為により、二女宅に転居せざるを得なかったのであり、Xからの離縁請求は許されないと反論している。

Xの離縁請求は認められるか。

Basic Information

1　離縁とは、養親子関係の解消であり、協議離縁、調停離縁、審判離縁、裁判離縁、訴訟上の和解による離縁、請求の認諾による離縁、死後離縁がある。

協議離縁は、当事者の合意と離縁の届出により成立する離縁（民法811条1項）である。係る合意を当事者間で形成できない場合、離縁を求める当事者は、家庭裁判所に対し、離縁の調停を申し立てる。その調停において、離縁の合意ができ、調停が成立した場合、調停離縁となる。

なお、調停が成立しない場合、家庭裁判所は、相当と認めるとき、当事者

双方のために衡平に考慮し、一切の事情を考慮して、職権で、事件解決のため必要な審判（調停に代わる審判）をすることができ（家手法284条1項）、これが確定した場合、審判離縁となる。もっとも、調停手続において、離縁をめぐる当事者間の対立が甚だしい場合、調停に代わる審判をしたとしても、異議が申し立てられることが確実であるため、実務上、調停に代わる審判によって離縁が命じられるのは、①一方当事者が欠席の場合、②離縁の合意が整っているものの、当事者が出頭しないために調停が成立できない場合、③対立が極めて子細な点にあり、家庭裁判所による調停に代わる審判であれば、異議を申し立てないと見込まれる場合など、限られた場面で用いられている。

　そして、調停離縁が成立せず、調停に代わる審判離縁が行われず、又は、調停に代わる審判離縁が行われたが、これに対する適法な異議申立てがあった場合、離縁を求める当事者は、離縁の訴えを提起することができ、その請求認容判決が確定した場合、裁判離縁となる。訴訟手続において、和解あるいは認諾によって離縁が成立した場合、訴訟上の和解による離縁、請求の認諾による離縁となる。なお、死後離縁とは、縁組当事者の一方が死亡した後、生存当事者が裁判所の許可を得て行う離縁である（民法811条6項）。

2　裁判離縁を求める訴えは、離縁の訴え（離縁請求訴訟）であり、家庭に関する紛争については、性質上、当事者の自主的な紛争解決能力と意欲を基本とすべきであるとの見地から、他の人事訴訟と同様、調停前置主義（家手法257条）が採られているため、離縁の訴えを提起しようとする者は、まず、家庭裁判所に調停の申立てをしなければならない（同条1項）。ただし、調停が前置されていることは訴訟要件ではないため、調停を前置せずに離縁の訴えを提起したからといって、訴えの提起が不適法になるわけではなく、調停に付すことが適当でない場合以外は、当該事件が調停に付されることとなる（同条2項）。

◆設例に対する回答

1　設例によれば、離縁請求訴訟の原告であるXは、長期間の別居により

養親子関係が形骸化して、破綻していると主張しており、少なくとも縁組を継続し難い重大な事由（民法814条1項3号）があると主張していることが明らかである。他方、被告であるYによる悪意の遺棄（同項1号）まで主張しているかは必ずしも明らかでないが、設例によれば、Yが平成25年からほとんど寝たきりの状態となり、むしろXがYの二女であるBから介護費用の負担を求められているのであって、このような事情に照らせば、XからYによる悪意の遺棄を主張しているとは考え難い。

したがって、まずは、縁組を継続し難い重大な事由の有無が争点となる。

そして、縁組を継続し難い重大な事由は、離縁原因であり、原告であるXが主張立証責任を負う（解説6(1)参照）。設例からは証拠関係が明らかでなく、その存否を確定的に判断することは難しいが、設例で争いのない事実関係のうち、折合いが悪くなって別居したという別居に至る経緯、10年間という長期間にわたる別居、その間の音信不通といった事実に着目すれば、ほかに特段の事情が認められない限り、縁組を継続し難い重大な事由があると認めることができるであろう。

ただし、離縁請求訴訟における長期間の別居は、離婚請求訴訟における長期間の別居と若干意味合いが異なる点は留意すべきである。すなわち、婚姻の場合、婚姻に伴って同居するのが通常であり、法律上も同居義務があるため（同法752条）、単身赴任等の理由がないにもかかわらず、婚姻当事者が別居しているという状況は正常でなく、長期間の別居それ自体が婚姻を継続し難い重大な事由となり得るうえ、実務上も別居期間の長短が婚姻を継続し難い重大な事由の判断に大きな影響を与えている。しかしながら、養子縁組の場合、養子縁組に伴って必ず同居するわけではなく、法律上の同居義務というものもなく、単に長期間にわたって別居しているということのみでは、当然に縁組を継続し難い重大な事由があるとは認め難い。もっとも、設例の場合、XとYが当初同居していたものの、折合いが悪くなって別居したという経緯や、XとYが長期間にわたって別居しているだけでなく、その間、音信不通であることなど、XY間の不和をうかがわせる事情が認められると

ころであり、前記のとおり、縁組を継続し難い重大な事由があると認めることができると考えられる。

2 次に、設例によれば、離縁請求訴訟の被告であるYは、Xの度重なる虐待や侮辱行為により、二女宅に転居せざるを得なかったのであり、Xからの離縁請求は許されないと反論しており、これはいわゆる有責当事者の抗弁、すなわち、縁組関係を自ら破綻させた有責当事者からの離縁請求は信義則上許されないという主張をしているものと理解できる。そして、その立証責任は被告であるYが負う（解説6⑵イ参照）。

この点、Yが主張する具体的な事実は、Xの度重なる虐待や侮辱行為により、二女宅に転居せざるを得なかったという点にあり、例えば、虐待や侮辱行為に関して、診断書、写真、録音・録画、メール、警察等への相談記録等の証拠によって立証でき、XY間の養子縁組が破綻した原因が専ら又は主としてXの責任であると認められれば、Xが有責当事者に該当することとなる。

ただし、有責当事者からの離縁請求であっても必ず棄却されるわけではない。特に設例の場合、XとYとは、平成15年に折合いが悪くなり、平成16年に別居して以降、一切音信不通の状態が続いているというのであり、XY間の養子縁組関係が同年頃に破綻していたとすれば、破綻後に10年という長期間が経過していることとなり、Xの有責性も時の経過によって相当程度希釈したものとして、その期間の経過がXの離縁請求を肯定する方向に働く事情として考慮されることになる。他方において、Yは、平成25年からほとんど寝たきりとなり、現状、介護費用を要しており、Xの離縁請求が認められ、XのYに対する扶養義務（民法877条1項）が免除されることになれば、離縁によって苛酷な状況に置かれるおそれがあり、この点は、Xの離縁請求を否定する方向に働く事情として考慮されることとなる。

設例からは、その他の事情が明らかでないものの、前記のとおり、破綻後に10年という長期間が経過していることを重視するならば、YがXによる度重なる虐待や侮辱行為を立証でき、Xが有責当事者に該当することになったとしても、場合によっては、その離縁請求が信義則に反しないものとして

認められる可能性がある。

◆解 説
1 意義・性質
　離縁の訴えとは、養子縁組の一方当事者が他方当事者に対し、離縁原因に該当する事実を主張し、判決により、将来に向かって養子縁組関係が解消することを求める訴えであり、その法的性質は、形成の訴えであると解されている。

　離縁の訴えに請求認容の判決がされて確定すると、養子縁組関係は将来に向かって解消することとなる。

2 管轄
　離縁の訴えの管轄裁判所は、養子縁組関係の当事者が普通裁判籍を有する地を管轄する家庭裁判所である（人訴法4条1項）。

　ただし、前記管轄がない場合であっても、先行する調停が係属していた家庭裁判所は、調停の経過、当事者の意見その他の事情を考慮して特に必要があると認める場合、申立てにより又は職権で、自庁処理を行うことが可能である（同法6条）。

　また、併合請求における管轄が認められているため、例えば、離婚とともに離縁を求める場合、離婚の訴えに係る管轄裁判所に対し、離縁の訴えも併せて提起することができる（同法5条）。

3 当事者
(1) 養親・養子
　離縁の訴えの当事者は、養親及び養子である。養親又は養子の一方が原告となり、もう一方が被告となる。したがって、養親又は養子のいずれかが死亡している場合、離縁の訴えを提起することはできない。なお、訴訟の係属中に原告が死亡した場合、当該訴訟は当然に終了する（人訴法27条1項）。

また、訴訟の係属中に被告が死亡した場合、訴訟承継はなく、当該訴訟は当然に終了する（同条2項）。

もっとも、養親又は養子のいずれかが死亡している場合、生存当事者は、家庭裁判所の許可を得て、単独で離縁（死後離縁）をすることができる（民法811条6項）。

(2) 成年被後見人・未成年者

ア 成年被後見人・未成年者による訴訟行為

人訴法13条1項は、未成年者及び成年被後見人は、法定代理人によらなければ、訴訟行為をすることができないと定める民訴法31条の適用を除外しており、離縁の訴えにおいて、養親又は養子が行為無能力者であっても、15歳未満である場合を除き、意思能力がある限り、訴訟能力を有することとなる。

ただし、行為能力に制限のある者が訴訟行為を行うことは困難であるため、必要があると認められる場合、裁判長は、申立てにより、弁護士を訴訟代理人に選任することができるし、申立てをしない場合でも、弁護士を訴訟代理人に選任すべき旨を命じ、又は職権で弁護士を訴訟代理人に選任することができる（人訴法13条2項・3項）。

イ 養子が15歳未満である場合

養子が15歳未満である場合、養親と離縁の協議をすることができる者（代諾権者）、すなわち、離縁後に養子の法定代理人となる者から、又はこれに対して、離縁の訴えを提起することができる（民法815条、811条2項）。

代諾権者となる実父母が離婚しているときは、その協議で、その一方を離縁後に親権者となるべき者と定めなければならないが（同条3項）、その協議が調わないとき、又は協議をすることができないときは、家庭裁判所が協議に代わる審判をして定める（同条4項）。また、離縁後に法定代理人となるべき者がいないときは、家庭裁判所が離縁後に後見人となる者を選任する（同条5項）。

なお、離縁後に養子の法定代理人となる者が訴訟追行中に養子が満15歳

に達した場合には訴訟手続が中断し、養子本人が受継すると解される（民訴法124条1項3号）。

ウ　養親又は養子が成年被後見人である場合

養親又は養子が成年被後見人である場合、成年後見人が成年被後見人のために訴え、又は訴えられることができ（人訴法14条1項）、成年後見人が離縁の訴えの相手方となるときは、成年後見監督人が成年被後見人のために訴え、又は訴えられることができる（同条2項）。

なお、後見開始の審判がなされていないが、養親又は養子が意思能力を欠いている場合、その者について後見開始の審判を受けさせ、後見人の選任を待ったうえ、離縁の訴えを提起し、又は応訴する必要がある。この点について、民訴法35条の特別代理人を選任のうえ、離縁の訴えを提起することができるかが問題となるが、判例は、離婚の訴えについて、身分行為が代理に親しまないものであるとして、特別代理人による訴訟遂行を否定しており（最二小判昭和33・7・25民集12巻12号1823頁〔27002640〕）、離縁の訴えについても、前記のとおり、後見開始の審判を受けさせなければならないと解するべきである。

4　訴訟物

離縁の訴えにおける訴訟物は、離縁請求権であるが、離婚請求と同様に訴訟物理論が対立している。すなわち、①民法814条1項各号が規定する離縁原因ごとに離縁請求権があるとし、複数の訴訟物を認める旧訴訟物理論、②旧訴訟物理論に立ちつつ、同項1号、2号の離縁原因を「縁組を継続し難い重大な事由」の例示であるとして、離縁原因は、同項3号の「縁組を継続し難い重大な事由」であるとする見解（松本博之『人事訴訟法〈第3版〉』弘文堂（2012年）425頁）等、③新訴訟物理論に立ち、訴訟物は、離縁を求め得る法的地位にあるとの権利主張であり、同項各号の離縁原因は、これを基礎付ける事由にすぎず、離縁原因によって訴訟物が別異になることはないとする見解がある。

この点、判例は、①民法814条1項各号が規定する離縁原因ごとに離縁請求権があるとし、複数の訴訟物を認める旧訴訟物理論に立っており（最三小判昭和36・4・25民集15巻4号891頁〔27002310〕）、実務上、離縁原因ごとに離縁請求権が生じるものと扱われているため、離縁の訴えにおける訴状においては、同法814条1項各号の少なくともいずれかに該当する事実を主張しなければならないし、主張しなかった離縁事由については審理の対象とならない点に留意しなければならない。

5　訴えの利益

離縁の訴えは、養子縁組関係を将来に向けて解消する訴訟であり、養子縁組関係が存続する限り、訴えの利益が認められる。

他方、届出のない養子縁組は、養子縁組として成立しておらず（民法799条、739条1項）、その効力を争うのであれば、養親子関係不存在確認訴訟によるべきであり、離縁の訴えを提起する訴えの利益は認められない。また、縁組無効・取消しの審判・判決が確定するなどした場合、解消すべき養子縁組が存在しなくなるため、離縁の訴えを提起する訴えの利益が消滅する。これに対し、協議離縁の届出がなされているが、当該離縁に無効原因がある場合、単純に離縁の訴えを提起する訴えの利益は認められないが、離縁無効確認の訴えに対する予備的反訴として離縁の訴えを提起する訴えの利益は認められる。

6　攻撃防御方法と主張立証責任

(1)　請求原因

離縁の訴えにおける原告は、請求原因として、①養子縁組が存在すること、②民法814条1項各号の後記離縁原因のいずれかが存在することを主張立証しなければならない。

ア　他の一方から悪意で遺棄されたとき（同項1号）

「悪意」とは、遺棄の事実を認識しているだけでなく、これを積極的に認

容する意思であり、社会倫理的に非難される要素を含むものである。

「遺棄」の中心は、養親子関係における扶養的義務違反、すなわち、養親が未成年の養子に対する監護養育義務を放棄した場合や、養子が養親に対して正当な理由なく扶養義務を怠る場合等であるが、必ずしも扶養的義務違反に限定されない。

もっとも、「その他縁組を継続し難い重大な事由があること」も離縁原因となるうえ（同項3号）、実務上も同時に主張されることが多く、「悪意の遺棄」とまでは認められないが、「その他縁組を継続し難い重大な事由」が認められるということが少なくないため、「悪意の遺棄」のみがことさら問題となる場面は少ない。

イ　他の一方の生死が3年以上明らかでないとき（同項2号）

「生死が3年以上明らかでないとき」とは、単に音信不通であるというだけでは足りず、生存も死亡も不明であることが必要であり、現在まで継続して3年以上生死不明であることを要する。

なお、生死不明が3年未満の場合、民法814条1項2号には該当しないものの、その他の事情と相まって同項3号の縁組を継続し難い重大な事由に該当することはあり得る。

ウ　その他縁組を継続し難い重大な事由があるとき（同項3号）

縁組を継続し難い重大な事由は、養親子関係が破綻し、その修復が著しく困難なことである。

養子縁組当事者の双方が縁組を継続する意思がない場合は、当然に養親子関係が破綻し、その修復が著しく困難といってよい（主観的破綻）。問題は、養子縁組当事者の一方が縁組を継続する意思がある場合、いかなる事情の下、養親子関係が破綻し、その修復が著しく困難といってよいかである（客観的破綻）。

この点、縁組を継続し難い重大な事由は、法的評価を含む概念であり、原告の主張立証する具体的事実と、被告が主張立証する具体的事実とを、裁判官が総合的に評価し、その裁量によって判断することとなる。

そうである以上、いかなる事実があれば、縁組を継続し難い重大な事由があると認められると断定的に論じることは困難であるが、裁判例の傾向を見ると、①暴行、虐待、重大な侮辱、②不労、浪費、借財、③犯罪行為、服役、④疾病・障害、⑤縁組目的（家業や祭祀の承継）の不達成、⑥過度な宗教活動、⑦相手方親族との不和、⑧性格の不一致、⑨一方当事者の夫婦関係が破綻したこと（婿養子縁組における養子夫婦間の離婚、連れ子養子縁組における養親と実親との離婚）、⑩長期間の別居等の事情が縁組を継続し難い重大な事由を基礎付ける具体的事実として主張されることが多いようである。

　なお、破綻を生じた原因は、当事者双方又は一方に有責事由がある場合に限ると解する必要はなく（最二小判昭和36・4・7民集15巻4号706頁〔27002320〕）、被告が無責であっても、原告から縁組を継続し難い重大な事由を主張して離縁を請求することができる。ただし、後記(2)イのとおり、被告が有責当事者の抗弁をすることが認められるため、破綻の原因につき専ら又は主として責任のある当事者が原告として離縁を請求しても棄却される場合がある。したがって、離縁の訴えにおける原告は、養親子関係が破綻し、その修復が著しく困難であることを抽象的に主張立証するだけでなく、破綻の原因や責任の所在・軽重についても明らかにすることが必要である。

　また、離縁の訴訟提起の後に生じた事実であっても、当事者は、事実審の口頭弁論終結に至るまでは、これを新たな攻撃方法として提出することができ、また新事実に基づき請求の原因を追加変更することもできる（最一小判昭和27・12・18民集6巻11号1190頁〔27003363〕）。

(2)　抗弁

ア　縁組の継続を相当と認める事情

　被告は、原告から民法814条1項1号及び2号（前記(1)ア及びイ）が規定する離縁原因（悪意の遺棄、3年以上の生死不明）を主張された場合、「縁組の継続を相当と認める事情」を抗弁として主張立証することができる（同法814条2項、770条2項）。

　もっとも、被告が離縁の訴えに出頭すれば生死不明ではなくなる以上、被

告が3年以上の生死不明（同法814条1項2号）でありつつ、被告が離縁の訴えに抗弁を主張立証するという場面は想定できない。また、悪意の遺棄（同項1号）は、実務上、縁組を継続し難い重大な事由（同項3号）と併せて主張されることが多く、悪意の遺棄が認められる一方、縁組を継続し難い重大な事由が認められないという場面を想定し難く、悪意の遺棄に対する抗弁としての「縁組の継続を相当と認める事情」が独立して問題となることは少ない。

そのため、実務上、「縁組の継続を相当と認める事情」という抗弁が主張立証される場面は多くなく、同法814条2項を適用して離縁の請求を棄却した裁判例も見受けられない。

イ　有責当事者の抗弁

離縁を争う被告は、破綻の原因が専ら又は主として原告の責任であること、すなわち、原告が有責当事者であることを抗弁として主張することができる。

この有責当事者の抗弁とは、養子縁組関係の破綻について、専ら責任のある当事者から他方当事者に対し、縁組を継続し難い重大な事由を主張して離縁を請求することは信義則上許されないというものであり、明文の規定はないが、離婚における有責配偶者の抗弁同様、判例上認められている抗弁である（最三小判昭和39・8・4民集18巻7号1309頁〔27001379〕）。

ただし、有責当事者からの離縁請求であっても必ず排斥されるわけではない。すなわち、有責当事者の抗弁を肯定した前掲昭和39年最判〔27001379〕は、「離縁の訴に関する民法814条1項3号の「縁組を継続し難い重大な事由」は、必ずしも当事者双方または一方の有責であることに限られるものではないけれども、有責者が無責者を相手方として、その意思に反して離縁の請求をなすことは許されないものと解するを相当とするのであって、その法意は、離婚の訴に関する同法770条1項5号と異なるところがないのである。」と判示しているところ、離婚請求訴訟において、一定の事情の下で有責配偶者からの離婚請求が許容されること（最大判昭和62・9・2民集41巻6号1423頁〔27800202〕）との均衡からしても、一定の事情の下であれば、

有責当事者からの離縁請求も許容される余地があると考えられる。実際、東京高判平成5・8・25判タ863巻270頁〔27826240〕）は、離縁を請求している養親が有責当事者であることを前提としたうえ、養子縁組関係の破綻後に長期間が経過していることや、養子の経済状況が安定していることなどを考慮し、その離縁請求を許すことが社会正義に著しく反するとはいえないとして、離縁請求を認容した原審の判断を維持している。

　もっとも、有責当事者からの離縁請求がいかなる事情の下で許容されるかは、必ずしも明らかでない。すなわち、有責配偶者からの離婚請求については、前掲昭和62年最判〔27800202〕において、「有責配偶者からされた離婚請求であっても、夫婦の別居が両当事者の年齢及び同居期間との対比において相当の長期間に及び、その間に未成熟の子が存在しない場合には、相手方配偶者が離婚により精神的・社会的・経済的に極めて苛酷な状態におかれる等離婚請求を認容することが著しく社会正義に反するといえるような特段の事情の認められない限り、当該請求は、有責配偶者からの請求であるとの一事をもって許されないとすることはできないものと解するのが相当である。」として、これを許容する一定の事情が示されている一方、有責当事者からの離縁請求については、前記最高裁判決に相当するものはないうえ、養子縁組は、婚姻のように同居を当然の前提とするわけではないため、別居の長期化をことさら重視することにはやや疑問があるし、未成熟の子がいるか否かも離縁請求の当否と直接的な関係はなく、前記最高裁判決が挙げる事情を、そのまま有責当事者からの離縁請求を許容すべき事情としてとらえることができない。この点については、いまだ裁判例の集積が乏しいところであり、その集積を待ったうえで検討を行うべきであろう。

7　判決の効力

(1)　請求認容判決

　離縁の訴えに請求認容判決がされて確定すると、養親子関係は、判決確定日から将来に向けて解消される（形成判決）。

また、離縁が正当に行われたことに既判力を生じるため、被告から離縁原因の不存在を主張して損害賠償請求訴訟等を提起することは既判力によって阻止される。

(2)　請求棄却判決

　離縁の訴えに請求棄却判決がされて確定すると、原告の主張する離縁請求権の不存在が確定する（確認判決）。

　請求棄却判決が確定した場合、原告は、当該訴えにおいて請求又は請求の原因を変更することにより主張することができた事実に基づいて同一の身分関係についての訴えを提起することができないため（人訴法25条1項）、離縁原因を変更して再び離縁の訴えを提起することはできない。

　ただし、東京高等裁判所は、「前記確定した控訴審判決の既判力は、その口頭弁論終結時において、右時点までに生じた事実に基づき、被控訴人に控訴人に対する離縁請求権がないことを確定するものであるから、右判決の既判力に抵触するのは、右基準時である右口頭弁論終結時までに生じた事実に基づいて右事由の存在を主張することであると解される。右基準時後に生じた事実を右基準時以前に生じた事実（前訴で主張された事実を含む。）と合わせて縁組解消事由等があるとして離縁を請求することは、養親子関係のような継続的法律関係の場合においては、新たな事実が加わることにより縁組解消事由等を構成する事実全体の法的意味が変容し、一旦不存在に確定した離縁請求権の存否に影響する可能性があるのであるから、事実を全体として見れば前訴で主張した縁組解消事由等と基礎事実を同一にして既判力に抵触するものということはできず、前記確定判決にかかわらずこれを主張することができると解される。」と判示し（前掲平成5年東京高判〔27826240〕）、離縁の訴えに請求棄却判決がされて確定した場合であっても、原告が基準時である事実審の口頭弁論終結時後に生じた事実を基準時以前に生じた事実と併せて主張し、改めて離縁の訴えを提起することが適法であるとした。

8 判決によらない訴訟の終了

(1) 和解

　離縁の訴えにおいて、養子縁組当事者は、養子縁組関係を維持することを内容とした訴訟上の和解のみならず、離縁をすることを内容とした訴訟上の和解をすることができる（人訴法44条、37条1項）。これは訴訟係属中に訴訟外で協議離縁をすることができることとの均衡から明文規定によって定められたものである。

　また、養子縁組当事者は、協議離縁をすることを内容とした訴訟上の和解をすることもできる。ただし、このような協議離縁をする和解の場合、通常、和解が成立した期日の席上において、署名押印した離縁届を交付するものの、和解成立によって離縁の効果が直ちに発生するわけではないため、一方当事者が離縁届出前に市町村役場に離縁届に係る不受理申出を行うと離縁ができないという事態が生じる可能性がある。

　これらの和解が成立した場合、当該離縁の訴えが終了する。

　なお、通常の民事訴訟と異なり、和解条項案の書面による受諾等（民訴法264条、265条）、による和解、電話会議システムを用いた弁論準備手続期日における和解はできない（人訴法44条、37条2項・3項）。これは身分行為に関する当事者の意思確認を慎重かつ直接に行うためである。

(2) 認諾・放棄

　離縁の訴えにおける被告は、原告の離縁請求を認諾することができ（人訴法44条、37条1項）、認諾がされた場合、将来に向かって養子縁組関係が解消することとなり、当該離縁の訴えが終了する。なお、電話会議システムを用いた弁論準備手続期日における認諾はできない（同法44条、37条3項）

　また、離縁の訴えにおける原告は、離縁請求を放棄することができ（同法44条、37条1項）、放棄された場合、養子縁組関係が継続することとなり、当該離縁の訴えが終了する。なお、請求放棄は、養子縁組という身分関係を変動させないため、電話会議システムを用いた弁論準備手続期日でも可能である。

(3) 取下げ

　離縁の訴えにおける原告は、通常の民事訴訟と同様、判決が確定するまで、離縁の訴えを取り下げることができ、取り下げた場合、養子縁組関係が継続することとなり、当該離縁の訴えが終了する。

(4) 調停・審判

　離縁の訴えが係属する家庭裁判所は、当事者の意見を聴いて、いつでも、職権で、事件を調停に付することができ（家手法274条）、調停が成立した場合ないし調停に代わる審判がなされて確定した場合、当該離縁の訴えが終了する。

9　離縁の効果・事後の手続

(1) 離縁の効果

　離縁の効果により、養子縁組が将来に向けて解消され、これに伴って互いの相続関係及び扶養関係、さらには養子縁組によって生じた法定親族関係（養子及びその配偶者並びに養子の直系卑属及びその配偶者と養親及びその血族との親族関係）も消滅する（民法729条）。ただし、養親子関係に伴う婚姻障害は、離縁をしても消滅しない（同法736条）。

　未成年者である養子は、離縁により、再び実父母の親権に服することとなるが、親権を行う実父母がいない場合、後見が開始される（同法818条、838条）。

　また、養子は、離縁によって縁組前の氏に復するが、配偶者とともに夫婦共同縁組をした養親の一方とのみ離縁をした場合は、縁組前の氏に復さない（同法816条1項）。また、縁組の日から7年を経過した後に離縁した養子は、離縁の日から3か月以内に戸籍法の定めるところに従って届け出ることにより、離縁の際に称していた氏を称することができる（同条2項、戸籍法73条の2）。

(2) 事後の手続

　離縁の訴え・申立てを認容する判決・審判がなされた場合、判決・審判の確定日から10日以内に、判決・審判の謄本を添付して、その旨の届出をしなければならず、離縁する内容の調停・和解が成立した場合、調停・和解の成立日から10日以内に、調停調書・和解調書の謄本を添付して、その旨の届出をしなければならない（戸籍法73条、63条1項）。

　ただし、これらの届出は、報告的届出であって、離縁の効力発生要件ではない。

　なお、協議離縁する旨の調停や和解が成立した場合、その旨を届け出なければならず（同法70条）、協議離縁である以上、届出時点で離縁の効力が発生する。

10　その他

　離婚の訴えにおいて、離婚請求とともに、離婚慰謝料等の損害賠償を請求できるのと同様、離縁の訴えにおいても、離縁請求とともに、離縁請求の原因である事実によって生じた損害に関する損害賠償を請求することができる（人訴法8条）。

　この損害賠償請求は、離縁の請求原因と相当因果関係がある限り、財産的損害も含まれるが、離婚請求に付随する損害賠償請求同様、多くは精神的損害に係る慰謝料請求である。なお、慰謝料の算定においては、養子縁組関係の破綻原因、有責の内容・程度、養子縁組期間、年齢、収入や資産の状況等諸般の事情が考慮されることとなるが、夫婦関係に比較すると、養親子関係の緊密度は比較的薄く、破綻によって受ける苦痛の程度も離婚の場合に比較して低いと考えられるため、一般的に見ると、離婚慰謝料に比較して離縁慰謝料は低額になるものと考えられる。

（横倉　雄一郎）

◆参考文献

本文中に掲げるもののほか
・松原正明編著『人事訴訟の実務』新日本法規出版（2013年）369頁以下
・野田愛子＝梶村太市総編集『新家族法実務大系2 親族Ⅱ』新日本法規出版（2008年）258頁以下

2 養子縁組無効、取消し

設例 15

　Xは、平成15年に後妻Bと再婚して以来、平成12年に離婚した前妻A及び同人との間の子Y（平成3年生）とは音信不通の状態にあった。ところが、平成25年にXの母C（大正10年生）が死亡した際、Yが平成24年にCとの養子縁組の届出をしていたことが判明した。Cは、平成22年以降は老人介護施設に入所していた。

　Xは、平成26年、養子縁組がなされた平成24年当時、認知症にかかっていたCには、Yとの養子縁組の意味を理解できておらず、縁組意思を欠いていた、あるいは、養子縁組はYに騙されてしたものであると主張し、Yを被告として、YC間の養子縁組の無効確認又は取消しを求める訴訟を提起した。

　これに対し、Yは、Cが養子縁組届出書に署名押印した状況を撮影した記録を提出して、Cが縁組意思を有しており、縁組はYの詐欺によるものではないと反論している。

　Xの請求は認められるか。

Basic Information

1　養子縁組は、人違いその他の事由によって当事者間に縁組をする意思がないときに限り無効となる（民法802条1号。なお、縁組の届出を欠くとき、そもそも養子縁組は成立しないから、効力の問題は生じないというのが通説である（我妻榮『親族法』有斐閣（1961年）284頁参照）。）。

2　民法792条ないし798条が規定する縁組要件の欠缺は、縁組の取消原因となる。

　具体的には、養親が未成年者であるとき（同法804条、792条）、養子が

尊属又は年長者であるとき（同法805条、793条）、後見人と被後見人間の無許可縁組（同法806条、794条）、配偶者の同意がないか、詐欺・強迫による同意がなされた縁組（同法806条の2、796条）、養子となる15歳未満の者を監護すべき者の同意がないか、詐欺・強迫による同意がなされた縁組（同法806条の3、797条2項）、未成年者（自己又は配偶者の直系卑属を除く。）を養子とする無許可縁組（同法807条、798条）、詐欺又は強迫による縁組（同法808条1項、747条）であり、縁組の取消しは、これらの場合に限って認められる（同法803条）。

3　養子縁組無効確認訴訟に比べ、養子縁組取消訴訟が提起されることはごくまれであり、人事訴訟事件が家庭裁判所に移管された後、東京家庭裁判所（本庁）に提起された養子縁組取消事件は8件を数えるのみである（平成28年3月末現在）。これに対し、養子縁組無効事件は、同庁だけで見ても、平成25年4月1日からの3年間で130件が提起されている。その中でも、養親となった者の意思能力の有無が争点とされる事件が多く見受けられ、成年後見人が訴訟担当をするケースや、設例のように養親が既に死亡しているケースも一定数を占めており、後者の場合、相続人である訴訟当事者間に、既に遺産をめぐる紛争が生じていることが一般的で、感情的にも激しい対立がある。

4　いずれにしても、裁判所は、養子縁組に至るまでの経緯、縁組届が本人によって作成されたものか否か、縁組後の養親子関係などの事情等を考慮して判断することになるが、無効（取消し）の原因については原告がその証明責任を負うから、縁組意思の不存在、縁組要件の欠缺について証明がなされない限り請求は棄却されることとなる。

◆ 設例に対する回答

1　養子縁組当時、Aが、認知症によって事理弁識能力が著しく低下し、又は、これを欠く状態にあり、養子縁組の意味を理解できていなかった場合、本件養子縁組は、Aの縁組意思を欠き、無効となる。

もっとも、単に、老人介護施設に入所していたことや、認知症と診断されていたことをもって直ちに意思能力を欠いていたということはできない。設例の場合、Xにおいて、縁組当時にAが養子縁組をするに必要な意思能力を欠いていたことについて、どの程度具体的に主張立証することができるかによって、結論が左右されることになると考えられる（なお、設例では、養子縁組届の署名押印がA本人によってなされたものであることには争いがないものと考えられる。）。

　一般的には、施設が作成した介護記録や医療記録、あるいは介護担当者や主治医の意見書などによってAの当時の事理弁識能力の程度を明らかにするほか、AとYとの従前の関係に照らしたときに養子縁組をすることが不自然であることや、AとXの従前の関係に照らしたときにXが本件養子縁組を知らなかったことは不合理であることを指摘して、これらの事情をもってAに正常な判断能力がなかったことの裏付けとする主張立証の方法が採られることが多い。

　いずれにしても、裁判所は、このようなXの主張立証のほか、養子縁組の経緯や届出書作成時の状況、届出時の状況などに関するYの説明の合理性などを検討して判断することになろう。

2　本件養子縁組当時、Aが意思能力を欠く状態にあったと認められず、縁組が無効とされないとき、取消しの可否が問題となるが、縁組当事者でないXにおいて、いつ、どのようにYがAを欺罔して養子縁組の意思を形成させ、養子縁組届を作成、提出するに及んだものかということを具体的に主張立証することは、事実上困難であると考えられる。

◆解　説

1　はじめに

　我が国においては昭和62年の民法改正により特別養子制度が設けられた（民法817条の2以下）が、司法統計によるその成立件数は、平成24年度が339件、平成25年度が474件、平成26年度が513件と、増加傾向にあるも

のの、年間8万件から9万件ともいわれる養子縁組の原則的形態は普通養子である。

そして、福祉的目的が重視される未成年養子は、裁判所による許可が縁組成立及び効力発生の要件とされる（もっとも、これにも例外がある。）のに対し、成年養子は、その成立において裁判所の関与その他の国家的監督は予定されていない。

本設例は、成年普通養子の事例であるところ、以下の解説は、特段の指摘のない限り、成年普通養子について述べるものである。

2 訴えの提起

(1) 調停前置

養子縁組無効確認（取消し）訴訟を提起しようとする者は、まず家事調停の申立てをしなければならない（家手法257条1項）。

調停において、当事者間に縁組は無効であることを確認する（又は取り消す）旨の審判を受けることについて合意が成立し、申立てに係る無効（取消し）の原因について当事者双方が争わないとき、裁判所は、必要な事実を調査したうえ、当事者間の合意を正当と認めるときは、当該合意に相当する審判をすることができる（同法277条1項）。

当事者は、合意に相当する審判がなされずに調停事件が終了したときや、合意に相当する審判に対して異議が申し立てられ、同審判が取り消されたとき（同法279条、280条）に限り、訴えを提起することができるのであり、調停を経ずに訴えが提起された場合、裁判所は、職権で、事件を家事調停に付さなければならない（同法257条2項）。

(2) 管轄

養子縁組無効確認（取消し）訴訟の管轄は、原則として、その訴えに係る「身分関係の当事者」である養親若しくは養子が普通裁判籍を有する地又はその死亡の時にこれを有した地を管轄する家庭裁判所に専属する（人訴法4条1項）。

(3) 当事者

ア　原告

　養子縁組無効確認訴訟は、確認の訴えであるから、縁組の当事者である養親又は養子（人訴法12条1項）のほか、縁組当事者以外の第三者であっても確認の利益を有する者であれば訴えを提起することができるが、確認の利益を有する者の範囲については、「当該養子縁組が無効であることにより自己の身分関係に関する地位に直接影響を受ける」者であることを要する（最三小判昭和63・3・1民集42巻3号157頁〔27100076〕）。例えば、養子縁組の効力いかんについて財産権上の利害関係を有するにすぎない者は、当該権利義務関係についての民事訴訟等における攻撃防御方法として必要な限度で、養子縁組の無効をいえば足りるのであって、対世効を有する判決によって無効であることを確認する利益はない（大判昭和15・12・6民集19巻2182頁〔27500270〕、最三小判昭和38・12・24刑集17巻12号2537頁〔27801148〕参照）。

　縁組取消訴訟において原告となり得る者は、取消しの原因ごとに法定されている。詐欺又は強迫による縁組取消しには、民法総則における取消権者に関する規定（民法120条2項）の適用がないから、代理人や承継人が原告となることはできない（東京高判平成19・7・25判タ1257号236頁〔28140358〕）。

イ　被告

　養子縁組無効確認訴訟も縁組取消訴訟も、いずれも、縁組の一方当事者が原告となる場合は他の一方当事者を被告とし、同人が死亡した後は検察官を被告とする（人訴法12条1項・3項）。縁組当事者でない第三者が原告となる場合は、縁組当事者の双方を共同被告とし、一方が死亡したときは生存する他の一方、双方が死亡した後は検察官を被告とする（同法12条2項・3項）。

　縁組当事者の双方を共同被告とする場合、固有必要的共同訴訟となる。

ウ　未成年者を養子とする縁組の場合

　養子が15歳に達した後は、養子自身が当事者適格を有し、訴訟能力も認められる（人訴法13条1項は、未成年者について法定代理人によらなけれ

ば訴訟行為をすることができないと定める民訴法31条の適用を除外している。）から、親権者等の他の者が代理することはできない。

養子が15歳に達していない場合については、誰がどのような立場で訴訟追行することができるかについては、離縁について定める民法815条を類推適用して縁組を無効とするか取り消す旨の判決が確定した場合にその法定代理人となるべき者が訴訟追行できるという説（島津一郎＝久貴忠彦編『新・判例コンメンタール民法⑿親族⑶』三省堂（1992年）266頁）や、特別代理人（同法826条）が訴訟追行できるという説（大阪高判昭和34・7・31下級民集10巻7号1624頁〔27450594〕）がある。実務においては、養親のほかに親権を有する実父母があり、利益相反が生じない場合には、これらの者が養子に代わって訴訟追行することを許していることが多い。

エ　縁組の当事者が成年被後見人である場合

人事訴訟においては、成年被後見人であっても、当然に訴訟能力が失われるものではない（人訴法13条1項）が、その成年後見人において、成年被後見人のために原告又は被告となることができる（同法14条1項）。この場合の成年後見人の立場は、訴訟担当であるとされる（兼子一『新修民事訴訟法体系』酒井書店（1965年）160頁など、最二小判昭和33・7・25民集12巻12号1823頁〔27002640〕参照。法定代理人とする考え方もある。）。

オ　夫婦共同縁組の場合

夫婦共同縁組をすべき場合、夫婦の一方にのみ無効原因がある場合であっても、原告として縁組全体が無効となるとされているから、当該縁組の無効確認を求める訴えは、固有必要的共同訴訟であり、夫婦の双方が共同原告となり、又は、夫婦の双方を共同被告としなければならない。

3　養子縁組無効確認訴訟の攻撃防御方法

⑴　請求原因

養子縁組無効確認訴訟において、原告は、請求原因として、①養子縁組の届出がされていること、②①の届出時に当事者双方又は一方に縁組意思がな

かったこと又は①の届出が当事者双方又は一方の届出意思に基づかないことを主張立証しなければならない。

　なお、②について、養子が 15 歳未満である場合、縁組意思の有無は法定代理人について定めるので、代諾権のない法定代理人や戸籍上の表見代理人による代諾がされた場合、縁組意思がないものとして無効となるとされている。

ア　縁組意思

　養子縁組は、「人違いその他の事由によって当事者間に縁組をする意思がないとき」に無効となる（民法 802 条 1 号）ところ、ここにいう縁組をする意思とは、「真に養親子関係の設定を欲する効果意思」であり（最一小判昭和 23・12・23 民集 2 巻 14 号 493 頁〔27003589〕ほか）、その意味は、社会的習俗に照らして親子と認められるような関係を創設しようとする意思であると解されている[1]。

　そのため、人違い、意思能力の欠如や縁組当事者に無断で届け出られた場合だけでなく、養子縁組が、専ら他の目的を達成するための便法として利用（仮装）されたものといえる場合にも、養子縁組は無効となる。

　ここで、戦後一般になされる養子縁組の機能について、親子関係に伴う財産的な義務を発生させるために用いられているといっても過言ではないという指摘もある（大村敦志『家族法〈第 3 版〉』有斐閣（2010 年）203 頁）が、専ら財産相続を目的とする養子縁組であるから無効であると主張された事案において、判例（最二小判昭和 38・12・20 判タ 166 号 225 頁〔27451027〕）は、原審の認定した事実の下においては、養親の遺産に対する特定の法定相続人の相続分を排して、孫である養子らにこれを取得させる意思があると同時に、養親と養子らとの間に真実養親子関係を成立せしめる意思もまた十分にあったとする原審の判断は是認し得るものとした。

　また、祖父と生後間もない孫との間の養子縁組について、祖父が死亡した

---

[1]　これに対し、届出に向けた形式的意思で足りるとする説もある。

場合の相続税対策を中心とした相続人の利益のためになされたものであるとして、祖父及び孫の代諾権者らにおいて、祖父の生前に祖父と孫との間の親子関係を真実創設する意思を有していなかったと判断し、養子縁組を無効とした裁判例（東京高判平成28・2・3公刊物未登載）もある。

親子の関係は、その年齢や社会的立場、心身の状況等によって共同生活や扶養といった関係性が必ずしも顕在化しないものであり、婚姻における夫婦関係と比べても、その一般的な定型性は認め難いものであり、特に、家族のあり方が多様化している昨今において、具体的事案において、実質的縁組意思を欠くのかどうかの判断は、その前提となる事実認定も含め、困難なものとなっている。

イ　意思能力

縁組意思は、意思能力のある者の意思でなければならないから、意思能力を欠く状態での縁組の意思表示は、有効な縁組意思と認めることはできない。近時提起されている養子縁組無効確認訴訟を見ると、養親に意思能力がなかったことを理由に縁組意思を欠いていたと主張される事案が多い。

養子縁組は、身分上の行為であるところ、成年被後見人であっても、意思能力がある限り、単独で縁組をすることができるが、それでは、どの程度の判断能力があれば、有効に養子縁組にする意思能力があるとされ、どのような場合には意思能力が欠如していたとして無効とされるのか。

民法が15歳に達した者については自らの意思で養子縁組をすることを認めていることからすれば、少なくとも15歳程度の知能、判断能力を備えていれば、縁組するに必要な意思能力を備えているといえよう。

裁判例には、養子縁組は、身分行為であっても「事実的要素の濃い婚姻と異なり、契約的ないし規範的性格を強く有するので、知能年齢5、6才の者がその意思能力を有することはまずあり得ない」とするもの（東京高判昭和55・11・11判夕435号154頁〔27452520〕）や、「養子縁組をなすについて求められる意思能力ないし精神機能の程度は、格別高度な内容である必要はなく、親子という親族関係を人為的に設定することの意義を極く常識的に理

解しうる程度であれば足りる」とするもの（東京高判昭和60・5・31判時1160号91頁〔27453077〕）がある。

なお、縁組届書の作成から相当期間経過した後に届出がなされた場合、意思能力の存在時期が問題となるが、判例（最三小判昭和45・11・24民集24巻12号1931頁〔27000672〕）は、当事者間において養子縁組の合意が成立しており、かつ、その当事者から他人に対し届出の委託がなされていたときは、届出が受理されたときに当事者が意思を失っていたとしても、その受理の前に翻意したなど特段の事情がない限り、その届出の受理により養子縁組は有効に成立するとしている。

本設例に関しても、縁組当事者であるAが縁組当時に意思能力を有していたかどうかが主たる争点となるものと考えられる。

ウ　立証の方法

㋐　養子縁組無効確認訴訟においては、当該縁組に係る縁組届（の写し）が基本的な書証となる。

縁組届が、本人によって作成されたものと認められないとき、ほかに本人による縁組の意思表示があったことを示す証拠がない限り、縁組は無効となる。作成の真正について争われた場合、本人のものであることが明らかな筆跡との比較をするなどして同一人によるものかを判断するのが一般的であり、筆跡鑑定まで要する事案は少ない。第三者の代筆による場合、押印が本人の印鑑によるものかどうかのほか、代筆の経緯などの事実経過から、縁組届の作成が本人の意思に基づくものかどうかを判断せざるを得ない。本人によって作成された縁組届は、それ自体として、縁組意思の存在を示す重要な証拠であるが、実質的意思の存在や意思能力が争われている事案においては、縁組届の作成のみをもって結論を決めることはできない。

裁判所は、縁組届を手掛かりとして、届出人署名押印欄が本人によって作成されたものかどうか、証人欄は証人本人によって作成されたものか、証人は縁組当事者の意思確認をしたか否か、いつ、どのように意思確認をしたのか、届出は養子縁組当事者の双方によってなされたものかどうか、届出が一

方のみ又は代理人によってなされた場合、届出をしなかった当事者に対してなされるべき受理通知を本人が受領したかどうかなどについて検討し、必要に応じて訴訟当事者に釈明を求めるなどして、実質的な縁組意思の存否を判断するための間接事実を集めていくことになる。

(イ) 意思能力の有無が争点となっているとき、ある者が過去のある時点においてどの程度の判断能力を有していたか、ということを直接示す証拠はめったに存在しないため、縁組届出がなされた当時あるいはその前後の本人の状況から、どの程度の判断能力があったのかを検討し、縁組当時に意思能力を欠いていたかどうかを判断することになる。本設例のＡのように介護施設に入所している老人については、入所時に認知症のテストが行われていたり、定期的に主治医の診察を受けていたり、施設の職員によって比較的詳細な介護記録が残されていることもあり、そのような客観的な資料から、判断能力を推し量ることは不可能ではない。

前掲昭和55年東京高判〔27452520〕は、当事者の具体的な知能年齢が判明していた事案であるのに対し、同じく前掲昭和60年東京高判〔27453077〕は、養親の病状や入院中の状況から、病苦に伴う精神活動をなし得る能力は保持していたと認定したものである。

また、広島高判平成25・5・9判時2250号19頁〔28231509〕も、縁組の4年前に認知症と診断された養親について、縁組当時の記憶力や四則計算、漢字の読み書きの能力、意思伝達能力などから事理弁識能力の程度を検討し、さらに、縁組の経緯について詳細に事実認定したうえで、縁組当時、意思能力を欠いていて、縁組の意思表示をすることができず、縁組意思もなかったと認めることは困難であり、むしろ、意思能力及び縁組意思を有していたものと認めるのが相当であると判断した。

設例では、養子縁組当時のＡの判断能力の程度は不明であるが、入所していた介護施設によって何らかの資料が作成されていると考えられる。判断能力や認知機能について直接記載されていなくとも、日常生活の中でどのような介助を受けていたかといったことからも、判断能力を推知することがで

きることがある。また、施設の面会記録などがあれば、AとXやYとの生前の関係性を確認することができる。設例によれば、Aの生前、XがAとYとの養子縁組の事実を知らなかったという事情が認められるが、この事実は、生前のAとXの関係がどのようなものであったかによって、その評価が分かれるものである。すなわち、Aに意思能力があったとき、XとAの関係が良好であれば、Xが本件養子縁組をAの生前に知らされないということは考え難いところ、Xが頻繁に介護施設を訪問してAの介護にかかわっていたような場合、Xが本件養子縁組を知らなかったという事情も、養子縁組が無効であることの裏付けとなり得る。これに対し、本件養子縁組の頃、XがA（あるいは介護施設）と没交渉であったような場合、Xが縁組を知らなかったという事実は、それ自体として結論に影響を与えるものではないし、そのような関係にあったXにおいて本件養子縁組が無効であることを証明することは困難であろう。

(ウ) 養子縁組に至った経緯や、縁組届作成時の状況は、実質的意思の有無や意思能力の有無を判断するうえでも重要な事実であるが、客観的証拠が残されていないことが多い[2]ところ、養子縁組無効確認訴訟では、ほとんどの場合、争点整理が終わった段階で当事者本人（証人）尋問を実施する。

養親が既に死亡している事案では、既に指摘したように、その遺産相続をめぐる紛争が背景にあることもあり、そのような場合、虚偽供述の動機がある相続人の供述の信用性の判断は慎重に行う必要があり、客観的証拠による裏付けが重要である。

ところで、養子縁組当時、当事者の一方が意思能力を欠いていたということについて立証の責任を負うのは原告であって、被告において意思能力があったことを証明する責任はないのであるが、ここにいう責任とは、真偽不明になった場合に不利益を受けるという意味にすぎず、裁判所は、多くの場合、

---

[2] 縁組届を作成している状況をあえて写真や動画で撮影していたりすることは、むしろ不自然であるともいえる。

様々な事実を認定したうえで、総合的に考えて、養子縁組が無効であるか否かを判断するのであるから、特に、養親が死亡しているか、訴訟提起時には成年被後見人となっているような事案において、縁組の当事者であって、誰よりも事実関係を知る者である被告が、縁組の経緯や当時の状況について、何ら具体的に明らかにしないことをよしとするものではないし、必要に応じて釈明権を行使し、また、被告側で養子縁組の経緯について合理的な理由を説明しないことを、弁論の全趣旨として判断の基礎とすることもある。

設例においても、養子縁組が無効であるか否かを判断するうえでは、YとAがどのような関係であったか、いつ、どこで、どのように養子縁組届を作成したかなどという点を含めた養子縁組の経緯が重要となり、客観的資料と併せて、Y側の説明の信用性や合理性を検討することになろう。

(2) 抗弁

ア 追認

縁組意思又は届出意思を欠く養子縁組であっても、意思を有していなかった縁組当事者による、縁組の相手方に対する追認によって有効になる（最二小判昭和27・10・3民集6巻9号753頁〔27003390〕、増田耕兒「無効な養子縁組の追認」判例タイムズ747号（1991年）238頁参照）。

追認は、明示に限らず黙示の意思表示によることもできるが、追認権者が養子縁組の事実を知った後で、その効力について否定するような行動を何ら採らないまま相当期間が経過したようなときには、積極的に養子縁組の本旨に沿うような言動をしていなかったとしても、黙示の追認があったと評価できる場合もあろう。

設例のように、意思能力の有無が問題となる事例においては、意思能力があれば請求原因が認められず、意思能力がなければ（後に回復した場合を除いて）追認をすることもできないから、追認の抗弁が主張され、問題となることは、ほぼない。

イ 権利濫用

被告から、養子縁組無効確認訴訟を提起することが権利濫用に当たるとの

主張がなされることがあるが、養子縁組の無効は絶対的な無効であるところ、利害関係者が、無効原因の存在を知った時から長年経過後に提起した訴えについて、「養子縁組無効原因が存在する場合に、利害関係者が訴をもってその無効の確認を求めることは当然の権利であ」るとしたうえで、当該事案において「無効原因の存在を知ったときから長年月経過後に訴が提起されたとしても、これをもって民法1条2項にいわゆる権利の濫用ということはできない」とした判例（最一小判昭和31・10・4裁判集民23号365頁〔27450328〕）の考え方に照らしても、権利濫用の抗弁が認められる事案は少ないと考えられる。

(3) 再抗弁

　無効な養子縁組の当事者双方が共同被告となっているような事案において、縁組後相当期間が経過した後になされた追認は権利濫用又は信義則違反であるとの再抗弁が考えられる。

4　縁組取消訴訟における攻撃防御方法

(1) 請求原因事実

　縁組取消訴訟において、原告は、請求原因として①養子縁組の届出がされていること、②①について法定の取消原因事実があることを主張立証しなくてはならない。

　設例のように、詐欺を理由にする取消しの場合には、原告において、縁組の意思表示に向けた欺罔行為がなされたこと、当該欺罔行為による錯誤に基づいて縁組の意思表示がなされたことを主張立証することが必要であるが、欺罔された本人の死後に判明した養子縁組が詐欺によるものであることを証明するのは困難であると考えられる。

(2) 抗弁（取消権の消滅）

　縁組の取消権は、これを行使し得るときから6か月を経過したとき又は追認により消滅する[3]。

　なお、縁組の取消権は、一身専属の権利であるところ、取消権者の死亡に

よっても消滅する。

(3) 再抗弁

　追認による取消権の消滅の抗弁に対しては、追認が権利濫用又は信義則違反であるとの再抗弁が考えられる。

5　判決の効力

(1) 養子縁組無効確認訴訟

　請求を認容する判決は、縁組が当初から無効であることについて、請求を棄却する判決は、縁組が有効であることについて、それぞれ既判力によって確定し、その効力は第三者に及ぶ（人訴法24条1項）から、判決確定後は、何人もこれを争うことができない。

(2) 養子縁組取消訴訟

　請求認容判決は形成判決であり、確定すると、養子縁組の効力を将来に向かって消滅させるとともに、訴訟物である縁組取消請求権が存在することについて既判力が生じ、その効力は第三者にも及ぶ。

　これに対し、請求棄却判決は縁組取消請求権の不存在について対世効のある既判力をもって確定するが、他の取消権者による他の取消原因に基づく取消請求権の行使まで妨げるものではない[4]。

6　判決によらない訴訟終了

(1) 訴えの取下げ

　訴えの取下げについては、民事訴訟法の規定（民訴法261条ないし263条）が適用される。

---

[3]　6か月の起算点及び追認をし得る者は、取消事由により異なる（民法804条ただし書、806条1項ただし書、806条の2第1項ただし書、同2項ただし書、806条の3第1項ただし書、807条ただし書、808条1項、747条2項）。

[4]　請求を棄却された原告が、他の取消原因を主張して別訴を提起することは、人訴法25条1項によって禁じられている。

(2) 和解並びに請求の放棄及び認諾

　養子縁組無効確認訴訟及び取消訴訟においては、和解又は請求の放棄若しくは認諾によって訴訟を終了させることはできない。

　もっとも、訴訟を進める中で、当事者間に、養子縁組が無効であること又は取り消すことについて合意が成立したとき、裁判所は、当事者の意見を聴いたうえで、職権で、事件を家事調停に付したうえ、合意に相当する審判をすることができる（家手法274条1項・3項、277条）。

　この審判が確定すると、付調停により中止していた訴訟については、訴えの取下げがあったものとみなされる（同法276条1項）。

(3) 当事者の死亡

　養子縁組無効確認訴訟及び取消訴訟は、係属中に原告が死亡すると、当然に終了する（人訴法27条1項）。

　これに対し、縁組当事者の一方が他方を被告として提起した訴訟において、係属中に被告が死亡したときは、訴訟は終了せずに中断し、訴訟手続を受継した検察官を被告として訴訟を追行する（同法26条2項）。縁組の当事者双方が被告となっている事案で、被告の一方のみが死亡したときは、訴訟手続は中断せず、他の一方のみを被告として追行する（同条1項前段）。

（久次　良奈子）

◆**参考文献**

本文中に掲げるもののほか
・松原正明『人事訴訟の実務』新日本法規出版（2013年）493頁以下
・松本博之『人事訴訟法〈第3版〉』弘文堂（2012年）422頁以下
・林良平＝大森政輔編『注解判例民法4 親族法・相続法』青林書院（1992年）309頁以下
・横山光雄「養子縁組の無効・取消しをめぐる紛争の解決方法」判例タイムズ747号（1991年）235頁
・野田愛子＝梶村太市総編集『新家族法実務大系2 親族［Ⅱ］』新日本法規出版（2010年）〔相原佳子〕251頁以下

第4 相続に関する事件

1 遺産分割

設例16　Xの亡母A（昭和10年生）は、亡夫（昭和60年死亡）との間に、長男Xのほか、二男Y、長女Zをもうけていたところ、平成25年に死亡した。長年甲会社の経営に携わっていたAが有していた財産は、不動産、株式、国債、社債、預貯金、現金等多岐にわたり、他方、会計帳簿上、会社に対する数千万円の債務も負っていた。Xは、Aが平成10年に病気で倒れたのを契機として甲会社の経営を引き継ぎ、平成23年以降、1人暮らしをしていたAを自宅に引き取り、献身的にAの面倒を見ていた。

　Xは、平成26年、Y及びZを相手方として、遺産分割を求める調停を申し立てた。

　調停では、Xが、YにはAから贈与を受けた特別受益があると主張するとともに、Aの介護に係る寄与分を主張したのに対し、Yは、X主張の特別受益及び寄与分を争っている。なお、Zは自己の相続分を放棄する意向を示している。

　Xの申立ては、どのように判断されるか。

Basic Information

1　遺産分割の概要

(1)　遺産分割とは、被相続人の死亡により共同相続人の遺産共有に属することとなった相続財産（遺産）について、遺産共有関係を解消して、各相続人の単独所有（単独帰属）又は物権法上の共有関係にすることである。

(2)　遺産分割は、共同相続人の間で協議して行うものである（民法907条1項）が、協議が調わないとき、又は協議をすることができないときは、家庭裁判所の手続を利用することとなる。家庭裁判所の手続には、家事調停（家

手法244条）及び家事審判（同法39条、191条ないし200条）とがあるが、遺産分割は、多くの法的論点に関して、当事者間の合意を積み重ねていくことによって適正かつ迅速な最終的な解決が可能となることから、家事調停の申立てによることが相当である。

　当事者間で合意がまとまれば調停成立として終局するが、家手法施行以後は、調停に代わる審判（同法284条）による終局数も増えている。

　審判手続は、先行する調停手続の成果を継承し、速やかに終局するようになってきている。

2　遺産分割の当事者、対象等

(1)　遺産分割の当事者は、共同相続人全員である。被相続人が生まれてから死亡するまでの間の連続する全戸籍をはじめとする戸籍、除籍、改製原戸籍等の他の資料から特定される。相続放棄（民法915条1項）により初めから相続人とならなかったとみなされる者がいる場合もあり、相続分の放棄又は譲渡により、当事者ではなくなる者が出てくる場合があることから注意が必要である。

(2)　遺産分割の対象となる遺産は、①被相続人が相続開始時に所有し、②現在（分割時）も存在する、③未分割の、④積極財産である。典型例は不動産である。

　前記要件に該当しなくても、一定の要件があれば分割対象とできる財産もある。その典型例は銀行預金であり、当事者の合意があれば分割対象として、調停及び審判で扱うことができる。

　なお、相続債務、葬儀費用、遺産管理費用等のように、当事者が調停手続で協議をし、一定の合意をすることは可能であるが、当事者の合意があっても審判手続の対象とならない財産等もあるので、注意が必要である。

(3)　遺産分割の対象財産は複数の財産で構成されることが多いが、相続分を基準としてこれら財産を的確に分割するためには、各財産の評価（遺産分割時）が重要となる。

不動産の場合には、固定資産評価証明書、相続税申告書、不動産業者の査定書等における評価を参考にしながら、当事者間で評価合意をすることによって確定させることが多い。

　なお、当該遺産を換価してその売却代金を法定相続分で分配する場合には、必ずしも評価を確定させる必要はない。

3　法定相続分の修正要素（具体的相続分の算定）
(1)　特別受益
　共同相続人中に、被相続人から、①遺贈を受け、又は、②婚姻若しくは養子縁組のため若しくは生計の資本として贈与を受けた者（特別受益者）があるときは、これらの遺贈・贈与を加えたものを相続財産とみなし、これに法定相続分（又は指定相続分）を乗じて各相続人の相続分（一応の相続分）を計算し、この一応の相続分から前記贈与（又は遺贈）の価額を控除した残額をもって、特別受益者の具体的相続分とする（民法903条1項）。

　ただし、被相続人がこれと異なる意思表示（持戻し免除）をしたときは、前記計算をしないこととなり、前記贈与（又は遺贈）は、特別受益者のいわば特別な取り分として扱われることとなる。

(2)　寄与分
　共同相続人中に、寄与行為を行ったことにより被相続人の財産の維持又は増加について特別の寄与をしたと評価される者（寄与相続人）があるときは、相続開始時における遺産の価額（相続開始時の遺産総額）から、寄与分の額（共同相続人の協議、調停又は審判により定められる。）を控除したものを相続財産とみなし、これに法定相続分（又は指定相続分）を乗じて各相続人の相続分（一応の相続分）を計算し、一応の相続分に寄与分の額を加えたものを寄与者の具体的相続分とする（民法904条の2）。

(3)　特別受益財産及び寄与分のいずれについても、その評価時期は、相続開始時であるから、遺産の評価を遺産分割時（現在）ですることとの関係に注意が必要である（設例に対する回答3(3)参照）。

4 分割方法

遺産分割は、遺産に属する物又は権利の種類及び性質、各相続人の年齢、職業、心身の状態及び生活の状況その他一切の事情を考慮してされるものである（民法906条）。

遺産の分割方法は、調停手続においては、当事者の自由な処分に委ねられており、当事者が合意すれば、基本的に制約なく、実情に応じた柔軟な解決が図られることとなる。

他方で、審判手続においては、①現物分割、②代償分割、③換価分割、④共有分割の順番で、基本的な優先順位が定まっている。

◆設例に対する回答

1 申立ての手続、当事者の変動等

遺産分割調停申立書には、共同相続人を記載し、遺産目録を添付しなければならず（家手規則127条、102条1項）、かつ、これらの裏付けとなる資料の添付が求められる。これらの資料は、相続人の範囲、遺産の範囲及び評価の確定のために重要な役割を果たすものである。

2 調停の進行

(1) 相続人の範囲

当事者となる共同相続人の確認をする。

本件においては、当事者はX、Y及びZであったところ、Zが自己の相続分を放棄するとして、相続分放棄書等の必要書類を提出すると、調停委員会は、当事者である資格を喪失したとして、Zを手続から排除する旨の決定をする（家手法260条1項6号、258条1項、43条1項）。排除決定により、X及びYの各相続分は、いずれも2分の1となる。

(2) 遺産の範囲

調停手続の最初の段階において、遺産の範囲を集中的に協議して、最終的に、当事者全員が全体を遺産分割の対象とする旨合意することを通じて、確

定させている。

　本件では、まず、不動産、株式、国債、社債及び現金については、その財産の性質上、相続により当然分割されるものではないと解されており、現存するものはすべて分割対象になるものである。他方で、預貯金については、法律上当然分割されるものであるから、X及びZが分割対象に含める旨の合意をすれば、遺産の範囲に含まれることとなる。

　なお、会社に対する数千万円の債務について、同社を現在経営しているXが本件と併せて検討・解決することを望むと推測されるところ、この点について、X及びYが、調停手続において、協議をし、一定の合意をすることは可能である。しかし、調停不成立となり移行した審判手続において、これを分割の対象とすることはできない。

(3) 遺産の評価

　国債、社債、預貯金及び現金については、その額面を評価額とすることに大きな問題はないと考えられ、本件において、遺産の評価が検討課題となるのは、不動産及び株式（甲会社株式に限る。）である。

　不動産について、いずれの当事者も取得を希望せず、換価して売却代金を2分の1ずつ取得する解決を採る場合には、評価を確定させずに分割することとなる。

　甲会社株式について、Xが全株式の取得を希望するものと推測されるが、その場合には、合意又は鑑定により評価を確定させなければならない。評価の確定ができないときは、双方当事者が2分の1の株数ずつ取得するほかない。

(4) 特別受益

　Xは、AからYへの贈与について、時期、金額、受益の内容等について、具体的に特定して主張するとともに、それを裏付ける客観的資料を提出しなければならない。Yは、Xの主張、提出資料に対して、認否・反論をして、必要に応じて、持戻し免除の意思表示があったと主張し、それを裏付ける資料を提出することとなる。

(5) 寄与分

Xが平成23年以降Aを自宅に引き取り献身的にその面倒を見たことが寄与に該当するかが問題となる。いわゆる療養看護型（又は扶養型）の寄与分主張と解されるが、主に、療養看護の必要性（要介護度等）、特別な貢献であること、無償性、継続性、専従性（片手間なものでないこと）、財産の維持又は増加との因果関係等について、特別受益と同様に、主張するXが、具体的に特定して主張するとともに、それを裏付ける客観的資料を提出しなければならない。

なお、遺産分割調停事件においては、別途寄与分の調停申立てがなくとも、寄与分について議論をして、これを考慮した内容で合意することは差し支えない。他方で、遺産分割審判事件においては、別途、寄与分を定める処分審判申立てがないと、寄与分を考慮することは許されない。

3 分割方法

(1) 調停

2で述べた遺産の範囲及び評価を前提として、相続分（本件では、特別受益又は寄与分が認められ、修正される場合を除き、各2分の1である。）を踏まえつつ、当事者の合意に委ねられることとなる。当事者が相続分と異なる金額の取得をすることも可能である。

本設例で考えられる調停合意の内容は、不動産についてはいくつか選択肢が考えられる（どちらかが現物取得し、必要であれば他方に代償金を支払う、又は、任意に協力して売却し、売却代金を折半する等）。検討・協議の中心となるのは、甲会社の株式と会社に対する数千万円の債務の位置付けではなかろうか。基本的には、甲会社の株式をXが相応の評価で取得する一方で、Yは金融資産を中心に取得するものと推測される。そして、その差額の調整については、被相続人の会社に対する数千万円の債務も併せて解決することに合意するか否かによって、最終的な金額が定まってくるものと考えられる。

(2) 調停に代わる審判

　家庭裁判所は、調停が成立しない場合において相当と認めるときは、当事者双方のために衡平に考慮し、一切の事情を考慮して、職権で、事件の解決のために必要な審判をすることができる（家手法284条）。

　調停に代わる審判は、不出頭・非協力の当事者がいる場合にされることが多いところ、本設例では、XもYも調停期日に出席していることがうかがえる。それでも、話合いを進めた結果、XY間に解決内容に特段の異論はない状態まで来たものの、感情的対立その他の理由から、合意して調停成立とすることにどちらかが反対する場合には、調停に代わる審判で終局することが考えられる。

(3) 審判

　遺産の範囲及び評価を確定させ、特別受益及び寄与分について判断をする。この点は、調停の場合にも必要であるが、審判では、調停と異なり、遺産を具体的相続分に基づいて正確に割り振ることが求められるので、まずは、当事者双方の各具体的相続分、そして各具体的取得分額を確定することが課題となる。

　遺産総額が相続開始時1000万円、遺産分割時900万円、Yの特別受益が300万円（相続開始時）、Xの寄与分が100万円（相続開始時）とするならば、計算式は次のとおりである。

ア　相続開始時の遺産総額＋贈与対象財産－寄与分＝みなし相続財産

　　1000万円＋300万円－100万円＝1200万円

イ　みなし相続財産×法定相続分＝一応の相続分

　　1200万円×1/2＝600万円

ウ　具体的相続分

　　X　600万円＋100万円＝700万円

　　Y　600万円－300万円＝300万円

エ　具体的相続分率

　　具体的相続分の総額＝700万円＋300万円＝1000万円

X　700万円÷1000万円＝7/10

　　　Y　300万円÷1000万円＝3/10

　オ　遺産分割時の遺産総額×具体的相続分率＝具体的取得分額

　　　X　900万円×7/10＝630万円

　　　Y　900万円×3/10＝270万円

　900万円の遺産を、Xが630万円分、Yが270万円分になるように、遺産を割り付けていくことになる。XもYも不動産の取得を希望しない場合には、競売換価による換価分割となる。

◆解　説

1　遺産分割の概要

　BasicInformation1記載のとおりであるが、若干補足する。

(1)　家庭裁判所における遺産分割は、後記3のとおり、法律上枠組みが決まっているところ、これは、当事者が持つイメージとは随分異なるようである。当事者本人は、「遺産分割」を、遺産又は相続に関する財産的な問題をすべて解決できるもの、又は、解決されるべきものととらえていることが多い。

　そのため、調停委員会は、手続の冒頭において、心情を含めた当事者の説明・意向を十分に聴取し、その思いを受け止めたうえで、遺産分割とは何であるか、また、その法的枠組みについて、必要な説明をして、双方当事者の間で共通の土俵が形成されるよう努めている。

(2)　他方で、BasicInformation1(2)記載のとおり、遺産分割は、共同相続人が、裁判所外の協議で行うことができるものであり（民法907条1項）、むしろ、世の中においては、調停及び審判の件数を圧倒的に上回る遺産分割協議が成立しているものと思われる。

　遺産分割協議は、共同相続人の全員が、対象とする遺産及びその取得者を明確にして、遺産分割協議書を作成することにより、問題なく遺産分割を行うことができる。実際に、調停においても、先行してなされた遺産分割協議書が提出されることは多い（口頭で遺産分割協議をしたという主張がされる

こともあるが、それは論外である。)。

　後の調停等において問題となることがあるのは、一部の遺産が先行して分割された場合に、法定相続分と異なる割合で分割された事案である。その後に予定される残余遺産の分割において、先行分割をどのように位置付けるのか、具体的には、残余財産は法定相続分で分割すればよいのか、それとも先行分割と合わせて全体を法定相続分で分けたことになるよう調整をする意思であるのかが明確になっていれば問題はないが、そうでない事案が多い。協議分割において留意されたい。

2　遺産分割の当事者

(1)　当事者

　BasicInformation2 記載のとおり、遺産分割事件の当事者は、共同相続人全員である。被相続人の子である等、一定の身分関係を有することが求められるが、そのような者であっても、次の場合には、相続人にならない。

ア　欠格事由がある場合（民法891条）
イ　推定相続人の廃除の審判を受けたとき（同法892条、家手法188条、同法別表第一の八十六）
ウ　相続放棄の申述が受理された場合（民法938条、家手法201条）

　なお、身分関係の存否に争いがある場合には、人事訴訟手続等において先に決めてくることが求められ、身分関係が確定してはじめて遺産分割手続を進行させることになる。

(2)　当事者に関する事情

　近年の多くの事案では、高齢の相続人が非常に多い。そのため、当事者の判断能力が問題となり、まず、後見開始手続を採ってもらい、成年後見人の選任を受けてから、手続を進行させる事案も少なからずある。当事者が成年被後見人で、かつ、後見監督人が選任されている場合には、成年後見人は、後見監督人の同意を得て遺産分割をしなければならないことに注意すべきである（民法864条、13条1項6号）。

(3) 相続分の譲渡・放棄

　共同相続人のうち自己の相続分の全部を譲渡した者（相続分の譲渡人）は、積極財産と消極財産とを包括した遺産全体に対する割合的持分をすべて失うことになり、遺産分割の調停・審判において遺産に属する財産につきその分割を求めることはできないから（最二小判平成26・2・14民集68巻2号113頁〔28220689〕）、遺産分割事件の当事者ではない[1]。

　相続分の放棄とは、遺産分割手続における取得分をゼロとする旨の家庭裁判所に対する意思表示である。すなわち、相続分の放棄がされると、遺産に属する財産を取得することはできない（遺産分割事件の当事者資格を失う。）が、相続人としての地位は失わず、相続債務はそのまま負担するものである。なお、相続分の放棄は、家庭裁判所に対する意思表示にすぎず当該事件限りでその効力を生ずるものである。実務では、相手方が、第1回調停期日前に、取得を希望しないと記載した答弁書を裁判所に送付してきた場合に、裁判所から、必要な書式を送付して、所定の事項を記載して提出してもらうことにより相続分の放棄をしてもらうことが多い。

(4) 排除

　相続分の譲渡・放棄をした当事者は、当事者資格を失い、排除決定（家手法258条1項、43条1項）により、手続から排除される。

3　遺産分割の対象

(1) 概要

　遺産分割事件において分割対象の遺産となるものは、①被相続人が相続開始時に所有し、②現在（分割時）も存在する、③未分割の、④積極財産である。これに該当しないものは、本来は分割対象遺産ではないが、一定の要件があれば対象となる。具体的には、次のとおり分類できる。

---

[1] 他方で、共同相続人から相続分を譲り受けた者（相続分の譲受人）は、遺産全体に対する割合的持分をそのまま承継取得し、遺産分割を請求する権利をも取得しているから、遺産分割事件の当事者である。

㋐　当然に分割対象となるもの（土地・建物、借地権、株式、現金、国債、投資信託、旧郵便局の定額郵便貯金等）
㋑　当事者の合意があれば分割対象にでき、調停及び審判で扱うことができるもの（預貯金、貸金、不当利得・不法行為債権（使途不明金）、相続開始後の利息・賃料等）
㋒　当事者が調停手続で協議をし、一定の合意をすることは可能であるが、当事者の合意があっても審判手続において分割の対象とはならないもの（相続債務、葬儀費用、遺産管理費用等）

　しかし、このような法的枠組みが明確にあるにもかかわらず、遺産の範囲確定は、必ずしも容易ではない。相続に対する当事者の認識、法的枠組みが必ずしもそれに合致しないことなどの事情がその背景にある。しばしば議論になるものとして、預貯金、相続債務、死亡保険金が挙げられる。

　預貯金は、可分債権であり、相続開始と同時に法定相続分の割合で当然分割されることから前記③の要件が欠ける。そのため、当該債権の存否を含め、当事者全員が合意しない限り、調停において分割対象とすることはできない（前記㋑）。しかし、当事者は、一般に、遺産分割といえば当然に預貯金を対象にするものとの認識でいることから、調停委員会からこの点についての説明をする必要があり、全員の合意がとれるのかを確認することとなる。

　相続債務は、消極財産であるから前記④の要件が欠けることに加え、相続開始と同時に法定相続分の割合で当然分割承継されると解されるので③の要件も欠けることになる。しかし、相続債務の負担は、積極財産の遺産分割といわば表裏一体の関係にあることから、当事者がこれを遺産分割と並行して議論したいと考えることは、ある意味で自然なことである。そこで、調停委員会から債務の法的位置付けについて説明することによって、調停手続で協議の対象とすることがある（前記㋒）。

　特定の相続人が受取人となっている死亡保険金も、法的には死亡保険金請求権が保険契約に基づく当該受取人の固有財産である以上、遺産にならない。しかし、相続税申告においては相続財産に算入されるものであることなどの

事情を背景として、当事者は、生命保険金を遺産として主張することが多い。

(2) **遺産の範囲に関する付随問題（主に使途不明金）**

　遺産の範囲確定に関して一番大きな争いとなるものは、いわゆる使途不明金問題である。使途不明金問題とは、被相続人名義の預貯金が相続開始前後に払い戻されているところ、その使途が不明であるとして、当事者が別の当事者に対して様々な主張をする問題のことである。

　簡単に説明すると、使途不明金問題は、いずれも全当事者の合意によって、①ある当事者が預金（払戻額の一部のこともある。以下同じ。）を既に取得したものとして相続分・具体的取得金額を計算する、②ある当事者が（払い戻した預金である）一定額の現金を保管しているとして、これを分割対象財産とする、③払い戻した預金が被相続人からの贈与と認められるとして、当該当事者に同額の特別受益があるとの前提で具体的相続分を計算する、以上①ないし③のいずれかに整理できる場合のみ、遺産分割手続の中に位置付けられることとなる。全当事者間でこれらの合意ができない場合には、同問題は、遺産分割手続とは切り離されることとなり、同問題の解決を望む当事者は、不当利得返還請求訴訟又は損害賠償請求訴訟といった民事訴訟を提起することとなる。

4　遺産の評価

(1) **概要**

　評価が問題になる場合の財産はほとんどが不動産である。不動産評価について評価合意の形成を目指すことについて、BasicInformation2(3)のとおりである。

　評価の基準時について、遺産分割は現在も存在する遺産を分割するものであるから、現在の価格を評価することとなる。ただし、特別受益や寄与分は相続開始時の評価に基づいて計算することから、これらの主張がされた場合には、相続開始時と現在の2時点の評価が必要となることに注意が必要である（当事者全員が現在の評価で特別受益及び寄与分の計算をする旨合意する

ことにより1時点評価とすることは可能であり、実際にそのような合意がされることも多い。）。

(2) 不動産鑑定

不動産の評価について合意がされないときには、不動産鑑定士を鑑定人に選任して鑑定を実施する。

鑑定は、鑑定実施についての当事者間の合意、当事者から鑑定の申出、鑑定人候補者による費用見積りの提示、当事者の費用予納、鑑定採用決定という流れで行われている。費用は、双方合意のうえで、法定相続分に応じて予納されることが多く、その場合には調停・審判のいずれの終局時においても、特段の調整・検討を必要としないこととなる。費用見積額によっては、費用対効果の観点から、当事者が鑑定をやめて評価の合意をすることもある。

(3) 遺産の評価の確定と遺産の分割方法

遺産の評価確定の必要性を判断するために、この段階で、分割方法に関する当事者の意見を確認するのが相当である。遺産である不動産等について現物取得の希望があるときには、その評価を確定しなければならないが、現物取得の希望がないのであれば、任意売却の方法で換価しその代金を分割の対象にすれば足り、また、共有分割を希望するのであれば、その評価を確定することなく、その旨の分割方法の合意を成立させればよいからである。

特別受益・寄与分の主張があるとき、各相続人の取得額を決定するには、遺産総額の算出のために遺産の評価を確定し、特別受益・寄与分の有無、認められる場合はその額の確定をしたうえ、分割方法を定めることになる。

(4) 不動産以外の遺産の評価

預貯金については遺産の分割方法の合意がされる期日の直近の残高証明の提出を依頼し、相続開始時の残高と増減があっても、当事者間に特段の合意がないのであれば、直近の残高を基準にすることになろう。上場株式についても同様であるが、特別受益・寄与分が主張されている事案では、相続開始時及び分割時の2時点の評価が必要となる。

非上場株式の評価について合意ができないときには、株価鑑定を実施する

ことになる。しかし、費用や期間の面で負担が大きくなり、前提事項として当該法人保有の不動産鑑定も必要になり、また、相続開始後、当該法人の経営に携わっている当事者が決算報告書等の提出を拒絶することもあるなど、困難な点が少なくない。

5　特別受益

(1)　概要

　特別受益の要件は、BasicInformation3(1)に記載したとおりである。しかし、当事者は、被相続人と各相続人との間や兄弟姉妹等の共同相続人間で、長い生活の中で生じてきた様々な感情やあつれき（不公平感や被害感情等）を被相続人の死後に清算しようと希望するあまり、法律の要件を念頭に置くことなく、可能と思われることをすべて主張する傾向がある。そのため、調停委員会は、当事者が特別受益の枠組みについて確実に理解をして、的確な主張をし、調停委員会においても一定の判断が容易になるような運営を心掛けている。

(2)　枠組みの例

　例えば、東京家裁家事5部（遺産分割事件専門部）では、「特別受益Q&A」を当事者に配付して、頻繁にされる主張について、特別受益に一般的に該当するか否かを簡潔に説明している。

　この「特別受益Q&A」の記載内容は、具体的に次のとおりである。

ア　結婚の際の持参金、支度金は、金額が大きければ、一般的には特別受益に当たるが、結納金や挙式費用は、特別受益に当たらない。

イ　貸付金は「贈与」ではないため、特別受益に当たらない。

ウ　小遣い、生活費は、通常は扶養の範囲内であるため、特別受益には当たらない。

エ　学資について、被相続人の生前の経済状況や社会的地位を考えると、相続人を大学等へ通わせるのは親としての扶養の範囲内と思われる場合や、共同相続人全員が同程度の教育を受けている場合には、特別受益に当たら

オ　被相続人の土地の上に相続人が建物を建てて所有し、被相続人に対して土地の賃料を支払っていなかった場合には、「使用借権」に相当する額の特別受益があるとされることが多い。ただし、その建物で被相続人と同居していた場合には特別受益に当たらない可能性がある。なお、特別受益とされる場合でも、特別受益とされる額は、使用借権相当額（更地価額の1割から3割まで）であり、賃料相当額（相当賃料額×使用年月数）ではない。

カ　被相続人の建物の無償使用は、被相続人と同居していた場合には、特別受益に当たらない。同居していなかった場合にも、特別受益に当たらないとされることが一般的で、家賃相当額が特別受益に当たるようなことはない。

⑶　主張する者が明らかにすべきこと

　特別受益は、枠組みそのものだけでなく、各場合において、主張する者が特定する事項を明確にするとともに、同事項を裏付ける客観的資料が必要であることを、当事者に認識してもらうことが重要である。

　例えば、東京家裁家事5部では、当事者に「特別受益主張整理表」の書式及びその記入例を配付している。同書式によると、特別受益を主張する場合、受益者の受益の時期、受益額、受益の内容（どういう贈与を受けたか）を明確にするとともに、主張を裏付ける客観的資料の提出が必要であることが明確にされている。

⑷　いわゆる使途不明金の主張との関係

　いわゆる使途不明金が問題となった場合、3⑵のように、全当事者間で一定の合意ができたときに限り、遺産分割手続の中に位置付けられることとなり、合意ができないときは民事訴訟での解決を求めるほかない。この点に関して、これらの合意ができないときに、不明となった預金は、預金を管理していた相続人の特別受益であると主張する当事者が少なからず見られる。

　しかし、ある相続人が被相続人の承諾なく勝手に預金を費消したから、同

金額は遺産として認めるべきだと主張していた当事者が、被相続人の承諾を得て同人のために費消した等の当該相続人による反論に直面すると、主張を一転させ、同金額は被相続人から当該相続人に対する贈与であると主張しても、当該相続人が贈与の事実を認めるものではない以上、同主張に全くといっていいほど説得力を感じない。それどころか、当該当事者は、贈与の事実を特定して主張していない場合が多いことから、同主張はそれ自体失当の場合が多いと思われる。

6　寄与分
(1)　概要
　寄与分の要件はBasicInformation3(2)に記載したとおりである。そして、当事者が、被相続人と各相続人との間や兄弟姉妹等の共同相続人間で、長い生活の中で生じてきた様々な感情やあつれき（不公平感や被害感情等）を被相続人の死後に清算しようと希望するあまり、法律の要件を念頭に置くことなく、可能と思われることをすべて主張する傾向があることは、特別受益と全く同様である。そのため、調停委員会は、当事者が寄与分の枠組みについて確実に理解をして、的確な主張をし、調停委員会においても一定の判断が容易になるような運営を心掛けている。

(2)　寄与分が認められるために必要なこと
　例えば、東京家裁家事5部では、特別受益と同様に、当事者による確実な理解及び円滑な進行のために、多くの資料を活用している。寄与分は、一般的に、5つの類型（家業従事型、金銭出資型、療養看護型、扶養型、財産管理型）に整理して議論されているところ、まずは、説明資料「寄与分の主張を検討する皆様へ」において、次のとおり、寄与分が認められるために必要な各類型共通のポイントを説明している。

ア　主張する寄与行為が相続開始前までの行為であること
　相続開始後の行為が寄与にはならないことについては、寄与分の条文（民法904条の2）からおのずと明らかであるが、被相続人が亡くなった後の行

為（遺産不動産の維持管理、遺産管理、法要の実施等）が、寄与分として主張されることは多い。実務において今一度留意されたい。

イ 「被相続人の財産の維持又は増加について」、「特別の寄与」の各要件を満たすこと

具体的には、「その寄与行為が被相続人にとって必要不可欠であったこと」、「特別な貢献であること」、「被相続人から対価を得ていないこと」、「寄与行為が一定の期間あること」、「片手間でなくかなりの負担を要していること」、「寄与行為と被相続人の財産の維持又は増加に因果関係が認められること」等である。

ウ 客観的な裏付け資料が提出されていること

寄与分が認められると、寄与者が遺産から寄与分の額をいわば先取りするという優先的かつ強い効果が認められることになる。そのため、誰が見ても、もっともだとわかる資料を提出する必要がある。

(3) **具体的検討**

設例及びこれに対する回答に基づいて、具体的に検討する。

Ｘは、平成23年以降、1人暮らしをしていたＡを自宅に引き取り献身的にその面倒を見たと主張する。もちろん、一般論として、1人暮らしをしていた母を自分の自宅に引き取って同居することは、親孝行であり、道徳的に評価されるべき行為であることは間違いない。しかし、寄与分の検討をする際には、まずは、「献身的な面倒」の具体的内容を明確にしなければならない。

前記(2)を踏まえると、療養看護型の検討においては、Ｘは、どの程度の介護行為等をいつ、どの程度の期間行ったのか、Ａはその介護等を受ける必要がある状態だったのか、要介護認定を受けていたのであれば、要介護度とその認定期間はどのような状況であったのか、受けていた介護サービスの特定をして、それとの関係で問題がないか、Ｘはその間甲会社の経営に従事していたところ、その片手間と評価される程度のものではないか等を明らかにしながら具体的に特定して主張するとともに、それを裏付ける客観的資料を提出しなければならない。

また、扶養型とも解する余地があるところ、Xは、Aが要扶養状態だったのか、その収入はどうだったか、生活の面倒を見たことの具体的内容、金銭を給付したのであればいつからいつまで、かつ、いくらなのか等を明らかにしながら、具体的に特定して主張するとともに、それを裏付ける客観的資料を提出しなければならない。

7　分割方法
(1)　概要
　分割方法については、BasicInformation4及び設例に対する回答3において、分割方法は4種類（現物分割、代償分割、換価分割、共有分割）あること、調停手続においては当事者の自由な処分に委ねられているのに対して、審判の場合にはこの順番で基本的な優先順位が定まっていること等を述べた。
(2)　現物分割、代償分割
　遺産の分割方法の調整は、まず、当事者の現物取得の希望に基づき、遺産である不動産、借地権等の物件を各相続人の具体的取得分額に収まる範囲内で割り付ける。そして、遺産中の物件が相続人に割り付けられると、相続人ごとに①各相続人の具体的相続分額と②割り付けられた遺産価格の合計額とを比較し、②遺産価格の合計額が①具体的取得分額を上回る相続人にはその超過額に相当する代償金の支払を検討してもらい、その支払が困難であるときは、取得希望を再検討してもらう。このような調整を通じ、いずれの相続人も②遺産価格の合計額を①具体的取得分額に収めることにするか（現物分割）、その過不足を調整するために支払う代償金を準備してもらうことになる（代償分割）。
　なお、代償金の分割払は、審判では認められないが、調停であれば許される。
(3)　換価分割
　現物取得の希望がない物件については、換価分割を検討する。換価分割は、当事者全員の合意による任意売却の方法と形式競売の方法とがあるが、通常は、任意売却の方が、当事者の要望や実情に即して、形式競売よりも高価に、

簡便に換価することができる。もっとも、遺産不動産に居住しているなど、取得を希望する当事者がいるが、評価額が高く、代償金を支払うことができないときには、やむを得ず換価分割を検討してもらうことがある。

(4) 共有分割

遺産の分割方法として現物分割、代償分割又は換価分割を検討したが、いずれも困難であるか相当でないときは、例外的に共有分割を検討する。ただし、当事者間に、遺産の使用・管理に関する支障、深刻な利害の対立があるときなどには、紛争が残り、改めて共有物分割訴訟等民事訴訟による解決が必要になるため、共有分割ではなく、換価分割によるべきである。

もっとも、特定の不動産につき、遺産である共有持分（遺産持分）と相続人固有の共有持分（固有持分）が併存しており、遺産持分の分割方法としては、当該相続人が遺産持分を取得して当該不動産を単独所有することが望ましいが、同人が代償金を支払うことができない場合がある。このような場合、調停であれば、遺産持分を共同相続人が共有取得（遺産分割）した後に、当該相続人の固有持分とともに任意売却の方法による換価（共有物分割）を行う旨の条項を含めて調停成立とすることが考えられる。

8　調停事件における留意点

遺産分割調停事件は、一般的に、当事者が多数で、遺産の種類・分量・金額が多く、法的論点も多くあることから、最終合意にたどりつくまで、その他の類型の家事事件よりも、長期の期間、多数回の期日開催が必要となることが珍しくない。

しかし、近年、家庭裁判所は、家事事件手続法の趣旨を踏まえ、法的枠組みの説明をわかりやすく行うことにより、合理的な期間内に適正な解決に到達するよう努力をしており、多少なりともその成果が出ているものと認識している。

調停手続において、残念に感じることの1つが、調停の初期段階であるにもかかわらず、自分の望むこの結論でなければ譲歩する必要はないので、す

ぐに審判にしてくれという当事者・代理人がいることである。遺産に思い入れがあり、一定の結論を強く望むことはある意味で自然なことであろう。ただ、一定程度紛争性がある事案においては、まずは遺産の対象・範囲を決めて、次は…というように、小さな合意を積み重ねていくことが、合意による適正な解決への着実かつ結果的に近い道のりであることが多い。また、遺産分割においては、設例に対する回答3で比較対照したとおり、調停は柔軟な解決を可能とし、審判はかなり型にはまった解決になることは、他の家事事件以上に顕著である。

　裁判官であれ、弁護士であれ、遺産分割調停に関与する法律家は、法的枠組みを基礎としながらも、わかりやすい説明、適切な働きかけが当事者にされているかに留意して、実情に即した最適の解決を目指して、その他の関係者と協働するよう心掛けていただきたい。

9　審判事件の手続及び留意点

(1)　遺産分割審判手続は、ほぼ例外なく、調停手続が先行し、調停が不成立となって開始されるものであるから、遺産の範囲や評価に関する合意、特別受益や寄与分に関する主張整理や資料提出等、先行する調停手続の成果を継承することとなる。

　観点を変えて説明すると、主張や証拠はすべて調停段階で尽くしておくことが求められており、審判段階で主張・提出するために、調停段階で控えておくという考えは、調停手続の充実を阻害し、解決をいたずらに遅らせるだけである。

(2)　例えば、東京家裁家事5部では、第1回の審判期日において審理終結、審判日の指定がされることが多い。裁判官が、調停不成立時において、当事者に対して、審判期日までの提出を指示するものとしては、これまでになされた主張についての簡単なまとめや補充、預金の最新の残高や上場株式の直近の価格に関する資料提出、代償金支払能力を示す資料提出等である。

　　　　　　　　　　　　　　　　　　　　　　　　　（小田　正二）

◆参考文献

- 小田正二ほか「東京家庭裁判所家事第5部における遺産分割事件の運用―家事事件手続法の趣旨を踏まえ、法的枠組みの説明をわかりやすく行い、適正な解決に導く手続進行―」判例タイムズ1418号（2016年）5頁
- 東京家事事件研究会編『家事事件・人事訴訟事件の実務〜家事事件手続法の趣旨を踏まえて〜』法曹会（2015年）〔高橋伸幸〕146頁
- 吉岡正智「家事事件手続法の下での遺産分割審判事件等に関する紹介〜同法施行当初の審判事件の状況を中心に〜」ケース研究323号（2015年）30頁
- 片岡武＝菅野眞一『新版家庭裁判所における遺産分割・遺留分の実務』日本加除出版（2013年）

2 遺留分減殺

設例 17　Aは、平成20年に、居住する甲土地建物（8000万円相当）及び隣接する有料駐車場である乙土地を含む全財産（総額2億円）を長女Yに遺贈する旨の公正証書遺言をし、平成24年12月に死亡した。Aの相続人は、その妻B と長女Y及び長男Xであり、Yは、平成25年10月に、前記各不動産につき遺贈を原因とする所有権移転登記を経由した。

Xは、平成26年1月、Yに対し、8分の1の遺留分を有するとして、遺留分減殺請求権を行使する旨の意思表示を行った。ところが、Yは、同年3月、不動産業者であるC会社に乙土地を8000万円で売却し、同日その旨の移転登記手続がされた。

Xは、平成27年1月、Yに対し、甲土地建物について8分の1の所有権一部移転登記手続を求めるとともに、乙土地の売却代金8分の1に当たる1000万円の支払を求める訴えを提起した。Yは、Aの遺言が寝たきりのAの介護をYが献身的に行ったことに報いるとともに、Aが生前Xに対して別の土地（4000万円相当）を贈与していることを考慮したものであると主張している。

Xの請求は、どのように判断されるか。

Basic Information

1　遺留分制度とは、一定範囲の相続人に対し、被相続人の財産の一定割合について相続権を保障する制度であり、被相続人の財産処分の自由を前提としつつ、近親者である相続人の生活保障や財産形成に対する協力の評価など、遺産に対する一定の期待を法的に保護するものである（二宮周平『家族法〈第3版〉』新世社（2009年）423、424頁）。このような遺留分を有する者す

なわち遺留分の主体たる遺留分権利者は、相続人のうち、配偶者、子（胎児を含む。民法886条）及び直系尊属に限定され、兄弟姉妹は遺留分を有しない（同法1028条）。子の代襲相続人は被代襲者の子と同じ遺留分を有する。

　なお、相続欠格者、廃除者などの相続権を有しない者は遺留分を有しないが、被相続人の直系卑属である代襲相続人は遺留分を有する（同法1044条、887条2項・3項）。

2　遺留分を侵害する行為があった場合、遺留分権利者は、受遺者（遺贈を受けた者）や受贈者（生前贈与を受けた者）に対し、遺留分減殺請求権を行使することにより、その侵害行為の効力を否定できる（民法1031条）。

　すなわち、遺留分侵害行為があっても当然に無効となるわけではなく、遺留分減殺請求権の行使により侵害された遺留分を回復するかどうかについて、遺留分権利者の選択に委ねている（最三小判昭和35・7・19民集14巻9号1779頁〔27002425〕、最一小判平成13・11・22民集55巻6号1033頁〔28062425〕）。

3　遺留分（総体的遺留分）の割合は、原則として被相続人の財産の2分の1である（民法1028条2号）。ただ、直系尊属のみが相続人である場合、被相続人の財産の3分の1である（同法1028条1号）。この割合は、昭和56年1月1日以降に相続を開始した場合に適用され（昭和55年法律第51号による改正後民法）、それより前の相続については、配偶者のみが相続人である場合、被相続人の財産の3分の1という割合であった（昭和55年法律第51号による改正前民法）。

　この総体的遺留分に、各人の法定相続分を乗ずると、各人の遺留分（個別的遺留分）となる（同法1044条、900条、901条）。

4　相続開始後に遺留分を放棄することは自由にできるが、他方、相続開始前において、遺留分を放棄するためには家庭裁判所の許可を得なければならない（民法1043条1項）。なお、遺留分を放棄しても、相続放棄ではないから、相続開始後に相続人となる。また、遺留分の放棄により、他の遺留分権利者の遺留分が増加するものではなく（同法1043条2項）、被相続人の自由

分が増加するだけである。

5　遺言により遺留分の指定をすることは、指定相続に関する規定（民法902条）が準用されていない（同法1044条）ため、できない。また、相続分の指定は、遺留分の規定に反することはできず、遺留分を超える相続分の指定がされたときは、遺留分の規定に反する部分は、遺留分減殺請求権の行使によりその効力を失い、遺留分割合による相続分を回復する（同法902条1項ただし書）。

◆設例に対する回答

1　Xの遺留分割合は8分の1であり、Xは、遺留分減殺請求権の行使により、Yが遺贈された甲土地建物について8分の1の所有権移転登記手続を請求できる。

2　Yが遺贈された乙土地を8000万円で売却し、その旨の所有権移転登記手続を了している以上、Xは、譲渡時の価額の弁償を求めることができ、遺留分の割合に従って、1000万円の価額弁償請求をできる。

3　Yが主張する、Aの遺言がYの介護に報いるものであるとしても、その点はXの遺留分減殺請求に対する抗弁とはならない。

4　Xが、Aから生前に別の土地を贈与され、相続開始時における評価額が4000万円相当とされる場合、Xの遺留分は侵害されておらず、Yに対し、遺留分減殺請求権を行使して、持分相当の所有権移転登記手続を求めたり、価額弁償を請求したりすることはできない。

◆解　説

1　**遺留分額とその算定の基礎となる財産の意義**

(1)　遺留分額算定の計算式

　個々の遺留分権利者の具体的な遺留分（個別的遺留分）の額は、以下の計算式により算定される（最三小判平成8・11・26民集50巻10号2747頁〔28011564〕）。

（相続開始時における積極財産の額＋同贈与財産の額－遺産債務額）×遺留分割合＝総体的遺留分額

総体的遺留分額×各相続人の法定相続分＝個別的遺留分額

このように、遺留分算定の基礎となる財産（基礎財産）の価額は、①相続開始時に被相続人が有していた積極財産の価額に、②被相続人が贈与した財産（贈与財産）の価額を加え、③被相続人の債務（遺産債務）の全額を控除する（民法1029条1項）ことにより算定する。

(2) 相続開始時の積極財産

被相続人が相続開始時に有していた積極財産は、すべて遺留分算定の基礎となる（民法1029条1項）。条件付権利などの価額について鑑定人の評価により定められる（同条2項）。

遺贈又は死因贈与の対象となった財産も含まれる。

被相続人を受取人とする保険金は相続開始時の積極財産に含まれるが、共同相続人を受取人とする保険金は、後記(3)エのとおり、贈与財産となる余地はあるが、積極財産に含まれない。

(3) 贈与財産

ア　相続開始前の1年間にした、すなわち、その契約が締結された贈与について、その価額を算入することとなる（民法1030条前段）。この期間制限を設けることにより、取引の安全を配慮したものである。また、ここでいう贈与は、民法の典型契約（同法549条）たる「贈与」に限定されず、無償の債務免除、担保提供などを含むと解されている（潮見佳男『相続法〈第5版〉』弘文堂（2014年）314頁）。

イ　当事者双方が、遺留分権利者に損害を加えるべきことを知って[1]行った贈与は、1年以上経ていても、その価額を算入する（民法1030条後段）。

ここでの認識の有無を判断するに当たっては、贈与額、贈与額の相続財産

---

[1] 贈与時に遺留分を侵害することを認識し、かつ、将来において、相続財産が増加しないことについて予見できたものとして、中川善之助＝加藤永一編『新版注釈民法(28)相続(3)〈補訂版〉』有斐閣（2002年）〔中川淳〕464、465頁。

に占める割合、受贈者と被相続人との関係、贈与の時期・動機、贈与者の年齢、健康状態、職業などから総合的に検討される（前掲二宮428頁）。

不相当な対価をもってした有償行為は、遺留分権利者に損害を加えることを知って行った場合、これを贈与として正当な価額との差額を遺留分算定の基礎に算入される（民法1039条）。

ウ　特別受益に当たる贈与（共同相続人の1人に婚姻若しくは養子縁組又は生計の資本としてされる贈与、民法903条1項参照）は、相続開始1年前であるかどうかや損害を加えるべきことを知ってしたかどうかを問わず、すべて贈与財産に算入される（同法1044条、903条）。

特別受益を受けた相続人が相続を放棄した場合、当該相続人が受けた生前贈与を特別受益として持ち戻すことはできないが、前記ア又はイの贈与に当たる場合には、これに基づき算入する。

持戻しの免除（同法903条3項）があった贈与について、持戻し免除の意思表示は遺留分を侵害する限度で失効し、当該贈与に係る財産の価額は、その限度で遺留分権利者である相続人の相続分に加算され、当該贈与を受けた相続人の相続分から控除される（最一小決平成24・1・26判時2148号61頁〔28180223〕）。

エ　被相続人を被保険者とする死亡保険金の受取人について、特定の相続人から第三者に変更した場合に、当該保険金請求権は贈与財産とならない（最一小判平成14・11・5民集56巻8号2069頁〔28072857〕）。

他方、共同相続人間における死亡保険金の受取人の指定が特別受益に当たり、贈与財産となるかどうかについて、遺産分割に関する判例（最二小決平成16・10・29民集58巻7号1979頁〔28092815〕）であるが、原則として「保険金受取人とされた相続人が取得する死亡保険金請求権又はこれを行使して取得した死亡保険金は、民法903条1項に規定する遺贈又は贈与に係る財産には当たらない」としながら、例外的に「保険金の額、この額の遺産の総額に対する比率のほか、同居の有無、被相続人の介護等に対する貢献の度合いなどの保険金受取人である相続人及び他の共同相続人と被相続人との関

係、各相続人の生活実態等の諸般の事情を総合考慮し」、「保険金受取人である相続人とその他の共同相続人との間に生ずる不公平が民法903条の趣旨に照らし到底是認することができないほどに著しいものであると評価すべき特段の事情が存する場合には、同条の類推適用により、当該死亡保険金請求権は特別受益に準じて持戻しの対象となる」としている。このように、例外的にせよ、遺産分割の場面で死亡保険金請求権が特別受益に準ずるものとして扱われる場合がある以上、遺留分減殺請求においても贈与財産となると解する余地はある[2]。

また、遺産分割の例であるが、少なくとも保険金の額が遺産総額の60％を超えると、特別受益に準じた持戻しの対象となる余地がある（東京高決平成17・10・27家裁月報58巻5号94頁〔28110986〕、名古屋高決平成18・3・27家裁月報58巻10号66頁〔28111999〕）から、遺留分減殺請求においても、同様に解する余地はある。

(4) 遺産債務

遺留分算定の基礎財産を確定する際には、遺産債務を控除する。これは、遺留分制度が、相続人が現実に取得すべき価額を基礎として遺留分権利者に一定割合を留保する制度にあることに鑑みたものである。

控除されるべき遺産債務は、私法上の債務だけでなく、税金、罰金などの公法上の債務も含まれる。

なお、保証債務は、主債務者が弁済不能の状態にあって、保証人がその債務を履行しなければならず、かつ、その履行をしても求償を受ける見込みがないような特段の事情がある場合でもない限り、控除対象の債務とならないと解される（東京高判平成8・11・7判時1637号31頁〔28021747〕）。

---

[2] 『最高裁判所判例解説民事篇〈平成16年度（上）〉』法曹会〔土谷裕子〕632頁は「死亡保険請求権が特別受益に準ずるものとして扱われる場合には、それが遺留分減殺請求の対象になるかは今後に残された問題であるとしている」が、例外的にせよ、死亡保険金請求権が特別受益に準ずるものとして扱われる場合がある以上、遺留分減殺請求において贈与財産となると解する余地はある。

(5) 寄与分の取扱い

　遺留分の算定に当たり、寄与分の控除を主張し、遺留分減殺請求について減額を求めることはできない（東京高判平成3・7・30判時1400号26頁〔27811424〕）。寄与分は、家庭裁判所の審判手続（家手法193条）により定めるものであり、遺留分減殺請求という訴訟事項においてこれを主張することはできないと解されるからである。

　また、受遺者が、遺留分の算定に当たって寄与分の控除を主張できるかどうかという点も、民法1044条が同法904条の2を準用しておらず、寄与分を理由に遺贈分を控除することはできないと解される（片岡武＝菅野眞一編著『新版家庭裁判所における遺産分割・遺留分の実務』日本加除出版（2013年）284、285頁）。

(6) 各財産の評価

　評価時点について、基礎財産の評価時点は相続開始時である。遺留分減殺請求権は相続開始時に発生するし、権利関係も明確であるからである。したがって、相続開始後に価額の増減があっても、相続開始時の原状を基礎に相続開始時の評価額を算定する（民法1044条、904条参照）。金銭の贈与の場合、相続開始時の貨幣価値に換算することとなる（最一小判昭和51・3・18民集30巻2号111頁〔27000332〕）。

2　遺留分侵害額の算定

(1) 遺留分侵害額算定の計算式

　遺留分侵害とは、被相続人が自由分を超えて相続財産を処分し（遺贈、生前贈与など）、相続人が現実に受ける相続利益が法定の遺留分額に満たない状態となった場合をいう。計算式は、以下のとおりである（前掲平成8年最判〔28011564〕）。

　個別的遺留分額－特別受益額－取得した遺産額＋法定相続分による債務額＝遺留分侵害額

　これに対し、特定の相続人に被相続人の全財産を相続させる旨の遺言（こ

のような遺言は、いわゆる「相続させる」遺言であり、遺産分割方法を指定するとともに、法定相続分を超える遺産を相続させる場合には相続分の指定を伴う効果を有するとされる。最二小判平成3・4・19民集45巻4号477頁〔27808492〕参照）があって、当該相続人が遺産債務も含めてすべて承継した場合、遺留分侵害額の算定において、遺留分権利者の法定相続分に応じた遺産債務額を遺留分額に加算することはできない（最三小判平成21・3・24民集63巻3号427頁〔28150724〕）。

(2) 共同相続人間における遺留分侵害額の算定

共同相続人相互間において、相続させる遺言、相続分の指定などがある場合、遺留分の侵害が問題となる。ただ、共同相続人は、相互に遺留分を有するのであるから、減殺の対象は、当該遺贈又は贈与が受遺者又は受贈者たる共同相続人の遺留分額を超える部分のみである（最一小判平成10・2・26民集52巻1号274頁〔28030545〕、前掲平成24年最決〔28180223〕も同旨）。

例えば、設例の関係人を基に、仮に、AがB及びYに各2分の1ずつ相続させる旨の遺言をした場合、Bの遺留分を超える部分は4分の1（指定相続分2分の1からBの遺留分4分の1を控除）であり、Yの遺留分を超える部分は8分の3である。Xの遺留分は8分の1であり、BとYの比率（4分の1と8分の3の比率であり、2：3となる。）に応じて割り付けると、Bに対して20分の1となり、Yに対して40分の3となる。

3 遺留分減殺請求権の内容等

(1) 遺留分減殺請求権の法的性質

遺留分減殺請求権は形成権であり、権利行使（受遺者又は受贈者に対する意思表示）により、法律上当然に減殺の効力が生じ、対象物の権利が遺留分権利者に復帰する（物権的効力、最一小判昭和41・7・14民集20巻6号1183頁〔27001178〕、最二小判昭和51・8・30民集30巻7号768頁〔27000313〕）。

(2) 減殺請求権者及び相手方

　遺留分権利者及びその承継人が減殺請求権を行使できる。減殺請求の相手方は、減殺対象となる遺贈又は贈与に係る受遺者若しくは受贈者又はその包括承継人のほか、遺留分権利者に損害を与えることを知って、受遺者又は受贈者から当該財産を譲り受けた特定承継人（民法1040条1項ただし書参照、なお同条項は「受贈者」と規定するが、「受遺者」にも類推適用される。最一小判昭和57・3・4民集36巻3号241頁〔27000101〕参照）である。包括遺贈が未履行であり、遺言執行者がいる場合、遺言執行者を相手方とすることが可能である（大判昭和13・2・26民集17巻275頁〔27500365〕）。包括受遺者は相続人と同視でき、遺言執行者が相続人の代理人とされている（同法1015条）からである。

(3) 権利行使の方法

　相手方に対する遺留分減殺請求権を行使する旨の意思表示で足りる。意思表示は、裁判上（訴状、準備書面）はもとより、裁判外でもよく、無論、口頭でも足りるが、立証の問題を考えると、内容証明郵便などの証拠化できる方法によるべきである。

　遺留分権利者が、減殺対象となる遺贈、贈与等の効力を争うことなく、遺産分割協議の申入れをしたときは、当該申入れに遺留分減殺の意思表示が含まれていると解する余地がある（最一小判平成10・6・11民集52巻4号1034頁〔28031248〕）。

(4) 遺留分減殺の順序

　遺留分減殺請求権は、遺留分の保全に必要な範囲で行う（民法1031条）。減殺されるべき遺贈及び贈与が複数存在する場合には、①まず遺贈を減殺する（同法1033条）が、②遺贈が複数ある場合には、遺贈の価額に応じてこれを行う（同法1034条）。

　③贈与が複数の場合には、後にされた贈与から減殺し、順次前の贈与に遡る（同法1035条）。

　受贈者又は受遺者が無資力の場合、その損失は遺留分権利者の負担となる

（同法1037条）。減殺の順序に係る規定は強行法規であって、当事者の意思により変更できず、同規定により減殺の順序及び額が定まる以上、これを先順位者の無資力という偶然の事情により変更するのは公平に反するからである（前掲二宮434頁）。

「相続させる」遺言は遺贈に準ずるし、死因贈与は遺贈に次いで（贈与に先んじて）減殺の対象となると解される（東京高判平成12・3・8判タ1039号294頁〔28052341〕）。

減殺の対象となる遺贈又は贈与の目的物が複数存在する場合、減殺すべき物件を選択することはできない（東京地判昭和61・9・26判時1214号116頁〔27800464〕、前掲片岡＝管野480頁参照）。

(5) 遺留分減殺請求権の行使の効果

ア　前記(1)のとおり、遺留分減殺請求権の行使により、対象物の権利が遺留分権利者に復帰する結果、贈与や遺贈が未履行の時は履行義務を免れ、既履行の時はその返還（持分の移転登記手続等）を求めることができる。

当該不動産について、既に受遺者又は受贈者への所有権移転登記手続がされている場合、遺留分減殺を登記原因として、受遺者又は受贈者から遺留分権利者に所有権又は持分移転登記手続をする（昭和30年5月23日民事甲973号回答）。他方、被相続人名義のままとなっている場合には、遺贈による所有権移転登記手続を行ったうえで遺留分減殺を登記原因とする登記手続をすることもできるが、直接、被相続人名義から遺留分権利者である相続人への「相続」を原因とする所有権移転登記手続をすることができる（同回答）。

イ　遺留分減殺請求権の行使前に対象物を受贈者又は受遺者（前掲昭和57年最判〔27000101〕参照）が第三者に譲渡した場合、受贈者又は受遺者に対し、譲渡時の価額の弁償を求めることができる[3]。

また、第三者が、譲渡時に遺留分権利者に損害を加えることを知っていた

---

[3] 民法1040条本文、なお、譲渡の価額がその当時において客観的に相当と認められるものであったときは、価額を基準として算定すべきであるとした最三小判平成10・3・10民集52巻2号319頁〔28030598〕参照。

ときは、当該第三者に対し、現物の返還を求めることができる（同法1040条ただし書）。減殺請求権行使後、第三者に目的物を譲渡した場合、対抗問題として処理される（最三小判昭和35・7・19民集14巻9号1779頁〔27002425〕）。
ウ　減殺請求により、その権利行使日以後の果実の返還も求めることができる（民法1036条）。

(6)　現物返還に代わる価額弁償
ア　特定物の贈与、遺贈について、遺留分減殺請求の相手方（受贈者又は受遺者）は、現物の返還が原則であるが、価額で弁償することもできる（民法1041条）。相手方は、選択のうえ、特定物件についての価額弁償をして現物の返還を免れることもできる（最三小判平成12・7・11民集54巻6号1886頁〔28051545〕）。その理由としては、①現物返還請求は特定財産ごとであり、価額弁償も特定財産ごととなること、②遺留分制度は、同権利者に特定財産の取得を保障する制度ではなく、現実の価額弁償がされる限り、遺留分権利者を害することはないことなどが挙げられる。
イ　価額弁償は現実に履行するか、又はその旨の弁済提供をしなければならず、これにより現物返還義務を免れる（最三小判昭和54・7・10民集33巻5号562頁〔27000195〕）。

相手方が単に弁償の意思表示をしている場合、遺留分権利者は、現物の返還を求めることができる（前掲昭和51年最判〔27000313〕）が、遺留分権利者は、相手方の弁償の意思表示を受けて、価額弁償を請求する旨の意思表示をしたときは、現物返還を求めることもできるし、価額弁償を求めることもできる[4]。
ウ　価額弁償の目的物価額の算定基準時は、現実に弁償がされる時点すなわち訴訟における事実審の口頭弁論終結時である（前掲昭和51年最判〔27000313〕）。

相手方が、裁判所が定める価額により価額弁償する旨の意思表示をした場

---

[4] 最一小判平成20・1・24民集62巻1号63頁〔28140402〕。なお、価額弁償金の支払請求をした翌日から遅延損害金が発生する。

合、裁判所は、事実審の口頭弁論終結時を算定基準時として弁償すべき額を定め、相手方が弁償額を支払わなかったことを条件として、遺留分権利者の現物返還請求を認容すべきものである（最三小判平成9・2・25民集51巻2号448頁〔28020461〕）。

エ　減殺の対象となる財産は、価額弁償により当初から相手方に帰属していたこととなる（最一小判平成4・11・16判時1441号66頁〔22005562〕）。

(7)　消滅時効等

遺留分減殺請求権は、遺留分権利者が相続の開始及び減殺すべき贈与又は遺贈のあったことを知った時から1年で時効により消滅する（民法1042条前段）。また、相続開始から10年の経過で消滅する（除斥期間、同条後段）。

なお、遺留分減殺請求権の行使の結果生ずる物権的請求権（登記手続請求権など）は、消滅時効にかからない（最二小判平成7・6・9判時1539号68頁〔27827253〕）。

4　遺留分減殺請求訴訟について

(1)　遺留分減殺請求の手続、訴訟類型、管轄等

ア　遺留分減殺請求事件は訴訟事件であって、本来地方裁判所において解決されるべきものであるが、同事件は被相続人の相続に関する紛争すなわち「家庭に関する事件」であるから、調停前置主義が妥当する（家手法244条、274条1項）。したがって、遺留分減殺請求事件は、一般調停事件として家庭裁判所で調停手続を行うことができるが、調停不成立の場合には審判に移行することなく終了し、民事訴訟で解決することとなる。

イ　遺留分減殺請求訴訟としては、次の類型があるとされる（雨宮則夫＝石田敏明編著『遺産相続訴訟の実務』新日本法規出版（2001年）378頁）。すなわち、①遺留分権利者が受贈者、受遺者、それらの包括承継人、悪意の特定承継人（民法1040条1項ただし書）などを相手方に遺留分減殺請求権を行使して、減殺の目的物の返還を求め、又はその権利の確認を求める訴訟、②遺留分権利者が贈与、遺贈の目的物を処分した受贈者、受遺者、それらの

包括承継人などを相手方に、同法1040条による価額の弁償として金銭の支払を求める訴訟、③遺留分権利者が、受贈者、受遺者などが同法1041条による価額弁償の申出をしたことに基づいて、現物の返還に代わる価額の弁償金の支払を求める訴訟、④受贈者、受遺者から相続人に対して未履行の贈与、遺贈を求める訴訟が提起され、遺留分権利者たる相続人から抗弁として遺留分減殺が主張される場合などである。これらの類型ごとに、当事者、訴訟物や要件事実について考察する。

ウ　遺留分減殺請求訴訟の管轄についても、その訴訟類型ごとの考察を要する。

まず、当然であるが、被告となる者の「普通裁判籍の所在地を管轄する裁判所」の管轄に属することとなる（民訴法4条1項）。

また、例えば、前記イ①の減殺目的物の返還請求訴訟や減殺された権利の確認訴訟（以下「減殺目的物返還請求訴訟等」という。）については、「遺留分に関する訴え」として「相続の開始時における被相続人の普通裁判籍の所在地」に係る裁判所に管轄が認められる（同法5条14号）が、減殺目的物が不動産である場合には「不動産に関する訴え」にも該当し、「不動産の所在地」に係る裁判所に管轄が認められ（同条12号）、これらの管轄が競合して認められる（秋山幹男ほか『コンメンタール民事訴訟法Ⅰ〈第2版〉』日本評論社（2006年）136頁）。

(2)　遺留分減殺請求訴訟の当事者

遺留分減殺請求訴訟の当事者は、次のとおりである。

ア　前記(1)イ①の減殺目的物返還請求訴訟等においては、原告は遺留分権利者であり、被告は受遺者・受贈者、これらの包括承継人や悪意の特定承継人などである。なお、遺言執行者がいる場合であっても、受遺者や受贈者が被告となる。この点、前記3(2)のとおり、包括遺贈が未履行であり、遺言執行者がいる場合、遺言執行者を相手方として減殺請求をすること自体は可能であるが、他方、最二小判昭和51・7・19民集30巻7号706頁〔27000316〕は、「遺贈の目的不動産につき遺言の執行としてすでに受遺者宛に遺贈によ

る所有権移転登記あるいは所有権移転仮登記がされているときに相続人が右登記の抹消登記手続を求める場合においては、相続人は、遺言執行者ではなく、受遺者を被告として訴を提起すべきであると解するのが相当である。けだし、かかる場合、遺言執行者において、受遺者のため相続人の抹消登記手続請求を争い、その登記の保持につとめることは、遺言の執行に関係ないことではないが、それ自体遺言の執行ではないし、一旦遺言の執行として受遺者宛に登記が経由された後は、右登記についての権利義務はひとり受遺者に帰属し、遺言執行者が右登記について権利義務を有すると解することはできないからである。」と判示しており、減殺目的物の返還訴訟等においては、遺言執行者ではなく、受遺者、受贈者を被告とすべきである。

イ 前記(1)イ②、③の民法1040条又は1041条に基づいて弁償金などの金銭の支払を求める訴訟(以下「金銭支払請求訴訟等」という。)においては、原告は遺留分権利者であり、被告は受遺者・受贈者、これらの包括承継人や悪意の特定承継人などである。

ウ 前記(1)イ④の訴訟においては、受遺者、受贈者が原告となり、相続人が被告となる。

(3) 遺留分減殺請求訴訟の請求と要件事実

ここでは、主に遺留分減殺請求訴訟の典型たる減殺目的物返還請求訴訟等を例として、その訴訟物、請求内容及び要件事実を検討する。

ア その訴訟物は、遺留分減殺請求権の結果生じた権利が訴訟物となるから、不動産の所有権(共有持分権)の確認、同所有権に基づく引渡請求権、所有権移転登記手続請求権などが訴訟物となる。

イ その請求の趣旨は、以下のようなものとなる(野田愛子=梶村太市総編集『新家族法実務大系4 相続 [Ⅱ]』新日本法規出版(2008年)〔佐野久美子〕484頁、前掲雨宮=石田379、382頁参照)。

「被告は、原告に対し、別紙物件目録記載の土地につき、○年○月○日遺留分減殺を原因とする所有権移転登記手続をせよ。」

「被告は、原告に対し、別紙物件目録記載の土地を引き渡せ。」

「被告は、原告に対し、別紙物件目録記載の土地について、○分の1の共有持分権を有することを確認する。」

「被告は、原告に対し、別紙物件目録記載の土地の持分○分の1につき、○年○月○日遺留分減殺を原因とする所有権移転登記手続をせよ。」

ウ　その要件事実（請求原因事実）としては（前掲雨宮＝石田382、383頁参照）、①原告が請求の趣旨記載の割合による遺留分権利者であることを基礎付ける事実、②遺留分を侵害する行為があることを根拠付ける事実、③遺留分減殺請求権を行使し、その結果、目的物を取得した事実、④被告が贈与、遺贈対象物を占有し、又はその登記名義人である事実である。

①については、原告が遺留分権利者であること（BasicInformation1のとおり）、遺留分算定の基礎となる財産とその額（前記1参照）、遺留分割合（BasicInformation3のとおり）などである。これらの事実は、戸籍謄本、被相続人の財産関係の資料（不動産登記簿謄本、預金通帳、残高証明書、有価証券の取引関係の資料など）により立証される。また、不動産の評価に関しては、固定資産税評価額やいわゆる路線価などが参考となろう。

②については、相続開始の事実（被相続人の死亡）を前提に、遺贈や生前贈与などの具体的な被相続人の処分行為である。通常、これらの事実は、被相続人の死亡の事実を記載した戸籍謄本（除籍謄本）、遺言などの処分行為を示す資料により立証される。

③については、遺留分減殺請求権を行使した事実は、通常、その意思表示を明確化するとともに、その立証に備えて、内容証明郵便によるべきである[5]。なお、減殺請求権の行使により目的物の権利を取得した事実について、その前提として、被相続人が当該目的物に対する権利を有していたことが必要となる。その事実は、前記①の被相続人の財産関係の資料により立証されよう。

5　前記3(3)のとおり、遺産分割協議の申入れに遺留分減殺の意思表示が含まれているとする前掲平成10年最判〔28031248〕はあるが、あらかじめ、減殺の意思表示をする場合には、後日の紛争を避けるためにもその点を明示した方がよい。

エ　なお、金銭支払請求訴訟等においては、その訴訟物は、当然、当該金銭債権となるところ、その要件事実は、前記ウ①～③の事実のほか、民法1040条による価額の弁償を求める場合には、受遺者、受贈者が目的物を処分したこと及びその処分時の客観的価値の立証が必要となる[6]。また、同法1041条による価額弁償の申出があった場合には、前記ウ①～③の事実のほか、同申出があったことが要件となる（前掲雨宮＝石田384頁）。

オ　被告が主張する抗弁として、遺留分減殺の基礎となる財産の額から控除すべき債務が存在すること、減殺の対象とされている処分行為より順位の早い処分が存在すること[7]、原告に特別受益となるべき生前贈与があったり、原告に未分割の遺産からの取得可能額があったりするなど遺留分の額を減少させることになる事実があること、価額弁償の申出があることなどの主張などが考えられる（前掲雨宮＝石田384頁）。これらの事実の立証に関しても、被相続人の財産関係の資料などのほか、原告名義の不動産の登記簿謄本などが資料として考えられる。

(4)　遺留分減殺請求訴訟と価額弁償の申出

前記3(6)のとおり、遺留分減殺請求においては現物返還が原則となるが、価額弁償の申出があった場合には、これを免れることができる。ここでは、改めて遺留分減殺請求訴訟特有の問題点について整理する。

ア　前記3(6)イのとおり、価額弁償は現実に履行するか、又はその旨の弁済提供をしなければならないから、具体的な抗弁事実としては、価額弁償を現にしたこと又はその弁済の提供をしたことが必要となる。

イ　前記3(6)ウのとおり、被告が、裁判所が定める価額により価額弁償する旨の意思表示をした場合、裁判所は、事実審の口頭弁論終結時を算定基準時として弁償すべき額を定め、相手方が弁償額を支払わなかったことを条件と

---

[6]　なお、前記3(5)のとおり、譲渡の価額がその当時において客観的に相当と認められるものであったときは、同価額を基準として算定すべきである。

[7]　前記3(4)のとおり、減殺の順序により減殺できないとの抗弁があり得る。

して、遺留分権利者の現物返還請求を認容すべきとされるが、具体的な主文は以下のとおりである。

> 「被告は、原告に対し、被告が原告に対して〇〇万円を支払わなかったときは、別紙物件目録記載の不動産の持分〇分の1につき、所有権移転登記手続をせよ。」

(5) 遺留分減殺請求訴訟の審理等

　遺留分減殺請求訴訟の審理に関して、典型的な問題点（争点）となるのは、遺留分算定の基礎となる財産の範囲と評価であろう。その際の審理のあり方について、例えば、遺留分減殺請求訴訟において寄与分の主張が意味を持たないなどの前記1で示した財産の範囲の問題や、価額弁償ができる場合などの前記3で示した遺留分減殺請求権の内容等の問題を踏まえるとともに、客観的証拠の有無も踏まえ、特別受益の立証の見通しを早期に立てるなどして、無用の訴訟活動を当事者にさせないようにすべきである。

　また、財産の評価に当たっても、不動産について固定資産税評価額やいわゆる路線価などにより確定できるかどうかを早期に詰めるとともに、鑑定の要否を検討することとなる。

　そのうえで、財産の範囲・評価額を確定し、これを踏まえ、個別的遺留分の侵害額や減殺の対象を確定することとなる。

　なお、遺留分減殺請求訴訟においては、価額弁償を求め得る場合でない限り、例えば、不動産が共有状態となり、さらなる手続（後記5の共有物分割の手続や遺産分割の手続）を経ないと終局的な解決が図られないことも多い。そのため、必要な審理を遂げたうえで、判決による解決ではなく、和解による解決を勧めることも多い。

5　遺留分減殺請求後の法律関係

(1) 遺留分減殺請求と遺産分割との関係

　共同相続人の一部に遺贈又は贈与がされた場合、他の相続人が遺留分減殺請求権を行使することにより減殺した財産を取り戻すことができる。この取

り戻した財産をどのように分割するのか、例えば、財産が受遺者と減殺請求者との間で共有になった場合に、共有物分割などの民事訴訟の手続によるのか、遺産分割の手続（非訟事件たる審判事件事項、家手法別表第二の十二）によるのかが問題となる（詳細について、前掲片岡＝管野498頁）。

(2) **遺産分割の手続によるべき場合**

割合的包括遺贈、相続分の指定、相続分の指定を伴う遺産分割方法の指定、割合的な「相続させる」遺言については、遺留分減殺請求後に、遺産分割の手続によらなければならない（前掲片岡＝管野500、501頁）。割合的包括遺贈は、受遺者に対し、自己の相続財産全体からその指定した割合による価値相当額を取得させることを意図しており、個々の具体的財産それぞれについて指定割合に応じた共有持分を取得させることを意図しているものとは考えられず、財産の具体的分割方法は遺産分割の手続によるものと解されている（司法研修所編『遺産分割事件の処理をめぐる諸問題』法曹会（1994年）61頁）。また、相続分の指定や割合的な「相続させる」遺言ももとより同様である。つまり、これらは、遺産共有の状態にあることを前提に、遺留分を侵害する限度で、その割合を修正したり、指定部分の効力を失わせてその相続分を修正したりするものであって（民法902条1項ただし書）、遺留分減殺請求によりその割合や相続分の修正をするとしても、最終的には遺産分割の手続を経なければならない。

(3) **民事訴訟の手続によるべき場合**

前記(2)の場合以外は、遺留分減殺請求の手続により同減殺請求権者の固有財産となり、共有物分割などの民事訴訟の手続により最終的な分割を図ることとなる（前掲片岡＝管野498-500頁）。

（名島　亨卓）

◆参考文献

本文中に掲げたもの

3 祭祀承継

設例 18　Xの亡父A（昭和10年生）は、前妻Bとの間に子Xをもうけたが、Bと死別後、昭和50年に後妻Cと婚姻して、Cの連れ子Yと養子縁組をした。Xは、Cとの折合いが悪く、昭和60年に家を飛び出した後は、Aら家族とはほとんど没交渉であったが、Bの眠るA家の墓参は欠かさなかった。他方、Yは、平成5年に婚姻後も、Aと同居し、Aが平成25年に死亡するまで看取った。

Xは、平成26年、Yを相手方として、Aの祭祀承継者の指定を求める調停を申し立てた。

Xが、A家の墓参を欠かさないAの実子である自分が祭祀承継者に指定されるべきであると主張するのに対し、Yは、全財産をYに相続させるとのAの遺言により祭祀承継者に指定されており、Aと密接な生活関係にあった自分こそが祭祀承継者にふさわしいと主張している。

Xの申立てはどのように判断されるか。

Basic Information

1　祭祀財産とされる系譜、祭具及び墳墓の所有権は、共同相続の対象とはされずに、①被相続人の指定に従い、②その指定がないときは慣習に従い、③慣習も明らかでないときは家庭裁判所により定められる祭祀承継者に帰属する（民法897条）。祭祀財産を共同相続の対象とすることは、その性質に沿わないうえ、従来の国民感情や習俗に適さない事態を招来することから、現行民法は、祭祀財産を共同相続の対象から排除して、遺産の相続とは別に、祭祀承継をめぐる紛争を解決するために、祭祀財産の承継制度を設けたのである。

2　現実には、被相続人の指定や慣習のみならず、遺族等利害関係者間の合

意により、祭祀承継者が定められているようであり、家庭裁判所が定めるケースはそれほど多くないが、一旦家庭裁判所に紛争が持ち込まれると、承継者指定の基準をめぐって当事者が激しく対立することも少なくない。この種の紛争は、もともと、感情的な対立を伴うものであるうえ、都市部では、墓地の不足は深刻であり、民営の墓を持つには相当な費用を要する一方、地方によっては、人口流出により墓守が困難となっているといった地域ごとの特性もあり、感情的な問題や習俗上の問題に加えて、相続人その他の親族間における経済的利益の問題もときに複雑に絡み合い、紛争を深刻化させる背景事情となっている。

3　いずれにせよ、家庭裁判所においては、この種の紛争は、まず調停で争われ、そこで合意が成立しない場合に、審判手続に移行するのが通常である。それらの手続においては、具体的に、被相続人の指定や慣習が認められれば、それに従い祭祀承継者が定められることとなるが、むしろその指定等を認めることが困難な場合も少なくない。その場合、いかなる基準でもって、祭祀承継者を定めるかが問題となるが、実務上は、承継候補者と被相続人との身分関係や事実上の生活関係、承継候補者の祭祀主宰の意思や能力その他の事情を総合的に考慮して判断するのが一般的であり、とりわけ、被相続人との生活関係や親和関係が重視される傾向にある。

設例に対する回答

1　Aが、生前行為又は遺言により、X又はYのいずれかを祭祀承継者とする旨指定していたことが認められれば、家庭裁判所は、その指定に従い、調停を成立させ、又は審判をすることとなる。

　設例では、Yが主張する全財産をYに相続させるとのAの遺言が、Yを祭祀承継者と指定する趣旨であったと認められるかどうかにより、結論が左右され、当該遺言がYを祭祀承継者に指定する趣旨をも含むものと解されれば、Yが祭祀承継者と定められることとなる。

2　他方、Aの遺言が、Yを祭祀承継者に指定する趣旨をも含むものとま

では解することができないときは、家庭裁判所は、X又はYのいずれかを祭祀承継者とする旨の慣習の存否により、調停を成立させ、又は審判をすることとなる。

ただし、民法897条にいう「慣習」とは、昭和22年の民法改正後に新たに生成されたものと解されており、実務上当該慣習の存在を認めることができるケースはほとんど見当たらず、本設例についても、所与の事情だけで直ちにそのような慣習の存在を認めることは困難であると思われる。

3 そこで、Aによる祭祀承継者の指定や慣習の存在が認められない場合、家庭裁判所としては、承継候補者であるX又はYと被相続人Aとの身分関係や事実上の生活関係、X又はYの祭祀主宰の意思や能力その他の事情を総合的に考慮して、X又はYのいずれを祭祀承継者として指定するのがAの意向に沿うかという観点から、祭祀承継者指定の判断をすることとなる。

設例の場合、Xが、Aの実子であるのに対し、YがAとは血縁関係のない養子であるという点は、Xに有利な事情ともいえるが、Xが、Cとの折合いが悪く昭和60年に家を飛び出した後約30年間、Aとほとんど没交渉であったのに対し、Yは、婚姻後もAと約20年にわたり同居し、Aが死亡するまで看取ったという当事者双方のAとの生活関係や親和関係に加えて、Aが全財産をYに相続させる旨遺言したことなどをも併せ考慮すると、実子Xではなく、養子Yを祭祀承継者と定めるのが、Aの意向に沿うように思われる。

したがって、本設例においては、所与の事情のみに基づいて判断する限り（ほかに特段の事情のない限り）、家庭裁判所は、YをAの祭祀承継者と指定する審判をすることになるものと思われる。

◆ 解　説

1　祭祀承継制度

(1)　旧民法下における「家」制度においては、祖先の祭祀を承継しこれを絶やさないことは戸主の責務であり、その祭祀のための財産の所有権は、家督

相続の特権に属し、死亡相続であると生前相続であるとを問わず、相続財産の一種として、必ず家督相続人によって承継されるものとされていた（旧民法987条）。

(2) これに対して、現行民法においては、「家」制度が廃止されるとともに、相続は、遺産についての死後承継に限定され、共同相続を原則とするものに改められた。とはいえ、祭祀財産をも共同相続の対象とすることは、財産の散逸や、紛争の種となるおそれがあるうえ、共同相続人間に財産上不公平な結果をもたらすおそれがあり、また、「家」制度を廃止する一方で、祭祀財産を他の相続財産と同様に取り扱うことは、国民感情や習俗に適さない事態を招来することから、慣習や国民感情を尊重しつつ、遺産の相続とは別に祭祀承継をめぐる紛争を解決するために代償的に設けられたのが、民法897条の祭祀財産の承継の制度である。

したがって、現行民法897条における祭祀財産承継制度は、相続法理とは別個の特別の方法により、法律上当然に祭祀財産が承継されることを定めたものと解される。

2 祭祀財産の範囲

(1) 祭祀財産

祭祀財産は、系譜・祭具・墳墓である（民法897条1項）。

通常、これらが一体のもの（祭祀財産）として取り扱われる。

祭祀財産は、信仰保護の見地から差押えが禁止されている（民執法131条8号・9号）が、その所有者は、公序良俗に反しない限り、その処分をすることができる（大判昭和8・6・14新聞3576号9頁〔27819428〕、広島高判昭和26・10・31高裁民集4巻11号359頁〔27440065〕等）。

ア 系譜とは、祖先の系統を表示する文書、図画（いわゆる家系図）又はこれに類する文書である。

過去帳については、系譜と認める審判例（大阪家審昭和52・8・29家裁月報30巻6号102頁〔27441856〕）もあるが、祭具に準ずるとするものもある

（大阪高決昭和 59・10・15 判タ 541 号 235 頁〔27453048〕）。

イ　祭具とは、祖先の祭祀、礼拝の用に供される位牌、仏壇、神棚及びそれらの従物などである。

ウ　墳墓とは、遺体や遺骨を葬っている設備（墓石・墓碑などの墓標、埋棺）をいい、墳墓の敷地とされる相当範囲の土地（墓地）もこれに含まれる（大阪家審昭和 52・1・19 家裁月報 30 巻 9 号 108 頁〔27452204〕）。

(2)　**遺体、遺骨の祭祀財産性**

　遺体、遺骨も、埋葬、管理、祭祀、供養といった目的的制限の範囲内において、所有権の客体となり得るものと解されており（大判大正 10・7・25 民録 27 輯 1408 頁〔27523299〕、大判昭和 2・5・27 民集 6 巻 307 頁〔27510698〕）、祭祀財産である墳墓内に埋葬されている祖先の遺体・遺骨は、墳墓と一体的に、祭祀財産に含まれるというべきである。

　また、被相続人自身の遺体、遺骨も、「慣習に従って祭祀を主宰すべき者に帰属」すると解されており（最三小判平成元・7・18 家裁月報 41 巻 10 号 128 頁〔27809714〕）、祭祀財産に準ずるものと解するのが相当である（前掲昭和 52 年大阪家審〔27441856〕）。

3　祭祀承継者の決定

(1)　**承継者の決定方法**

ア　民法の規定

　民法 897 条 1 項は、祭祀財産とされる系譜、祭具及び墳墓の所有権の承継者は、第 1 順位として被相続人の指定に従い、係る指定がないときには、次順位として慣習に従うと定め、同条 2 項は、以上いずれの方法によっても承継者が定まらないときには、家庭裁判所が定めると規定している。

イ　承継の適格

　民法 897 条は、祭祀財産の承継者を、被相続人の指定又は慣習に従い、あるいは、家庭裁判所が定めるとだけ規定するにとどまり、その適格について特に定めていない。

通常、相続人等の親族が承継者とされるが、必ずしも相続人又は親族に限られず、被相続人と同氏であることも要しないものと解される（大阪高決昭和24・10・29判タ3号54頁〔27450012〕、仙台高決昭和46・12・15判タ291号378頁〔27483440〕等）。

ウ　承継者の数

祭祀財産を共同相続の対象から排除し、別途被相続人の指定又は慣習に従い、あるいは、家庭裁判所が定める者に承継させるとした民法897条の趣旨や文言に照らすと、当該規定は、本来的には、1人の承継者による単独承継を想定しているものと思われる。

ただし、祭祀の主宰及び祭祀財産の維持管理は、相当程度の負担を伴うものであり、これをいかなる場合にも1人に限るとすると、かえって祭祀財産の維持管理が困難となるなど不適当な結果が生じかねず、むしろ複数の承継者を定めることがより適当な場合もあり得る。そこで、そのような特別の事情がある場合には、複数の者を承継者とすることも許容されると解するのが相当である（東京家庭裁判所身分法研究会編『ジュリスト選書　家事事件の研究Ⅱ』有斐閣（1973年）〔沼辺愛一〕240頁）。すなわち、2人以上の者による分割承継（東京家審昭和42・10・12判タ232号246頁〔27451403〕、東京高決平成6・8・19判時1584号112頁〔27828260〕等）や、共同承継（仙台家審昭和54・12・25家裁月報32巻8号98頁〔27452429〕等）も可能である。

エ　承継者の不存在

誰も適当な承継者がいない場合、祭祀財産を一般の相続財産と同様に取り扱い、相続人のあることが明らかでない限り、相続人不存在として相続財産管理人を選任し（民法952条）、最終的には、国庫に帰属する（同法959条）と解するほかない。

(2)　被相続人による指定

被相続人による祭祀承継者の指定は、遺言でも生前行為でも行うことができる（法定相続人以外の者に贈与等により譲渡することもできる。前掲昭和

26 年広島高判〔27440065〕)。またその方式は、書面のみならず口頭でもよいとされており、明示、黙示を問わないが、指定の意思が外部から認めることができる（推認できる）ものであることを要する。

被相続人の指定が明示的なものであればよいが、明示の指定がない場合には、被相続人による指定の有無が問題とされる。明示の指定がないものの、被相続人の家業を継がせ、全財産を生前贈与した事実等から、後妻との間の長女を承継者に指定したと認定した事例（名古屋高判昭和 59・4・19 判タ 531 号 163 頁〔27490230〕)、墓碑に建立者として刻印された二女を承継者に指定したと推認して、長男の申立てを排斥した事例（長崎家諫早出審昭和 62・8・31 家裁月報 40 巻 5 号 161 頁〔27804497〕)、「墓を守ってくれ」との発言により被相続人の承継者の指定がされたと認定した事例（前橋家審平成 3・5・31 家裁月報 43 巻 12 号 86 頁〔27815972〕）もあるが、他方、被相続人が遺言執行者と指定した長男に対する黙示の指定を認めず、被相続人の死亡時まで共同生活を送った後妻を祭祀承継者に指定した事例（東京家審平成 6・3・7 判時 1584 号 114 頁〔27828261〕）もある。

(3) **慣習**

民法 897 条 1 項の「慣習」は、民法改正前の家督相続的慣習ではなく、改正後に新たに育成された慣習と解されており（前掲昭和 24 年大阪高決〔27450012〕、前掲昭和 42 年東京家審〔27451403〕)、通常は、祭祀承継が具体的に問題とされているその地方（被相続人の最後の住所地等）の慣習を指すが、被相続人の出身地や職業等により認められる慣習もこれに当たる。

慣習による祭祀承継者を認めたものとしては、血縁の最も近い者が承継するとの慣習を推認し、墓地の管理等をしていた姪を承継者と認めた事例（福岡家柳川支審昭和 50・7・30 家裁月報 28 巻 9 号 72 頁〔27452098〕）や、生存配偶者が原始的に亡父の祭祀を主宰することが近時の我が国の慣習に照らして承認されるとした事例（東京高判昭和 62・10・8 判時 1254 号 70 頁〔27800735〕）がある。

(4) 家庭裁判所による指定

　民法897条2項は、慣習が明らかでないときは家庭裁判所が定めるとだけ規定し、いかなる基準に従って祭祀承継者を定めるかを明らかにしていないが、実務上は、承継候補者と被相続人との身分関係や事実上の生活関係、承継候補者と祭祀財産との間の場所的関係、祭祀財産の取得の目的や管理等の経緯、承継候補者の祭祀主宰の意思や能力、利害関係人全員の生活上及び意見その他の事情を総合的に考慮して判断するのが一般的であるとされている（東京家審昭和46・3・8判タ276号377頁〔27451708〕等）。そして、今日、祖先の祭祀は、もはや義務としてではなく、死者に対する慕情、愛情、感謝の気持ちによってなされるべきであり、被相続人に対しそのような心情を最も強く持つと解される者を選ぶのが相当であるとの観点から、被相続人との生前の生活関係や親和関係が重視される傾向にあるといってよい。

　家庭裁判所が祭祀承継者を指定したケースとしては、相続人である被相続人の弟妹ではなく、20年来被相続人と生活をともにしてきた内縁の妻を指定した事例（前掲昭和24年大阪高決〔27450012〕）、被相続人の長男ではなく、事実上の家の後継者である二女を指定した事例（名古屋高決昭和37・4・10判タ142号74頁〔27450840〕）、20年以上別居しながら被相続人の喪主を務めた長男ではなく、同居して被相続人を看病し、先祖の法要も執り行ってきた二男を指定した事例（大阪家審昭和52・8・29家裁月報30巻6号102頁〔27441856〕）、墓地使用名義の書換えを受けながら、家業を嫌い被相続人と別居していた長男ではなく、被相続人夫婦と同居して家業を継いでいる三男を指定した事例（前掲昭和59年大阪高決〔27453048〕）、被相続人と共同生活を最も親密に送った後妻を紛争の中心となった公営墓地の承継者に指定した事例（前掲平成6年東京高決〔27828260〕）などがある。

　これらの事例に鑑みても、前記の総合的な考慮判断においては、特に被相続人との生活関係や親和関係を重視する判断手法がほぼ定着しつつあるといってよい。

4　祭祀承継者の法的地位

(1)　権利の承継

祭祀承継者は、被相続人の死亡時に当然に祭祀財産の権利を承継する。

通常、系譜・祭具・墳墓が一体とされる祭祀財産を承継し、いわゆる祭祀主宰者となるが、現行法下においては、祭祀財産の承継は、旧法時におけるような家督相続の特権に属するものではなく、かつての戸主の地位のような権力や権威を伴うものではない。

(2)　祭祀義務

ア　祭祀承継者は、必ずしも祭祀を営む義務があるわけではない。祖先の祭祀を行うかどうかは、各人の信仰ないし社会の風俗習慣道徳のかかわるところであるとされており（東京高決昭和28・9・4高裁民集6巻10号603頁〔27430099〕）、祭祀主宰者に指定された者であっても、当然に葬儀費用の負担義務を負わない（東京高決昭和44・2・26東高民時報20巻2号45頁〔27451549〕）。

イ　祭祀承継者は、その権利を放棄したり辞退したりすることまでは許されないものの、祭祀財産の承継後、これを自由に処分することができると解されている（中川善之助先生追悼現代家族法大系編集委員会編『現代家族法大系4　相続Ⅰ』有斐閣（1980年）〔石川利夫〕66頁）。

(3)　遺産相続との関係

ア　祭祀財産の維持管理や祭祀の主宰は、遺産相続とは直接関係がなく、祭祀承継者であることを理由として、承継者と指定された者の相続分自体を増減することはできない[1]。

イ　なお、特別縁故者の判断においては、祭祀承継者の祭祀主宰を理由とする被相続人の遺産の分与を許容した事例も見受けられる（横浜家審昭和

1　調停では、当事者の合意により増減することもできなくはないが、審判においてこれを積極に解した例は見当たらず、否定的に解されている。前掲昭和28年東京高決〔27430099〕、東京家審昭和33・7・4家裁月報10巻8号36頁〔27450474〕、大阪家審昭和51・11・25家裁月報29巻6号27頁〔27452196〕等。

37・10・29判タ151号97頁〔27450897〕、大阪高決昭和45・6・17判時601号61頁〔27451659〕等）が、家督相続を廃止した現行民法の趣旨に沿わないというべきであり、祭祀主宰者として祭祀財産を管理しているというだけでは、特別縁故者に当たらないと解するのが相当である（松山家審昭和41・5・30家裁月報19巻1号59頁〔27451268〕、東京高決昭和51・7・8判時832号58頁〔27452166〕等）。

(4) 氏の変更

祭祀承継と氏との結合関係を認めることは現行法の趣旨に沿わず、祭祀承継者であることを理由とする氏の変更は許されないと解するのが相当である[2]。

5 家庭裁判所による祭祀承継者の指定手続

(1) 手続の選択

家庭裁判所における祭祀承継者の指定は、調停（家手法244条以下）又は審判（同法190条）の手続によって行われる。通常の場合、いきなり審判を申し立てるよりは、先に調停を申し立てる方が穏当であるが、審判の申立てについては訴えの提起と異なり調停前置主義（同法257条）が適用されないので、調停の成立が当初から見込まれない場合などは、直ちに審判を申し立てるというのでも差し支えない。ただし、家庭裁判所は、当事者の意見を聴いていつでも職権で審判事件を調停に付することができる（同法274条1項）。

なお、祭祀承継者の指定に係る調停事件は、同法別表第二の十一に掲げる事項についての事件であるから、調停が不成立により終了した場合には、その調停の申立時において家事審判の申立てがあったものとみなされる（同法272条4項）。

---

[2] 前掲昭和46年仙台高決〔27483440〕は、祭祀承継は、戸籍法107条1項の「やむを得ない事由」に当たらないとする。

(2) **管轄**

ア　調停の管轄裁判所は、相手方の住所地を管轄する家庭裁判所又は当事者が合意で定める家庭裁判所である（家手法 245 条 1 項）。

イ　審判の管轄裁判所は、相続が開始した地を管轄する家庭裁判所である（家手法 190 条 1 項）。

祭祀承継者の指定に係る審判事件は、同法別表第二に掲げる事項についての審判事件であるから、当事者が合意で定める家庭裁判所の管轄にも属する（同法 66 条 1 項）。その合意は、紛争回避の観点から書面等でしなければならない（同条 2 項、民訴法 11 条 2 項・3 項）。

ウ　なお、家庭裁判所は、管轄に属さない家事事件（家事審判及び家事調停に関する事件。家手法 1 条参照）を処理するため特に必要があると認めるときは、職権で自ら処理（いわゆる自庁処理）をすることができ（同法 9 条 1 項ただし書）、審判事件を調停に付す場合にも、自庁処理ができる（同法 274 条 3 項）。

(3) **当事者**

ア　祭祀承継者の指定事件の当事者は、祭祀財産の所有者である被相続人の共同相続人に限られず、祭祀財産の権利承継について法律上の利害関係を有する親族又はこれに準ずる者も含まれる（福岡家柳川支審昭和 48・10・11 家裁月報 26 巻 5 号 97 頁〔27451923〕、前掲昭和 42 年東京家審〔27451403〕等）。そして、共同相続人は、本来的に、祭祀財産の権利承継について法律上の利害関係を有するというべきであるから、その全員を当事者とすべきであると解する。

イ　祭祀財産に関する紛争は、親族のうちの特定の者との間で争われるのが通例であり、特に、調停の段階では、全相続人を当事者としない申立ても少なくないが、審判において祭祀承継者を指定する場合のみならず、調停において祭祀承継者を合意する場合であっても、その形成的な効力に鑑みると、各共同相続人全員を当事者とすることは必要的であると解される（前掲沼辺 223 頁）。

ただし、共同相続人又は親族の一部の間で、被相続人による祭祀承継者の指定の有無が争われるような場合は、その調停、審判は確認的な効力を有するにすぎず、形成的な効力を伴わないものと解されることから、共同相続人全員を当事者とすることを必要的とするまでのことはないものと考える。

　なお、実務上、調停においては、この種の紛争が祭祀承継者の指定の申立てではなく、祭祀財産をめぐる親族間の紛争に係る調停申立てと整理することがまま見受けられるようである。そこで、祭祀財産に関する紛争であっても、いわゆる親族間の紛争に係る調停と理解することができる事案に限っては、紛争の実質的な解決という意味において、紛争当事者のみで調停を成立させることも許容されるものと解する。

ウ　申立時において誰を相手方とすべきか明らかでないときには、相手方を表示しないで申し立てることも許容されており（前掲昭和42年東京家審〔27451403〕等）、そのような場合、事後的に相手方を特定すれば足りる。

(4) 審理

ア　争点

　被相続人の指定の存否や慣習の存否は、本来的な審判事項ではない（民法897条2項参照）ものの、当事者間に争いがある以上、家庭裁判所における審理、判断の対象とするのが実務上の取扱いである（前掲沼辺231頁）。そして、被相続人による指定については、その意思能力や遺言能力が争われる余地もある。

　もっとも、家庭裁判所に持ち込まれる紛争としては、被相続人による指定や慣習が明らかでない事案が大多数であることから、通常、それらの指定や慣習の存否に加えて、あるいはそれらの存否とは別に、承継候補者の承継者としての適格性が争われることとなる。そのような適格性の審理においては、前述のとおり、承継候補者と被相続人との身分関係や事実上の生活関係、承継候補者と祭祀財産との間の場所的関係、祭祀財産の取得の目的や管理等の経緯、承継候補者の祭祀主宰の意思や能力、利害関係人の意見その他の事情を総合的に考慮して判断するのが一般的であり、特に被相続人との生活関係

や親和関係を重視する判断手法がほぼ定着しつつあるため、当事者間においては、前記の総合判断に係る各事情の中でも、とりわけ被相続人との生活関係や親和関係に関する事情について、激しく攻防されるケースが多い。

なお、対象とされる祭祀財産の範囲が争われるケースはあまりないが、そもそも当該財産が被相続人に帰属しているのか問題とされるケースもなくはなく、また、非常に高価な祭祀財産（例えば、金やダイヤを使用した位牌や仏像、仏壇等）については、祭祀財産ではなく通常の遺産として扱うべきか否かが問題となり得るところである。

イ　審理上の留意点

(ア)　争点整理について

この種の事案においては、被相続人、対立当事者及び関係人の生活史や紛争の経緯が綿々と綴られた主張書面や関係者の陳述書が提出されることが少なくないが、そのような書面のやり取りにおいては、ともすると、対立当事者間での誹謗中傷合戦に陥りかねない。当事者としては、感情的な対立に囚われることなく、的を絞った事実主張とそれに対応する認否を行うとともに、早期に客観的な書証を提出し、裁判所としても、積極的に各主張や書証の意味内容を確認するなどして、できるだけ早期に争いのない（証拠上容易に認められる）客観的な事実関係を確定し、争点の明確化を図ることが肝要である。事案によっては、当事者間で適宜やり取りして主張対比表や争点整理表を作成するのも有用であろうし、それらの作成が困難である場合でも、双方がいわゆるいい放しとならないよう、少なくとも、必要とされる事実関係についての認否を欠かさないようにすべきである（そのような形で主張整理を進めてみると、感情的な対立によって事実の評価が異なるだけで、主要な事実関係自体については、それほど大きな齟齬はないことが明らかとなるケースも少なくない。）。

(イ)　当事者及び関係人の参加について

祭祀承継者の指定事件の当事者は、共同相続人及び祭祀財産の権利承継について法律上の利害関係を有する親族又はこれに準ずる者であり、少なくと

も共同相続人はその全員を当事者とすべきであるから、申立時において他の共同相続人の全部又は一部が欠けている場合には、家庭裁判所は、当事者の申立て又は職権により、当該共同相続人を参加させることとなる（家手法41条）。なお、この場合の参加の申立ては、有効な審判をするために必要なものであるから、家庭裁判所が申立てを却下する余地はない。

また、共同相続人以外の法律上の利害関係人も、自らが対立する承継候補者となることを求めるのであれば、「当事者となる資格を有する者」として当事者参加をすることができ（同条1項）、また、当事者の一方に加担するためであれば、「審判の結果により直接の影響を受けるもの」又は「当事者となる資格を有するもの」として、家庭裁判所の許可を受けて利害関係参加をすることができる（同法42条2項）。

(ウ) 当事者及び関係人からの意見聴取について

祭祀承継者の指定は、対立当事者のみならず、共同相続人である他の当事者や親族その他の利害関係人にとっても、各人の祖先の祭祀に係る重要な問題であるから、家庭裁判所は、祭祀承継者の指定の判断をするに当たっては、承継候補者を審尋するなどして、祭祀承継者（祭祀主宰者）になることについての意思、能力等その適格性を確認するのが相当である。また、共同相続人である他の当事者や親族その他の利害関係人からも、承継候補者の適格性について、意見を聴取することが望ましい[3]。

(エ) 遺産分割手続との併合審理について

祭祀承継の問題は、相続人間で争われるのが通常であり、遺産分割と一括して紛争となるケースもまま見受けられる。そのような場合、考慮事情が共通する部分もあることなどを理由として、当事者から併合審理を求められることがあるが、もともと紛争の対象財産及び解決基準は異なるのであって、

---

[3] なお、当事者双方の攻防過程において、各支援者である他の共同相続人、親族その他の利害関係人から、推薦又は反対の意見が書面により提出されることも少なくなく、そのような場合には、それらの意見を踏まえて判断すれば足りよう。

両事件の同時解決を図ろうとして、かえって解決が困難になったり、紛争が長期化するおそれも大きいことなどから、両手続の併合には慎重な検討が必要とされる。

　もっとも、理論上は、併合審理の利益が認められる限り、併合審理も許されると解されており、少なくとも、調停では、当事者間の合意の下、(相続分を増減させることも許容されることについては、前記4(3)ア参照) 一括して調停を成立させることは可能というべきである。他方、審判事案においても、両者を併合して審判をした事例は存する (津家伊勢支審昭和37・1・23家裁月報14巻11号112頁〔29010633〕、大阪家審昭和40・11・4判タ199号214頁〔27451197〕等) が、祭祀承継者であることを理由として、相続分を増減することは許されない (前記4(3)ア参照) 以上、両手続を併合審理する利益自体乏しいといわざるを得ない[4]。

(オ)　判断基準について

a　被相続人による指定の存否

　被相続人による黙示の指定については、単に被相続人と同居し親和していたというような事情だけでは足りず、家業の承継及び全資産の生前贈与、墓碑への建立者としての刻印 (前記3(2)参照) 等、被相続人の意思としてその者を指定したと推認するに足りる相当程度客観的な具体的事実の存在が必要である。

b　慣習の存否

　実務上、民法改正後に新たに育成されたと解される「慣習」(前記3(3)参照) の存在を認めることができるケースはほとんど見当たらず (前掲西岡100頁では、血縁の最も近い者が承継するとの慣習を推認し、墓地の管理等

---

[4]　なお、梶村太市＝雨宮則夫編『現代裁判法大系12 相続・遺言』新日本法規出版 (1999年)〔西岡清一郎〕102頁は、祭祀承継自体が経済的負担となりあるいは逆に財産の価値を持つといった現実の問題の妥当な解決のためには、遺産分割事件と併合処理をし、祭祀承継者の具体的相続分を増減させることを検討する余地があるとする。

をしていた姪を承継者と認めた前掲昭和50年福岡家柳川支審〔27452098〕の事例においては、その事実関係からすると、慣習を決め手としないでも十分に姪を指定することは可能であったとされ、また、生存配偶者が原始的に亡父の祭祀を主宰することが近時の我が国の慣習に照らして承認されるとした前掲昭和62年東京高判〔27800735〕の事例については、当該慣習の存在は疑問が残り、訴訟裁判所での前提問題として祭祀承継者であるか否かが争われたために、あえて慣習の存在を認定したと思われるとの指摘がされている。）、いまだ、そのような慣習の存在を認定するには、慎重な検討が必要であると考えられる。

c 祭祀承継者としての適格性

前述のとおり、承継候補者と被相続人との身分関係や事実上の生活関係、承継候補者と祭祀財産との間の場所的関係、祭祀財産の取得の目的や管理等の経緯、承継候補者の祭祀主宰の意思や能力、利害関係人の意見その他の事情を総合的に考慮したうえで、特に被相続人との生活関係や親和関係を重視して、より具体的には、被相続人の想定される意思に重点を置き、被相続人が生きていれば指定したと思われる者を指定するのが相当である（前掲西岡99頁）。

(5) **審判**

ア 承継候補者が、被相続人の指定又は慣習に従う祭祀承継者、あるいは祭祀承継者として相当であると認められる場合には、これを祭祀承継者と指定する審判をすることとなる。

なお、審理の結果、既に被相続人による指定又は慣習が存すると認められる場合、審判の前提要件を欠く（民法897条2項参照）ともいえなくはないが、被相続人の指定の存否や慣習の存否について当事者間に争いがある以上、家庭裁判所としては、その審理をしたうえで、確認的に、指定の内容又は慣習の内容に従って、祭祀承継者を指定する審判をするのが相当である（福岡家小倉支審平成6・9・14家裁月報47巻5号62頁〔28019165〕）。

イ 他方、申立てが適法要件を欠く場合はもちろん、承継候補者が祭祀承継

者として認められない場合には、申立ては却下されることになる。

ウ　祭祀財産を第三者が正当な事由なく占有しているときは、審判において、当該第三者に対しその引渡しを命ずることができる。

(6)　不服申立て

相続人その他の利害関係人は、祭祀承継者の指定の審判及びその申立てを却下する審判に対して、即時抗告をすることができる（家手法190条3項）。

（松本　明敏）

◆参考文献

本文中に掲げるもののほか
・北野俊光＝梶村太市編『家事・人訴事件の理論と実務〈第2版〉』民事法研究会（2013年）680頁以下
・岡垣学＝野田愛子編『講座・実務家事裁判法3 相続関係』日本評論社（1989年）〔伊藤正彦〕27頁以下
・川井健ほか編『島津一郎教授古稀記念　講座・現代家族法5 遺産分割』日本評論社（1991年）〔石川利夫〕85頁以下
・「祭祀財産承継者の指定事件」ケース研究250号（1997年）93頁以下

4 特別縁故者

設例 19　Aは、亡夫B（昭和60年死亡）が所有していた土地を、Bの弟Xと共同相続して、Aが持分4分の3、Xが持分4分の1の割合で共有していたが、平成23年に死亡した。Xは、Bの死亡後も、他に身寄りがなく1人暮らしをしていたAと親類として交流を続け、Aの葬儀を執り行い、その墓守もしていた。

Xは、Aの土地持分について相続財産分与を求めるために、平成26年、Aには相続人がいないとして、相続財産管理人選任の審判を申し立てた。なお、Aの近所に居住し、生前Aと親密な交際をしていたYも、Aの土地持分について分与を求める意向を有している。

XYに、相続財産の分与は認められるか。

Basic Information

1　死亡した者（以下「被相続人」という。）に相続人のあることが明らかでないときは、相続財産は法人とされ（民法951条）、家庭裁判所は、利害関係人又は検察官の請求により、相続財産管理人を選任する（同法952条1項）。「相続人のあることが明らかでないとき」には、戸籍上相続人が存在しない場合のほか、最終順位の相続人が相続放棄をした場合（同法938条）等も含まれる一方、相続人は存在しないが相続財産全部の包括受遺者がある場合は含まれない（最二小判平成9・9・12民集51巻8号3887頁〔28021762〕）。また、特別縁故者であるとして相続財産の分与を求めようとする者も、前記の利害関係人として相続財産管理人の選任を請求することができる。

2　相続財産管理人は、相続財産を保存・管理し、必要に応じて相続財産を換価したうえ、相続債権者及び受遺者に対し弁済をする（民法957条2項、929条ないし935条）とともに、相続人の捜索をする（同法958条等）。同

法958条による相続人捜索の公告の期間内に相続人としての権利を主張する者がない場合、家庭裁判所は、相当と認めるときは、被相続人と特別の縁故があった者の請求により、清算後残存すべき相続財産の全部又は一部を与えることができる（同法958条の3）。

3 　特別縁故者に対する相続財産の分与の制度は、相続人はないが被相続人と深い縁故があった者がある場合に、相続財産を国庫に帰属させるよりも分与する方が好ましい場合も考えられるとして設けられたものである。少子高齢化や晩婚化の影響で、相続人なくして死亡する者は増加しており、被相続人の特別縁故者であると主張して家庭裁判所に相続財産の分与を求める事案も増加する傾向にある。

4 　民法958条の3は、特別縁故者の範囲として、①被相続人と生計を同じくしていた者、②被相続人の療養看護に努めた者、③その他被相続人と特別の縁故があった者を定めている。単に血縁関係があるとか、知人の関係にあるというだけでは足りず、通常の親戚ないし知人の関係にとどまらない特別の関係が必要である。

5 　相続財産の全部又は一部の分与がなされるためには、特別縁故者に該当することに加え、分与が相当と認められることを要する。相当性の判断は専ら家庭裁判所の裁量に委ねられているが、家庭裁判所は、被相続人と特別縁故者との縁故関係の内容及びその程度、特別縁故者の年齢・職業等、相続財産の種類・数額・状況・所在等、一切の事情を考慮して、分与すべき財産の種類・数額等を決定すべきである（高松高決昭和48・12・18判時749号71頁〔27451945〕、広島高決平成15・3・28家裁月報55巻9号60頁〔28082239〕参照）。

6 　共有持分については、共有者の1人が①共有物の持分を放棄したとき、又は②相続人なくして死亡した場合、その持分は他の共有者に帰属するものとされている（民法255条）。そこで、被相続人が有していた共有持分は特別縁故者に対する分与の対象とならないのではないかがかつて議論されていたが、最高裁は、特別縁故者に対する分与の対象となるものと判断した（最

二小判平成元・11・24民集43巻10号1220頁〔27805174〕)。

◆設例に対する回答

1　特別縁故者に対する相続財産の分与が認められるためには、その前提として、相続財産管理人を選任し、相続財産の清算をする必要がある。Aに戸籍上相続人が存在せず（最終順位の相続人が相続放棄をした場合等を含む。）、相続財産全部の包括受遺者もない場合、家庭裁判所は、Xの相続財産管理人選任の審判の申立てに基づき、相続財産管理人を選任する。

2　相続財産管理人による相続財産の清算手続を経て残余財産がある場合、XYが特別縁故者であるとして相続財産の分与を受けられるかが問題となる。

3　Xは、Aの亡夫の弟であり、Bの死亡後も身寄りのない1人暮らしのAと親類として交流を続けていたことに加え、Aの死亡後、Aの葬儀を執り行い、その墓守もしていたというのであるから、通常の親戚付合いを超えた関係にあり、被相続人と特別の縁故があった者といい得ると考えられる。

4　他方、Yは、Aの近所に居住し、生前Aと親密な交際をしていたというのであるが、係る事情のみでは被相続人と特別の縁故があった者ということはできないと考えられる。特別縁故者といえるためには、通常の知人としての付合いを超えた関係にあったことが必要である。

5　本件土地は、AとXが共有していたものであるが、共有持分も特別縁故者に対する分与の対象となり得るところ、XYが特別縁故者に当たるとしても、Aの相続財産の分与が認められるためには、それが相当であることが必要である。この点、Xは、Aと親戚であることに加え、従前から本件土地をAと共有しており、本件土地の共有持分をXに対し分与するのが相当と判断される可能性は高いと考えられる。他方、本件土地に関する以上のような事情からすれば、Yが特別縁故者であると認められたとしても、本件土地の共有持分をYに対し分与するのは相当でないと判断される可能性が高いであろう。

◆ 解　説

1　相続人の不存在の場合における相続財産の処理

　被相続人に相続人のあることが明らかでないときは、相続財産は法人とされ（民法951条）、家庭裁判所が選任した相続財産管理人（同法952条1項）が家庭裁判所の監督の下で相続財産の管理・清算をするとともに、相続人の捜索をする。この過程で相続人が出現すれば、相続財産法人は成立しなかったものとみなされる（同法951条本文）。相続人が出現しないまま相続財産の清算が終了し、残余財産がある場合は、その全部又は一部を家庭裁判所が特別縁故者に対して分与することができ（同法958条の3）、分与されなかった相続財産は国庫に帰属する（同法959条）。以上が相続人の不存在の場合における相続財産の処理の概要である。

2　相続財産管理人の選任

(1)　被相続人に相続人のあることが明らかでないときは、相続財産は法人とされ（民法951条）、家庭裁判所は、利害関係人又は検察官の請求により、相続財産管理人を選任する（同法952条1項）。

(2)　「相続人のあることが明らかでないとき」とは、相続人の存否が不明な場合であり（東京高決昭和50・1・30判時778号64頁〔27452045〕）、①戸籍上相続人が存在しない場合のほか、②最終順位の相続人が、㋐欠格（民法891条）、㋑廃除（同法892条、893条）、㋒放棄（同法938条）、㋓同時死亡の推定（同法32条の2）により相続権を有しなくなった場合も含まれる。

　戸籍上相続人が存在しないが、被相続人に対する離婚・離縁無効の訴え、父を定める訴え（同法773条）、認知の訴え（同法787条本文）等が係属しており、相続人が出現する可能性がある場合については、「相続人のあることが明らかでないとき」に当たるとして相続財産管理人を選任すべきとする見解（加藤令造編、岡垣学著『家事審判法講座2 相続関係』判例タイムズ社（1965年）195頁等）とこれを否定する見解（同法895条を準用すべきであるとする中川善之助編『註釈相続法（上）』有斐閣（1954年）346頁、中川

善之助教授還暦記念家族法大系刊行委員会編『家族法大系Ⅶ相続2』有斐閣（1960年）〔四宮和夫〕154頁や、同法918条を準用すべきであるとする中川善之助＝泉久雄『相続法〈第4版〉』有斐閣（2000年）453頁等）があるが、実務上は、相続財産を選任し、判決が確定するまで清算手続を進めないでおく取扱いをするのが一般的である（伊東正彦『財産管理人選任等事件の実務上の諸問題』司法研修所（2003年）30頁）。

　戸籍上唯一の相続人が表見相続人である場合、すなわち、婚姻無効事由（同法742条）がある場合等は、その者の相続権が否定される判決が確定するなどしない限り相続人の存否が不明といえず、相続財産管理人を選任することはできないと考えられる。

　戸籍上相続人はいないが相続財産全部の包括受遺者がある場合は、包括受遺者は相続人と同一の権利義務を有し（同法990条）、被相続人の死亡の時から原則として同人の財産に属した一切の権利義務を承継するのであるから、相続人のあることが明らかでないときには当たらない（前掲平成9年最判〔28021762〕）。

　また、戸籍上の相続人が行方不明又は生死不明の場合は、「相続人のあることが明らかでないとき」には当たらない（前掲昭和50年東京高決〔27452045〕）。この場合は、行方不明者ないし生死不明者について、不在者財産管理の規定（同法25条以下）や失踪宣告の規定（同法30条以下）を活用することによって対処することとなる。

⑶　「利害関係人」とは、相続財産の帰属について法律上の利害関係を有する者であり、①相続債権者、②相続財産上の担保権者、③受遺者、④相続債務者等のほか、⑤成年後見人であった者、⑥遺言執行者、⑦共同相続人、⑧被相続人の葬儀費用を立て替えた者、⑨租税債権を有したり、相続財産である土地を買収する目的を有する国・地方公共団体、⑩特別縁故者であるとして相続財産の分与を求めようとする者等も含まれる。

⑷　相続人の不存在の場合における相続財産の管理に関する処分事件は、家事事件手続法別表第一の審判事件である（別表第一の九十九）。この事件は、

相続が開始した地、すなわち被相続人の最後の住所地を管轄する家庭裁判所の管轄に属する（家手法203条1号、民法883条）。同一の被相続人に係る相続財産の管理に関する処分事件の二重係属を防止するため、この管轄要件は厳格に運用すべきである。もっとも、主要な相続財産が別の家庭裁判所の管轄区域内に存在する場合等には、申立てを受理した家庭裁判所から当該家庭裁判所に移送ないし回付をすることが考えられる（移送につき、家手法9条2項2号）。

(5)　家庭裁判所は、申立てを相当と認める場合、相続財産管理人選任の審判をする。相続財産管理人選任の審判は、申立人及び相続財産管理人に告知することを要し、相続財産管理人に告知することにより効力を生じる（家手法74条1項・2項本文）。他方、申立てを却下する審判は、申立人に告知することを要し、これにより効力を生じる（同法74条1項・3項）。相続財産管理人選任の審判及び申立てを却下する審判に対しては、不服申立て（即時抗告）をすることはできない。

　相続財産管理人になるに当たっての資格について制限はないが、法律問題を処理する必要がある事案が多いことから、実務上は弁護士を選任することが多い。申立人が推薦する候補者を選任する事案も多いが、申立人が特別縁故者であるとして相続財産の分与を求めることが予定されている場合は、公正確保の観点から、第三者的地位にある者を選任するのが相当である。

(6)　家庭裁判所は、相続財産管理人を選任したときは、遅滞なくこれを公告しなければならない（民法952条2項）。公告は、家庭裁判所の掲示板等に掲示するとともに、官報に掲載してする（家手規則4条1項）。この公告は、相続財産の利害関係人に相続財産管理人が選任されたことを知らせるとともに、相続人捜索の意味も有している。

(7)　家庭裁判所は、いつでも選任した相続財産管理人を改任することができる（家手法208条、125条1項）。また、家庭裁判所は、①相続人が相続財産を管理することができるようになったとき、②管理すべき相続財産がなくなったとき、③その他相続財産の管理を継続するのが相当でなくなったとき

は、相続財産管理人若しくは利害関係人の申立てにより又は職権で、相続財産管理人選任の取消しの審判をしなければならない（同法208条、125条7項）。相続財産管理人に報酬を付与した結果相続財産がなくなり（相続財産が債務超過の場合を含む。）、あるいは、残余財産を国庫に引き継いだ結果相続財産がなくなるに至ると、相続財産管理人選任の取消しの審判をし、事件を終局する。換価不能な財産のみが残っている場合も、相続財産の管理を継続するのが相当でなくなったとして、相続財産管理人選任の取消しの審判をし、事件を終局するのが相当である。

3　相続財産の清算

(1)　相続財産管理人は、相続財産法人の代表者として、相続財産を管理し、これを清算する職務を行う。

(2)　相続財産管理人の権限は、原則として、①保存行為、②利用・改良行為に限られるが、権限を越える行為をする必要があるときは、家庭裁判所の許可を得て行うことができる（民法953条、28条、103条）。実務上は、国庫への引継ぎを金銭で行うことがほとんどであり、特別縁故者に対する分与も金銭で行うことが多いため、家庭裁判所の許可を得て相続財産を順次換価していくのが通例である。また、家庭裁判所の許可を得て、被相続人の葬儀費用等の立替金の返還や墓地取得費用、永代供養料等の支払がなされることも多い（片岡武ほか『家庭裁判所における成年後見・財産管理の実務〈第2版〉』日本加除出版（2014年）374頁以下）。

(3)　相続財産管理人は、就任後、財産目録を作成するとともに（民法953条、27条1項）、定期的に家庭裁判所に財産状況の報告をし、管理の計算をしなければならない（家手法208条、125条2項）。相続財産管理人は、相続債権者又は受遺者の請求があるときは、請求をした者に財産の状況の報告をしなければならない（民法954条）。

(4)　選任の公告後2か月以内に相続人のあることが明らかにならなかったときは、相続財産管理人は、遅滞なく、すべての相続債権者及び受遺者に対し、

2か月以上の一定期間内に請求の申出をすべき旨を公告しなければならない（民法957条1項）。公告は、官報に掲載してする（同法957条2項、927条4項）。知れている相続債権者及び受遺者に対しては、各別にその申出を催告しなければならない（同法957条2項、927条3項）。この公告は、2回目の相続人捜索の意味も有する。

(5) 相続財産管理人は、債権者に対する弁済の手続を行うが、民法957条1項の期間の満了前には弁済を拒むことができる（同法957条2項、928条）。ただし、優先権を有する債権者に対しては、優先権の範囲内では弁済を拒絶できない（同法957条2項、929条ただし書）。弁済は、①相続財産に対し優先権を有する債権者（同法957条2項、929条ただし書、935条ただし書）、②同法957条1項の期間内に請求の申出をした一般債権者及び相続財産管理人に知れている一般債権者（同法957条2項、929条本文）、③同法957条1項の期間内に請求の申出をした受遺者及び相続財産管理人に知れている受遺者（同法957条2項、931条）、④同法957条1項の期間内に申出をせず除斥された一般債権者及び受遺者（同法957条2項、935条本文、958条の2）の順位に従って行う。

(6) 家庭裁判所は、民法957条1項の期間の満了後、なお相続人のあることが明らかでないときは、相続財産管理人又は検察官の請求により、相続人があるならば6か月以上の一定期間内にその権利を主張すべき旨を公告しなければならない（同法958条）。この公告は、3回目の相続人捜索であり、この期間内に相続人としての権利を主張する者がないときは、相続人並びに相続財産管理人に知れなかった相続債権者及び受遺者はその権利を行使できなくなる（同法958条の2）。公告は、家庭裁判所の掲示板等に掲示するとともに、官報に掲載してする（家手規則4条1項）。

(7) 相続財産管理人は、職務の遂行に当たり善管注意義務を負うほか、受け取った金銭その他の物を相続財産法人に組み入れる義務、相続財産法人に組み入れるべき金銭を自己のために費消した場合の責任を負い、費用償還請求権を有する。これらについては、委任の規定が準用される（家手法208条、

125条6項、民法644条、646条、647条、650条）。

(8) 家庭裁判所は、相続財産管理人に対し、相続財産の中から相当な報酬を与えることができる（民法953条、29条2項）。

(9) 相続人のあることが明らかになったときは、相続財産法人は成立しなかったものとみなされる（民法955条本文）。ただし、相続財産管理人がその権限内でした行為の効力は妨げられない（同法955条ただし書）。また、相続財産管理人の代理権は、相続人が相続の承認をした時に消滅する（同法956条1項）。この場合、相続財産管理人は、遅滞なく相続人に対して管理の計算をしなければならない（同法956条2項）。

4 特別縁故者に対する相続財産の分与

(1) 民法958条の期間内に相続人としての権利を主張する者がないときは、相続人並びに相続財産管理人に知れなかった相続債権者及び受遺者はその権利を行使することができなくなる（同法958条の2）。この場合において、相当と認めるときは、家庭裁判所は、①被相続人と生計を同じくしていた者、②被相続人の療養看護に努めた者、③その他被相続人と特別の縁故があった者の請求により、これらの者に、清算後残存すべき相続財産の全部又は一部を与えることができる（同法958条の3第1項）。この請求は、同法958条の期間の満了後3か月以内にしなければならない（同法958条の3第2項）。

(2) 民法958条の期間が満了し、特別縁故者に対して分与されなかった相続財産は、国庫に帰属する（同法959条）。

(3) 特別縁故者は、相続人とは異なり、初めから存在するものではない。最高裁は、被相続人のいとこ及びその妻が相続財産分与の審判前に特別縁故者に当たると主張して提起した遺言無効確認訴訟において、「本件遺言が無効である場合に、被上告人らが民法958条の3第1項所定の特別縁故者として相続財産の分与を受ける可能性があるとしても、右の特別縁故者として相続財産の分与を受ける権利は、家庭裁判所における審判によって形成される権利にすぎず、被上告人らは、右の審判前に相続財産に対し私法上の権利を有

するものではな」いとして、訴えの利益を欠くとした（最一小判平成 6・10・13 判時 1558 号 27 頁〔28010274〕）。

5　特別縁故者の範囲

(1)　被相続人と生計を同じくしていた者

「被相続人と生計を同じくしていた者」とは、被相続人と家計を同じにして生活していた者である。同居している場合は、互いに独立して生計を立てていた場合でない限り、生計を同じくしていたといえるであろう。別居していたとしても、仕事や学校の関係で別居しているにすぎず、生活費を共通にしていた実態がある場合は、生計を同じにしていたといい得る。裁判例には、①内縁の配偶者（東京家審昭和 38・10・7 判タ 165 号 179 頁〔27450999〕、千葉家審昭和 38・12・9 家裁月報 16 巻 5 号 175 頁〔27451022〕、山口家審昭和 49・12・27 家裁月報 27 巻 12 号 61 頁〔27452038〕、名古屋家審平成 6・3・25 家裁月報 47 巻 3 号 79 頁〔28019159〕等）、②事実上の養子（大阪家審昭和 40・3・11 判タ 185 号 197 頁〔27451124〕、大阪家審昭和 40・11・27 家裁月報 18 巻 7 号 62 頁〔27451210〕、熊本家天草支審昭和 43・11・15 判タ 241 号 267 頁〔27451522〕等）、③事実上の養親であるおじ・おば（岡山家玉野出審昭和 38・11・7 判タ 166 号 227 頁〔27451015〕、大阪家審昭和 39・3・28 判タ 173 号 229 頁〔27451048〕、大阪家審昭和 41・11・28 判タ 219 号 203 頁〔27451316〕等）、④継親（京都家審昭和 38・12・7 判タ 170 号 270 頁 173 頁〔27451021〕、福岡家行橋支審昭和 48・4・9 家裁月報 25 巻 12 号 55 頁〔27451883〕等）、⑤継子（大阪家審昭和 40・12・18 民商法雑誌 56 巻 2 号 41 頁等）、⑥亡長男の妻（大阪家審昭和 42・11・21 判タ 232 号 249 頁〔27451413〕）、⑦継子の子（東京家審昭和 47・1・19 家裁月報 25 巻 3 号 98 頁〔27431313〕）、⑧未認知の子（大阪家審昭和 52・11・18 家裁月報 30 巻 11 号 71 頁〔27452280〕等）等がある。被相続人と法律上又は事実上の親族関係にある者が多いが、親族関係にない他人でも被相続人と生計を同じくしていた者に該当することはあり得る。

なお、被相続人と重婚的内縁関係にあった者や、愛人関係を維持するために被相続人に対し多額の援助をした者について、相続財産分与の申立てを却下したものが見られる（東京家審昭和46・6・21家裁月報24巻6号52頁〔27451734〕、水戸家土浦支審昭和53・2・13家裁月報30巻8号69頁〔27441893〕、東京高決昭和56・4・28東高民時報32巻4号103頁〔27452562〕等）。

(2) 被相続人の療養看護に努めた者

　「被相続人の療養看護に努めた者」とは、被相続人が疾病に罹患した際に、その療養ないし看護に従事した者である。必ずしも療養・看護自体に従事しなくてもよいが、ごく短期間ないし軽度の疾病の療養看護に努めたにすぎないものは含まれないであろう。被相続人の療養看護に努めた者に該当するとされた事例として、①認知機能が低下し意思疎通が十分に行えない状態にあった被相続人について、福祉事務所等に連絡をとり、身元保証人となって特別養護老人ホームに入所させ、その後約8年間に39回にわたり入院していた病院を訪れ、被相続人の看護・療養状況に気を配り、話し相手となったり、被相続人の体調の良いときに被相続人をタクシーで外出させ、被相続人の好む食事をさせるなどした者（京都家審平成20・9・9家裁月報61巻6号103頁〔28151454〕）、②糖尿病と腎臓を患って入院もし、退院後は1日おきに人工透析を受ける必要があった被相続人について、病院の送迎車に乗せたり、タクシーを呼んで通院させ、入院中は見舞いに行ったり、寝衣を届けたりした被相続人の近隣の者（名古屋高決平成8・7・12家裁月報48巻11号64頁〔28011512〕）等がある。他方で、①被相続人の死亡の直前に老人ホームの転所手続等を行ったにすぎない被相続人の亡妻の親族（長崎家審平成2・1・26家裁月報42巻9号41頁〔27811435〕）、②被相続人の死亡の直前に見舞いをしたにすぎない被相続人の叔母（千葉家審平成元・5・16家裁月報42巻1号107頁〔28161806〕）については、被相続人の療養看護に努めた者ではないとされた。特別縁故者に該当するといえるためには、被相続人の親族ないし知人として通常なすべき相互扶助・協力の域を超えた特別な関係があったことが必要である。

被相続人の療養看護に努めたと認められる者としては、被相続人と法律上又は事実上の親族関係にある者が多いと考えられるが、親族関係にない者でも、被相続人の療養看護に努めた者に該当するとされた事例として、前記名古屋高決の事例のほか、①中学卒業後、住み込み店員として低額の給料で被相続人に雇用され、被相続人の妻の病気入院後は被相続人の家事・雑用にも従事し、同人の死亡後1人暮らしとなった高齢の被相続人に対し8年以上にわたり住居の世話、炊事・洗濯・食事等の身辺の世話、病気の看護に当たり、被相続人の信頼を受けてその精神的な支えとなった者（大阪高決平成4・3・19家裁月報45巻2号162頁〔27818646〕）、②被相続人の病気入院に当たり、身の回りのことや入院費の支出・管理等の経理のことをしたり、食事を作って持参するなどの療養看護の補助をした被相続人の同窓生で隣人であった女性とその夫（大阪家審昭和57・3・31家裁月報35巻8号129頁〔27452636〕）、③路上に行き倒れになっているのを保護された被相続人に生活保護を適用して生活資金を与え、年末には市の年末一時扶助、市歳末助け合い資金を支給し、被相続人の療養看護に努めてきた市（福島家審昭和55・2・21家裁月報32巻5号57頁〔27452441〕）等がある。

　報酬を得ている家政婦や看護師等であっても、被相続人の療養看護に努めた者に該当するとされた事例として、2年以上もの間、連日誠心誠意被相続人の看護に努め、対価として得ていた報酬以上に被相続人の看護に尽力した看護師（神戸家審昭和51・4・24判時822号17頁〔27452154〕）がある。

(3)　その他被相続人と特別の縁故があった者

　「その他被相続人と特別の縁故があった者」とは、「被相続人と生計を同じくしていた者」又は「被相続人の療養看護に努めた者」に準ずる程度に被相続人との間に具体的かつ現実的な精神的・物質的に密接な交渉のあった者で、相続財産をその者に分与することが被相続人の意思に合致するであろうとみられる程度に特別な関係があった者である（大阪高決昭和46・5・18家裁月報24巻5号47頁〔27451727〕）。

　これに該当すると認めた裁判例には、①歌人である被相続人を母のように

敬愛してその文化活動に協力し、被相続人の晩年には最も頼れる親族の1人で、被相続人の葬儀の際には喪主となり、後に祭祀を承継して法要を務め、遺稿を後世に残す作業をしている、被相続人の亡夫の実弟（名古屋家審昭和48・2・24家裁月報25巻12号44頁〔27451869〕）、②被相続人と親しく親戚付合いをし、何かと相談を持ち掛けられて世話をし、被相続人の夫の死亡後は唯一の頼りになる身内として諸々の相談事を持ち掛けられたうえ、死亡後を託され、これに応じて被相続人の葬儀や被相続人及びその親族の法要等の祭祀を行って墓守もし、今後も続けていく意向である、被相続人のいとこの子（大阪高決平成5・3・15家裁月報46巻7号53頁〔27826910〕）、③被相続人の老人ホーム入所につき身元引受人となった夫に協力し、夫の死亡後は自ら身元引受人となり、被相続人の依頼で任意後見契約を締結し、被相続人の精神的な支えとなり、被相続人の死亡後は葬儀等や退寮手続を行い、身辺整理をし、墓守を続けている、被相続人の又いとこの配偶者（鳥取家審平成20・10・20家裁月報61巻6号112頁〔28151457〕）、④被相続人の幼少時から身近な親族として絶えず交際し、被相続人の死亡後は葬儀、納骨、法要等遺族同様の世話を行い、今後も被相続人の祭祀回向を怠らない意向である、被相続人のいとこ（大阪高決昭和45・6・17判時601号61頁〔27451659〕）、⑤毎月1回くらい金銭や衣類、米等を仕送りして被相続人方の生活を援助し、被相続人方家屋の買受代金のうち相当部分を支弁し、家事手伝いの賃金も支弁してきた、被相続人の亡妻の妹（大阪家審昭和39・9・30判タ184号193頁〔27451088〕）、⑥幼くして父母が死亡した被相続人のためその不動産を管理し、その賃料を被相続人の生活費及び学資に充てさせ、被相続人の身上監護をし、被相続人の死亡後は葬儀及び法要に当たった、被相続人の伯父（京都家審昭和42・8・18判タ230号317頁〔27451391〕）、⑦生活力の乏しいことを心配した被相続人から生活の援助を受け、被相続人が死亡する1、2年前からは高額ではないが毎月一定額の生活費を支給され、無償で居住する土地の提供を受けていた、被相続人のいとこの子である4人の独身の姉妹（前掲昭和51年神戸家審〔27452154〕）、⑧被相続人の老人ホーム入所時の身元

保証人や成年後見人となったほか、遠距離にもかかわらず多数回にわたり老人ホームや入院先を訪れ、親身になって被相続人の療養看護や財産管理に尽くしたうえ、相当額の費用を負担して被相続人の葬儀を主宰したりその供養を行った、被相続人の父の妹の孫及びその配偶者（大阪高決平成20・10・24家裁月報61巻6号99頁〔28151453〕）、⑨50年以上の長きにわたり師弟及びもと近隣の長幼として被相続人と交際を続け、身寄りがなく孤独であった被相続人を援助し、その晩年においては、戦災・病気・唯一の財産の処分等の際の相談相手及び生活上の助言者として関与し、経済面でも助力して、被相続人の生活の安定に寄与したうえ、被相続人の死亡に際しては肉親以上に心のこもった世話を続け、死に水を取った者（大阪家審昭和38・12・23判タ170号270頁〔27451028〕）、⑩高齢の父親を抱えて生活の苦しい従業員である被相続人のために家屋を購入し、その後負傷して障害を来しますます生活が苦しくなった被相続人に対し経済的援助を続けてきた、被相続人が勤務する会社の代表者（大阪家審昭和41・5・27家裁月報19巻1号55頁〔27451264〕）等、様々なものがある。

　以上を見ると、被相続人と特別の縁故があったというためには、親しく親戚付合いをしていたとか、知人・友人として長年交流があったというだけでは足りず、親戚ないし知人・友人として通常期待されるものを超えた相当密接な関係を築いていることが要求されるといえる。また、不完全な遺言等でも被相続人の意思が推認できる場合、これも考慮されると考えられる。

(4)　**相続放棄をした相続人**

　相続放棄をした相続人も特別縁故者となり得る（広島高岡山支決平成18・7・20家裁月報59巻2号132頁〔28130329〕）。もっとも、相続人であったというだけで特別縁故者と認められるわけではないし、他の特別縁故者に優先するものでもない。

(5)　**法人等**

　自然人のみならず、法人や権利能力なき社団・財団も特別縁故者となり得る。これを肯定した裁判例には以下のようなものがある。

ア　地方公共団体

　①被相続人が入院し、死亡に至るまでその療養看護に努めた養老院を設置する町（熊本家審昭和39・3・31判タ189号200頁〔27451051〕）、②被相続人が方式不備のため無効な遺言で遺産を市の老人福祉事業に活用してほしい旨述べていた市（大阪家審昭和42・4・13判タ229号331頁〔27451359〕）、③被相続人が文化向上のため私財を投入して会館を建設し、蔵書等とともにこれを市に寄附し、被相続人も同会館の管理人となって毎月謝金の支給を受け、専属職員が会館の管理や被相続人の身の回りの世話に当たるなど、被相続人の晩年の大きな支柱となっていた市（前掲昭和48年名古屋家審〔27451869〕）、④被相続人が32年間校務員として勤務し、多くの児童に慕われ、多数の教師とも交流が深かった小学校を設置する市（大阪家審昭和51・12・4家裁月報29巻6号42頁〔27452199〕）、⑤路上に行き倒れとなっていた知的障害者である被相続人に18年間生活資金等を支給し、その療養看護に努めた市（前掲昭和55年福島家審〔27452441〕）

イ　宗教法人

　①被相続人が時折墓参に赴き、自家の墓が無縁墓とならないよう永代供養料を上納したいと述べていた、被相続人の菩提寺（東京家審昭和40・8・12判タ194号191頁〔27451171〕）、②被相続人が住職を務め、被相続人に子孫があればこれを世襲したであろう宗教法人（福島家郡山支審昭和46・8・25判タ279号381頁〔27451750〕）

ウ　学校法人、その他の法人

　①被相続人が約37年間経営者ないし代表者としてその発展に努力し、自己の私財を投じてその財政的基盤の確立に努め、指導理念や行事等にも関与し、晩年には短期大学を設置する計画を有するなど、その発展に情熱を燃やした学校法人（前掲昭和51年神戸家審〔27452154〕）、②被相続人が未完成の遺言書において、財産の大部分を母校に寄附し、財団を設立して学生の奨学金の基金として役立てたいとの意思を表示していた学校法人（前掲昭和57年大阪家審〔27452636〕）、③被相続人が約40年間評議員を務め、財政面で

もそれ以外の面でも多大な貢献をし、種々尽力して多大な活動をした財団法人（前掲昭和51年神戸家審〔27452154〕）、④被相続人が刑務所出所後から死亡までの10年間起居して援護を受け、その補導助言により安定した生活を営むようになった更生保護事業を目的とする公益法人（大津家審昭和52・9・10家裁月報30巻2号141頁〔27452261〕）、⑤被相続人が寮母兼保母として約30年間勤務し、被相続人の葬儀を施行した社会福祉法人（松江家審昭和54・2・21家裁月報31巻10号84頁〔27452358〕）

エ　権利能力なき社団・財団

①被相続人が介護ないし看護を受け、死亡した場所である、地方公共団体の福祉施設である養老院（長崎家審昭和41・4・8判時460号43頁〔27451251〕）、②被相続人が生活し、被相続人の葬儀を行った県立の養護老人ホーム及び特別養護老人ホーム（那覇家石垣支審平成2・5・30家裁月報42巻11号61頁〔27811438〕）、③宗教講たる大師講（松江家審昭和46・5・12判タ285号336頁〔27451726〕）

(6)　過去の一時期における縁故

被相続人と過去の一時期における縁故を有するにすぎない者も特別縁故者となり得ないものではない。これを肯定した裁判例として、被相続人と20年近く音信不通であったが、かつて特定郵便局長である被相続人の父の下でその事務を補助し、同人の死亡後は暫時局長代理をしつつ金遣いの荒い被相続人の面倒を見、被相続人が財産を処分して失踪後は残された不動産を事実上管理してきた、被相続人のいとこを特別縁故者と認めたもの（東京家審昭和41・5・13家裁月報18巻12号52頁〔27451261〕）がある。

(7)　被相続人と特別縁故者の同時存在

被相続人と特別縁故者が同時に存在することは必要ではなく、被相続人の死亡後に出生した者も特別縁故者となり得る。これを肯定した裁判例として、①被相続人の死亡後に出生し、祖父、父とその祭祀を承継してきた被相続人の6親等の親族（大阪家審昭和39・7・22家裁月報16巻12号41頁〔27451071〕）、②被相続人が南米に渡航した際には出生しておらず面識はないが、申立人の

祖父が甥である被相続人を養育し、渡航等の費用を調達したうえ、被相続人の遺産を管理し、その後申立人がこれを承継し、公課を完納し、祭祀を行っているもの（熊本家天草支審昭和42・8・11判タ230号316頁〔27451388〕）、③被相続人の祭祀や遺産管理をしている被相続人の6親等の親族（熊本家審昭和47・10・27家裁月報25巻7号70頁〔27451844〕）、④申立人の父が幼少の頃から被相続人に実子同様に養育され、被相続人が年老いてからは申立人の父が引き取って監護し、被相続人の死亡後、申立人の父が被相続人名義の家屋に移り住み、父の死亡後申立人が引き継いできたもの（岡山家備前出審昭和55・1・29家裁月報32巻8号103頁〔27452434〕）等がある。

⑻　死後縁故

　被相続人と特別縁故者の縁故が専ら又は主として被相続人の死亡後に生じたものであっても、特別縁故者となり得る。これを肯定した裁判例として、①被相続人のいとこの妻であり、被相続人が召集を受けた後申立人の夫の父が被相続人の財産を事実上管理していたが、被相続人の戦死後、事実上被相続人の後継者として夫とともに被相続人の屋敷に入居し、被相続人家の祭祀を主宰し、夫の死亡後は1人で祭祀の主宰と財産管理をしているもの（横浜家審昭和37・10・29判タ151号97頁〔27450897〕）、②被相続人の生存中は特別の縁故があったとはいえないが、申立人の両親の死亡後、これに代わって被相続人の祭祀を承継して主宰しているもの（福島家審昭和46・3・18家裁月報24巻4号210頁〔27451713〕）、③被相続人と特別縁故関係が認められたことは疑いのない被相続人の継母方に下宿し、同人と養子縁組をしてその生活を支え、同人の死亡後は同人や被相続人の祭祀を行い相続財産の管理をしてきたもの（大阪家審昭和56・4・10家裁月報34巻3号30頁〔27452557〕）、④被相続人の5親等の親族で、被相続人の死亡後申立人の祖父がその法要を営み、財産を管理し、同人の死亡後は申立人がこれを引き継いでいるもの（新潟家高田支審昭和44・5・12判タ249号303頁〔27451578〕）、⑤被相続人の亡叔父の妻で、被相続人とは親密な交際がなかったが、被相続人の父とはその晩年比較的親密な間柄にあったところ、申立人の夫が被相続人の父か

ら後事を託されたが、被相続人も戦死したため、夫とともに被相続人の遺産である建物に移り住み、遺産の一部を管理してきたもの（大阪家審昭和49・3・26家裁月報27巻3号76頁〔27451968〕）、⑥幼少時から身近な親族として被相続人と絶えず交際し、被相続人の死亡後は葬儀・納骨・法要等遺族同様の世話を行い、今後も被相続人の祭祀回向を怠らぬ意向であるもの（前掲昭和45年大阪高決〔27451659〕）等がある。

　前記⑤のように、被相続人の生存中の交際は通常の親戚付合いの範囲を超えるものではないが、被相続人の死亡後、被相続人の葬儀を主宰したり、被相続人の財産の整理をするなどし、今後も被相続人の供養をしていく意向であるという者が特別縁故者と認められる事例は多い。また、被相続人が入所していた施設を運営する法人や被相続人の後見人が、被相続人の死亡後、相続人のない被相続人のため、その葬儀を主宰したり、納骨をしたりすることも多く、その場合、施設の入所契約で定められた内容や後見人の事務の範囲を超えるものがあったとして、特別縁故者と認められることがある。

6　相続財産分与の相当性

(1)　分与の相当性

　特別縁故者であると認められたとしても、現実に相続財産の分与がなされるためには、それが相当と認められることを要する（民法958条の3第1項）。いかなる財産をどの程度分与するかの問題である。

　相当性については家庭裁判所の判断事項であり、その裁量が大きく働くこととなるが、家庭裁判所は、被相続人と特別縁故者との縁故関係の内容及びその程度、特別縁故者の年齢・職業等、相続財産の種類・数額・状況・所在等、一切の事情を考慮して、分与すべき財産の種類・数額等を決定すべきである（前掲昭和48年高松高決〔27451945〕、前掲平成15年広島高決〔28082239〕参照）。不完全な遺言書等により被相続人の生前の意向がうかがえる場合は、その内容も相当性の判断の重要な要素となると考えられる。また、前記高松高決は、特別縁故者と認められる者が複数存在する場合には、民法958条の

3第1項の規定の趣旨に照らし、具体的・実質的な縁故の濃淡を中心にしてその程度に応じた分与がなされるべきであるとしている。

(2) 縁故の濃淡と分与の相当性の関係

　縁故の内容が濃いものであるとしても、相続財産が多額の場合はその一部の分与しかなされないことも多く、逆に、さほどの縁故があるとはいえない事案でも、相続財産が少額の場合はその全部が分与されることもある。したがって、特別縁故者であると認められたにもかかわらず相続財産の分与がなされないことは、前述の重婚的内縁関係にあった場合や愛人関係を維持するためであった場合等、公序良俗に反するようなものを除きほとんどないと考えられるが、縁故の内容の濃淡と全部分与か一部分与かとの間には大きな関連性はない。現実には縁故の内容の薄い者からの申立てが多く、相続財産の全部の分与がなされる事案はそれほどない。特別縁故者が被相続人ないし相続財産から給付を受けている場合や葬儀を主宰したり法要を営んだ特別縁故者が今後被相続人の供養を続けていく意向である場合、これらの事情も分与の内容を決めるに当たり考慮される。複数の特別縁故者がいる場合は、当然ながら特別縁故者間の公平性も重視される。

(3) 長期間経過後の申立て

　被相続人の死亡後長期間経過してから相続財産管理人が選任され、特別縁故者に対する相続財産分与の申立てがなされたとしても、そのことのみでは分与の相当性を否定する理由とはならないと考えられる（長野家伊那支審昭和38・7・20家裁月報15巻10号146頁〔27450977〕、前掲昭和44年新潟家高田支審〔27451578〕、前掲昭和47年熊本家審〔27451844〕、前掲昭和55年岡山家備前出審〔27452434〕等）。

7　相続財産分与の対象財産

　分与の対象となるのは、「清算後残存すべき相続財産」である（民法958条の3第1項）。実務上は、残余財産の国庫帰属が現金でなされることが多く、不動産・動産・その他の財産権については、相続財産管理人において換

価し、特別縁故者に対する相続財産の分与も現金（相続財産管理人名義の預貯金口座で管理されているのが通常である。）でなされることが多いが、特定の財産を特別縁故者に分与するのが相当と予想される場合は、換価せず、相続財産分与の審判に委ねられる。以下、相続財産分与の対象となるか問題とされてきたものについて検討する。

(1) 農地、採草牧草地

農地法3条1項ただし書12号により、農業委員会の許可を受けることなく特別縁故者に分与することができる。

(2) 共有持分

民法255条の規定から特別縁故者に対する相続財産分与の対象とはならないのではないか争いがあったが、最高裁は、特別縁故者に対する分与の対象となるものと判断した（前掲平成元年最判〔27805174〕）。

(3) 国庫債券

法律上譲渡が禁止されており、分与の対象とならないとする裁判例もあるが、大蔵省理財局長回答（昭和42・5・17）は、特別縁故者に分与された場合は記名変更の請求に応じて差し支えないとしており、分与の対象となるものと考えられる（前掲片岡ほか463頁）。

(4) 賃借権

特別縁故者に対する相続財産分与が相続財産法人からの無償譲渡と解されることから、賃貸人の承諾を得ずに分与を受けることが解除事由とならないかが問題となるが、賃借人が賃貸人の承諾なく第三者に賃借物の使用収益をさせたとしても、これが賃貸人に対する背信的行為と認めるに足らない特段の事情があるときは賃貸人は賃貸借契約を解除することができないとされており（最二小判昭和28・9・25民集7巻9号979頁〔27003280〕）、解除事由とはならないものと考えられる。もっとも、賃借権の分与が相当と判断される場合は、賃貸人との紛争を防止するため、相続財産管理人が事前に賃貸人の承諾を得ることが望ましい（前掲片岡ほか464頁）。

(5) 知的財産権

ア 著作権

　相続人不存在の場合、国庫帰属の際に消滅するとされていることから（著作権法62条1項1号）、分与の対象となる。

イ 特許権、実用新案権、意匠権、商標権

　相続人不存在の場合、民法958条の期間内に相続人である権利を主張する者がないときは消滅するとされているため（特許法76条、実用新案法26条、意匠法36条、商標法35条）、分与の対象とならない。商標権については、専用使用権（商標法30条）、通常使用権（同法31条）が存在する場合は、使用権者の利益を考慮して、前記期間内に相続人である権利を主張する者がないときであっても商標権が消滅することはないと解されており、使用権の設定ないし許諾という権利関係が残るため、分与の対象となると考えられている（前掲片岡ほか467頁）。

8 相続財産分与の手続

(1) 申立権者

　特別縁故者に対する相続財産分与の申立てをすることができるのは、特別縁故者であると主張して相続財産の分与を求める者である（民法958条の3第1項）。特別縁故者に対する相続財産分与事件は、家手法別表第一の審判事件である（別表第一の百一）。家事審判の申立てをするには申立書を家庭裁判所に提出しなければならず（家手法49条1項）、特別縁故者に対する相続財産分与の審判の申立書には、被相続人との特別の縁故関係を記載しなければならない（家手規則110条1項）。また、これについての証拠資料がある場合は、その写しを申立書に添付しなければならない（同規則37条2項）。

(2) 特別縁故者たる地位の承継

　被相続人と特別の縁故があったと考えられる者が分与の申立てをしないで死亡した場合、特別縁故者たる地位はその相続人に承継されるか。特別縁故者として相続財産の分与を受ける可能性のある者も審判前に相続財産に対し

私法上の権利を有するものではなく、特別縁故者として相続財産の分与を求めるか否かは一身専属的な地位に基づくものであるため、否定されると考えられる（東京高決平成16・3・1家裁月報56巻12号110頁〔28092924〕）。

これに対し、被相続人と特別の縁故があったと考えられる者が分与の申立てをした後に死亡した場合については、特別縁故者と主張する者が分与の申立てをすることにより相続財産の分与を受けることが現実的に期待できる地位が生じ、この地位は財産的性格を持つものであるから相続性を有し、申立人の地位は承継されると考えられる（大阪高決平成4・6・5家裁月報45巻3号49頁〔27818652〕）。

(3) 管轄

特別縁故者に対する相続財産分与事件は、相続が開始した地を管轄する家庭裁判所の管轄に属する（家手法203条3号）。家庭裁判所は、事件を処理するために特に必要があると認めるときはその管轄に属しない事件であっても自ら処理することができるが（同法9条1項ただし書）、同一の相続財産に係る特別縁故者に対する相続財産分与の審判事件が複数係属する場合は、併合審理しなければならないため（同法204条2項）、この事件の管轄は厳格に運用すべきである。もっとも、当該相続財産に係る相続財産管理人選任事件が本来の管轄外の家庭裁判所に係属する場合は、その相続財産に係る特別縁故者に対する相続財産分与事件もその家庭裁判所で審理される可能性が高く、当初からその家庭裁判所に特別縁故者に対する相続財産分与の審判の申立てをするのも許容されるであろう。

(4) 申立期間

特別縁故者に対する相続財産分与の申立ては、民法958条の期間満了後3か月以内にしなければならない（同法958条の3第2項）。同法958条の期間満了前に申立てがなされたとしても、相続権を主張する者がないまま期間が満了した場合は、申立てを適法なものと扱ってよいと考えられる（大阪家審昭和40・11・25判タ204号192頁〔27451208〕）。

これに対し、同法958条の3第2項の期間満了後の申立ては不適法である。

他の者から分与の申立てがあり、審判がなされる前であったとしても、期間を遵守しなかった者による申立ては許されない（大阪高決平成5・2・9家裁月報46巻7号47頁〔27826907〕）。期間満了後に申立てをした者が特別縁故者の資格で相続財産管理人選任の申立てをした者であったとしても、相続財産管理人選任の申立てを相続財産分与の申立てと見ることはできない（福岡高決平成16・12・28家裁月報57巻11号49頁〔28102133〕）。

ただし、相続財産分与の申立ては相続人の不存在が確定していることを前提とするものであるため、同法958条の期間満了前に相続権を主張する者が現れ、その者の相続権の有無が争われた場合は、分与の申立期間は進行せず、その者の相続権がないことが確定してから3か月以内に分与の申立てをすればよいと解される（大阪高決平成9・5・6判時1616号73頁〔28022334〕）。これに対し、相続財産の全部を第三者に贈与する旨の死因贈与契約の有効性が争われている場合は、相続人不存在の問題ではないので前記期間満了と同時に相続財産分与の申立期間は進行するが、全部包括遺贈を内容とする遺言の有効性が争われている場合は、包括受遺者は相続人と同一の権利義務を有するとされているため（同法990条）、前記期間が満了しても相続財産分与の申立期間は進行しないと解すべきであろう（前掲片岡ほか477頁）。

(5) **審理**

特別縁故者に対する相続財産分与の申立てがあったときは、裁判所書記官は、遅滞なくその旨を相続財産管理人に対し通知しなければならない（家手規則110条2項前段）。相続財産管理人は、民法958条の3第2項の期間内に分与の申立てがない場合は相続財産を国庫に引き継ぐ手続に入り、分与の申立てがあった場合は引き続き相続財産の管理を続けることになるからである。

同一の相続財産に関し数人から相続財産分与の申立てがあったときは、これらの審判の手続及び審判は併合してしなければならない（家手法204条2項）。各申立人に対する審判を別々にすると、内容が抵触するおそれがあるからである。そのため、相続財産分与の申立てについての審判は、民法958

条の期間満了後3か月を経過した後にしなければならない（家手法204条1項）。

　家庭裁判所は、審判の基礎となる資料を収集するため、職権で事実の調査をし、かつ、申立てにより又は職権で必要な証拠調べをしなければならない（同法56条1項）。また、家庭裁判所は、相続財産分与の申立てについての審判をするに当たり、相続財産管理人の意見を聴かなければならない（同法205条）。相続財産管理人は、職務を遂行することにより、相続財産の現況を把握するとともに、被相続人と申立人との縁故関係を知り得る立場にあるため、その意見を聴くことが適正な審判のために有益と考えられるからである。通常は、意見書の提出により相続財産管理人の意見を聴取している。

　家庭裁判所は、相続財産分与の審判をするために必要な場合は、相続財産管理人に対して、相続財産の全部又は一部を競売あるいは任意に売却して換価することを命ずることができる（同法207条、194条1項・2項本文）。実務上は、相続財産管理の段階で権限外行為の許可を得て相続財産を換価するのが通常であり、相続財産の換価を命ずる裁判がなされることはほとんどないと考えられる。

(6) **申立書作成及び審理に当たっての留意点**

　相続財産分与の申立書においては、特別縁故に該当する具体的な事実を記載することを心掛けるべきである。通常の親戚ないし知人・友人としての関係にとどまるとしかいえない事実を述べるにすぎないものも散見されるが、そのような事実をいくら記載したところで意味のないことである。また、縁故関係の濃淡や被相続人の意思を推認させる事実も、相続財産分与の相当性にかかわる事実であるので、このような事実があるのであれば適切に記載するのが望ましい。さらに、申立書に記載した事実を立証する的確な証拠資料を添付する必要がある。とはいえ、将来特別縁故者として相続財産分与の申立てをしようと考えて被相続人の生前から意識的に証拠資料を収集しておく者はほとんどないと考えられ、主たる証拠は陳述書のみで、有力な証拠資料に乏しい事件も珍しくない。

実務上、申立人等の審問が行われることは少なく、書面審理が中心である。的確な証拠の少ない事件では、申立人から直接事実関係を聴取し、その内容を確認することのできる相続財産管理人の意見が大きなウェイトを占めているのが実情である。そのため、特別縁故者による相続財産分与の申立てが予想される事件では、公正確保の観点から、第三者的地位にあり、かつ、高度な法律的知識、経験を有する者を相続財産管理人に選任するのが相当である。

(7) 審判

申立人が特別縁故者に該当し、相続財産を分与するのが相当である場合は、相続財産の全部又は一部を分与する審判をする。申立人以外の者に対して相続財産を分与する審判をすることはできない。また、相続債務の負担付きの分与や条件付きの分与も許されないと解される（前掲片岡ほか491頁以下）。

①申立てが不適法である場合、②申立人が特別縁故者に該当しない場合、③申立人に相続財産を分与するのが相当でない場合は、申立てを却下する審判をする。

相続財産分与の審判は、申立人及び相続財産管理人に対して告知しなければならない（家手法74条1項）。申立てを却下する審判は、申立人に対して告知しなければならない（同法74条3項）。

(8) 即時抗告

相続財産分与の審判に対しては、申立人及び相続財産管理人は即時抗告をすることができる（家手法206条1項1号）。

申立てを却下する審判に対しては、申立人は即時抗告をすることができる（同法206条1項2号）。

即時抗告期間は、審判の告知を受けてから2週間である（同法86条1項本文）。

数人から相続財産分与の申立てがあり審判が併合してなされたときは、申立人の1人又は相続財産管理人がした即時抗告は、申立人全員に対してその効力を生ずる（同法206条2項）。

(9) 審判の確定

　相続財産分与の審判は、確定によって効力を生ずる（家手法74条2項ただし書）。相続財産分与の審判又は申立てを却下する審判が確定したときは、裁判所書記官は、相続財産管理人に対しその旨を通知しなければならない（家手規則110条2項後段）。

　分与の審判の確定により、特別縁故者は、相続財産を取得する。相続財産の分与は、相続財産法人からの無償贈与であると解されている（谷口知平＝久貴忠彦編『新版注釈民法(27)相続(2)〈補訂版〉』有斐閣（2013年）766頁）。

（松井　芳明）

◆参考文献

本文中に掲げるもののほか
・北岡秀晃ほか『特別縁故者をめぐる法律実務』新日本法規出版（2014年）
・梶村太市＝雨宮則夫編『現代裁判法大系12 相続・遺言』新日本法規出版（1999年）139頁以下
・川井健ほか編『講座現代家族法5』日本評論社（1992年）247頁以下
・松原正明『全訂判例先例相続法Ⅲ』日本加除出版（2008年）263頁以下
・金子修編著『逐条解説家事事件手続法』商事法務（2013年）

第5 成年後見に関する事件

1　後見開始

設例 20　A（昭和5年生）は、昭和30年に亡夫（昭和60年死亡）と婚姻して、長男B及び長女Xをもうけ、平成2年にXが婚姻して独立してからは、Bと2人暮らしをしている。Aは、平成20年頃から痴呆と思われる症状が見受けられるようになり、平成25年頃以降、Bが、度々Aの預金を引き出していることが判明している。

Xは、平成26年、Aがアルツハイマー型認知症に罹患しており、自己の財産を管理処分する能力を有しないとして、成年後見人候補者として自らを挙げたうえ、Aについて後見開始を求める審判を申し立てた。

Xの申立てはどのように判断されるか。

Basic Information

　成年後見制度とは、精神的障害（認知症、知的障害、精神障害、疾病・事故等による脳機能障害など）により判断能力が不十分な人（以下「本人」という。）を法律的に保護し支えるための制度である。成年後見制度には、法定後見制度と任意後見制度の2種類があり、法定後見制度には、判断能力の状況に応じて、成年後見、保佐及び補助の3類型がある。なお、重度の身体障害等で意思疎通が困難である場合であっても、精神上の障害がない場合は成年後見制度の対象にならないことに注意が必要である。

　高齢化社会の進展に伴い、成年後見制度の利用者は増加の一途にあり、平成27年12月末日時点で成年後見制度（成年後見、保佐、補助、任意後見）の利用者数は合計19万1335人となっている（前年は18万4670人で対前年比3.6％増。最高裁判所事務総局家庭局「成年後見関係事件の概況」平成27年1月～12月[1]）。また、平成28年4月には、成年後見制度利用促進法及び

1　http://www.courts.go.jp/vcms_lf/20160427koukengaikyou_h27.pdf

成年後見の事務の円滑化を図るための民法及び家事事件手続法の一部を改正する法律（成年後見人への郵便物の転送や死後事務の権限の明文化等）が成立し、さらなる利用者の増加が予想される。なお、前述の最高裁判所事務総局家庭局「成年後見関係事件の概況」平成 27 年 1 月〜 12 月によれば、親族以外の第三者が成年後見人等に選任されたものは、全体の約 70.1％（前年は約 65.0％）となっている。

◆設例に対する回答

1　申立て後に参与員が申立人 X からの説明の聴取（家手法 40 条 3 項）や家庭裁判所調査官による調査を行った後、審理（親族照会、鑑定及び本人 A の意見聴取等）を行ったうえで審判がなされるのが通例である。

2　本件では、参与員による説明聴取の後、A につき後見を開始することや成年後見人候補者である X を成年後見人に選任することなどにつき異議がない旨の B の書面（同意書）が提出されていない場合には、裁判所から B に親族照会をする場合も多いと考えられる。

また、裁判所は、申立ての際に提出された診断書の記載内容や親族照会の結果等も踏まえて、明らかに鑑定の必要がないと認める場合を除き、A の判断能力につき鑑定を実施する。

3　鑑定の結果等から A が後見相当と判断されれば、A につき後見開始の審判がなされ、同時に成年後見人が選任されることになる。

これに対して、保佐相当又は補助相当との判断がされた場合には、裁判所から X に対し、申立ての変更（家手法 50 条 1 項）を促されるのが通例である。

X が申立てを保佐開始に変更し、併せて代理権付与の申立てをした場合には、家庭裁判所調査官によって代理権付与についての A の同意を確認するための調査がなされる。A の同意が確認されれば、保佐開始とともに代理権付与の審判がなされ、同時に保佐人が選任されることになると考えられる。

X が申立てを補助開始に変更し、併せて同意権・代理権付与の申立てをし

た場合には、家庭裁判所調査官によって補助開始、同意権付与及び代理権付与についてのAの同意を確認するための調査がなされる。Aの同意が確認されれば、補助開始とともに、同意権・代理権付与の審判がなされ、同時に補助人が選任されることになると考えられる。

4 次に成年後見人、保佐人及び補助人（以下「後見人等」という。）として誰を選任するかについて検討する。

本設例では、Aと同居するBが本件申立ての1年くらい前からAの預金を度々引き出していることが判明しており、この事情からするとXとBとの間には意見の相違があり、BはXがAの後見人等に選任されることに異議を述べる可能性が高いと考えられ、また、Bが異議を述べなくても、BがAの預金から金員を引き出した状況・額等によっては、選任された成年後見人がBに対して、Aの預金から引き出した金員につき返還請求することを検討する必要があると考えられることから、第三者専門職[2]が後見人等に選任される可能性が高い。

一方、BがXをAの後見人等に選任することにつき異議を述べず、かつ、参与員による説明聴取の結果や本人の財産状況等に照らし、XをAの後見人等に選任することが相当と判断された場合には、XがAの後見人等に選任されることもあり得る[3]。なお、この場合、Aの財産状況等によっては、第三者専門職の監督人が選任される場合もあり、また、Aにつき後見が開始される場合には、後見制度支援信託利用の検討がなされる場合もある。

5 以上のように、本設例では、鑑定の結果等から後見相当と判断されれば、Aにつき後見が開始され、成年後見人として第三者専門職が選任される可能性が高い。

また、鑑定の結果等から保佐又は補助相当と判断されれば、申立ての変更を経て、Aにつき保佐又は補助が開始され、事案により代理権付与がなさ

---

2 第三者専門職としては、弁護士、司法書士、社会福祉士等がある。
3 X・B間の協議によりBからAに既に返金されており、BがAの後見人等にXが選任されることにつき同意している場合などが考えられる。

れるなどしたうえで、同時に保佐人又は補助人として弁護士や司法書士等の第三者専門職が選任される可能性が高い。

なお、XがAの後見人等に第三者専門職が選任される見込みとなったことから、これを避ける目的で後見等開始の申立てを取り下げようとした場合、通常取下げは許可されず、また、第三者専門職が後見人等に選任されたことに不服があっても即時抗告ができず、後見開始の審判に関する不服の理由にもならない。

そして、Aにつき後見等開始がされた後は、後見等終了に至るまで、後見人等に対して裁判所による監督が継続的になされることになる。

◆解　説

1　成年後見制度の概要

(1)　法定後見制度

ア　成年後見

　成年後見とは、精神上の障害により事理弁識能力を欠く常況にある場合に利用される制度である（民法7条）。その場合、家庭裁判所は、後見開始の審判をするとともに、本人を援助する人として成年後見人を選任する（同法8条）。成年後見人は本人の財産を管理するとともに、広範な代理権及び取消権を有する（同法9条、859条1項等）。

イ　保佐

　保佐とは、精神上の障害により事理弁識能力が著しく不十分である場合に利用される制度である（民法11条）。その場合、家庭裁判所は、保佐開始の審判をするとともに、本人を援助する人として保佐人を選任する（同法12条）。保佐人は、本人が一定の重要な行為（同法13条1項所定の行為）を行うにつき同意権が付与され、また、申立てにより、特定の法律行為についての代理権を付与されることもある（同法876条の4第1項）。なお、保佐人に代理権を付与するには、本人の同意が必要である（同法876条の4第2項）。

ウ 補助

　補助とは、精神上の障害により事理弁識能力が不十分である場合に利用される制度である（民法15条）。その場合、家庭裁判所は、本人の同意を確認したうえで、補助開始の審判をするとともに、本人（成年後見制度では「被補助人」ともいう。）を援助する人として補助人を選任する（同法16条）。また、補助人には、申立てにより、特定の法律行為について同意権や代理権が付与される（同法17条1項、876条の9第1項）。なお、補助人に同意権・代理権を付与するには、本人の同意が必要である（同法17条2項、876条の9第2項）。

(2) 任意後見制度

　任意後見制度とは、本人があらかじめ公正証書で結んでおいた任意後見契約[4]に従い、本人が精神上の障害により事理弁識能力が不十分な状態になったときに、任意後見受任者が任意後見人となって本人を援助する制度であり、家庭裁判所が任意後見人を監督する任意後見監督人を選任したときから、その契約の効力が生じるものである（任意後見契約に関する法律4条1項、2条）。

2 参与員による説明聴取や家庭裁判所調査官による調査等

　家手法40条1項では「家庭裁判所は、参与員の意見を聴いて、審判をする」とされており、後見等開始の申立てがなされると、参与員が意見を述べるために申立人から説明聴取（同法40条3項）を行ったうえで審判がなされることも多い。

　また、①後見等開始の申立てにおける本人の陳述聴取（同法120条1項1号、130条1項1号、139条1項1号）、②補助人に対する同意権付与についての本人の同意の確認（民法17条2項）、③保佐人、補助人に対する代理権

---

[4] 自己の生活、療養看護及び財産の管理に関する事務の全部又は一部を委託し、その委託に係る事務について代理権を付与する委任契約。

付与についての本人の同意の確認（同法876条の4第2項、876条の9第2項）が必要な場合は、家庭裁判所調査官による本人調査が実施されるのが通例である。なお、後見開始の審判事件においては、本人の心身の障害によりその陳述を聴くことができないとき（家手法120条1項ただし書）には本人の陳述聴取を省略することができるので、実務上、本人の陳述聴取が省略されている例も多い。

　補助開始の審判においては、本人以外の者の申立てによるときは、自己決定権の尊重の観点から本人の同意が要件とされており（民法15条2項）、本人の同意がない場合、補助開始の申立ては却下される。もっとも、このような場合、家庭裁判所は、申立人に取下げを促すこともあり、その場合は取下げが許可されることが多い。

3　親族照会

　後見等開始の審判事件においては、審理の進行や後見人等の選任に際しての参考資料として、一定の親族（本人の推定相続人である場合が多い。）に対して、家庭裁判所から、書面により、後見等開始に対する意見、後見人等候補者に対する意見、本人の生活状況や財産状況等について照会がなされることがある。

　家庭裁判所は、後見等開始の申立ての際、申立人に対し、本人の親族（原則として本人の推定相続人）から、①後見等を開始すること、②後見人等候補者が後見人等になることにつき、異議がない旨の書面の提出を促している場合が多く、これが提出されている場合には、親族照会をしないことが多い。

4　鑑定等

　成年後見制度は精神上の障害により判断能力が不十分な者を保護する制度であり（民法7条、11条、15条1項）、後見等を開始するには精神上の障害があることが要件であるので、本人の精神状況・判断能力についての何らかの資料が必要である。

(1) 鑑定実施

　後見、保佐開始の審判をするには、原則として鑑定が必要である（家手法119条1項、133条）。これは、後見、保佐開始の審判は、本人の行為能力の制限という重大な結果を伴うものであるから、その者の精神の状況を慎重に判断することが必要であるので鑑定を原則とする一方、鑑定には時間や費用を要するものであるから、「明らかにその必要がないと認めるとき」には鑑定を省略できるとしたものである。

　一方、補助開始の審判をする場合には本人の精神の状況につき医師その他適当な者の意見を聴かなければならないとされており、後見、保佐開始の場合と異なり、原則として鑑定が必要とはされていない（同法138条）。これは、補助の場合は後見、保佐の場合に比して行為能力の制限の程度が小さいうえ、補助開始や補助人に対する同意権・代理権の付与には本人の同意が必要であることによるものと考えられる。

　家庭裁判所は、原則として申立時に一定の書式を用いた診断書の提出を求めており、診断書の記載内容や親族照会の結果等を総合して「明らかにその必要がないと認めるとき」には鑑定を省略している。もっとも、診断書は後見等開始の審判に必要不可欠な資料ではないので、親族間紛争がある事案など診断書を得ることが困難な事案などにおいては、診断書がなくても申立てをすること自体は可能と考えられる。

　本人や本人と同居する親族が鑑定に反対する場合や申立人が鑑定費用を予納せず鑑定に協力しない場合など、速やかに鑑定を実施することが困難な場合がある。家庭裁判所では、本人や反対する親族に対して家庭裁判所調査官による調査や審問手続等をして、制度の趣旨を説明したり、鑑定をすることについて説得したりするなどして、鑑定実施に努めることになるが、そのような過程を経ても本人が鑑定に応じない場合などには、鑑定が実施できずに後見等開始の申立てが却下される場合もある。

(2) 鑑定結果が申立ての趣旨と異なる場合

　鑑定結果が申立ての趣旨と異なる場合、例えば後見開始の審判の申立てが

されたが、鑑定結果が保佐相当であった場合、家庭裁判所は、申立人に対して、申立ての趣旨の変更（家手法50条1項）を促すことが通例である。

　家庭裁判所から申立ての趣旨の変更を促された申立人はこれに応じるのがほとんどであるが、これに応じない場合に家庭裁判所がどう判断すべきかが問題となる。この点に関しては、①保佐開始の審判の申立てを含まないと明らかに認められる場合を除き、家庭裁判所は、潜在的には保佐開始の審判の申立てがされているとみなして、保佐開始の審判をすることができるという考え方（東京家審昭和47・3・22家裁月報25巻4号46頁〔27441463〕）と、②家庭裁判所は、手続上明示的に申立ての対象とされていない保佐開始の審判をすることはできず、後見開始の審判の申立てを却下すべきであるという考え方がある。①の見解によれば保佐開始の審判の申立てを含まないと明らかに認められる場合を除き、保佐開始の審判をすることができるが、②の見解によれば申立ての拘束力を認めて、申立てが却下されることになる。もっとも、①の見解に立っても、繰り返し申立ての趣旨の変更を促してもこれに応じない場合には、保佐開始の審判の申立てを含まないと明らかに認められる場合に該当し、保佐開始の審判はできないと解することもできる。

　なお、東京家庭裁判所本庁後見センターでは、従前から申立ての趣旨の変更を促していたことに加え、家手法で申立ての変更の制度が新設されたことから（家手法50条）、これまで②の見解に立って運用してきている。

5　後見人等の選任

(1)　選任の実情

　家庭裁判所は、後見等開始の審判をするときは、職権で、後見人等を選任する（民法843条1項、876条の2第1項、876条の7第1項）。その選任は、家庭裁判所の広範な裁量に委ねられており、①本人の心身の状態並びに生活及び財産の状況、②後見人等の職業及び経歴並びに本人との利害関係の有無、③本人の意見その他一切の事情を考慮して行われる（同法843条4項、876条の2第2項、876条の7第2項）。

また、後見人等を複数選任することもでき、その数人の後見人等が共同して又は事務を分掌して、その権限を行使すべきことを定めることができる（同法859条の2第1項、876条の5第2項、876条の10第1項）。例えば、財産管理が複雑で、かつ、施設入所契約が予定されるなど身上監護にも手間を要する事案では、財産管理の事務を弁護士に、身上監護の事務を社会福祉士にその権限を分掌することもある。

　一般に、①親族間に意見の対立がある場合、②財産の額や種類が多い場合、③不動産の売買や多額の保険金の受領など、申立ての動機となった課題が重大な法律行為である場合、④遺産分割協議など後見人等候補者と本人との間で利益相反する行為について後見監督人等に本人の代理をしてもらう必要がある場合、⑤後見人等候補者と本人との間に高額な貸借や立替金があり、その精算について本人の利益を特に保護する必要がある場合、⑥従前、後見人等候補者と本人との関係が疎遠であった場合、⑦賃料収入など、年によっては大きな変動が予想される財産を保有するため、定期的な収入状況を確認する必要がある場合、⑧後見人等候補者と本人との生活費等が十分に分離されていない場合、⑨申立時に提出された財産目録や収支状況報告書の記載が十分でないなどから、今後の後見人等としての適正な事務遂行が難しいと考えられる場合、⑩後見人等候補者が後見事務に自信がなかったり、相談できる者を希望したりした場合、⑪後見人等候補者が自己又は自己の親族のために本人の財産を利用し（担保提供を含む。）、又は利用する予定がある場合、⑫後見人等候補者が、本人の財産の運用（投資）を目的として申し立てている場合、⑬後見人等候補者が健康上の問題や多忙などで適正な後見等の事務を行えない、又は行うことが難しい場合、⑭本人について、訴訟・調停・債務整理等、法的手続を予定している場合、⑮本人の財産状況が不明確であり、専門職による調査を要する場合などには、後見人等候補者以外の者を選任したり、後見監督人等を選任したりすることが多い。

(2) 後見人等の選任について不服がある場合

　後見人等の選任の審判については、申立人が後見人等候補者として挙げた人物が後見人等に選任されなかった場合など、これに不服があっても即時抗告ができず（家手法 85 条 1 項、123 条 1 項、132 条 1 項、141 条 1 項参照）、後見等開始の審判に関する不服の理由にもならないとされている。なお、申立人が自分を候補者として申立てをした後に、自分が選任されない可能性があることを理由に申立ての取下げをする場合の取扱いについては後述する。

(3) 後見人等及び後見監督人等に対する報酬

　家庭裁判所は、後見人等及び後見監督人等に対して、後見人等及び本人の資力その他の事情によって、本人の財産の中から相当な報酬を与えることができる（民法 862 条、876 条の 5 第 2 項、876 条の 10 第 1 項、852 条、876 条の 3 第 2 項、876 条の 8 第 2 項）。これらの者からの申立てにより、家庭裁判所が報酬額を決定する審判をし、本人の財産からその報酬が支払われることになる。なお、報酬付与の審判に対する不服申立てはできない。

6　後見等開始の申立ての取下げ制限

(1) 取下げ制限の趣旨

　家事審判の申立ては、原則として、審判前であれば自由に取り下げられるが（家手法 82 条 1 項）、後見等開始の申立て事件では、自分が後見人等となることを希望して申立てをした申立人が後見人等に選任される見込みがないことを知って、その申立てを取り下げるなどの場合、公益性の見地や本人の保護の観点から適切でないため、審判がなされる前であっても家庭裁判所の許可を得なければ取り下げることができないとされている（同法 121 条 1 号、133 条、142 条）。なお、家事審判法下においては、後見等開始の申立ては、原則として自由に取り下げることができると解されていたが、前記の趣旨から家手法において当該規定が新設されたものである。

(2) 取下げの許否

　家庭裁判所は、申立ての取下げの動機、家事審判手続の進行の程度、本人

の状況等を踏まえてその許否について判断することになる。申立人が申立ての取下げをするときは、取下げの理由を明らかにする必要がある（家手規則78条1項）。実務上、前記の趣旨から取下げの許可がなされる事案は限定的である。

申立ての取下げを許可することが可能な事案としては、①当初の申立人よりも近親の者が申立てをしたことにより、当初の申立人が申立てをする必要がなくなったと考えて申立てを取り下げる場合、②後見等開始の審判につき、鑑定不能、本人の判断能力の回復、補助開始の申立てで本人の同意が得られないなど、却下が見込まれている場合、③取下げに関する本人の意向が明確である場合[5]などが考えられる。

一方、許可しない場合としては、前述の趣旨に照らし、①家庭裁判所が既にある資料から後見等開始の審判をする蓋然性が高いと判断した場合、②自らを後見人等候補者としていた申立人が、審理の結果、後見人等に第三者専門職が選任される見込みとなったことから、後見人等に対する報酬の負担や、第三者の関与を避ける目的で取り下げる場合などが考えられる。

申立人から取下げの制限を知らなかったとして、家庭裁判所に対して不満が述べられることも多いことから、申立ての相談を受けた専門職や相談機関等においてもその説明を十分にすることが必要と考えられる。

7 裁判所による後見人等の監督

(1) 定期監督等

家庭裁判所は、後見人等の事務が適正に行われるように監視・監督する役割を有している。裁判所は、いつでも後見人等に対し後見等事務の報告若しくは財産の目録の提出を求め、又は後見人等の事務若しくは本人の財産の状況の調査をすることができ、本人の財産の管理その他後見等の事務について

---

[5] ただし、後見開始の申立ての場合においては医師の意見を聴くなどして本人の意思の明確性を慎重に判断する必要がある。

必要な処分を命ずることができる（民法863条、876条の5第2項、876条の10第1項）。

　実務上、家庭裁判所は、後見人等に対して、後見人等の選任後、財産目録や収支予定表を提出させるとともに（同法853条1項、861条1項）、以後も定期的に、またそれに加えて必要に応じて、後見等事務報告書や財産目録等を提出させ、その内容を審査している。その内容に問題がある可能性が否定できない場合には、追加書類の提出を指示するほか、家庭裁判所調査官、調査人（家手法124条参照）による調査や審問手続を実施するなどしている。これらを通じて、必要に応じて後見人等を追加選任したり、後見監督人等を選任したりする場合もある。また、後見人等に「任務に適さない事由」等の解任事由がある場合には解任することもある（民法846条、876条の2第2項、876条の7第2項）。

　そのほか、本人の親族や関係者等から後見人等の事務に問題があるとの情報があった場合などにも、必要に応じて、家庭裁判所調査官や調査人（後述(2)参照）による調査や審問手続等により、その事実の有無を調査するなどして監督することになる。

　東京家庭裁判所本庁後見センターでは、後見人等に対して、原則として年に1回の定期報告を求め、第三者専門職の後見人等も含め、自主的に毎年決まった提出期限に報告をするよう指導しており、報告遅滞があった場合に調査人を選任して調査する事例も多い。

(2)　調査人

　家庭裁判所は、適当な者に、後見等の事務若しくは本人の状況を調査させ、又は臨時に財産の管理をさせることができる（家手法124条1項、133条、142条）。ここでいう「適当な者」は一般に「調査人」と呼ばれている。

　同法124条1項は、民法863条による後見等の事務の監督権限に基づく調査及び財産管理について定めるものである。調査人には、本人の財産の中から相当な報酬が与えられる（家手法124条2項、133条、142条）。

　定期報告の報告遅滞の場合のほか、報告内容に問題がある場合や本人の関

係者から問題があるとの情報が提供された場合などに、司法書士や弁護士等の専門職を調査人に選任して調査がなされる場合がある。その際、調査人には、後見人等と面談したうえ、通帳等の原本や現金出納帳等の関係資料を確認するなどして、調査事項を調査し、速やかに裁判所に報告書を提出するよう指示している。調査人による調査の結果、横領等の不正や財産管理の方法が不適切であるなど後見人等の事務の問題が発覚した事例も多い。

(3) 後見監督人等の選任

後見監督人等には、原則として、司法書士、弁護士等の後見人等と利害関係のない第三者専門職が選任される。後見監督人等が選任される場合としては、①本人の財産の額や種類が多い場合、②遺産分割等で本人と後見人等の間で利益相反する行為について後見監督人等に代理してもらう必要がある場合、③後見人等と本人との間に高額な立替金があるような場合、④本人の財産関係に重大な課題がある場合、⑤後見人等の事務能力や方法等にやや不安があり監督人による継続的な指導が必要と考えられる場合、⑥後見人等の後見事務に問題がある可能性がありその調査が必要な場合などがある。近年、本人の利益保護の観点から後見監督人等を積極的に選任して後見人等の監督強化が図られてきているが、後見監督人等が選任された場合において、親族の後見人等が後見監督人等を選任されたこと自体に反対して、後見監督人等に報告をしないなどその指示に従わなかったり、報酬を支払わなかったりする事例もある。家庭裁判所は、このような場合、後見人等に対して審問手続をするなどしてその是正を促すが、それでも是正がみられない場合、後見監督人等の辞任を許可し、この後見監督人等を後見人等に追加して選任したうえで財産管理権を分掌するなどの措置を採る場合もある。

(4) 後見人等の解任

後見人等、後見監督人等に不正な行為、著しい不行跡その他後見等の任務に適しない事由（解任事由）があるときは、家庭裁判所はこれらの者を解任することができる（民法846条、852条、876条の2第2項、876条の3第2項、876条の7第2項、876条の8第2項）。

後見人等及び後見監督人等に解任事由が存在する蓋然性があり、かつ、保全の必要性が認められる場合には、解任の審判の効力が発生するまでの間、後見人の職務執行停止や職務代行者の選任をすることができる（家手法127条1項・5項、135条、144条）。実務上、後見人等に解任事由があることが疑われる場合は、第三者専門職を後見人等に追加選任したうえで、第三者専門職の後見人等に財産の管理に関する事務を、従前の後見人等に身上監護の事務を分掌する措置で対応することも多い。

具体的な解任事由としては、本人の財産を横領した場合のほか、本人の財産に損害を生じさせた場合、多額の使途不明金があるなど財産管理状況に問題が見受けられる場合、裁判所や後見監督人等への報告を怠るなど裁判所や後見監督人等の監督に従わない場合などがある。

なお、後見人等を解任されたことは、後見人等の欠格事由に当たり（民法847条2号、876条の2第2項、876条の7第2項）、ある事件の後見人等を解任された場合、当然に他の事件の後見人等の地位も失い、以降他の事件においても後見人等になることはできない。

8　後見制度支援信託

後見制度支援信託とは、成年後見と未成年後見の場合を対象とし、日常的な支払をするのに必要十分な金銭を預貯金等として後見人が管理し、通常使用しない金銭を信託銀行等に信託したうえで、信託財産を払い戻したり、信託契約を解除したりする場合にはあらかじめ家庭裁判所が発行する指示書を必要とする仕組みである。被後見人の財産保護・適正管理を目的として平成24年2月に導入されたものである。信託できる財産は金銭に限られており、株式、不動産等は対象ではない。また、被後見人の収支が赤字である場合、日常口座の残高が減少していくことになるが、このような場合には信託契約の際に定期交付金額を設定し、信託財産の中から日常使用する口座に自動的かつ定期的に送金されるようにすることも可能である。

信託契約締結後、当初想定してなかった事情等により①本人の信託財産を

払い戻す必要が生じた場合（一時金交付）、②定期交付金の設定が必要になった場合、③定期交付金の頻度や額の変更が必要になった場合、④信託財産の全部解約が必要になった場合などには、㋐後見人が家庭裁判所に対して必要額等とその理由を記載した報告書と裏付け資料を提出し、㋑家庭裁判所がこの内容を審査したうえで指示書を発行し、㋒後見人が信託銀行等に指示書の謄本を提出して払戻し等の手続を採るという流れとなる。一時金交付が必要な場合としては、本人が所有する不動産の修繕のために多額の費用がかかる場合、本人が施設に入所することになり高額な入所一時金が必要になった場合などが考えられる。

　また、信託契約締結後、不動産売却等により後見人の管理する預貯金額が多額になった場合には、後見人が家庭裁判所に追加信託についての報告書と裏付け資料を提出し、家庭裁判所がその内容を確認したうえで指示書を発行して追加信託をすることになる。後見人が自主的に追加信託の報告書の提出をしない場合、家庭裁判所は必要に応じて追加信託を求めることになる。

　　　　　　　　　　　　　　　　　　　　　　　　　　（一場　修子）

◆参考文献

・東京家事事件研究会編『家事事件・人事訴訟事件の実務』法曹会（2015年）〔篠原康治〕
・小林昭彦ほか編『新版一問一答新しい後見制度』商事法務（2006年）
・小林昭彦＝原司『平成11年民法一部改正法等の解説』法曹会（2002年）
・小林昭彦＝大門匡編著『新成年後見制度の解説』金融財政事情研究会（2000年）
・金子修編著『逐条解説家事事件手続法』商事法務（2013年）
・坂野征四郎『書式成年後見の実務〈第2版〉』民事法研究会（2013年）
・東京家裁後見問題研究会編「後見の実務」別冊判例タイムズ36号（2013年）1頁
・日景聡「東京家庭裁判所における成年後見制度の運用」金融財政事情3132号（2015年）20頁以下
・小西洋「東京家庭裁判所本庁（後見センター）における成年後見事件の実情と取組み」実践成年後見47号（2013年）76頁以下
・小西洋「裁判所からみた成年後見人等の義務と責任の考え方と運用の実情」実践成年後見51号（2014年）40頁以下

・篠原淳一「後見制度支援信託の運用等について」ケース研究 314 号（2012 年）4 頁以下
・小西洋「後見制度への信託の活用状況と今度の課題」信託フォーラム 1 号（2014 年）76 頁
・東京家庭裁判所のホームページ「後見サイト」(http://www.courts.go.jp/tokyo-f/saiban/koken/index.html)

事項索引 (五十音順)

■ あ行

異議の申立て…………34, 233, 242, 282
遺言執行者………………………………350
遺産………………………………………330
　　──の範囲……………………………332
　　──の評価……………………………332
遺産管理費用……………………………331
遺産債務…………………………………347
遺産分割 ………………………321, 359, 373
遺産分割協議……………………………328
意思能力…………………………………311
慰謝料……………………………………80
慰謝料的財産分与………………115, 123
移送………………………………………382
遺贈………………………………………348
遺族基礎年金……………………………138
遺族厚生年金……………………………139
遺留分……………………………342, 344
　　──の放棄……………………………343
遺留分減殺請求権………………………349
遺留分減殺請求訴訟……………………353
遺留分減殺の順序………………………350
遺留分権利者……………………………343
遺留分侵害………………………………348
遺留分制度………………………………342
氏の変更 …………………………………369
訴えの取下げ………………………60, 317
訴えの利益…………………………16, 294
縁組
　　──の取消し…………………………305
　　──を継続し難い重大な事由…295
縁組意思…………………………………310
縁組届……………………………………312
縁組取消訴訟……………………………316
オーバーローン………………118, 121

親子関係不存在確認……………………244
　　──の訴え ……………………250, 259

■ か行

外国判決の承認…………………………216
解約返戻金………………………………119
価額弁償…………………………………352
　　──の申出……………………………357
確認の利益………………………………308
片親疎外…………………………………189
株式………………………………………119
仮差押え…………………………………131
換価分割…………………………………338
監護権……………………………………156
監護者……………………………………156
監護補助者………………………………161
慣習………………………………366, 374
間接強制……………………………191, 202
間接的交流…………………………177, 194
鑑定………………………………118, 333, 411
関連損害賠償請求訴訟 …………46, 87
基礎収入…………………………………26
基礎収入割合……………………………27
既判力……………………………………57
協議上の離婚……………………………41
兄弟姉妹の不分離………………………158
共同相続人………………………………370
共有物分割………………………………359
共有分割…………………………………339
寄与分 ……………………………323, 336, 348
金銭給付…………………………………126
具体的相続分……………………………323
形式競売…………………………………338
厳格法の原則……………………………5
現物給付…………………………………126

現物分割・・・・・・・・・・・・・・・・・・・・・・・・338
現物返還・・・・・・・・・・・・・・・・・・・・・・・・352
権利濫用・・・・・・・・・・・・・・・・31, 279, 315
合意に相当する審判・・・・・・228, 240, 264,
　　　　　　　　　　　　　281, 307, 318
合意分割・・・・・・・・・・・・・・・・・・134, 141
行為無能力者・・・・・・・・・・・・・・・49, 292
後見開始の審判・・・・・・・・・・・・・・・・408
後見監督人・・・・・・・・・・・・・・・・・・・・417
後見制度支援信託・・・・・・・・・・・・・・418
厚生年金保険・・・・・・・・・・・・・・・・・・138
国際裁判管轄・・・・・・・・・・・・6, 205, 212
国際私法・・・・・・・・・・・・・・・・・・・・・・・・7
国民年金・・・・・・・・・・・・・・・・・・・・・・137
子の監護者指定・引渡し・・・・・・・・・164
子の監護に関する処分
　　　　　　　　・・・・・164, 182, 211, 213
子の引渡し・・・・・・・・・・・・・191, 193, 212
個別的遺留分・・・・・・・・・・・・・・・・・・343
固有必要的共同訴訟・・・・・・・・280, 308
婚姻
　　　――の継続を相当と認める事情・・・・55
　　　――を継続し難い重大な事由・・・・・52
婚姻意思・・・・・・・・・・・・・・・・・・・・・・・11
婚姻取消し・・・・・・・・・・・・・・・・・・・・・12
　　　――の訴え・・・・・・・・・・・・・・・・・12
婚姻費用・・・・・・・・・・・・・・19, 27, 30, 122
婚姻無効・・・・・・・・・・・・・・・・・・・・・・・10
　　　――の訴え・・・・・・・・・・・・・・・・・10

■ さ行
財産管理権・・・・・・・・・・・・・・・・・・・・155
財産の開示・・・・・・・・・・・・・・・・・・・・130
財産分与・・・・・・・・・・・・・・・・・・・・・・108
祭祀義務・・・・・・・・・・・・・・・・・・・・・・368
祭祀財産・・・・・・・・・・・・・・・・・・・・・・363
祭祀承継者・・・・・・・・・・・・・・・・364, 368
祭祀承継制度・・・・・・・・・・・・・・・・・・362

再調停・・・・・・・・・・・・・・・・・・・・・・・・201
裁判離婚・・・・・・・・・・・・・・・・・・・・・・・41
債務・・・・・・・・・・・・・・・・・・・・・・・・・・121
詐欺・・・・・・・・・・・・・・・・・・・・・・・・・・316
参加・・・・・・・・・・・・・・・・・・・・・・・・・・372
3号分割・・・・・・・・・・・・・・・・・・・・・・135
算定表・・・・・・・・・・・・・・・・・・・・・・・・・23
参与員・・・・・・・・・・・・・・・・・・・・・・・・409
死因贈与・・・・・・・・・・・・・・・・・・・・・・351
試行的面会交流・・・・・・・・・・・・189, 199
死後縁故・・・・・・・・・・・・・・・・・・・・・・393
死後離縁・・・・・・・・・・・・・・・・・・・・・・292
事実の調査・・・・・・・・・・・・・46, 128, 144,
　　　　　　　　　　　160, 197, 241, 400
自庁処理・・・・・・・・・・・・・・48, 87, 183, 370
執行停止・・・・・・・・・・・・・・・・・・・・・・169
実親子関係の存否確認の訴え・・・・・・・255
実親子関係不存在確認の訴え・・・・・・259
失踪宣告・・・・・・・・・・・・・・・・・・・・・・381
使途不明金・・・・・・・・・・・・・・・・332, 335
死亡保険金・・・・・・・・・・・・・・・・331, 346
受遺者・・・・・・・・・・・・・・・・・・・・・・・・350
住所地国・・・・・・・・・・・・・・・・・・・・・・212
受贈者・・・・・・・・・・・・・・・・・・・・343, 350
出頭勧告・・・・・・・・・・・・・・・・・・・・・・197
準拠法・・・・・・・・・・・・・・・・・・・・・・7, 205
障害基礎年金・・・・・・・・・・・・・・・・・・138
障害厚生年金・・・・・・・・・・・・・・・・・・139
渉外事件・・・・・・・・・・・・・・・・・・・・・・205
渉外人事訴訟事件・・・・・・・・・・・・・・・・6
障害手当金・・・・・・・・・・・・・・・・・・・・139
消極的破綻主義・・・・・・・・・・・・・・・・・66
常居所・・・・・・・・・・・・・・・・・・・・・・・・207
常居所地法・・・・・・・・・・・・・・・・208, 214
消滅時効・・・・・・・・・・・・・83, 86, 100, 353
職業費・・・・・・・・・・・・・・・・・・・・・・・・・26
除斥期間・・・・・・・・・・・・・・・・・・・・・・353
職権探知主義・・・・・・・・・・・・・・・・・・・44

処分禁止の仮処分……………131
事理弁識能力………………408
信義誠実の原則………………73
信義則………………55, 73, 297
信義則違反……………………31
親権…………………………155
　　──と監護権の分属………156
親権者………………………156
　　──の指定……………159, 161
人事訴訟手続………………128
身上監護権…………………155
審尋……………………203, 373
人身保護請求………………163
親族照会……………………410
審判前の保全処分……………167
審判手続……………………128
審判離婚………………………41
審問…………………………166
推定されない嫡出子……256, 271
推定相続人の廃除……………329
推定の及ばない嫡出子…257, 271
生活費指数……………………27
生活扶助義務……………20, 125
生活保持義務…………………20
請求すべき按分割合……141, 144
　　──に関する処分……………143
請求の放棄…………………318
清算的財産分与……………115, 116
生前贈与……………………348
成年後見……………………408
成年後見制度………………405
成年後見人…………………408
生命保険……………………119
積極財産………………345, 345
積極的破綻主義………………67
選択的適用……………………9
葬儀費用…………331, 368, 383
相続欠格者…………………343

相続財産………………321, 380
　　──の分与………………385
相続財産管理人……………380
相続財産分与の申立て………397
相続債務……………………331
相続させる遺言……………351
相続分の譲渡………………330
相続分の放棄………………330
相続放棄…………322, 329, 377, 390
総体的遺留分………………343
贈与…………………………345
贈与財産……………………345
即時抗告……37, 169, 201, 282, 376, 401

■ た行

第三者機関…………………193
代襲相続人…………………343
代償金………………………338
代償分割……………………338
退職金………………………120
代諾権者……………………292
段階的連結……………………10
単独親権……………………156
遅延損害金………………83, 86
父を定めることを目的とする訴え……254
嫡出子………………………255
　　推定されない──
　　推定の及ばない──
嫡出推定…………243, 255, 271
嫡出否認…………………244, 271
　　──の訴え……………254, 258
忠誠葛藤……………………178
調査人………………………416
調査の嘱託……………………37, 144
重畳的適用……………………9
調停前置……………………307
調停前置主義……36, 42, 110, 159, 218, 281, 353

調停手続··128
調停に代わる審判············32, 227, 327
調停離婚··41
追認··315
DNA鑑定···271
特定承継人······································350
特別縁故者·······························368, 385
特別経費··26
特別受益····························323, 334, 346

■ な行
二重国籍··214
任意後見監督人······························409
任意後見契約··································409
任意後見制度························405, 409
任意売却··338
認諾······································60, 300, 318
　　　──による離婚·······················42
認知····································243, 270, 281
　　　──の訴え ············254, 262, 275
　　　──の無効及び取消しの訴え····254
認知取消し······································281
　　　──の訴え····························280
認知無効··281
　　　──の訴え····························277
年金··121
年金制度··137

■ は行
ハーグ条約····························208, 220
廃除者··343
配分的適用··9
表見相続人······································381
被用者年金·····························140, 145
被用者年金制度の一元化·············139
標準報酬改定請求··························143
不在者財産管理······························381
附帯処分················46, 75, 129, 143, 182

不動産··118
不動産鑑定······································333
不法行為··80
扶養的財産分与·······················115, 125
併合審理·································373, 398
弁護士法23条の2による照会·········37
包括遺贈··350
包括受遺者······································381
包括承継人······································350
放棄···60, 300
法定後見制度························405, 408
法定相続分····························323, 345
　　　──の修正要素····················323
法の適用に関する通則法··········3, 206
保護命令··188
保佐··408
保佐開始の審判······························408
保佐人··408
補助··409
保証債務··347
母性優先··159
保全処分··130
保全の必要性··································168
本国··206
本国法··························9, 206, 208, 214

■ ま行
面会交流····························172, 177, 212
　　　──の変更····························204
面会交流禁止・制限事由·············185
免除··85, 106
面接交渉··177
持戻しの免除··································346

■ や行
有責配偶者····························31, 55, 65
　　　──の抗弁······················55, 63
養育費·································20, 28, 30

養子縁組 …………………………… 304
養子縁組取消訴訟 ………………… 317
養子縁組無効確認訴訟 ………… 309, 317
預貯金 ………………………… 119, 331

■ ら行

離縁 ………………………………… 287
　　──の訴え …………………… 291
履行勧告 …………………………… 201
履行状況の調査 ……………………… 38
履行の勧告 …………………………… 38
履行命令 ……………………………… 38
離婚
　　──の訴え ……………………… 44
　　協議上の── …………………… 41
離婚意思 ……………………………… 14
離婚原因 ……………………………… 50
離婚時年金分割制度 ……………… 133
離婚取消し …………………………… 15
　　──の訴え ……………………… 15
離婚無効 ……………………………… 14
　　──の訴え ……………………… 14
連結点 ……………………………… 206
老齢基礎年金 ……………………… 138
老齢厚生年金 ……………………… 139

■ わ行

和解 ……………………… 59, 300, 318
和解離婚 ……………………………… 41

判 例 索 引 (年月日順)

※判例情報データベース「D1-Law.com 判例体系」の判例 ID を〔〕で記載

■ 明治
大判明治 32・1・12 民録 5 輯 1 巻 7 頁〔27520002〕……………………………275

■ 大正
大判大正 10・7・25 民録 27 輯 1408 頁〔27523299〕………………………………364
大判大正 11・3・27 民集 1 巻 137 頁〔27511093〕…………………………………274

■ 昭和
大判昭和 2・5・27 民集 6 巻 307 頁〔27510698〕……………………………………364
大判昭和 8・6・14 新聞 3576 号 9 頁〔27819428〕…………………………………363
大判昭和 13・2・26 民集 17 巻 275 頁〔27500365〕…………………………………350
大判昭和 15・1・23 民集 19 巻 54 頁〔27500186〕…………………………………256
大判昭和 15・12・6 民集 19 巻 2182 頁〔27500270〕………………………………308
最一小判昭和 23・12・23 民集 2 巻 14 号 493 頁〔27003589〕……………………310
大阪高決昭和 24・10・29 判タ 3 号 54 頁〔27450012〕……………………………365
広島高決昭和 26・10・31 高裁民集 4 巻 11 号 359 頁〔27440065〕………………363
最三小判昭和 27・2・19 民集 6 巻 2 号 110 頁〔27003429〕……………………55, 66
最二小判昭和 27・10・3 民集 6 巻 9 号 753 頁〔27003390〕………………………315
最一小判昭和 27・12・18 民集 6 巻 11 号 1190 頁〔27003363〕…………………54, 296
最二小判昭和 28・6・26 民集 7 巻 6 号 787 頁〔27003294〕………………………272
東京高決昭和 28・9・4 高裁民集 6 巻 10 号 603 頁〔27430099〕…………………368
最二小判昭和 28・9・25 民集 7 巻 9 号 979 頁〔27003280〕………………………396
最一小判昭和 29・1・21 民集 8 巻 1 号 87 頁〔27003229〕…………………………276
最二小判昭和 29・4・30 民集 8 巻 4 号 861 頁〔27003176〕……………………254, 275
新潟地判昭和 29・11・30 下級民集 5 巻 11 号 1968 頁〔27450187〕………………16
最一小判昭和 30・11・24 民集 9 巻 12 号 1837 頁〔27002973〕……………………66
最三小判昭和 31・2・21 民集 10 巻 2 号 124 頁〔27002946〕……………………81, 115
最二小判昭和 31・3・30 民集 10 巻 3 号 242 頁〔27002939〕………………………105
最一小判昭和 31・9・13 民集 10 巻 9 号 1135 頁〔27002887〕……………………263, 276
最一小判昭和 31・10・4 裁判集民 23 号 365 頁〔27450328〕………………………316
東京地判昭和 31・10・16 判時 99 号 16 頁〔27440268〕……………………………16
最三小判昭和 31・12・11 民集 10 巻 12 号 1537 頁〔27002859〕…………………54, 66
最二小判昭和 32・6・21 民集 11 巻 6 号 1125 頁〔27002796〕……………………263

最一小判昭和 33・1・23 裁判集民 30 号 131 頁〔27450442〕………………………88
最二小判昭和 33・4・11 民集 12 巻 5 号 789 頁〔27002684〕……………………108
東京家審昭和 33・7・4 家裁月報 10 巻 8 号 36 頁〔27450474〕…………………368
最二小判昭和 33・7・25 民集 12 巻 12 号 1823 頁〔27002640〕…………50, 293
最一小判昭和 34・2・19 民集 13 巻 2 号 174 頁〔27002589〕……………………115
最二小判昭和 34・7・3 民集 13 巻 7 号 905 頁〔27002556〕…………………12, 15
大阪高判昭和 34・7・31 下級民集 10 巻 7 号 1624 頁〔27450594〕…………309
最二小判昭和 34・8・7 民集 13 巻 10 号 1251 頁〔27002538〕……………………11
最三小判昭和 35・7・19 民集 14 巻 9 号 1779 頁〔27002425〕…………343, 352
最二小判昭和 36・4・7 民集 15 巻 4 号 706 頁〔27002320〕……………………296
最三小判昭和 36・4・25 民集 15 巻 4 号 891 頁〔27002310〕……………50, 294
最三小判昭和 36・6・20 裁判集民 52 号 273 頁〔27450769〕……………………262
福島家審昭和 36・6・29 家裁月報 13 巻 9 号 88 頁〔27450774〕…………………16
東京地判昭和 36・12・20 判時 289 号 8 頁〔27450817〕……………………………16
津家伊勢支審昭和 37・1・23 家裁月報 14 巻 11 号 112 頁〔29010633〕………374
最小判昭和 37・4・10 民集 16 巻 4 号 693 頁〔27002168〕………………………262
名古屋高決昭和 37・4・10 判タ 142 号 74 頁〔27450840〕…………………………367
最二小判昭和 37・4・27 民集 16 巻 7 号 1247 頁〔27002141〕……………262, 270
最三小判昭和 37・9・4 民集 16 巻 9 号 1834 頁〔27002105〕………………………83
横浜家審昭和 37・10・29 判タ 151 号 97 頁〔27450897〕……………………368, 393
最小判昭和 38・6・7 判時 338 号 3 頁〔27450962〕…………………………………66
長野家伊那支審昭和 38・7・20 家裁月報 15 巻 10 号 146 頁〔27450977〕……395
東京家審昭和 38・10・7 判タ 165 号 179 頁〔27450999〕…………………………386
岡山家玉野出審昭和 38・11・7 判タ 166 号 227 頁〔27451015〕…………………386
最一小判昭和 38・11・28 民集 17 巻 11 号 1469 頁〔27001976〕……………………14
京都家審昭和 38・12・7 判タ 170 号 270 頁 173 頁〔27451021〕…………………386
千葉家審昭和 38・12・9 家裁月報 16 巻 5 号 175 頁〔27451022〕………………386
最二小判昭和 38・12・20 判タ 166 号 225 頁〔27451027〕………………………310
大阪家審昭和 38・12・23 判タ 170 号 270 頁〔27451028〕………………………390
最三小判昭和 38・12・24 刑集 17 巻 12 号 2537 頁〔27801148〕…………………308
最大判昭和 39・3・25 民集 18 巻 3 号 486 頁〔27001929〕……………6, 208, 215
大阪家審昭和 39・3・28 判タ 173 号 229 頁〔27451048〕…………………………386
熊本家審昭和 39・3・31 判タ 189 号 200 頁〔27451051〕…………………………391
大阪家審昭和 39・7・22 家裁月報 16 巻 12 号 41 頁〔27451071〕………………392
最三小判昭和 39・8・4 民集 18 巻 7 号 1309 頁〔27001379〕……………………297
大阪家審昭和 39・9・30 判タ 184 号 193 頁〔27451088〕…………………………389
大阪家審昭和 40・3・11 判タ 185 号 197 頁〔27451124〕…………………………386
最大決昭和 40・6・30 民集 19 巻 4 号 1114 頁〔27001290〕………………………30

東京家審昭和 40・8・12 判タ 194 号 191 頁〔27451171〕……………………………391
大阪家審昭和 40・11・4 判タ 199 号 214 頁〔27451197〕……………………………374
大阪家審昭和 40・11・25 判タ 204 号 192 頁〔27451208〕…………………………398
大阪家審昭和 40・11・27 家裁月報 18 巻 7 号 62 頁〔27451210〕…………………386
大阪家審昭和 40・12・18 民商法雑誌 56 巻 2 号 41 頁 ……………………………386
長崎家審昭和 41・4・8 判時 460 号 43 頁〔27451251〕……………………………392
東京家審昭和 41・5・13 家裁月報 18 巻 12 号 52 頁〔27451261〕…………………392
大阪家審昭和 41・5・27 家裁月報 19 巻 1 号 55 頁〔27451264〕…………………390
松山家審昭和 41・5・30 家裁月報 19 巻 1 号 59 頁〔27451268〕…………………369
最一小判昭和 41・7・14 民集 20 巻 6 号 1183 頁〔27001178〕……………………349
最二小判昭和 41・7・15 民集 20 巻 6 号 1197 頁〔27001177〕……………………130
大阪家審昭和 41・11・28 判タ 219 号 203 頁〔27451316〕…………………………386
大阪家審昭和 42・4・13 判タ 229 号 331 頁〔27451359〕…………………………391
熊本家天草支審昭和 42・8・11 判タ 230 号 316 頁〔27451388〕…………………393
京都家審昭和 42・8・18 判タ 230 号 317 頁〔27451391〕…………………………389
東京家審昭和 42・10・12 判タ 232 号 246 頁〔27451403〕…………………………365
大阪家審昭和 42・11・21 判タ 232 号 249 頁〔27451413〕…………………………386
最二小判昭和 42・12・8 判時 511 号 45 頁〔27451418〕……………………………14
東京家審昭和 43・4・25 判タ 237 号 342 頁〔27730165〕……………………………5
最三小判昭和 43・8・27 民集 22 巻 8 号 1733 頁〔27000929〕……………………276
熊本家天草支審昭和 43・11・15 判タ 241 号 267 頁〔27451522〕…………………386
東京高決昭和 44・2・26 東高民時報 20 巻 2 号 45 頁〔27451549〕………………368
新潟家高田支審昭和 44・5・12 判タ 249 号 303 頁〔27451578〕…………………393
最一小判昭和 44・5・29 民集 23 巻 6 号 1064 頁〔27000814〕……………230, 252, 271
札幌地判昭和 44・7・14 判時 578 号 74 頁〔27451593〕……………………………126
最二小判昭和 44・10・31 民集 23 巻 10 号 1894 頁〔27000777〕…………………5, 11
大阪高決昭和 45・6・17 判時 601 号 61 頁〔27451659〕…………………………369, 389
最三小判昭和 45・11・24 民集 24 巻 12 号 1931 頁〔27000672〕…………………312
最三小判昭和 45・11・24 民集 24 巻 12 号 1943 頁〔27000671〕……………………52
東京家審昭和 46・3・8 判タ 276 号 377 頁〔27451708〕……………………………367
福島家審昭和 46・3・18 家裁月報 24 巻 4 号 210 頁〔27451713〕…………………393
松江家審昭和 46・5・12 判タ 285 号 336 頁〔27451726〕…………………………392
大阪高決昭和 46・5・18 家裁月報 24 巻 5 号 47 頁〔27451727〕…………………388
最二小判昭和 46・5・21 民集 25 巻 3 号 408 頁〔27000638〕……………………55, 66
東京家審昭和 46・6・21 家裁月報 24 巻 6 号 52 頁〔27451734〕…………………387
最二小判昭和 46・7・23 民集 25 巻 5 号 805 頁〔27000620〕……………80, 81, 109
東京高判昭和 46・8・9 判タ 270 号 321 頁〔27451745〕……………………………12
福島家郡山支審昭和 46・8・25 判タ 279 号 381 頁〔27451750〕…………………391

仙台高決昭和46・12・15 判タ291号378頁〔27483440〕……………………365
東京家審昭和47・1・19 家裁月報25巻3号98頁〔27431313〕…………………386
東京家審昭和47・3・22 家裁月報25巻4号46頁〔27441463〕…………………412
最三小判昭和47・7・25 民集26巻6号1263頁〔27000545〕……………………12
熊本家審昭和47・10・27 家裁月報25巻7号70頁〔27451844〕…………………393
名古屋家審昭和48・2・24 家裁月報25巻12号44頁〔27451869〕………………389
福岡家行橋支審昭和48・4・9 家裁月報25巻12号55頁〔27451883〕…………386
福岡家柳川支審昭和48・10・11 家裁月報26巻5号97頁〔27451923〕…………370
最一小判昭和48・11・15 民集27巻10号1323頁〔27000467〕……………………51
高松高決昭和48・12・18 判時749号71頁〔27451945〕…………………………378
大阪家審昭和49・3・26 家裁月報27巻3号76頁〔27451968〕…………………394
最二小判昭和49・10・11 裁判集民113号1頁〔27452017〕………………………271
山口家審昭和49・12・27 家裁月報27巻12号61頁〔27452038〕…………………386
東京高決昭和50・1・30 判時778号64頁〔27452045〕……………………………380
最三小判昭和50・5・27 民集29巻5号641頁〔21050440〕………………………127
福岡家柳川支審昭和50・7・30 家裁月報28巻9号72頁〔27452098〕…………366
那覇家審昭和51・2・3 家裁月報29巻2号130頁〔27452140〕…………………257
最一小判昭和51・3・18 民集30巻2号111頁〔27000332〕………………………348
神戸家審昭和51・4・24 判時822号17頁〔27452154〕……………………………388
東京高決昭和51・7・8 判時832号58頁〔27452166〕……………………………369
最二小判昭和51・7・19 民集30巻7号706頁〔27000316〕………………………354
最二小判昭和51・8・30 民集30巻7号768頁〔27000313〕………………………349
大阪家審昭和51・11・25 家裁月報29巻6号27頁〔27452196〕…………………368
大阪家審昭和51・12・4 家裁月報29巻6号42頁〔27452199〕…………………391
大阪家審昭和52・1・19 家裁月報30巻9号108頁〔27452204〕…………………364
最二小判昭和52・2・14 裁判集民120号47頁〔27452211〕………………………273
大阪家審昭和52・8・29 家裁月報30巻6号102頁〔27441856〕……………363, 367
大津家審昭和52・9・10 家裁月報30巻2号141頁〔27452261〕…………………392
大阪家審昭和52・11・18 家裁月報30巻11号71頁〔27452280〕…………………386
水戸家土浦支審昭和53・2・13 家裁月報30巻8号69頁〔27441893〕…………387
最三小判昭和53・2・21 裁判集民123号83頁〔27740064〕………………………115
最二小判昭和53・4・14 判時894号65頁〔27441901〕……………………………279
最三小判昭和53・11・14 民集32巻8号1529頁〔27000223〕……………………115
松江家審昭和54・2・21 家裁月報31巻10号84頁〔27452358〕…………………392
最二小判昭和54・3・30 民集33巻2号303頁〔27000202〕………………………83
最二小判昭和54・3・30 裁判集民126号401頁〔27452374〕……………………273
最三小判昭和54・7・10 民集33巻5号562頁〔27000195〕………………………352
仙台家審昭和54・12・25 家裁月報32巻8号98頁〔27452429〕…………………365

岡山家備前出審昭和55・1・29 家裁月報32巻8号103頁〔27452434〕……………393
福島家審昭和55・2・21 家裁月報32巻5号57頁〔27452441〕………………………388
最二小判昭和55・7・11 民集34巻4号628頁〔27000169〕………………………………110
東京高判昭和55・11・11 判タ435号154頁〔27452520〕………………………………311
大阪家審昭和56・4・10 家裁月報34巻3号30頁〔27452557〕…………………………393
東京高決昭和56・4・28 東高民時報32巻4号103頁〔27452562〕……………………387
最三小判昭和56・6・16 民集35巻4号791頁〔27000133〕………………………………260
東京高判昭和56・10・29 判時1026号94頁〔27452608〕…………………………………12
最一小判昭和57・3・4 民集36巻3号241頁〔27000101〕………………………………350
最二小判昭和57・3・19 民集36巻3号432頁〔27000096〕………………………………263
大阪家審昭和57・3・31 家裁月報35巻8号129頁〔27452636〕…………………………388
最三小判昭和57・9・28 民集36巻8号1642頁〔27000072〕………………………………17
横浜地判昭和57・10・19 判時1072号135頁〔27651186〕……………………………………5
最二小判昭和57・12・17 裁判集民137号619頁〔27452670〕……………………………277
大阪地判昭和58・6・27 判タ503号172頁〔27490650〕…………………………………270
名古屋高判昭和59・4・19 判タ531号163頁〔27490230〕………………………………366
最二小決昭和59・7・6 判時1131号79頁〔27490242〕…………………………………178
大阪高決昭和59・10・15 判タ541号235頁〔27453048〕…………………………………364
仙台高判昭和59・12・14 判時1147号107頁〔27453059〕…………………………………67
東京高判昭和60・5・31 判時1160号91頁〔27453077〕…………………………………312
名古屋高金沢支決昭和60・9・5 家裁月報38巻4号76頁〔27800421〕……………118
東京地判昭和61・9・26 判時1214号116頁〔27800464〕…………………………………351
長崎家諫早出審昭和62・8・31 家裁月報40巻5号161頁〔27804497〕………………366
最大判昭和62・9・2 民集41巻6号1423頁〔27800202〕…………………………56, 67, 297
東京高判昭和62・10・8 判時1254号70頁〔27800735〕…………………………………366
最三小判昭和62・11・24 判時1256号28頁〔27804503〕……………………………………68
最二小判昭和63・2・12 裁判集民153号335頁〔27801489〕………………………………68
最三小判昭和63・3・1 民集42巻3号157頁〔27100076〕………………………………308
最一小判昭和63・4・7 判時1293号94頁〔27806699〕……………………………………68
高松高決昭和63・10・28 家裁月報41巻1号115頁〔27806707〕………………………117
最一小判昭和63・12・8 裁判集民155号209頁〔27804665〕……………………………68

■ 平成

最三小判平成元・3・28 判時1315号61頁〔27804553〕……………………………………68
千葉家審平成元・5・16 家裁月報42巻1号107頁〔28161806〕…………………………387
神戸地判平成元・6・23 判時1343号107頁〔27805359〕…………………………………75
最三小判平成元・7・18 家裁月報41巻10号128頁〔27809714〕…………………………364
最一小判平成元・9・7 裁判集民157号457頁〔28206039〕………………………………69

判例索引

最一小判平成元・9・14 判時 1336 号 93 頁〔22003091〕……………………128
最二小判平成元・11・24 判集 43 巻 10 号 1220 頁〔27805174〕……………378
長崎家審平成 2・1・26 家裁月報 42 巻 9 号 41 頁〔27811435〕……………387
那覇家石垣支審平成 2・5・30 家裁月報 42 巻 11 号 61 頁〔27811438〕……392
最一小判平成 2・11・8 判時 1370 号 55 頁〔27807922〕………………………69
東京地判平成 2・11・28 判時 1384 号 71 頁〔27808841〕……………………213
最二小判平成 3・4・19 民集 45 巻 4 号 477 頁〔27808492〕…………………349
前橋家審平成 3・5・31 家裁月報 43 巻 12 号 86 頁〔27815972〕……………366
東京高判平成 3・7・30 判時 1400 号 26 頁〔27811424〕……………………348
大阪高決平成 4・3・19 家裁月報 45 巻 2 号 162 頁〔27818646〕……………388
大阪高判平成 4・5・26 判タ 797 号 253 頁〔27813893〕………………………75
大阪高決平成 4・6・5 家裁月報 45 巻 3 号 49 頁〔27818652〕……………398
最一小判平成 4・11・16 判時 1441 号 66 頁〔22005562〕……………………353
大阪高決平成 5・2・9 家裁月報 46 巻 7 号 47 頁〔27826907〕……………399
大阪高決平成 5・3・15 家裁月報 46 巻 7 号 53 頁〔27826910〕……………389
東京高判平成 5・3・29 判タ 811 号 227 頁〔27814847〕……………………217
東京高判平成 5・8・25 判タ 863 号 270 頁〔27826240〕…………………58, 298
東京高決平成 5・9・6 家裁月報 46 巻 12 号 45 頁〔28019157〕……………156
最三小判平成 5・10・19 民集 47 巻 8 号 5099 頁〔25000058〕………………152
最三小判平成 5・11・2 家裁月報 46 巻 9 号 40 頁〔28019354〕………………69
東京高判平成 5・11・15 判タ 835 号 132 頁〔27818002〕……………………213
横浜地横須賀支判平成 5・12・21 判時 1501 号 129 頁〔27818869〕…………126
最一小判平成 6・1・20 判時 1503 号 75 頁〔27817231〕………………………86
最三小判平成 6・2・8 判時 1502 号 104 頁〔27825613〕……………………164
最三小判平成 6・2・8 判時 1505 号 59 頁〔27817764〕………………………69
神戸地判平成 6・2・22 判タ 851 号 282 頁〔27825421〕……………………220
東京家審平成 6・3・7 判時 1584 号 114 頁〔27828261〕……………………366
名古屋家審平成 6・3・25 家裁月報 47 巻 3 号 79 頁〔28019159〕…………386
京都家審平成 6・3・31 判時 1545 号 81 頁〔27828427〕……………………213
最三小判平成 6・4・26 民集 48 巻 3 号 992 頁〔27818791〕…………………152
最二小判平成 6・7・8 判時 1507 号 124 頁〔27821011〕……………………164
東京高決平成 6・8・19 判時 1584 号 112 頁〔27828260〕……………………365
福岡家小倉支審平成 6・9・14 家裁月報 47 巻 5 号 62 頁〔28019165〕……375
最一小判平成 6・10・13 判時 1558 号 27 頁〔28010274〕……………………386
最一小判平成 6・11・24 判時 1514 号 82 頁〔27826393〕……………………85
大阪家審平成 6・12・2 家裁月報 48 巻 2 号 150 頁〔28010203〕……………215
東京高判平成 7・4・27 家裁月報 48 巻 4 号 24 頁〔28010589〕……………119
最二小判平成 7・6・9 判時 1539 号 68 頁〔27827253〕……………………353

431

東京地判平成 7・12・26 判タ 922 号 276 頁〔28020054〕……………………………217
最三小判平成 8・3・26 民集 50 巻 4 号 993 頁〔28010413〕……………………………83
最三小判平成 8・6・18 家裁月報 48 巻 12 号 39 頁〔28020094〕……………………96
最二小判平成 8・6・24 民集 50 巻 7 号 1451 頁〔28010783〕………………………7, 208
名古屋高決平成 8・7・12 家裁月報 48 巻 11 号 64 頁〔28011512〕………………387
東京高判平成 8・11・7 判時 1637 号 31 頁〔28021747〕……………………………347
最三小判平成 8・11・26 民集 50 巻 10 号 2747 頁〔28011564〕……………………344
最三小判平成 9・2・25 民集 51 巻 2 号 448 頁〔28020461〕………………………353
高松高判平成 9・3・27 判タ 956 号 248 頁〔28021658〕……………………………123
大阪高決平成 9・5・6 判時 1616 号 73 頁〔28022334〕……………………………399
最二小判平成 9・9・12 民集 51 巻 8 号 3887 頁〔28021762〕………………………377
最一小判平成 10・2・26 民集 52 巻 1 号 274 頁〔28030545〕………………………349
東京高決平成 10・3・13 家裁月報 50 巻 11 号 81 頁〔28033393〕…………………118
横浜地判平成 10・5・29 判タ 1002 号 249 頁〔28041374〕…………………………214
最一小判平成 10・6・11 民集 52 巻 4 号 1034 頁〔28031248〕……………………350
名古屋家審平成 10・6・26 判タ 1009 号 241 頁〔28042601〕………………………108
最二小判平成 10・8・31 判時 1655 号 112 頁〔28032473〕…………………………261
最二小判平成 10・8・31 判時 1655 号 128 頁〔28032540〕…………………………257
最一小判平成 10・9・10 民集 52 巻 6 号 1494 頁〔28032717〕……………………86
東京高判平成 10・12・21 判タ 1023 号 242 頁〔28050904〕…………………………101
最一小判平成 11・4・26 判時 1679 号 33 頁〔28040766〕…………………………164
横浜地相模原支判平成 11・7・30 判時 1708 号 142 頁〔28051490〕………………44
東京地判平成 11・9・3 判時 1700 号 79 頁〔28050111〕……………………………120
東京高判平成 12・3・8 判タ 1039 号 294 頁〔28052341〕…………………………351
大阪高判平成 12・3・8 判時 1744 号 91 頁〔28061324〕………………………81, 122
最三小判平成 12・3・14 判時 1708 号 106 頁〔28050541〕……………………230, 252
最一小決平成 12・5・1 民集 54 巻 5 号 1607 頁〔28050871〕………………………177
最三小判平成 12・7・11 民集 54 巻 6 号 1886 頁〔28051545〕……………………352
東京地判平成 12・9・26 判タ 1053 号 215 頁〔28060747〕…………………………118
東京高決平成 12・12・5 家裁月報 53 巻 5 号 187 頁〔28061551〕…………………31
名古屋高判平成 12・12・20 判タ 1095 号 233 頁〔28072312〕……………………120
東京高判平成 13・1・18 判タ 1060 号 240 頁〔28061559〕…………………………43
東京地判平成 13・2・20 判タ 1072 号 227 頁〔28070041〕…………………………271
最一小判平成 13・11・22 民集 55 巻 6 号 1033 頁〔28062425〕……………………343
名古屋高金沢支判平成 14・2・27 裁判所 HP〔28071772〕…………………………66
最一小判平成 14・11・5 民集 56 巻 8 号 2069 頁〔28072857〕……………………346
広島高決平成 15・3・28 家裁月報 55 巻 9 号 60 頁〔28082239〕…………………378
福岡高那覇支判平成 15・7・31 判タ 1162 号 245 頁〔28092923〕…………………57

東京地判平成 16・1・30 判時 1854 号 51 頁〔28091543〕…………………213
東京高決平成 16・3・1 家裁月報 56 巻 12 号 110 頁〔28092924〕……………398
名古屋高判平成 16・3・23 裁判所 HP〔28092080〕……………………………213
仙台家審平成 16・10・1 家裁月報 57 巻 6 号 158 頁〔28101199〕……………109
最二小決平成 16・10・29 民集 58 巻 7 号 1979 頁〔28092815〕………………346
最一小判平成 16・11・18 判時 1881 号 90 頁〔28092899〕………………………69
福岡高決平成 16・12・28 家裁月報 57 巻 11 号 49 頁〔28102133〕……………399
東京地判平成 17・2・18 判時 1925 号 121 頁〔28111141〕……………………219
さいたま地判平成 17・2・28 判タ 1202 号 282 頁〔28110823〕…………………87
東京高判平成 17・6・22 判タ 1202 号 280 頁〔28110822〕………………………84
東京高決平成 17・10・27 家裁月報 58 巻 5 号 94 頁〔28110986〕………………347
東京家八王子支審平成 18・1・31 家裁月報 58 巻 11 号 79 頁〔28112263〕……184
大阪高決平成 18・2・3 家裁月報 58 巻 11 号 47 頁〔28112260〕………………182
名古屋高決平成 18・3・27 家裁月報 58 巻 10 号 66 頁〔28111999〕…………347
最三小決平成 18・4・26 判時 1930 号 92 頁〔28111334〕………………………23
名古屋高決平成 18・5・31 家裁月報 59 巻 2 号 134 頁〔28130330〕…………118
広島高岡山支決平成 18・7・20 家裁月報 59 巻 2 号 132 頁〔28130329〕……390
東京高決平成 18・9・11 家裁月報 59 巻 4 号 122 頁〔28130933〕……………156
東京高決平成 18・10・30 判時 1965 号 70 頁〔28131382〕……………………214
大阪高判平成 19・1・23 判タ 1272 号 217 頁〔28141764〕……………………120
東京高判平成 19・2・27 判タ 1253 号 235 頁〔28132486〕………………………70
東京高判平成 19・4・25 家裁月報 59 巻 10 号 42 頁〔28132100〕………………4
大阪高判平成 19・5・15 判タ 1251 号 312 頁〔28132332〕………………………71
札幌高判平成 19・6・26 家裁月報 59 巻 11 号 186 頁〔28132299〕……………148
東京高判平成 19・7・25 判タ 1257 号 236 頁〔28140358〕……………………308
最一小判平成 20・1・24 民集 62 巻 1 号 63 頁〔28140402〕…………………352
名古屋高決平成 20・2・1 家裁月報 61 巻 3 号 57 頁〔28150349〕……………147
広島高決平成 20・3・14 家裁月報 61 巻 3 号 60 頁〔28150351〕……………147
東京家審平成 20・5・7 家裁月報 60 巻 12 号 71 頁〔28150033〕……………212
東京高判平成 20・5・14 家裁月報 61 巻 5 号 44 頁〔28151327〕………………65
京都家審平成 20・9・9 家裁月報 61 巻 6 号 103 頁〔28151454〕……………387
東京高決平成 20・9・16 家裁月報 61 巻 11 号 63 頁〔28153495〕……………212
鳥取家審平成 20・10・20 家裁月報 61 巻 6 号 112 頁〔28151457〕……………389
大阪高決平成 20・10・24 家裁月報 61 巻 6 号 99 頁〔28151453〕……………390
最三小判平成 21・3・24 民集 63 巻 3 号 427 頁〔28150724〕…………………349
名古屋高判平成 21・5・28 判時 2069 号 50 頁〔28161100〕…………………148
大阪高判平成 21・6・30 平成 20 年(ネ)2644 号公刊物未登載〔28170693〕……180
大阪高決平成 21・9・4 家裁月報 62 巻 10 号 54 頁〔28163129〕…………123, 148

大阪高判平成 21・11・10 家裁月報 62 巻 10 号 67 頁〔28163131〕……………277
東京高判平成 21・12・21 判時 2100 号 43 頁〔28170467〕………………………90
東京高判平成 22・1・20 判時 2076 号 48 頁〔28161844〕………………………276
大阪高決平成 22・7・23 家裁月報 63 巻 3 号 81 頁〔28170390〕………………193
最一小決平成 24・1・26 判時 2148 号 61 頁〔28180223〕………………………346
東京高決平成 24・10・18 判時 2164 号 55 頁〔28182583〕……………………168
最一小決平成 25・3・28 民集 67 巻 3 号 864 頁〔28211017〕…………………191
最一小決平成 25・3・28 判時 2191 号 46 頁〔28211015〕……………………191
最一小決平成 25・3・28 判時 2191 号 48 頁〔28211020〕……………………191
広島高判平成 25・5・9 判時 2250 号 19 頁〔28231509〕………………………313
東京高決平成 25・6・25 家裁月報 65 巻 7 号 183 頁〔28220204〕……………181
東京高決平成 25・7・3 判タ 1393 号 233 頁〔28213945〕……………………180
東京高決平成 25・9・26 判タ 1421 号 137 頁〔28241114〕……………………191
東京家審平成 25・10・1 判時 2218 号 69 頁〔28222492〕……………………146
最三小判平成 26・1・14 民集 68 巻 1 号 1 頁〔28220184〕……………………268
最二小判平成 26・2・14 民集 68 巻 2 号 113 頁〔28220689〕…………………330
東京高判平成 26・6・12 判時 2237 号 47 頁〔28224986〕………………………73
最一小判平成 26・7・17 民集 68 巻 6 号 547 頁〔28223056〕……………228, 252
東京地判平成 26・9・5 判時 2259 号 75 頁〔28232677〕………………………220
東京高決平成 27・6・12 判時 2266 号 54 頁〔28233423〕……………………187
仙台家審平成 27・8・7 判時 2273 号 111 頁〔28234510〕……………………181
大阪家審平成 28・2・1 公刊物未登載…………………………………………203
東京高判平成 28・2・3 公刊物未登載…………………………………………311
東京高決平成 28・4・26 公刊物未登載…………………………………………193
東京高決平成 28・5・17 公刊物未登載…………………………………………185

サービス・インフォメーション
━━━━━━━━━━━━ 通話無料 ━━━
① 商品に関するご照会・お申込みのご依頼
　　　　　TEL 0120(203)694／FAX 0120(302)640
② ご住所・ご名義等各種変更のご連絡
　　　　　TEL 0120(203)696／FAX 0120(202)974
③ 請求・お支払いに関するご照会・ご要望
　　　　　TEL 0120(203)695／FAX 0120(202)973

● フリーダイヤル（TEL）の受付時間は、土・日・祝日を除く
　9:00〜17:30です。
● FAXは24時間受け付けておりますので、あわせてご利用ください。

裁判官が説く民事裁判実務の重要論点［家事・人事編］

平成28年12月25日　初版発行
平成29年 2月20日　第2刷発行

編　集　　加 藤 新 太 郎
　　　　　松 本 明 敏
発行者　　田 中 英 弥
発行所　　第一法規株式会社
　　　　　〒107-8560　東京都港区南青山2-11-17
　　　　　ホームページ　http://www.daiichihoki.co.jp/
装　丁　　篠　隆 二

民裁実務家事価　ISBN978-4-474-05452-3　C3032（8）